meiner Leiter nicht einmal jene Sohlen zur Ver-
fügung stehn. Es ist das natürlich nicht alles
und eine solche Anfrage bringt mich noch nicht zum
Reden. Aber jeden Tag soll mindest eine
gegen mich gerichtet werden wie man die
Fernrohre jetzt gegen den Kometen richtet. Und
wenn ich dann einmal von jenem Satze erschlagen
würde hergelockt von jenem Satze so wie ich
z. B. letzte Weihnachten gewesen bin und
ich so weit war, daß ich mich nur noch
fassen konnte und wo ich wirklich auf
der letzten Stufe meiner Leiter schien, die
aber ruhig auf dem Boden stand und an
der Wand. Aber was für ein Boden, was für
eine Wand! Und doch   Leiter nicht
zu drücken, sie   Boden
zu heben, sie meine   Wand.

[奥地利] 卡夫卡 著 孙龙生 译

卡夫卡日记

上海译文出版社

1910年日记手稿

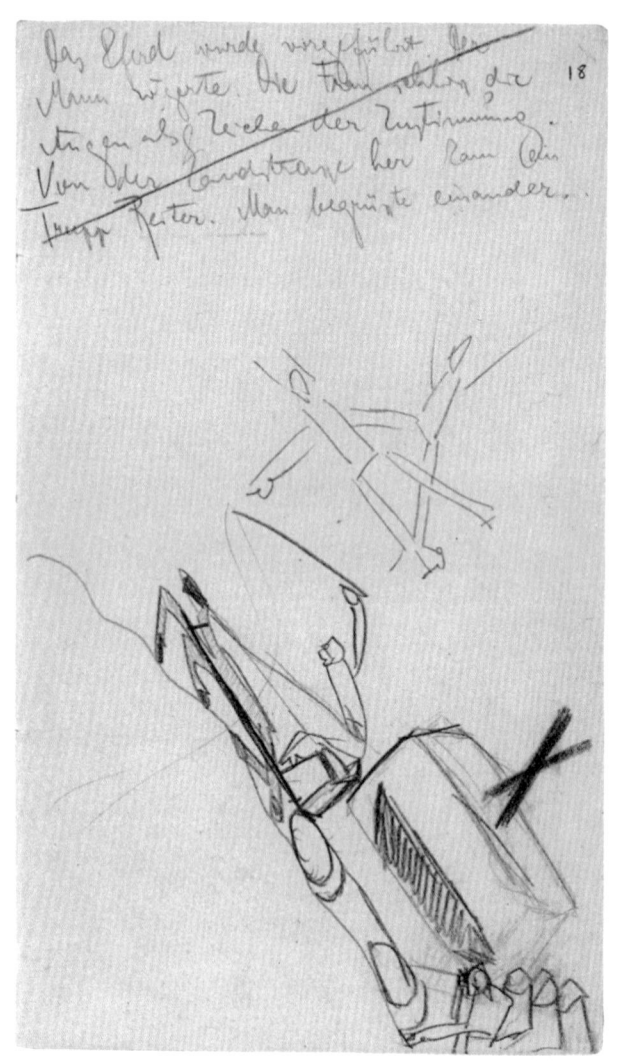

1916年日记手稿。原稿中的两个文字片断都被卡夫卡划去了

selbst überlassen. Ich wecke
Max beim Anblick einer
derartigen Brücke
wecke ich Max
und verschaffe mir da
durch den ersten starken
Eindruck von der Schweiz
trotzdem ich sie schon
lange aus innerer in
anderer Dämmerung an-
schaue. — Der Eindruck
aufrechter, selbständiger
Hänser in Gallen ohne
Gassenbildung. — Winter
Thur. — Mann in der

卢加诺—巴黎 埃伦巴赫之旅日记手稿（素描：桥）

卢加诺—巴黎—埃伦巴赫之旅日记手稿（素描: 赌场）

意大利圣马梅特的教堂钟楼

魏玛—荣博恩之旅日记（1912年7月）中的花园小屋素描

目 录

日记（1910—1923）   001
    1910 年   003
    1911 年   025
    1912 年   175
    1913 年   236
    1914 年   278
    1915 年   362
    1916 年   393
    1917 年   415
    1919 年   433
    1920 年   435
    1921 年   436
    1922 年   445
    1923 年   473

旅游日记   475
    弗里德兰、赖兴贝格之旅   477
    卢加诺—巴黎—埃伦巴赫之旅   484
    魏玛—荣博恩之旅   526
    译后记   553

日 记

(1910—1923)

1910 年

列车开过的时候，旁边的看客们惊呆了。

"每当他问起我的时候。" ä 字音从句子里跑出来，像一个球在草地上迅速飞去。

他的严肃令我难以忍受。脑袋埋在衣领里，头发整齐地排列在头顶周围，一动不动，下面双颊的肌肉紧绷在它们原来的位置……

怎么还在这座林子里呢？这座林子大体还在。可是我的目光几乎还没达到十步远的地方，我又停住了，又被那无聊的对话引过去了。

在这座黑暗的林子里，在这块柔软而潮湿的土地上，我只有靠着他白色的衣领去认路了。

我在梦中请女舞蹈家埃德华多娃①再跳一次那支查尔达什舞②。她的前额边角到下巴中部的脸部中间有一条长长的影子，或者说，有一道光带。这时，正好来了一个人，带着一种浅薄奸诈、令人讨厌的动作，告诉她，列车马上就开。从她听到这个消息的表情，我非常明白，她再也不会跳舞了。"我是一个非常坏的女人，不是吗？"她说。"噢，不是的，"我说，"这不会的。"我随便地转了一个方向走了。之前，我曾向她询问在她腰带上插那么多鲜花的事。她说："这些花是欧洲所有的侯爵送的。"我在想，这些新鲜的花插在这根腰带上,而且是欧洲所有的侯爵送给这位舞蹈家埃德华多娃的,这到底是一种什么意思呢?

舞蹈家埃德华多娃是个音乐爱好者,她到哪里都由两个小提琴手陪同,就是乘电车也是这样,她让他们演奏好多曲子。因为没有那种禁令,如果琴拉得好,车里的乘客又感到舒适,而且不用花一分钱,这就是说,拉完琴后也不向每个人去收钱,为什么不可以在电车里演奏呢?当然开始的时候,人们有点儿惊讶,有那么一会儿,谁都觉得那是不合适的。可是在全速前进中,在吹过的强劲的风里,在寂静的街道上,音乐却是那么悦耳。

舞蹈家埃德华多娃在外面并不像在舞台上那么漂亮。苍白的肤色,一对将皮肤绷得那么紧以致脸上几乎没有明显表情的颧骨,那个大鼻子却似从一低凹处突起,但人们绝不可以此来逗乐——比如测测鼻尖的硬度,或者轻轻地抓住鼻梁扭来扭去,同时说道:"现在你得跟着来了吧。"她身型较宽,腰身颇高,穿一条裙褶过多的裙子——谁会喜欢啊——她看上去像是我的一个婶婶,一位年纪较大的妇女,许多人的年纪较大的婶婶看上去都那么相似。可是对于这个缺陷,除了一双修美的脚之外,在外头的埃德华多娃身上根本没有别的补偿了,真的没有什么可以引人追慕、惊异或者哪怕是一点儿敬意的了。而且我也真的常常看到埃德华多娃受到冷漠的对待,就连那些很会交际的、十分世故的先生们也不能掩盖这种冷漠,尽管他们在这方面自然是花了不少精力。面对这样一位有名的舞蹈家,不管怎么说,她毕竟是埃德华多娃呀。

---

① 1909 年 5 月 24 日和 25 日,圣彼得堡的"俄罗斯芭蕾舞团"在布拉格的"德意志剧院"参加五月节的演出。卡夫卡的这篇日记可能就是指的这次演出。
② 一种出现于 19 世纪中叶的匈牙利民间舞蹈。

我的耳廓感觉清新、粗野、凉爽、滋润,摸着好像一片叶子。

我写这个完全基于对我身体和对这具身体未来的绝望。

如果这种绝望果是这样注定了的,这样与其对象连结在一起的,像是被一个掩护撤退并为此粉身碎骨的士兵这样制止了的,那么,它不是真正的绝望。那种真正的绝望立刻而且总是超越了自己的目标(在这个逗号的地方表明,只有第一个句子是正确的)。

你绝望了?
是吗?你是绝望了?
你跑开?你想躲起来?

作家们谈论臭味。①
缝衣女工在大雨中受淋②。

在五个月的一段生活中,我什么也写不出来,我对写的一切都不满意,对我来说,这种状态是没有力量可以取代的,尽管一切或许对此都是有责任的。终于,在这五个月之后,我突然心血来潮,又一次要跟自己说话。当我真的问自己的时候,我总还是有问必答,这个时候,总能从我这个稻草堆里拍打出一些东西来,这五个月来,我便是这样一个稻草堆,而且它的命运看上去应该是,在夏天被点燃,旁观的人还没来得及眨一下眼睛,它已迅速地化为灰烬。这个命运就只让我遭遇了!这真应该十倍地在我身上发生的,因为我从不后悔这个不幸的时期。我的处境不是不幸,但也不是幸

---

① 这里可能指的是作家 W. 弗雷德(Alfred Wechsler, 1879—1922)的小说《遗弃之路:十年》(1905,柏林)。
② 见 12 月 16 日日记中对德国剧作家盖哈特·霍普特曼(Gerhart Hauptmann, 1862—1946)的《比绍夫斯堡的处女们》的评论。

运,不是冷漠,不是虚弱,不是疲惫,更不是别的兴趣,那么它究竟是什么呢?我对此的莫名其妙,大概跟我的写作无能有关。我相信我能理解这种无能之感,却不明白它的根源。就是说,我突然想起来的一切事情都不是从根本上进入我的脑海的,而是不知从什么地方半途闯入的。那么,谁不妨去试一试将这些东西抓住,试试去抓一棵草,并且死死地去抓住这棵刚刚开始从茎秆半当中长出来的草。有些人大概能这么做,比如日本的杂技艺人,他们在一架梯子上攀爬,这梯子不是架在地上,而是支撑在一个半躺着的人高抬的脚掌上,这梯子不是靠在墙上,而只是悬在空中。①我不会这一套,再说我也没有那双支撑我的梯子的脚掌。这当然不是所有的一切,而且这样的一种质问还不能让我开口。但是每天至少有一行文字是针对着我的,就如现在有人用望远镜对着那颗慧星一样。②可是我真有那么一次出现在那个句子面前,被那个句子吸引过去。比如说就像我在去年圣诞节的那个样子,在这期间我竟然达到这种程度,我还刚刚能控制住自己,这个时候,我真的觉得我登上了我的梯子的最高一级,不过这架梯子是稳稳地立在地上的,靠在墙上的。可是那是什么样子的地呀,什么样子的墙呀!不管怎么说,这架梯子却没有倒下,我的双脚就这样将它压在地面上,我的双脚就这样将它抵靠在墙上。

比如说,我今天有过三次傲慢的举止,面对一位售票员,面对一位站在我前面的人,这么说,仅仅是对两个人,但它们使我痛苦得如胃痛发作。也许对每一个人来说都是放肆狂妄的行为,从我这方面表现出来的更是这样。那我就出离了自我,到空中、雾中去战斗,而最令人恼火的是:没有人注意到,我也将在陪伴我的人面前的傲慢当作是一种必需的傲慢,作出那样必须要负责任的一本正经

---

① 1909年11月16日至30日,一个日本杂技团在布拉格杂耍剧院演出。卡夫卡观看了表演。

② 指哈雷彗星。

的面部表情来；但最糟糕的是，我的一个熟人根本不将这种傲慢看作是一种性格的表示，而是作为性格的本身看待，要我注意我的傲慢，并对它表示赞赏。我为什么不保持本分呢？不过，我现在自问：看啦，人世让你去争斗，售票员、站在前面的人显得平静无波，当你走开的时候，站在前面的人甚至还向你致意，但这毫无意义。在你离去的时候，你什么也没有得到，可是你在你的圈子里会有什么遗憾呢？对这段讲话，我只回答，就是我宁愿在圈子里被打，也不到外面自己去打架，可是这个圈子究竟在什么地方呢？是呀，有一段时间我看见这个圈子是在地上，就像用石灰洒出来的一样，可是现在它只是在我面前如此地飘来飘去，后来连飘也不飘了。

5月17日到18日，彗星夜。和布莱、他的夫人和他的孩子在一起①。我从自身中走了出来，暂时地听到了我自己的声音，像一只小猫随便发出的哀号，但总还是叫了。

不知多少天又是无声地过去了，今天是5月28日。我甚至连每天将这支蘸水钢笔杆、这段木头抓在手中的决心也没有。我已经知道，我没有这个决心。我划船、骑马、游泳、晒日光浴。因此，我的小腿肚情况良好，大腿也不错，肚子也可以了，可是我的胸部已经损耗严重，要是我的头转到后颈……

1910年7月19日。星期日。睡觉，醒来，睡觉，醒来，可悲的生活。

我要是思考这些的话，那么，我必须说，我的教育在某些方面

---

① 据布拉格的报纸报道，哈雷彗星于1910年5月18日至19日飞过地球。根据马克斯·布罗德的日记内容，卡夫卡在日记中标注的日期有一天的偏差。弗朗茨·布莱（Franz Blei，1871—1942），奥地利作家、剧作家和翻译，当时居住在慕尼黑，1933年移民美国。

大大地损害了我。是呀，我并不是在偏远的地方，或许是群山的废墟上受教育的呀，对此，我也许确实不能提出什么谴责来。即便是我过去的所有老师都不可能理解这一点，我也愿意，而且最喜欢做那个小小的废墟的居民，被太阳烤焦，这个太阳那时也许在瓦砾之间从各个方面照在我温和的常春藤上，即使我一开始在我良好本性的压力下也许是孱弱的，这种性格可能以野草的力量在我身上猛长。

我要是思考这些的话，那么，我必须说，我的教育在某些方面大大地损害了我。这谴责涉及着不少人，如我的双亲、一些亲戚、我们家中的一些来客、形形色色的作家、一位专门指定的整年送我去学校的厨娘、一群教师（在我的记忆中，我必须要把他们紧紧地拉在一起，不然的话我会有时候忘记其中的一位，正因为我将他们捆扎得这样紧，这整个一群又有些部分离散了）、一位学校的督察、慢慢行走的过路行人。简而言之，这个谴责像一把匕首迂回地穿刺着社会，而且没有人，我重复一遍，遗憾没有人能肯定，这匕首的尖端不会突然地在前面、后面或旁边出现。我不想听对这个谴责的回答，因为我已经听到过太多的回答，而且因为我在这些绝大部分的回答中也遭到了反驳，我将这些回答一并牵扯到我的谴责中，而且我马上声明，我的教育和这些反驳在颇多的方面狠狠地伤害了我。

我常常考虑这些事情，尔后我总得说，我的教育在诸多方面大大地损害了我。这谴责是对着一群人的，自然，他们在这里是站在一起的，就像在旧的群像中一样。他们不知道相互能干些什么，他们连垂下眼皮也想不起来，而且也不敢在期望面前发出微笑。这里有我的双亲、一些亲戚、一些教师、一位特定的厨娘、一些来自舞蹈课的姑娘、一些过去来我们家的客人、一些作家、一位游泳教练、一位剧场的引座员、一位学校的督察，还有一些我在街道上只碰到过一次的人，以及其他一些我已无法再回忆起来的人，最后还有这样一些人，我根本就没在意过他们的说教，不管怎么说，当时我就总是心不在焉。总之，这些人是如此之多，使我不得不注意，不要把一个人说上两次。我对他们所有的人说出了我的谴责，以此将他们互相公之于众，却不容忍反驳。因为我确实已经忍受够了那些反驳，而且因为我在这些绝大多数的反驳中遭到反驳，我不能有别的选择，只好也把这些反驳纳入我的谴责，并且声明，除了我的教育外，这些反驳在诸多方面也大大地伤害了我。

有人大概以为我在一个什么比较远的地方受的教育？不，我就是在正中的城市中受的教育。不是，比如说，在山里的废墟中或者在湖边。我的双亲和他们的一伙直到现在还受到我的谴责，而且感到无望了。如今，他们将这谴责轻松地推置一边，而且发出微笑，因为我从他们那里抽走了我的手抵住了我的额头。我在想："我该是废墟中的小民多好啊，静静地谛听寒鸦的鸣叫，任头上飞过它们的影子，月亮下的寒意，即使我在我良好的性格的压力下一开始就有那么一点儿孱弱，这种性格肯定随着野草的力量在我身上成长，被那个在废石堆之间从四面八方照在我这常春藤架子上的太阳烧焦了。"

有人说，而我们也乐于相信，处在危险中的男人就是对漂亮的陌生女人也不屑一顾；如果他们从失火的剧院里逃出来的时候遇到这些女人的阻碍，他们就会用头和手、用膝和肘将她们推到墙边。这个时候，我们那些健谈的女人顿时鸦雀无声，她们无边无际的言谈被粗暴地呵断，原来舒展的眉毛抬得高高的，呼吸带动的大腿和臀部的运动也骤然停止，因恐惧而自然闭上的嘴巴里流进了比平时更多的空气，两个腮帮子看上去微微鼓起。①

---

① 卡夫卡可能读过罗伯特·瓦尔泽1908年7月9日发表在《剧院》杂志上的短篇《剧院火灾》。

"你,"我说,并用膝盖轻轻地顶了他一下(在突然讲话的时候,从我嘴里有少许唾液——不好的预兆——喷出来),"不要睡着!"①

"我没睡着,"他回答,并在睁开眼睛的时候摇摇头,"我要是睡着了,我怎么能看护你呢?而我能不这样吗?你当时在教堂前不也因此紧紧抓住我吗?是呀,那已经很久了,我们知道这个,就把表放在口袋里吧。"

"现在已经太晚了。"我说道。我必须作出一点儿微笑,为了掩饰它,我努力地朝房子里看去。

"这真使你这么高兴吗?你就喜欢上去,非常喜欢?那你就说出来,我不会吃了你的。看,要是你认为上面比下面这儿对你更好,那就马上上去,马上,不要顾及我。我的看法,就是随便一个行人的看法,就是,你不一会儿将又要下来,而且那会很不错的。如果一个人随便站在这里,你绝不会看到他的脸,他却挽起你的胳膊,在附近的一家酒馆里用葡萄酒使你振奋起来,然后把你领到他的房间,这个房间虽是那么简陋,倒是有几块玻璃将自己与夜色隔开,对这种看法,你暂且可以不去理会。这是千真万确的,我可以把你跟我说过的这些再跟别人说说,这里下面对我们不好。是的,对我们来说甚至是糟糕透顶,但如今再也不会有人帮助我了,无论我处在这排水沟的地方,任雨水涌积,或者我在上面的枝形吊灯之下用同样的嘴巴去饮香槟酒,它对我没有区别。另外,我在这两件事情之间真的没有什么选择。是啊,对我来说,还从没发生过那种引人注意的事情,这又怎么能在对我来说必要的礼仪的结构下发生呢?在这种礼仪下我只能继续地爬行,比一只臭虫好不了多少。可是你,谁知道,所有的东西都在你肚子里藏着。你有勇气,至少你

---

① 这是卡夫卡为短篇《一次战斗纪实》的第二版所做的写作尝试之一,原本收录在另一个笔记本里。这里的版本经过马克斯的整理,不同于原来的手稿顺序,原稿的各个段落散布在不同日期和位置。

相信有这个勇气,试一试吧,你究竟敢于做什么——人们常常是从门旁用人的脸上已经看清了自己,要是他留意的话。"

"要是我真能确定你对我是真诚的话,我就早在上面待着了。我怎么能说出你是否对我真诚的话来呢?你现在看着我,好像我就是一个小孩子,什么也帮不了我,只能把事情弄得更坏。但也许你想把事情弄得更坏。在这种情况下,我再也忍受不了街上的空气,这样,我就已经属于上面的社群了。要是我留神的话,这会使我的咽喉发痒,果不其然,我咳嗽了。你究竟知不知道上面将会是怎样的呢?在我拖着另一只脚之前,我将要踏进大厅的那只脚已经变了。"

"你是对的,我对你不是真诚的。"

"我是想离开,想上楼梯,即使一定要来个倒栽葱。我期望社群给我我所没有的一切,首先是调动我所有的力量,这样一种激化对我的力量来说是不够的,就好像这样的激化是这位街头单身汉的唯一的希望。这位单身汉如果以他的、当然是破损的身体坚持住的话,如果吃上几顿饭的话,如果避开别人的影响的话,他就已经满足了,简而言之,他要在这个正在解体的世界上保持住尽可能多的东西。但他要花强力去寻找他失去的东西,不管是变化了、虚弱了,也不管看上去只是要再次去得到他早先的所有物(而且这是绝大多数情况)。他的生命说来是一条自我残害的生命,它只剩下了啃食自己肉体的牙齿和给自己的牙齿啃食的肉体。因为没有核心、没有职业、没有爱情、没有家庭、没有年金,就是说,没有一般性地去面对世界,自然只是尝试地保持住自己的位置,不以庞大的整体财富在某种程度上使世界惊愕,人们也就不能阻止眼前毁灭性的损失。这个衣服单薄、变着花样乞讨,有着一双持久的双腿、租来的可怕的住房,以前被粉碎了的、这次经过长时间又重新唤起生命本质的单身汉用双臂将这一切抱在一起,不过总得失去他的两件东西,如果他有运气捕捉住任何一件微不足道的东西的话。当然这里有着真理，不是任何地方都这样清楚显示出来的真理。因为谁真的作为完善的市民出现，那就像驾一艘船在海上行驶，前面浪花在飞溅，后面留下航道的轨迹，那就是说对周围产生了许多作用，完全不同于在几块木板上的人漂在波浪中，这浮木互相冲撞着，而且向下压迫过来——他，这位先生和市民，处于不算小的危险中。因为他和他的所有物并不是一件，而是两件东西，而如果谁要击溃这种联系，谁也就同时击溃他自己。我们和我们的熟人在这方面一无所知，因为我们完全是被遮掩着的，比如我现在被我的职业、我想象出来的或者是真正的痛苦、文学的偏好等等所遮掩。可是正是我每时每刻，而且太强烈地感到我的缘由，我就连差不多的满意也不可能有了。我只需要十五分钟不断去感觉这种缘由，恶毒的世界就像水流进正将淹死之人的口中一样流进我的嘴里。

"眼下在我和这个单身汉之间几乎没有任何区别，只是我还能思念在乡村的我的青年时代，而且也许能将自己抛回到那个地方，如果我想这么做，当然也许是以后，如果我的状况确实需要的话。可是单身汉的面前什么也没有，因而也没有经历过什么。在眼前是没有区别，可是单身汉只有这个眼前。今天没有人能够认识那个时代，因为没有什么能像那个时代被如此地毁灭。在那个时代，他错过了这些，当他不断地感觉他的缘由的时候，就好像人们突然发现自己的身体上有一个脓疮，这个脓疮是迄今我们身体上最微小的东西。是呀，甚至于还不是最微小的东西，因为它好像还不存在，我们身体上与生俱来的这个东西现在比所有的东西还重要。如果我们到目前为止以我们的全副身心专心致志于我们双手的工作，专心致志于我们眼睛看到的东西，耳朵听到的东西，双脚迈出的步子，这样，我们就会突然完全地转向对立的方面，就像山间的风向标。

"可是他没有离去，不管那是他最后的去向，因为只有离去才能保住他立在脚尖之上，只有脚尖能保住他立于世界。他没有这样，而是像冬天里有些地方的小孩躺在雪地里挨冻一样地躺下了。

他和这些孩子,他们知道,那是他们的过错,他们躺下了,或者不论用什么方式屈服了;他们知道,他们本该不惜一切代价不去这样做,可是他们不可能知道,在如今与他们一起在旷野或在城市里发生的变化之后,他们将会忘记每一个早先的过错和每一种束缚,他们会在新的适合自己的环境里活动,就似乎这是他们的第一环境。但是忘记在这里不是准确的用词。这个人的记忆和他的想象力一样都没受到什么损害,但就是群山也不能移动它们;这个人已经不在我们的民族之中,已经不在我们的人类之中,他常常饿得虚弱不堪。属于他的只是那眼前的一刻,永不中断的那个不幸的一刻,接着而来的并不是恢复的那一刻的光亮,他有的总只是一种东西:他的痛苦,而在这世界的整个圈子中就是没有能以药物自居的第二种东西。他所有的只是他双脚需要的那么多的地面,他所有的只是他双手盖住的那么多的支点,就是说比变化多端的空中飞人表演者还少得可怜,因为在这些表演者的下面还张有一张罗网。

"我们的过去和未来留住我们另一些人,留住我们。因而我们耗费了几乎所有的空闲和工作的时光,以让它们在平衡中浮沉。未来在容量上先有的一切,过去在重量上取代了,而在它们的终点,这两者是不再有区别的了。最早的青年时代会在将来变成光辉的,就像未来,而未来的结束本来就已经伴着我们全部的叹息成了经验,未来的结束就是过去。这个圈子几乎就这样封闭起来了,我们沿着它的边缘行走。那么,这个圈子现在是属于我们的了,但它只是在我们能抓住它的那么长的时间里属于我们。我们现在仅仅向一旁移动了一下,在不论怎样的一种自我忘怀的状态中,在一种漫不经心中,一种恐怖中,一种惊异中,一种疲惫中,那么,我们已经在这个空间中失去了它。我们从来就是将自己付于时间的长河,现在我们退却了,过去的弄潮儿,当今的闲散人,是毫无希望了。我们是法律之外的人,没有人知道这些,可是每个人都按法律对待我们。

"'你现在可不必想我。你怎么也拿我与你作比较呢?我待在这个城市里已超过二十年了。你只要好好地想一想,这意味着什么呀?我在这里度过了二十个春夏秋冬呀。'——这时,他在我们的头顶上摇晃着握得松松的拳头。——'这里的树不断地往上长了二十年之久,在它们下面人们会是多么的渺小啊。你知道,在这许多的夜晚,在这些所有的住房里,人们有时候躺在这堵墙边,有时候躺在那堵墙边,这样,窗户便围着这个人转。在这些早晨,人们从窗口望去,从床边拉来沙发椅,坐上椅子喝咖啡。在这些晚上,人们支起胳膊,以手托住耳腮。是呀,但愿这完全不是所有的一切!如果人们接受一些新的、就如这里每天在街道上都看得见的习惯该多好啊。——现在你大概有这样的感觉,好像我是在抱怨这些?可是不是,我为什么要抱怨这些,没有什么会允许我这么做的。我只有去散步,因此,这已足够了,在这方面,世界上还没有我不可以散步的地方。现在看上去竟又是如此了,好像我在为此而自负。'"

"由此可见我是轻松的。我肯定不会在这里的房子前面站着的。"

"你不要在这里拿我跟你作比较,也别让我把你弄得晕头转向。你毕竟是一个成熟的人,你反正像看上去的那样,在这个城市里是颇孤独的。"

是的,我确实近乎孤独。在这个城市里保护我的东西看来已经解体了。在最初的日子里,我的感觉是美好的,因为这种解体是作为神化而发生的,在这个神化的时刻,所有维持住我们生命的一切,都从我们身上飞走了,但就在飞走的时候,这一切还用它人道的光辉最后一次地照耀我们。我就这样站立在我的单身汉面前,因此他可能非常地爱我,可是他并不明白为什么。偶尔,他的说话好像是表明,他熟悉、他知道面对的是谁,因此他对一切都那么随意。不,不是这样的。还不如说他是用这种方法去迎击每一个人,因为他只能作为隐居者或寄生虫而活着。他只是无奈的隐居者,一旦通过他不知道的力量,这种无奈被克服,他就是一个尽可能死皮赖脸活着的寄生虫了。在世上,他当然是无可救药了,而且人们会从他的举止里想到一具溺亡者的尸体,被某种水流冲上水面,撞到一位精疲力尽的泳者,将双手放在泳者的身上,并欲死死地抓住。尸体不会活过来,甚至也没人营救,却能把这个精疲力尽的泳者拖下水。

11月6日。Ch.夫人谈论缪塞①。犹太女子呷嘴出声的习惯。理解法语要有各种准备,并越过名人轶事的疑难;应该继续留在心中的、在全部名人轶事废墟上的、在我们的眼前熄灭了法语光辉的那个结束语就将来临,到这个时候,我们大概太过专心了,懂法语的那些人在结束前就走掉了,因为他们已经听够了,另一些人还远远没有听够。大厅的声响效果,与其说有利于传达演讲的话声,还不如说更有利于传出包厢里的咳嗽声;拉赫尔家的晚餐②,她和缪塞一同朗诵拉辛的《费德尔》,书就放在他们之间的桌上,顺便说一下,这张桌子上什么都有。

克劳德尔领事③,眼睛里闪出光亮,那张宽脸吸收了这束光亮,并将它反射出来。他老是想告辞,他也很容易地与个别人告别了,可是对整体来说却不行了,因为,他若与一个人告别,就会有另一个人站过来,已经告别过的人又会在这另一个人之后接踵而来。演讲台上有几排座位是给乐队的。所有的嘈杂声互相干扰着。侍者从走廊走出。客人们在他们的房间里。一架钢琴,一支远处的弦乐队,最终一声锤击,一阵互相的争吵,争吵的位置很难确定,

---

① 阿尔弗雷德·德·缪塞(Alfred de Musset,1810—1857),法国浪漫主义诗人,小说家,剧作家。Ch.夫人是来自巴黎的演说家(Marguerite A. Chenu),于1910年11月初做了三晚的演讲。

② 指缪塞描写的一次在女演员拉赫尔(Elisa Rachel Felix)家的晚餐,后者因扮演法国剧作家拉辛《费德尔》中的角色而出名。

③ 诗人,当时是法国驻布拉格领事。卡夫卡并不认识他。

也因此令人感到烦躁。在一处包厢里，一位夫人耳环上的钻石几乎不断地发出各种闪光。在柜台旁边站着一圈法国人，他们都是穿黑色衣服的年轻人。有一个人在向别人致意，鞠了一个很深的躬，他的双眼都快接近地面了，同时他微笑得很用力。不过他只是在姑娘们面前做这些动作，他对男人们却是毫不掩饰地直接朝脸上看去，严肃地闭着嘴，并以此将前一种致意作为一种也许是可笑的、但不管怎么说是绝对必要的礼节。

11月7日。维格勒①做关于黑贝尔②的演讲。他坐在一间现代化房间样的有布景的舞台上，好像他的情人会为了最终开始这场戏而从一扇门跳进来。不，他是在演讲。黑贝尔的饥饿。黑贝尔与伊丽莎·伦辛的复杂关系。他在学校的时候有一位老处女教师，这个女人抽烟、吸鼻烟、打人，也给乖孩子发葡萄干。他哪儿都去（海德堡、慕尼黑、巴黎），并没有十分清楚的目的。最初是一位教堂督察的仆人，与楼梯下的车夫睡在一张床上。

尤利乌斯·施诺尔·冯·卡罗尔斯菲尔德——弗里德里希·奥利维埃画像，他在一山坡上作画，他在那里是多么美、多么严肃（一顶高帽子像一顶被压扁的小丑帽子，遮盖到脸的硬窄边，披散着波浪般的长发，眼睛紧盯着他的画，双手显得稳重，画板放在双膝上，一只脚在斜坡上微微下滑）。啊，不，这是弗里德里希·奥利维埃，是施诺尔画的③。

11月15日，10点。我不会让我自己累着。我要跳进我的小说

---

① 保罗·维格勒（Paul Wiegler, 1878—1949），文学史家、翻译家、作家，曾在柏林和布拉格做编辑。
② 弗里德里希·黑贝尔（Friedrich Hebbel, 1831—1863），德国著名剧作家、抒情诗人。
③ 这幅画作是卡夫卡在1910年的一期《图像艺术》增刊上看到的。

里,即使这会划破我的脸孔。

11月16日,12点。我读《在陶里斯的伊菲革涅亚》①。除了个别明显缺漏的地方外,这里面从一个纯真的孩子嘴里说出的干巴巴的德语着实令人吃惊不小。读的时候,每一个字在朗诵者的面前都被诗行抬到了高处,在那里它沐浴在一条也许是窄窄的,却是强烈的光线中。

11月27日。伯恩哈德·凯勒曼②朗诵。"我笔端没印出的一些东西。"他就这么开始了。看上去是一个可爱的人,直立的头发几乎灰白了,脸面光滑,显然在刮胡子上花了一番功夫,尖尖的鼻子,颧骨下面的两颊肌肉常常像一束波浪上上下下地动。他是一位有着好片段的中等水平的作家(有一个人走出走廊咳嗽,并向四周看看,是不是那里没有人),也是一位诚实的人,他要朗诵他允诺了的东西,但听众不让。由于对第一个精神病院的故事感到害怕③,对朗诵的方式感到无聊,也由于对故事情节感到并不怎么紧张,不断有人稀稀拉拉地离去,还做出一副好像去听隔壁朗诵的热忱的样子。当他朗诵完故事的前三分之一喝一点儿矿泉水的时候,已经有一大群人走掉了。他大吃一惊。"马上就完了。"他索性撒了个谎。当他读完的时候,所有的人都站起来,有人鼓掌,似乎掌声是由一个坐在所有站立的人中间的人发出的,他好像是在为自己鼓掌。可是凯勒曼这时还想继续念另一个故事,可能还要更多。面对这些人要离去,他只是张了一下嘴。在他被劝说之后,他终于说道:"我还很想朗诵一个小小的童话,它只需要十五分钟。我现在休息五分钟。"有些人还留着,接着他朗诵了一则童话,它的情况

---

① 歌德的作品。
② 伯恩哈德·凯勒曼(Bernhard Kellermann,1879—1951年),德国作家。
③ 1911年6月《新观察》刊登的小说《圣人》。

理当会使得每一个人都从大厅最靠边的地方穿越过全部听众往外跑。

  12月15日。我简直不相信我从自己目前的、至今已经持续了几乎一年的状况中得出的结论，我的状况竟非常地严重。我甚至不知道我是否可以说，这不是新的状况。我本来的看法当然是这个状况是新的，我曾经有过类似的看法，但这样一种状况还没有过。我现在就像是石头人，我像是我自己的墓碑。没有给对在特殊或一般情况中的怀疑或相信、爱情或厌恶、勇敢或恐惧留下的空白，只是存在着一种模糊的希望，但并不比墓碑上的碑文更好。我写下的每一个字几乎没有与另一个相适应的，我听见辅音如何像破锣似的互相磨擦作响，而元音就像展览会上的黑人和着这种响声在歌唱。我的疑惑围着每一个字转圈，我先看到的是疑惑，尔后才看见字。这究竟是怎么一回事呢！我根本看不见我发现的那个字。说起来，这或许还不是最不幸的事情。不过，我以后也许一定能发现那些词句，他们能够将尸体的气味朝着一个方向吹去，使这种气味不致一下子向我和读者迎面扑来。如果我坐到写字台前去，我并不会比一个在车水马龙的歌剧院广场中央跌倒而摔断双腿的人感觉更为舒服。所有的车辆尽管发出噪音，它们却是默默地从各个方向驶来，又向各个方向驶去，那个男人的疼痛使得交通秩序如此井然，连警察也望尘莫及，车辆也许不必掉头，疼痛已使那个男人闭上了双眼，也使广场和大街小巷变得空空荡荡了。这喧嚣的生活使他痛苦，因为他毕竟是交通的一个障碍，可是空寂虚无也不见得好多少，因为它将他原来的痛苦也释放出来了。

  12月16日。我不会再丢下日记。在这里我必须紧紧地抓住自己，因为只有在这里我才能做到这些。我喜欢要说出这幸福的感觉，这种幸福的感觉有时好像恰恰就在此刻充满我的心中，它确实是冒着气泡并发出嘶嘶声的东西，它带着轻微而舒适的颤动整个地充满我的内心，它使我相信这些能力，但对于这种能力的存在我却每时每刻，包括现在都不能完全肯定地确信了。

黑贝尔称赞尤斯蒂努斯·凯尔纳的《旅行的阴影》。"几乎不存在这样一种作品，没有人知道它。"①

W. 弗雷德的《孤寂的街道》。这样一些书是怎么写出来的？一个在零星小事里竟取得如此出色成果的人，在这里以一种如此可怜的方法将他的天才扩展成为一部小说的大作，使人感到恶心，即使人们不忘了去佩服那种滥用自己天赋的精力。

我在小说、剧本等作品里对读到的次要人物的追寻。这种息息相关的感觉，我现在就有！在《比绍夫斯堡的处女们》（是不是这么叫的？）中，说到两个女裁缝，她们用一整块的白色织物为新娘制作婚纱。这两个姑娘过得怎样呢？她们住在哪里？她们干了些什么呢？她们不可能一起出现在剧中，而只能在外边的诺亚方舟前面淋着倾盆大雨，奄奄一息，最终只好将她们的面孔紧贴在一扇船舱的窗户上，使得下层的旅客刹那间看到一个什么黑色的东西。

12月17日。芝诺随随便便地说了一个迫切的问题，是不是根本没有什么是静止的。是的，飞行的箭是静止的。

如果法国人按他们的本性是德国人该多好啊，这样的话，他们就会被德国人羡慕之极。

---

① 摘自黑贝尔的日记。

我将那么多的东西搁置一边,并用笔划去,几乎是所有的、尤其是我在今年写好的东西。这不管怎么说也非常妨碍我写作。是啊,这是一座山,它更是我过去任何时候写的东西的五倍,它已经通过它的数量将我所写的一切从我的笔下远远地拉到它那里去了。

12月18日。我将那些信(当然是那些可能没有什么重要内容的信,像刚才的那一封)没有拆开地搁置了一段时间,其原因只是懦弱和胆怯。这胆怯随着一封信的打开而迟疑不决,就如它迟疑不决地去打开一个房间的门。在这个房间里有一个人可能迫不及待地在等着我,如果不是那样的话,我也许还能为丢在一旁的信件以细致认真来解释一番。也就是假定说,我是一个细致认真的人,我必须这样试着尽可能地扩展所有牵涉到这封信的内容,同时慢慢地将这封信打开,慢慢地而且多次地读着这封信,并做长时间的思考。用许多方案来准备誊清稿,而最终还是迟疑不决地寄出去了。这一切全由我来处理,只是突然收到一封信偏偏是不可避免的。现在,我却是不自然地拖延着这些,我长时间地不打开信,让它留在我面前的桌子上,它却不断地寄到我这里来,我不断地收到它,但并不将它拿过来。

晚上,十一点半。我如果没有从办公室里解放出来,我简直就没有指望了,我很清楚,这只是在于,如果坚持将头抬得高高的,我就不致被淹死。这将会是多么沉重啊,这必定要从身上花去怎样的力气啊。这从下面这件事已经表现出来,我今天没有遵守我的新的时间分配,从八点到晚上十一点坐在写字台旁,我甚至目前并不把这件事情看作是如此大的不幸,我赶快地写下这几行,只是为了上床睡觉。

12月19日。已经开始在办公室里工作。下午在马克斯那里。

读了一点儿歌德的日记。那遥远的地方已经静静地记录下了这样的生活,这些日记燃烧着火焰。一切事情的发生过程是那么清晰,使它们神秘起来。如此,就像一座公园的栅栏让眼睛在观察远处草坪的时候得到了宁静,却将我们置于不适当的敬畏之中。

刚才,我已婚的妹妹①第一次来看我们。

12月20日。我以什么来原谅昨天写的关于歌德的评论呢(这评论几乎是那样不真实,就像由它描述出来的感觉,因为真实的感觉被我的妹妹驱散了)?什么也没有。我用什么来原谅我今天什么也没写呢?什么也没有。特别是我的身体状况不是最坏的。我的耳朵里经常有一种呼唤:"你来吧,看不见的审判!"

为使这些虚假的、无论如何也不会从故事里离开的段落最终让我安静下来,我写出两段:②

"他的呼吸就像对一个梦境的叹息那般响亮,这个梦境里的不幸要比我们这个世界上的不幸更容易忍受,以致使平常的呼吸足以变成叹息。"

"现在我从高处看他是那么清楚,就像人们俯看一场小小的智力游戏,对这种游戏人们会对自己说:那有什么关系呀,我不能将这些小球弄进洞穴里去,一切都是属于我的呀,这玻璃、这框子、这些小球体,还有这里的其他东西;所有的这些,我都能简单地将它们装进口袋里。"

12月21日。从米夏依尔·库斯明的《亚历山大大帝的事迹》里择些稀奇古怪的事情:

---

① 卡夫卡最大的妹妹艾莉(Elli)于1910年11月27日和卡尔·赫尔曼(Karl Hermann)结婚。
② 以下两段可能出自卡夫卡正在尝试创作的第二版《一次战斗纪实》。

"一个孩子,他的上半身死了,下半身还活着。孩子的尸体有着两条缓慢活动着的红红的小腿。"

"不洁的国王歌革和玛各,他们靠蠕虫和苍蝇活命,他将这两个国王赶进开裂的岩石里,并用所罗门的印将他们封在里面,直至这个世界结束。"

"石头河,石头在有水的地方滚滚地咆哮着,沿沙溪流去。这些沙溪三天朝南方流去,三天朝北方流去。"

"亚马孙族女战士,烧去右胸的女子们,头发短短的,穿着男人式样的鞋。"

"鳄鱼用它们的尿烧毁树木。"

我曾在鲍姆①那里待过,听过如此美好的事情。我一直是体弱的,有那种被约束的感觉,同时还有别的。如果人们失去约束的话,也许情况会更为恶劣。

12月22日。我今天竟然不敢谴责我自己。向这个空空如也的日子喊去,也许会有一种令人厌恶的回响。

12月24日。现在我更加仔细地察看我的写字桌,并认识到,在这张写字桌上写不出什么好东西来。这里处处放着那么多东西,构成一幅失去平衡的、绝对不能容纳那些东西的杂乱无章的画面。在通常的情况下,任何混乱的场面总能容忍那些乱放的东西。看那块绿色的布料上也是乱得很,要多乱有多乱,这也可以说是老剧院的正厅中间或后排座位的情况。但从站立的地方……

〔明日接下去写〕

---

① 奥斯卡·鲍姆(Oskar Baum, 1883—1941),盲诗人,德语文学作家,卡夫卡的好友之一,死于被德国占领的布拉格。

12月25日。……从桌子面板下敞开的格洞里冒出了装订成册的旧报纸、目录、风景画片、信件。这些所有的册页，有的部分已撕碎了，有的部分翻开着，形如露天的阶梯，这种不值一提的状况毁坏了一切。正厅里少数颇为大件的东西以最显眼的姿态矗立在那里，好像剧院里容许这些事情似的：商人可以在观众席里清理他们的账簿，木匠可以锤锤打打，军官可以挥动军刀，神职人员可以在那里向心灵做祷告，学者可以就他的理解侃侃而谈，政治家可以就市民做滔滔不绝的讲话，热恋者可以在那里情不自禁，等等。唯有在我的写字桌上正正当当地放着一面刮胡子用的圆镜子，就像人在刮胡子时用它的那样；刷衣服的刷子面朝上地放在桌子上；小皮夹子放在那里，明显是为了我要付钱的时候准备的；钥匙串里伸出一把钥匙，是准备要用的；领带还有一部分缠在脱下衣服的领子周围。那个最近处较高的、被旁边已经锁上的小抽屉挤得紧紧的嵌板隔成的空间倒不如说是一个废物间。这么说吧，就好像是观众大厅里的低低的楼座，实际就是剧院里最显而易见的地方，是为最下等人、为那些老花花公子保留的地方，他们身上的污秽从里到外地淌出，也为那些粗野的汉子保留，他们将一双脚挂在楼座的栏杆上。人们只能匆匆地一瞥，没法统计有这么多孩子的家庭，他们正在这里制造可怜的孩子们房间里的污秽（这已经闯进了剧院的正厅）。在黑暗的背景里坐着不少患了不治之症的病人，灯光照进去的时候，人们才有幸看见他们，等等。在这个格洞里放着不少废旧的纸张，我若是有个纸篓的话，我早就将它们扔进去了。一些已经折断了笔尖的铅笔，一只空的火柴盒，一个出自卡尔斯巴德的镇纸，一把尺子，尺子边缘凹凸不平，要是用来画一条公路的话，实在太糟糕了，还有许多领扣，磨损了的刮胡刀配件（世界上没有放这些东西的地方）、领夹，还有一个重重的铁镇纸。在这格洞的另一边——

可怜，可怜，可是带着善意。那是在午夜，这时我很舒适地醒来了，这只是白天我根本什么也没写的一个借口。燃烧着的白炽灯，安静的住处，外面的黑暗，清醒状态的最后时刻，它们给我权利去写作，即便那是最可怜的。我赶紧利用这个权利，我也就是这样了。

12月26日。两天半以来，我——自然不是完全地——孑然一身，现在我已经就这样在变化了，即使没有彻底地。独处的时候有一种永远也不会失灵的超越我自己的力量。我内心的东西跑出来了（暂时只是表面的），我准备将更深的东西挖掘出来。我内心中有一种小小的秩序开始形成，我不再需要什么，因为杂乱无章伴随着平庸之才乃是最可恨的东西。

12月27日。我的力量连写成一个句子都不够。是呀，如果这涉及要说的话，如果写下一个单词，这就足够了，就能在安详的意识中转过身去，知道已经完全用自己充实了这个单词就好了。

这个下午我因睡觉耽误了部分时间。清醒的时候我躺在沙发上，思考着我青年时代的一些爱情经历，生气地搁浅在一个错过的机会上（那个时候我有点儿着凉，躺在床上，我的家庭女教师给我朗诵《克莱采奏鸣曲》①，她同时理解地享受着我的激动），想象我的素食晚餐，对我的消化表示满意，可是又担心，我的目力是不是足够我全部的生命。

12月28日。如果我有几个小时表现了体面的举止行为，就如今天和马克斯在一起，以及后来在鲍姆那里，我在去睡觉前就已经傲慢起来了。

---

① 托尔斯泰的小说，发表于1891年。

1911 年

1月3日。"喂。"我说,又用膝盖轻轻地顶了他一下。

"我想告辞了。"在突然说话的时候,从我嘴里飞出少许唾液,这是不好的预兆。

"你可是早就在考虑这个了。"他说着,离开墙壁,伸展四肢。

"不,我根本没有考虑过这个。"

"那你在思考什么呢?"

"我最后还为社群准备了一点点东西。你要做到你能够做到的努力,你不会理解这一点的。我这个来自省城的普通的人,人们每时每刻都可以用那些如在火车站前成百上千地站在一起走下某个班次列车的人中的一个与之交换。"

1月4日。舍恩赫尔的《信念与故乡》。①
在我周围参观画廊的人用潮湿的手指擦拭着眼睛。

1月6日。"喂,"我说着,用膝盖瞄准着轻轻地顶了他一下,"现在我可走了。如果你想一起看看这个的话,就把眼睛睁开。"

"是这样吗?"他问道。同时睁大眼睛,目光直冲着我,可是那目光还是那么微弱,我完全可以一晃胳膊就将它挡回去。"你真的要走吗?我怎么办呢?我不能抓住你。如果我能这样做,我也不应这么做。因此,我只想向你弄清你的感觉,依照什么样的感觉你才能被我拦住呢。"他随即露出一脸低级仆人的模样,这些仆人用这样的嘴脸可以在一个普遍有秩序的国家里使领主的孩子们顺从或害怕。

1月7日。N.的妹妹②,她那样地热恋她的未婚夫,以致她想作出这般安排来,分别与每一个来访者交谈,因为人们在个别人面前能更好地讲述和重复自己的爱情。

就像通过魔术一般(因为既不是外部的,也不是内部的情况阻碍着我,这种情况现在比过去一年来更为令人愉快),我在整个自由自在的一天被阻于写作,这天正是星期天。③——对于不幸生命的一些新认识使我领悟,并感到慰藉,我就是这样的生命。

1月12日。在这些天里,我没有写下许多关于我的事情,部分是出于懒惰(我现在白天睡得那么多那么死,我在睡觉的时候身体更沉重了),但部分也是因为害怕泄露我的自白。这种害怕是理所当然的,因为一种自白只有这样才能最终地通过写作确定下来,那就是,如果它能够在最大的完整性中,直到在所有次要的结果中,并以完全的真实性发生的话。毕竟这样的事情并未发生——我对此无论如何是无能为力的——那么,记录下来的东西按照自己的意图,并以被确定下来东西的优势,只有在这样的情况下取代那种只是一般感受到的东西,那就使真正的感觉消逝,而同时,这种记录下来的东西的无价值性很晚才被认识。

几天前,莱奥尼·弗里蓬演出小型舞剧《维也纳城市》。一堆扎起来的鬈发发型,不怎么样的紧身胸衣,非常陈旧的衣服,但由于运用悲剧动作,显得很漂亮,眼皮显出疲劳,长腿做弓箭步,手臂沿着躯体做娴熟的伸展。在含糊的地方挺直脖颈所表现的含义。

---

① 卡尔·舍恩赫尔(Karl Schönherr, 1867—1943)的悲剧,于1911年1月1日起在布拉格演出。根据布罗德的日记,他们去看了1月5日的演出。
② 马克斯的妹妹苏菲·布罗德(Sophie Brod, 1892—1963)。
③ 这天实际应是星期六。卡夫卡可能写错了日期。

唱的是：卢浮宫里的纽扣收藏。

席勒像，是沙多于一八〇四年在柏林画的，那时他在柏林很受尊敬。人们无法比用这个鼻子更为有力地抓住这张脸了。鼻中隔由于在工作时有摸鼻子的习惯而有点耷拉下来，刮过的脸孔可能使这个和蔼可亲的、面颊有点凹陷的人显得老态龙钟。

1月14日。贝拉特的小说《夫妻》。许多糟糕的犹太人的东西。一种突然的、千篇一律的、滑稽的、做作的表现，例如大家都兴高采烈，有一个在场的人却不高兴。或者，这时来了一位斯特恩先生（我们从小说的框架里已经熟识了这位先生）。就是在汉姆生那里也有类似的情形，可是这在那里是如此地理所当然，就像是木头里的结节，在这里却是渗透到小说的情节里去了，就像是一种时兴的药滴进了糖里。——毫无缘由地抓住一些离奇的用语，例如：他尽力地关心她的头发，尽力地，而且一再尽力地。——有些人，并没给他们照上新的光辉，他们便顺利地出场了，那么顺利，以致连一段段的错误也无关紧要了。次要人物多无吸引力。

1月17日。马克斯给我朗诵《告别青年时代》的第一幕。我今天这个样子怎么能去听这个呢；在我找到我身上真正的感受之前，我肯定要找上一年，而且应该在很深的夜里坐在咖啡馆里，受着一种糟糕透顶的消化胡乱的折磨，对于一部如此伟大的作品，不管怎么说，总可以有理由留坐在我的沙发椅上的。

1月19日。因为我看来彻底地完了——去年我每天醒着的时间连五分钟都不到——我每天想我要么肯定离世而去，要么，即使我不能从这里面看到最微薄的希望，我一定要重新从小孩开始。在这种情况下，我外表上对此要比那个时候显得更为轻松。因为在那个时候，我几乎还没有一点儿的预感去努力于那种一个字一个字跟我的生活联系在一起的、我应该将之拉向我的胸口的、令我着迷得离开我的位置的描述。我带着怎样的悲痛（不过与现在的悲痛无法作比）开始了呀！何等的冷酷从我写的东西里整天追逐着我呀！危险是多么大，而且它的作用很少中断，以致我根本感觉不到那种冷酷，这当然完全不会使我的不幸减少许多。

有一次我构思一部小说，在小说中，两个兄弟斗来斗去，他们中的一个去了美国，另一个则待在欧洲一处的监狱里。我只是有时候开始写上几行，可是这使我马上感到疲乏。有一次，在星期天的下午，当我们去看望祖父母并如往常一样在那里吃过用奶油涂抹的一般的，可是特别软的面包之后，我又这样写上一些关于我设想的监狱的东西。我现在可以这么做了，我可能主要是出于自负这么做的，我在桌布上将纸移来移去，敲着铅笔，在灯下环顾四周，想吸引谁来将我写的东西拿走看一下，并对我表示赞赏。在这几行里主要是写监狱的走廊，首先是那里的安静和寒冷；对于留下来的兄弟还说了一句同情的话，因为这是一个好兄弟。我大概曾对我所描写的东西失去价值有过瞬间的感觉，可是我在那个下午之前对这种感觉从没有过多地注意，如果我处在我已习惯的亲戚中（我害怕得如此厉害，使得他们在习以为常的情况中让我感到一半的幸福），坐在熟悉的房间里圆桌的周围，而且我不能忘了，我是个年轻人，有责任从这个目前不受干扰的环境里成长为大人。一位喜欢取笑的叔叔终于从我这里取走了那页纸，我只是松松地捏着它。他仓促地看了一下，又还给了我，甚至连笑声都没有，只是对着另一些用目光追着他的人说"一般的东西"，对我却什么也没说。我一动不动地坐在那里，仍像早先那样匍匐在我那页如此便没了用的纸上，可是我真实地感觉到被一棒子赶出了这个集体。叔叔的判决带着已经几乎是现实的意义一再地在我心中回荡，在这种家庭情感里，我本人就已深刻地认识到我们这个世界冰冷的空间，我一定要用一把火来温暖这个空间，这火正是我要去寻找的。

2月19日。我今天想从床上爬起来的时候，我一下子晕倒了。①原因非常简单，我工作完全超负荷了。不是办公室②的工作，而是我的其他的工作。在这方面来说，办公室的工作所占的部分是无辜的，比如如果我不一定非要去的话，我可以安逸地为我的工作活着，不一定要在那里度过这每天的六个小时，特别是在星期五和星期六的时候，这些时间令我尤为痛苦。您无法想象，因为我被我的事情塞得满满的。最终，是呀，我明白了这一点，这只是废话，我感到歉疚，办公室对我有着最清楚、最正当的要求。只是，它对我来说正好是一种可怕的双重生活，从这双重生活里出来的路大概唯有精神错乱了。我是在美好的晨光里写下这些的，何况，如果这些不是那样的真实，如果我不像一个儿子那样爱您，我就肯定不会写这些。

另外，我明天肯定又会好了，我去办公室，我在那里首先会听到的是，您要把我从您的部门除去。

2月19日。那是我灵感的一种特殊表现。在这灵感里，我这个最幸福和最不幸的人现在深夜两点去睡觉（它大约会留下，如果我只一味地沉入如此的想象，因为它比以往任何时候都高涨），这表现就是，我能做一切事情，不只是某种特定的写作。如果我不加选择地写下一个句子，例如："他从窗口望去"，这样，它已经是完美的了。

"你还要长久地留在这里吗？"我问。在突然的谈话中，从嘴

---

① 卡夫卡写给当时上司欧根·普弗尔（Eugen Pfohl，1867—1919）的信的草稿。
② 指卡夫卡当时任职的劳工事故保险局。

里喷出的少许唾液——不好的预兆——飞了出去。

"打扰你了？如果这打扰了你或可能妨碍你上去的话，我立刻就走，不然的话，我还愿意留着，因为我累了。"

但最后他还是可以满意的，我认识他越清楚，他总是会更加地满意。因为他认我显然也越来越清楚，他一定能将我和我所有的知识了解透彻。否则这到底该怎么解释呢？我还逗留在街头，好像在我面前没有房子，而只是火。要是人们进入一个社交圈子，那么，他就简单地踏进这房子，登楼梯而上，几乎觉察不到，他的思想是那么激烈地活跃着。只有这样，他的行动确确实实才是违心的，而且是反对这个社交圈子的。①

2月20日。在卢塞纳演出的梅拉·马尔丝。②一位诙谐的悲剧女演员，她在某种程度上像悲剧女演员们有时在舞台后面展示自己那样，在一种反转的舞台上登场的。上场的时候，她的脸孔显得疲惫，甚或平淡、空洞又衰老，像这样的面孔，对所有自觉的演员来说是一种理所当然的开端。她说话很尖厉，她的动作也是如此，从完全弯曲的大拇指开始，这只大拇指好像顶替了骨头而有着强烈的肌腱。灯光的转换和周围表演的肌肉的动作，使她的鼻子赋有特别变化的能力。且不管她那永远闪光的动作和语言，她的尖厉仍然是温柔的。

小城里也有供散步者散步的小环境。③

在散步场所，我身旁的有朝气的、纯洁的、穿着整齐的年轻

---

① 这最后一段是卡夫卡划掉了的。
② 卢塞纳（Lucerna）是布拉格的一处娱乐场所，包含歌舞剧院、电影院和咖啡馆。
③ 可能是卡夫卡1911年1月至2月到弗里德兰出差时留下的印象。

人，使我回忆起我的青年时代，而且也因此给我一个倒胃口的印象。①

克莱斯特②年轻时代的信，二十二岁的时候。放弃军职。在家中有人问："那究竟你要靠什么样的学科为生，人们认为那是理所当然的。你可以在法学和国民经济学之间选择，但你在宫廷里有靠山吗？"我开始有点发窘地做了否定，但接着越来越骄傲地解释道，我如果也有靠山的话，以我现在的理解，我要去指望它就一定会感到羞愧。有人微笑，我感觉到，我过于仓促了。这样的实话，人们是必须小心翼翼地说出去的。③

2月21日。我在这里的生活就是这样，好像我有了第二次生命且完全是确凿无疑的。就如我，比方说忘怀了那次在巴黎的糟糕的逗留④，很快我又要争取再去一趟。在这种情况下，看看投在街道路面上的被明显分开的光亮与阴影的部分。

瞬息之间，我感到浑身禁锢在甲壳之中。

例如手臂的肌肉离我是多么遥远啊。

马尔克·亨利-德尔瓦德⑤在观众中通过空空的大厅产生的悲

---

① 马克斯认为这里是卡夫卡对1910年巴黎旅行的回忆，但也有可能指的是卢塞纳。
② 海因里希·冯·克莱斯特（Heinrich von Kleist, 1777—1811），德国剧作家、小说家、诗人。
③ 引自克莱斯特1799年3月写给克里斯提安·恩斯特·马提尼（Christian Ernst Martini）的信。
④ 1910年10月，卡夫卡和马克斯及其兄弟前往巴黎旅行期间，因病不得不独自提前返回布拉格。
⑤ 马尔克·亨利和玛丽亚·德尔瓦德都是当时知名的歌舞表演艺人。

剧感觉增强了严肃歌曲的效果,却损害了娱乐歌曲的效果。亨利在说开场白的时候,德尔瓦德正在一幅大幕的后面,她并不知道,这幅幕布被灯光照得通亮,她整理了一下头发。—— W. 是主办人①,他出现在观众稀稀拉拉的晚会上,留着亚述人的胡子,这胡子通常是乌黑的,现在看上去灰黑相间。——好吧,让这样的氛围高涨上去吧,这要持续二十四个小时,不,不会这么久的。——许多豪华的衣服,布列塔尼人的服式,最里面的衬裙是最长的,使人从远处就可以推断出这种富有。最初,德尔瓦德穿一身裁剪宽肥的绿衣裳陪着,而且瑟缩着,因为要省去一个陪伴的人。——巴黎街道的喊叫声。报童忽而消失。——有人跟我说话,我还没做一次深呼吸,我就被遣走了。——德尔瓦德是可笑的,她带着老处女的微笑,德国小型歌舞场上的一个老处女。她从幕后拿来一条红色的披肩披上,她革命了。用同等坚韧的而不是切碎的声音朗诵道滕代②的诗。只有在开始时她坐在钢琴旁边才像个女性,显得可爱。在唱《在巴蒂诺尔》③ 这首歌的时候,我感觉到巴黎就在我的喉咙口。巴蒂诺尔应该是退休的人住的地方,尽管那里有很多浪人④。布吕昂⑤为每一个区都作了歌。

城市的世界⑥

奥斯卡·M.,一个年龄较大的大学生 —— 如果人们走近去看他,就会在他的一双眼睛前面感到恐惧 —— 在一个冬日下午正飘大

---

① 伊曼纽尔·韦茨勒(Emanuel Wetzler),当时布拉格最大的乐器行老板。
② 马克斯·道滕代(Max Dauthendey,1867—1918),德国抒情诗人、画家。
③ 一首法国香颂。巴蒂诺尔(Batignolles)位于巴黎17区。
④ 指巴黎的抢劫犯、骗子和皮条客。
⑤ 阿里斯蒂德·布吕昂(Aristide Bruant,1864—1901),法国歌手、作曲家,在蒙马特高地经营了一家歌舞夜总会。
⑥ 这个残篇可能与后来的《判决》有关。

雪的时候站立在一片空地上，穿一身冬衣，还加上一件冬天的外套，脖子上围一条围巾，头上戴一顶皮帽。他沉思地眨着双眼。他那样地沉浸在自己的思绪里，竟使他有一次拿下帽子，把它卷曲的毛在自己的脸上蹭来蹭去。最终，他好像做出了一个决定，用一个舞蹈的转身动作走向回家的路。

当他打开他父母亲卧室的门时，他看见父亲正坐在一张空桌的前面，那张挂满赘肉的脸刮得光光的。父亲将脸转向门，还没等奥斯卡的脚伸进房间，就开口了："终于来了，停住，我请你站在门那里，我对你是这样火大，我无法控制住自己。"

"可是父亲。"奥斯卡说，在讲话的时候他才注意到自己是怎样跑来的。

"静一下，"父亲叫住他，并站了起来，身子竟把一扇窗户挡住了，"我叫你安静。丢开你那个'可是'，明白吗？"这时，他用双手抓住桌子，向奥斯卡挪近了一步。"我再也无法忍受你游手好闲的生活了。我是一个老人。我想从你身上得到一种老年的慰藉，可是，对我来说，你比我所有的疾病还要可恶。唉，竟生了这样一个儿子，懒惰、奢侈、狠毒，而且（我为什么不应该跟你坦率地说这些哩）愚蠢，你是要用这些表现将老父亲逼进坟墓啊。"这时，父亲突然不做声了，但他的脸在动，好像还在说话。

"亲爱的父亲，"奥斯卡说着，并小心地走向门，"请平静一下，一切都会好起来的。我今天突然产生一个想法，它会使我成为一个实干的人，就像你所希望的那样。"

"什么样的想法？"父亲问，同时看着房间的一个角落。

"请信任我，在吃晚饭的时候，我会把一切跟你讲清楚的。在我内心深处，我一直是一个好儿子，只是无法从外部表现出来。我是那么痛苦，我已经无法使你高兴，我只好惹你发脾气了。可是现在请让我还是散一会儿步去，好让我把思路理得更为清晰。"

这位父亲起先坐在桌边，渐渐留意起来，现在站了起来。"我不相信，你现在讲的这些有什么意义，我宁愿把它当作废话。但你毕竟是我的儿子。——你准时来，我们在家吃晚饭。然后，你可以说你的事情了。"

"这小小的信任已经使我满足，我打心里感谢。但从我的眼神就该看出来了，我已经在全心全意地从事一种严肃的事业。"

"我暂时什么也看不见，"父亲说，"不过，这可能是我的罪过，因为我已有太久不曾正眼看你了。"同时，如他往常习惯的那样，用有节奏的敲桌面的声音来提请人注意，时间是怎样流逝的。"但最主要的是，我对你完全失去了信任，奥斯卡。如果我对你大声吼叫了——像你来时那样，我已经对你吼叫过了，不是吗？——我这么做不是希望你会因此改好，我这么做只是想着你可怜而善良的母亲。她现在大概还没有直截了当地为你感到悲痛，可是为防止这种悲痛所作的努力正慢慢地化为乌有，因为她相信，无论如何，那会对你有所帮助。如果你没有用你的承诺去惹我的话，我也许出于对自己的考虑就不再回想这些事了。"

说到最后一句话的时候，女仆正进来看炉子里的火。她还没有离开房间，奥斯卡就大声说道："可是，父亲！我也没有预料到的。如果我也许只是突然有一个小小的想法，我们就说，那是我博士论文的想法，我把这篇论文搁在我的箱子里已经十年了。它需要的想法如盐那么多。因而有可能，又或许不是这样，我从散步途中跑回家里，就如今天发生的那样，并说了：'父亲，我幸运地突然有了这个和那个想法'，这才是可能的吧。如果你接着用你令人敬畏的声音将刚才的指责劈头盖脸地向我泼来，那我突如其来的想法会一下子消逝，我就得马上随便怎样道歉一下，或不作任何道歉地走开了。现在正相反！你说的反对我的一切，都有助于我思想，这个思想并没停下来，它不断强烈地充满我的头脑。我要走了，因为在单独一人的情况下，我才能把它理出头绪来。"他在这个温暖的房间里呼吸的时候吞咽了一下。

"在你脑子里的,也可能是一团乱七八糟的琐事,"父亲瞪大眼睛说道,"我已经相信,它把你紧紧缠住了。可是如果有什么出色的事情竟然误走到你的脑子里的话,那么过了一夜它又会离你而去的。我太了解你了。"

奥斯卡转过头去,好像有人抓着他的脖子。"现在放了我吧,你没有必要把我钻透了。唯一的可能性是,你能准确地预言我的最后结局,这种可能真不应该诱使你打扰我好好地思考。也许我的过去给你这样的权利,但你不该利用它。"

"这个时候,你最好看看,你的摇摆不定是多么厉害,如果它逼迫你如此跟我说话。"

"没有什么逼迫我。"奥斯卡说,并缩了一下脖子。他也凑近到桌边,让人无法知道桌子是谁的。"我所说的话,都是出于对你的敬畏,甚至是出于对你的爱而说的,就如你以后也会看到的那样,因为在我的决定里,对你和妈妈的考虑占着绝大的成分。"

"那我现在就要感谢你了,"父亲说,"你的母亲和我到了那个适当的时刻对此还有能力,那也许是非常不可能的了。"

"父亲,请让未来还是睡它应该睡的觉去吧!要是人们提前去唤醒它的话,那人们得到的就是一个睡过头的当代。还得要你的儿子跟你说这个吗!我也不曾想要你信服,而只是想要告诉你新的消息,你必须承认,这至少让我成功了。"

"现在,奥斯卡,从根本上说,让我惊异的只还有一点:你为什么过去不经常带着像今天这样的事情朝我这里跑呢?这件事情那么符合你迄今的本性。不是,事实上,我当真这么在问。"

"是呀,你也许会把我狠揍一顿,而不听我说?我跑到这里来,天知道,原是为尽快地让你高兴。不过当我的计划还没有完善的时候,我是无法向你透露任何东西的。你为什么要惩罚我的好意哩,而且还要从我这里得到解释?这种解释还可能损害我计划的出台。"

"别说了,我根本不想知道什么。但我得很快地回答你,因为你已退到门口了,显然有些很急的事要办,你用你的花招平息了我一开始的怒火,现在我的情绪比早先还要沮丧,因此,我请你——如果你这么坚持的话,我也只能袖起手来了——,至少也别跟你母亲说什么有关你的想法。跟我说了就停下来吧。"

"这样跟我说话的人,那不是我的父亲。"奥斯卡叫起来了,他已将他的手臂放在了门把手上。"中午之后在你身上发生了什么事情,或者说,你是我在我父亲的房间里现在第一次遇到的一个陌生人。我真正的父亲——"奥斯卡张着嘴巴沉默了一会儿,"他真该拥抱我的,他该把母亲叫来。你做了什么,父亲?"

"我想,你更应该与你真正的父亲一起吃晚饭,那才会更加令人高兴哩。"

"他也会来的,他是一定要来的,而且母亲也一定得来。这个弗兰茨,我现在就去叫他。就这样。"接着,奥斯卡用肩膀挤了一下微启的门,就好像他打算去挤压这扇门似的。

来到弗兰茨的住所,他向矮小的女房东欠了欠身子,说道:"工程师先生正睡着觉,我知道,这没关系。"他不顾那位对他的来访不满的女房东,在前厅徒劳地走来走去,竟打开了那扇玻璃门。这扇门就像有一处敏感的地方被抓住似的,在他的手里颤栗。他也几乎不顾房间里面的情况,就叫了起来:"弗兰茨,起来。我需要你专家的主意,可是我在你的房间里受不了,我们一定要散一小会儿步,你也必须跟我们一起吃晚饭。快点吧。"

"很乐意,"从皮沙发上传出工程师说话的声音,"那么,首先做什么?起身、吃晚饭、散步、给出主意?有些事情我也会漏听了。"

"首先是不要开玩笑,弗兰茨。这是最重要的,我把这个忘了。"

"我马上让你满意。但得要起身呀!——也许我起身一次还不如到你那里吃两次晚饭哩。"

"你现在就起来！不要顶嘴。"奥斯卡从前面抓住这个弱小男子的衣服，将他拽起来。

"你真是粗暴，你知道吗？真佩服，我这样从沙发上拉扯过你一次吗？"他用两个小指拭着还没睁开的眼睛。

"可是，弗兰茨，"奥斯卡的脸已变了形，"穿上你的衣服。我可不是傻瓜，会无缘无故地叫醒你。"

"我也不是无缘无故睡觉的。我昨天晚上加班了，直到今天中午也没睡觉，而且也是因为你的缘故——"

"怎么说？"

"啊哈，什么，你这么少地顾及我，我已经生气了。这不是第一次呀。当然，你是一个自由的大学生，可以做你想做的事。不是每一个人都是如此幸运的。可是人们在这时候必须要有所顾忌，真见鬼！我虽是你的朋友，但人们并没有因此剥夺了我的职业呀。"他指出这一点，还摇晃着他那双张开的手。

"按你那张能说会道的嘴巴，我会相信你没有睡足？"奥斯卡说着，就坐到了一根床栏杆上。他从那里看着工程师，好像他比刚才有了更多一些时间。

"你究竟想要我干什么呢？或者说得更确切些，你为什么要把我弄醒？"工程师问道，并使劲地搓着那山羊胡子下面的脖子，在一觉醒来之后，他顿时感觉到了跟身体的一种较近的关系。

"我想要你干什么，"奥斯卡轻声说道，并用脚后跟跺了一下床，"很少。我在前屋已经跟你说了：穿衣服。"

"如果你，奥斯卡，想用此来表明，我对你的新鲜事很少感兴趣，那你完全说对了。"

"那好吧，要将你放进去的那把火将完全算在那件新鲜事的账上，我们的友谊不会搅和进去。情况越来越清楚了，我需要清楚的答复，这点你记住。可是如果你要找领子和领带的话，它们就在那里的椅子上。"

"谢谢,"工程师说,并开始系上领子和领带,"我毕竟可以信赖你了。"

3月26日。鲁道夫·施泰纳博士①要在柏林作神智学报告。雄辩的效果:愉快地讨论反对的人们不同的看法。听者对这种强烈的反对状况感到吃惊,听者陷入担心,完全浸在这些不同的看法里,好像除此而外,别的什么都没有了。听者现在认为一种辩驳完全是不可能的,他们更满足于对捍卫能力粗略的说明。此外,这样的雄辩效果正适应了虔诚心境的准则。——继续不断地看着面前的手掌——错过最后的结束。一般来说,在讲演的人那里说出来的句子都从它那个大的开头字母开始,句子所经之处转弯抹角,走得那么遥远,超出听者之外,又以最后的结束点回到讲演人身边。但要是错过了这一点,那么,再也把握不住的句子就直接随整个呼吸向听者吹去。

路斯和克劳斯以前的讲演。②

我们现在几乎习惯了在西欧的短篇小说里,立刻从描写之中或描写之外去寻找而且找到犹太问题的解决,只要这些小说与一些犹太人群体有关。但在《犹太女人》③里却看不出这样一种解决来,甚至连推测也推测不出来,因为正是那些与这样一些问题打交道的人在小说中站得离中心点较远。在那里,发生的事件已经较快地转

---

① 鲁道夫·施泰纳(Rudolf Steiner, 1861—1925),人智学的创始人,用人的本性、心灵感觉和独立于感官的纯思维与理论解释生活。
② 阿道夫·路斯(Adolf Loos, 1870—1933),奥地利建筑师,19世纪末欧洲最具影响力的建筑理论家之一,被视作现代建筑风格的先驱。卡尔·克劳斯(Karl Kraus, 1874—1936),奥地利作家、记者,以其讽刺风格而著称。
③ 马克斯·布罗德1911年出版的小说。

变过来了，这样，我们虽然能更为清楚地观察他们，却再也找不到机会，从他们那里得到一个有关他们奋斗志向的稳妥答案。我们果断地说，从这里面认识到这种短篇小说的一种不足，而且感觉到对这样一种指摘有更多的理由。当今天自从犹太复国主义存在以来，这种解决的可能性是那么清楚地围绕在犹太问题的周围，以致作家为了找到适应他的小说那种解决的可能性，最终只要走出几步。

但这种不足还出自另一种原因。《犹太女人》缺少非犹太的观者，缺少那些受人尊敬的、对立的人。他们在别的短篇小说里引出有关犹太人的话题，对他们来说，这是深入到一种惊奇、怀疑、嫉妒、恐怖的领域，最终被置于自信的境地。不管怎么说，这个话题正是在他们的面前才能在它整个持续的过程中确立起来。我们所要求的正是这一点，另一种解释犹太族群的方法，我们是不承认的。我们不仅仅是在这种情况下引用这种感觉，它一般来说至少是处在一种思潮之中。如此，在意大利的一条人行道上，有蜥蜴抽搐在我们的脚前令我们非同寻常地高兴，我们不断想俯下身去，但我们看见它们在一个商人那里被成百条地放在大玻璃瓶里爬来爬去，人们一般会习惯在那些玻璃瓶里放进黄瓜，这样我们就不知所措了。

两种不足融汇成第三种不足。《犹太女人》可能缺少那个最前面的青年人，他通常在小说中将最好的东西吸引在自己的身边，而且在一种美好激进的思潮里逼近犹太圈子的边缘。正是这一点不让我们理解，这部小说可以缺少这样的年轻人，这里我们更多地预料到了，而不是见到了一个错误。

3 月 28 日。画家 P. 卡林①，他夫人，上部两只宽大的前门牙，

---

① 理查德·波拉克·卡林（Richard Pollak Karlin，1867—1943），布拉格画家。他的妻子海尔达·柯达伊·波拉克（Hilda Kotányi-Pollák，1874—1943）也是一名画家。

这使那张大脸,更确切地说是平的脸孔显得更尖细了。内廷参事B.夫人,作曲家①的母亲,岁月将这位母亲的骨架雕刻得如此明显,使她至少在坐着的时候看上去像一个男人。

没有出席的学生们是那样地需要施泰纳博士。——在演讲时,死去的人是那样地拥挤着他。这是求知欲?但他们有那样的必要吗?看来是这样。——睡上两个小时。自从有人给他停过一次电后,他身边总带着一支蜡烛。——他站得离耶稣挺近。——他在慕尼黑上演过他的剧本(那时,你可以研究上一年也不会弄懂它的意思),他设计了服装,写了音乐。——他教过一位化学家。——洛维·西蒙,巴黎蒙赛码头的肥皂商,从他那里得到过最好的商业忠告,他将他的作品翻译成法文,因此这位宫廷参事夫人在她的笔记本里写下了这样的句子,"人们怎样获得较高级世界的知识②?在巴黎的S.洛维那里。"

在维也纳共济会有位神智学者,六十五岁,身体非常健壮。过去他曾是一位脑满肠肥的豪饮者,他不断地信神,又不断地怀疑。如有一次在布达佩斯的大会期间,他于一个有月色的晚上在布罗克斯山上吃晚饭的时候,施泰纳博士出乎意料地来到这个聚会,他出于恐惧,拿着带把手的啤酒杯子,躲在一只啤酒桶的后边(尽管施泰纳博士并没为此发脾气)。这应该是非常有趣的。

他大概不是当今最伟大的思想研究者,但他担起了唯一的任务,就是将神智学与科学统一起来。因此他也知道一切。——有一次,一位植物学家、一位神秘的大师,来到他家乡的村庄。这位大师使他大彻大悟。——我将要探访施泰纳博士,这位太太以此作起始的回忆。——当一种流感在太太这里露出苗头的时候,太太的医生向施泰纳博士讨问了一种药剂,给太太开了那剂药,太太很快就

---

① 朱利叶斯·比特纳(Julius Bittner, 1874—1939),奥地利作曲家。
② 此句是鲁道夫·施泰纳一书的标题,1909年在柏林出版。

康复了。——一位法国女人向他用"Au revoir"① 告别。他在她的后面挥了挥手。两个月后，她死了。还有一件类似的事情在慕尼黑发生。——一位慕尼黑医生用施泰纳博士指定的色彩治病。②他还将病人送进绘画陈列馆，并附上处方，要在一张指定的画前全神贯注地看上半个小时或更长时间。

亚特兰蒂斯的没落，雷姆利亚大陆的没落，以及现在由于利己主义表现的没落。——我们生活在一个决定性的时刻。只要阿利曼③的力量不越来越大，施泰纳博士的尝试就会成功。——他喝两升杏仁奶，并吃长在高处的果子。——他用思维方式与他的不在场的学生交往，他将这些思维方式传递给他们，而不用在它们生成后继续与他们打交道。不过这些思维方式不久就会自耗而尽；他必须再造它们。

F. 夫人④："我的记忆力很坏。"

施泰纳博士："您别吃鸡蛋。"

我拜访施泰纳博士。

一位女人已在那里等着（在荣曼街上的维多利亚旅馆的三楼），她却急忙请我在她之前进去。我们等着，女秘书来了，她用空话敷衍着我们。在走廊里就那么一瞥，我看见了他。他马上张开手臂朝我们走来。那位女子解释说，我是第一个到的。我立即随他而去，他将我引进他的房间。他在讲演的那天晚上穿的那件外套像打过蜡的黑色夫拉克长袍⑤（不是打过蜡，而只是通过它的纯黑色才闪闪发光），现在在白日的光线下（下午三点钟），竟可见斑斑点点，

---

① 法语，再见之意。
② 菲利克斯·佩珀斯医生（Felix Peipers, 1873—1944），除了首先使用人智学疗法外，他还在施泰纳的指导下使用特殊的色彩疗法医治病人。
③ 波斯恶魔名，即黑暗之神。
④ 一位范塔（Fanta）夫人。
⑤ 19世纪流行的一种男装礼服外套。

尤其是背部和肩膀处积满了尘土。

在他的房间里，我寻找我无法感觉到的谦恭，并为我的帽子找到一个可笑的地方，我将它放在了一个系靴子时用的小木头架上。桌子放在中央，我坐下，目光朝着窗户，他坐在桌子的左边。桌子上的纸都画有图样，使人回忆起那些关于神秘生理学的讲演。《自然哲学年鉴》这本小册子盖住了一小堆书籍，看来，这些书籍也是到处放置。只是人们不能在这里到处看，因为他总是企图用他的目光来阻挡别人。但如果他有时候并没这么做，那么，别人就得注意收回自己的目光。他开始说些无关紧要的句子：您就是那位卡夫卡博士？您早已研究过神智学了吗？

但我推出自己已准备好的讲话：我觉得，我生命中的一大部分是在奋力地奔向神智学，可是同时我在它的面前又有着最大的恐惧。就是说，我害怕从它那里产生一种新的混乱，它对我来说会很糟糕，因为我目前的不幸也正包括了这种混乱。这种混乱如下：我的幸运，我的能力与不管用什么方式加以利用的每一种可能性，从来都在文学方面的事业中。在这里我当然经历了一些（不太多的）情况，这些情况，据我看与您，博士先生，描绘的预见的情况很相近。在这样的状况中，我完全陷在每一种突如其来的想法中，但我也使这每一种突如其来的想法得以实现。而且在这样的状况下，我感觉自己不仅达到了我自己的边界，而且也达到了人的边界。只是缺少了热情冷却下来那种状况，大约是预言家所特有的，即使不完全是那样。我从这里得出这样的结论，我不会在那种状态中写出我最好的东西。——那么，我也不能完全地献身于这样的文学事业，如必须的那样，而且从各种原因来说都是否定的。除了我家庭的情况之外，我已经由于我工作的缓慢进展和这种工作的特殊性质而不能靠文学生活；此外，还有我的健康状况和我的性格阻碍我为一种处在最顺利状况中尚不能把握的生命献身。我因此成了一个社会保险机构里的职员。现在，这两种职业从不互相容忍，也不容许一种共同的幸福。一个里面的最小的幸福成了第二个里面的最大的不幸。如果我在头天晚上写出了好东西，第二天我在办公室里就十分焦躁，并什么也干不出来了。这种摇摆不定的状况变得越来越厉害。在办公室里，外表上我符合我的职责，却不能满足我内心的职责，而且那个未实现的内心的职责变成了一种不幸，这不幸不再因我而起。我现在应该将神智学作为第三种职责引进这两种永远也平衡不了的努力里去吗？难道它不会对两方面造成妨碍，或者本身受到这两者的妨害吗？我已经成了当前如此不幸的人，还能把这三者引往一个结果吗？我来这里，博士先生，向您询问这个，因为我预感到，如果您以为我在这方面有能力的话，我也可以真的为此承担起责任来。

他听得十分专注，也不直接地，哪怕是微微地向我看一下，完全沉浸在我的话语里。他不时地点着头，他好像将此看作是一种增强注意力的辅助剂。在开始的时候，一阵暗暗伤风的感觉妨碍了他，鼻涕从鼻子里流出，他不停地用手帕堵擦鼻子，用一根手指掏着两个鼻孔。

5月27日。今天是你的生日①，但我甚至连一本寻常的书也没送你。因为这也许只是表象，基本上我连送书给你的能力也没有。只因为我是那么地需要今天片刻地待在你的身边，哪怕只是用那一张卡片，我写，而且只因此而开始了悲叹，好让你马上认出我来。

8月15日。现在这时间在消逝，而且在这时间里我写不出一句话来。它对我曾是那么重要，因为我在布拉格、柯尼斯萨尔和采诺希芝的游泳学校，不再为我的身体而羞愧。就像后来一样，我现在以二十八岁的年龄追补我的教育，在赛跑中，人们会称这为迟到的

---

① 布罗德的生日。这是卡夫卡写给他的一封信的草稿。

起点。这样一种不幸的损害大概并不在于人们不会取胜。这种最后的不幸其实只是那种现在还看得见的,清晰、健康的,后来却变得模糊不清的、无边无际发展的不幸的核心。这不幸驱使一个人进入圈子的内部,而这个人却应该围着这个圈子跑。此外,我在我身边的这段小部分也颇幸福的时间里也发现过许多别的东西,并想在以后的几天里将它写出来。

8月20日。我有着这样不幸的信念,就是我没有时间去写最微不足道的好的作品,因为我确实没有时间去为一个故事,将我向世界的各个方向伸展,像我一定要去做的那样。但我后来又相信,我的旅行会变得更好①,我会更好地去理解,如果我因为写了一点儿东西而感到松弛下来,那么,我会再试一下的。

我看见他的时候,就预感到这些劳累,为我的缘故,他将这些劳累承担在自己身上。大概只是因为他疲倦了,这些劳累现在给了他沉着自信。我也许并不满足于一种小小的紧张,欺骗也许成功了,大概还是现在才成功的。我要为自己辩护吗?我虽然执拗地站在这里、这座房子前面,但我同样固执地迟疑不决地往上走。我等待着,直至客人唱着歌来接我?②

我读了有关狄更斯的东西。那是多么地难懂,一个局外人可能理解它,从故事一开始人们就在通过自身经历了一个遍,从遥远的一点到行驶过来的由钢铁、煤炭和蒸汽组成的火车头。但就是到现在也还没有离开这个故事,而且还被这个故事驱使着,而且也有这样的时间让它驱使,在自身的推动下从它那里驶出,不管它向哪里撞去,也不管人们将它引往何处。

---

① 指卡夫卡1911年8月至9月和布罗德一起的旅行。
② 这段文字属于1910年7月至1911年2月之间叙述的部分。

我不能理解这个，甚至也不相信这个。我有时只是生活在一个小小的字词里，在这个字词的变音里（上面说的"撞"字），我，比如说，在一瞬间丢失了我无用的脑袋。第一个和最后一个字母就是我的鱼一般感觉的开始和结束。

8月24日。和熟人坐在露天咖啡馆的桌边，看见一位妇女坐在旁边的桌旁。她刚来不久，在高耸的胸脯下起伏着粗沉的呼吸，散发着热气的褐色脸孔泛光，她斜着身回过头来，可见一条明显的胡须印痕，她向上转动眼睛，她有时几乎就是这样地看她丈夫。她丈夫这时正在她旁边读一份有插图的报纸，就好像有人让他相信，在他夫人旁边的人在咖啡馆里最多能读读报纸，而决不能读一份杂志。一会儿，她肥胖的身体使她醒悟过来，她稍稍地挪动了身子离开桌边。

8月26日。明日我应该去意大利。①现在是晚上，父亲由于激动不能入睡，因为他完全被商务的烦恼和他的因此而引起的疾病困扰着。他心口蒙着一块湿布，恶心，缺氧，呻吟着走来走去，母亲在恐惧中寻找着新的慰藉。他从来都是那么有精力，他曾不理会一切，而现在——我说，有关商业的困扰还可能持续一个季度，以后一切肯定会好起来的。他唉叹地走着，来来回回地摇着头。这很清楚，在他看来，他的担心不会通过我们而减少，甚至也不会减轻，但即使从我们这里看来不行了，还有一些悲观的信念藏在我们最好的愿望里，那就是，他必须关心他的家庭……从频频的打哈欠中，或从他平时那种并不令人厌恶的抠鼻子的动作中，父亲对他的状况做出了一种小小的、几乎是不自觉的安慰，尽管他在健康的时候一

---

① 和布罗德一起的旅行。卡夫卡写错了这里的日期，应该是8月25日。他是8月26日动身的。

般不做这些动作。奥特拉①向我证实了这一点。——可怜的母亲想明日去房东那里请求。

利用每年夏天或秋天的短期休假做一次共同的旅行，这已经成了罗伯特、萨穆埃尔、马克斯和弗兰茨这四位朋友的习惯了。在平常的日子里，他们的友谊绝大部分体现在每个星期的晚上，他们四人聚集在一起，绝大多数是在萨穆埃尔那里。他是最富有者，拥有一间较大的房间。他们在一起互相讲述各种不同的事情，也有节制地喝些啤酒。他们有时候聊至半夜，分手时也完不了，因为罗伯特是一个团体的秘书，萨穆埃尔是一家商业办公室雇员，马克斯是公务员，弗兰茨是一家银行的职员，他们每一个人肯定要迫不及待地讲述一个星期中他们的工作所经历的几乎所有的事情，这些事情对另外三个人来说，不仅是陌生的，而且没有烦琐的解释也是理解不了的。但他们在一起首先出现的就是这些职业的不同之处，每一个人都不得不向其他的人一再描述他自己的职业，而这些描述总不能被其他人从根本上理解。他们只是些懦弱之人，但正因为如此，出于美好的友情，这些描述总一再地受到欢迎。

相反，女人的故事很少被讲述。即使从萨穆埃尔个人来说，他在这类事里找到了趣味的所在，他也不会要求，聊天按他的需要来安排，这个时候，那位取啤酒的老女仆常常会作为一种提醒出现在他面前。在这样的晚上笑声是那么多。马克斯在回家的路上说道，这种永恒的大笑本来是令人遗憾的，因为人们会因此而把所有严肃的事情忘记了，可是正是他们中的每一个人都必须要忍受严肃的事情。在大笑的时候，人们想，对待严肃的事情还有足够的时间。这是不对的。因为严肃的事情自然向人们提出了更大的要求，而且那可是很明显的，人们在朋友的圈子里比独自一个人更有能力满足那

---

① 卡夫卡最小的妹妹（Ottla，1892—1943）。

些更大的要求。人们应该在办公室里大笑，因为人们在那里做不成别的事。这个意见是针对罗伯特的，罗伯特在他那个由于他而变得年轻的艺术团体里做了许多事情，同时在旧的团体里发现了不少滑稽的事情，他将这些滑稽的事情讲给他的朋友听了。

在他开始讲的时候，朋友们就离开了他们的位子，站到他跟前，或坐在桌子上，并发出大笑，特别是马克斯和弗兰茨，他们如此忘乎所以，使得萨穆埃尔把所有的啤酒杯子拿到桌子的一边去。他们要是讲得累了，马克斯就会突然有了新的劲头，坐到钢琴的前面，并演奏起来。这时，罗伯特和萨穆埃尔就会凑到他旁边，坐在那张小凳子上，弗兰茨却相反，他对音乐一窍不通，独自在桌旁翻看萨穆埃尔收集的风景卡片，或者是看报。如果这些晚上热了起来，他们就可以走到窗口，打开窗户，将手放在背后，向下面的巷子看去，他们绝不受那些稀稀疏拉拉的人来人往的影响而在聊天的话题里迷失方向。只是有时候，有一个人回到桌边，喝上一口啤酒，或者指着下面小酒店前面坐着的两个姑娘鬈曲的发型，或者指着天上的月亮，它会使他们微微一惊，直至弗兰茨终于说，现在凉了，该把窗户关上了。

夏季里，他们有时在一个公园里相聚，坐在极为边缘处的桌旁，那里比较阴暗些，他们互相举杯祝酒。在交谈中，他们将头凑得很近，几乎没有发觉远处的那支管乐队。后来，他们手臂挽着手臂，迈着相同的步子，穿过草地，走回家中。走在边上的两个人转动着小手杖，或者向着灌木林打去。罗伯特要他们唱歌，最后却是他独个儿唱起来。这对四个人来说都不错，当中的第二个人感觉到在这里所受的照料特别可靠。

在这样一个晚上，弗兰茨说话了，并把与他邻近的两个人拉得更靠近自己。在一起待着，这是多美的事啊。可是他不理解，他们为什么只是在一个星期里聚会一次，这事一定很容易安排，如果不更经常的话，那至少每星期应该互相见面两次。大家都表示同意，

047

就连第四个人也同意，他只是从最外边不太清楚地听到弗兰茨轻声的说话。这样一种欢娱有时候肯定要花去每一个人的小小的精力。弗兰茨看上去好像给大家做了不受欢迎的讲话而受到了惩罚似的，用一种低沉的声音说话。但他并不放弃自己的意见。而如果真的有一次有一个人没能出席的话，那么，这实在是一种遗憾，他可能在下一次聚会的时候被安慰一下。可是另外几个人也一定要放弃这次聚会吗？三个人是不够的吗？如果一定要那样的话，两个人也行吗？"当然，当然。"所有的人说道。在旁边的萨穆埃尔分离了出来，稍稍走在其他三个人的前面，因为他们互相挤得太紧了。后来，他好像觉得别扭，他还是喜欢挽着其他人一起走。

罗伯特作一建议："我们每个星期在一起学意大利语。我们决定学习意大利语，因为我们在前一年去过意大利的一些小地方。我们在那里发现，我们的意大利语只够问路用的，你想起那次我们在乡村的葡萄园迷路的情况了吗？对此，被问的人也费了极大的力气。如果我们今年还去意大利的话，我们就必须学习意大利语。在一起学习，这不是最好的事吗？"

"不，"马克斯说，"我们在一起什么也学不了，这个我知道得很清楚，就像你，萨穆埃尔，赞同一起学习一样。"

"当然！"萨穆埃尔说，"我们在一起学习一定会很好，我总是遗憾，我们在学校学习的时候不在一起。你们知道吗？我们互相认识才两年啊。"他向前弯了弯身子，看了看另外三个人。他们都放慢了脚步，松开了挽着的手臂。

"我们在一起还从未学会什么东西，"弗兰茨说，"我很喜欢这样。我什么也不想学。但如果我们一定要学意大利语，那么，每个人自己学比较好。"

"我不懂了，"萨穆埃尔说，"最先是你提出要我们每个星期在一起，现在你又不想这样了。"

"去你的，"马克斯说，"我和弗兰茨只是想，我们在一起不要被学习打扰,我们的学习也不要由于我们在一起而受到干扰,没有别的意思。"

"是这样的。"弗兰茨说。

"可是也没有太多的时间了,"马克斯说,"现在是六月,我们想九月动身。"

"正因为这样,我想,我们在一起学习。"罗伯特说,朝两个反对他的人瞪着大眼睛。要是有人反驳他的话,他的脖子转动得特别灵活。①

我想,我描写他是对的,但那只是近似,得由日记去更正。

这好像在于友谊的本质,追逐它就如影子一般——一个人会欢迎它,另一个人表示惋惜,第三个人根本没有发现……

9月26日。画家库宾②推荐用类古灵做泻药。那是一种捣碎的海藻,它会在肠子里膨胀,使人发抖,就产生机械的效果。这种药有别于其他泻药的那种不健康的化学的效果,那些药只能粉碎粪便,让它们附着在肠壁上。

他带着汉姆生一起来到朗恩家③。他(汉姆生)无端地发出狞笑。在说话的时候,他还没说完,就把脚抬起来放在膝盖上,从桌上拿来一把大的裁纸刀,转着圈儿将他裤子上的流絮刮掉。他穿着破旧,但不管怎么说,还有一处比较有价值的细节,比如说领带。

慕尼黑一处艺术家公寓的故事,画家和兽医就住在那里(兽医

---

① 在1911年旅行期间,卡夫卡和布罗德想要根据两人的旅游笔记合写一部小说。起先他们给小说取名为《罗伯特和萨穆埃尔》,后来又改为《理查德和萨穆埃尔》,小说只写了一章。卡夫卡在这里写的可能是类似引子的部分。
② 阿尔弗雷德·库宾(Alfred Kubin, 1877—1959),奥地利画家、插画家、版画家。
③ 阿尔伯特·朗恩(Albert Langen, 1869—1909),是挪威作家克努特·汉姆生(Knut Hamsun, 1859—1952)在德国的出版商。

学校就在附近)。这个地方显得非常破旧,可是连对面房子的窗户也租出去了,因为从这些窗户看出去可以有一个很好的视野。为满足这些观察者的需要,有时候一位公寓的房客跳上窗框,摆出一副猴子的样子,用勺子在汤盘子里舀汤喝。

假古董的制造者用射击霰弹的办法来伪造一种好像是剥蚀风化的现象,他指着一张桌子说道:现在我们还要在这张桌子上喝三次咖啡,然后就可以把它送进因斯布鲁克博物馆。

库宾其人:很强壮,但他的脸部表情有点儿单调,他是在用一种同样紧张的肌肉去描绘各种不同事物的。每一次他坐着、站起,只穿一套西服或外套,看上去显得年龄不同,个头不同,强壮程度也不同了。

9月27日。昨天在瓦茨拉夫广场遇见两位姑娘,目光在一个姑娘身上停留得太久。另一位姑娘,后来才注意到她,她穿一件像家中穿的棕色外衣,柔软、有皱褶、宽大、前部稍稍敞开,柔嫩的脖子,妩媚的鼻子,美丽的不知名的发型。——老年男子穿着一条松松垮垮的裤子坐在观景山上。他吹着口哨,当我朝他看的时候,他就停止了;我的目光移开的时候,他又开始吹上了;最终,他在我看他的时候也吹上了。——美丽的大纽扣,漂亮地装饰在一位姑娘衣服袖子的下方。这衣服穿在她身上也显出美来,它好像盘旋在美国式的靴子之上。我极少能成功地实现哪怕是一点点的美的东西,但这不引人注意的纽扣和那位一无所知的女裁缝却成功了。——女小说家在去观景山的路上,她活泼的眼睛脱离瞬间的词语而满足地通观她的故事,直至它的结束。—— 一位健壮的姑娘有力地偏转着她的脖子。

9月29日。歌德的日记。一个不写日记的人,对待日记会采取一种错误的态度。比如说,当他在歌德日记里读到:"1797年1月

11日，整天在家里忙于各种不同的整理工作"，那么，在他看来，他本人在一天中还从没有做过这么少的事情。

歌德对旅行的观察跟今天的这种观察是有区别的。因为当时的观察是从一辆邮车上进行的，由于地形的角度变化缓慢，进展比较简单，也就很容易被不认识那些地区的人追随着。出现于脑海的是一种幽静的、真正的风景般的思维。因为呈现在车上客人眼前的这些地区没有受到损害，有着天成的品性，就是那些公路比起铁路来，把大地裁剪得更为自然，公路对铁路来说，就像天然河流跟人工运河一样。这样，在观察者那里不需要什么太费力的行为，他不用花什么力气就能有条不紊。因此很少有瞬间的观察，绝大多数只是在内部的空间。在这空间里，某些人会突然出现在眼前，无拘无束地，比如在海德堡的那些奥地利军官。而在维森海姆的男人们却不一样，他们站立的地方更接近风景画面，"他们穿蓝色长外套，而且用编织的花朵来装饰白色的马甲"（根据记忆摘引）。他写下了许多有关沙夫豪森的莱茵瀑布的文字，其中有用较大字母写的："激动的思想"。①

卢塞纳歌舞剧院。露西·克尼希②展出古代发式的照片。刮得干干净净的面孔。她有时候颇为成功地运用了从下部抬高的鼻子、上举的手臂和所有手指的转动。抹布似的面孔。——隆根（画家彼特尔曼）③ 诙谐的表演。一种显然是没有趣味的效果，可是如此无趣是没能想到的，因为并不是每天晚上都有这种表演，特别是因为在它的创造之际就那么无趣，因而产生不了那种也许会省却整个人多次出现的恰到好处的模式。漂亮的丑角的跳跃，他越过一张椅

---

① 参见歌德1797年8月26日和27日，以及9月18日的日记。
② 一名维也纳的歌舞演员。
③ 埃米尔·阿图尔·隆根（Emil Artur Pittermann, 1885—1936），本姓彼特尔曼（Pittermann），演员、导演、画家。

子，跳入侧面布景的空处。这全部的场景让人想到一种私人聚会场合里的表演，在这里，人们出于欢乐的需要，会向一种劳累而无意义的表演喝彩，想用频频鼓掌来弥补表演的不足，以得到一点儿顺心的、令人舒服的东西。歌唱家法夏塔。①他表演得那么糟，使人在看见他时候感到迷惘。但是，因为他是一个强壮的男子，他毕竟还是用一种肯定只有我才明白的野兽的力量抓住了半途才专心致志的观众的注意力。

格林鲍姆②只是用看上去像是对他的生存感到绝望的表演来创造效果。

奥迪丝，女舞蹈家③。死板的臀部。实在没有一点儿肉感。红色的膝部只适合《春之心绪》的舞蹈。

9月30日。前日（H. H.）④那位姑娘在隔壁房间里。我躺在沙发床上，在半睡半醒的状态中听见她的声音。她出现在我面前的时候，穿得特别多，不仅是裹在她的衣服里，而且也裹在整个的隔壁房间里，只有我在浴场上见过的她那生就的、赤露的、浑圆的、健壮而神秘的肩膀衬得上她的衣服。瞬间，她在我面前好像雾气升腾，整个隔壁房间里充满了她的雾气。随后，她站立在灰色的紧身胸衣里，胸衣的下部离身体那么远，人可以坐在上面，这样说吧，在某种程度上可以骑在上面。

再说库宾。他有这样的习惯，不管在什么情况下，都要用赞同的音调重复别人说的最后几个词，即使之后为此准备好的他自己的讲话表明，他与别人并不完全一致。令人生厌。——在听他的许多故事的时候，人们会忘记他是怎样可敬的。人们会突然回忆起这一

---

① 鲁道夫·法夏塔（Rudolf Vašata, 1888—1953）。
② 弗里茨·格林鲍姆（Fritz Grünbaum, 1880—1941），歌舞演员，作家。
③ 奥古斯特·"古斯蒂"·冯·艾尔勒（？—1931），维也纳舞蹈家。
④ 海莲娜·哈斯（Helene Haas, 1890—？），编辑和评论家威利·哈斯（Willy Haas, 1891—1973）的姐姐，后者是卡夫卡的朋友。

点，而且觉得害怕。说到这样一件事，我们要进去的一家酒馆是很危险的。他说，那他就不去那里。我问他，是不是他害怕了，他回答了这个问题，而且还挽着我："当然，我年轻，我还有好多的打算。"

整个晚上他总是不停地说话，我以为是相当严肃地在谈论我的和他的便秘。将近半夜，我的手从桌上垂下来，他看见我的一段手臂，并叫了起来："啊，您真的是病了。"从这时起，他对我迁就多了，即使很晚了，他也阻止那些想劝说我去妓院的人。当我们已经分手的时候，他还从远处向我嚷道："类古灵！"

图霍尔斯基和萨弗兰斯基。①他们低声说着柏林土语，说这些土语时，语调需要由"nich"构成间歇。前者是完全与二十一岁相符的人。开始他不急不慢，有力地挥动散步用的手杖，并对他自己的写作成果慎重地消遣，且不屑一顾，那挥动的手杖抬举着他的肩膀，显出青春的朝气。他想成为辩护人，看到的只是不多的障碍，同时还看到扫除这些障碍的可能性。他清亮的声音在最初滔滔不绝地讲了半小时后，男人的嗓音似乎变得有点像少女似的了——怀疑自己做出这种姿态的能力，但他企盼从较多的世界经验中得到这种姿态——最终对自己转化为厌世之人的事情感到害怕，就如他在上了年纪的柏林犹太人那里发现的他的这种倾向，当然他暂时对此还毫无察觉。他马上就要结婚了。

萨弗兰斯基，伯恩哈德②的学生，在作画和观察的时候做鬼脸，这鬼脸跟画的内容有关。这使我回忆起，我自己也有着强大

---

① 库尔特·图霍尔斯基（Kurt Tucholsky, 1890—1935），当时是一名柏林的法学生，库尔特·萨弗兰斯基（Kurt Szafranski, 1890—1964）是他的朋友。
② 吕希安·伯恩哈德（Lucian Bernhard, 1883—1972），德国设计师，设计了多种字体，开创了全新的极简主义风格。

的变化能力,没有人发现这个。我必须经常仿效马克斯的样子。昨天晚上在回家的路上,我本可以作为旁观者与图霍尔斯基调换一下。这个陌生的存在一定会在我身上那么清晰而又看不出来,就像隐藏在变形图画中的东西一样,别人要是不知道它就藏在这幅画里的话,那他永远也不会找到它一点儿的痕迹。在这种变化里,我十分愿意相信自己眼睛本身的模糊不清。

10月1日。晚上,老新犹太会堂。①科尔·尼德莱②。交易所里被压抑的嘈杂声。在前厅的捐钱箱上印着题词:"在抚平恶意中默默捐款。"里面像教堂一样。三个虔诚的、显然来自东欧的犹太人,穿着短袜。他们在祈祷书前弯着腰,把祈祷的长袍披在头上,尽量地使自己变小。有两个人哭了,只是受了节日气氛的感动?一个人用满是皱褶的粗麻布草率遮挡住可能感到痛苦的眼睛,好让脸又立即靠近了书上的经文。这语句原本不是或主要不是唱诵的,但在这语句后面跟着来的是从那如头发那么细的继续编织成的话语里抽出的阿拉伯风格的线条。那个小男孩,没有一点儿整体的概念,也没有辨别方向的能力,耳朵里乱哄哄的,在拥挤的人群里,也被人推挤着。这位看上去像是店员,在祈祷的时候迅速地颤动了一下,这只是作为一种尽可能强有力的、虽说也是不可理解的对每一个字重读的尝试吧,同时嗓音得到了保护,此外,这嗓音在嘈杂声里不会有清楚的高声的重读。妓院老板的家庭。在平卡斯犹太会堂,我被犹太人的一切弄得元气大伤。

大前天。一个女子,犹太女子,瘦长脸,更确切地说,脸延伸到一个狭长的下巴,但披着一头波浪起伏的蓬松的头发。三扇小门从那座建筑的里面通向大厅。客人们像待在舞台上的警卫室里一

---

① 布拉格最古老的犹太会堂。
② 赎罪日前夕开始的祈祷的第一句,意为"我辈都起誓"。

样。桌子上的饮料几乎没被动过。那位扁平脸孔的女子穿着有棱有角的衣服，这衣服最先从下端的贴边处开始摆动起来。有些人在这里穿得就像为儿童剧场表演的木偶，这木偶好像是从圣诞集市上买来的，被贴上褶边和金箔，松松地缝上，这样，人们可以一口气将它们拆开，然后在手指间拉得粉碎。女老板有着一头淡黄色的头发，但令人讨厌的发板无疑拉得太紧，明显下塌的鼻子，它的走向跟耷拉着的胸部和僵硬的腹部处在某种几何级数的关系中。她正埋怨着自己的头痛，引起这头痛的原因是，今天星期六，热闹非凡，没有意思。

关于库宾：关于汉姆生的故事是可疑的。这样的故事，人们也许会从他的作品中几千次地作为经历过的事情来叙述。

关于歌德："激动的思想"仅仅是莱茵瀑布激起的思想。人们从一封给席勒的信里看到这一点。①——偶然的瞬间观察"穿木鞋孩子的响板旋律"② 产生一种如此的效果，受到大家如此的欢迎，真是不能想象某个人会将这种观察作为自己原本的思想来感受，即使他从来也没有读到过。

10月2日。失眠的夜。这已是几天来的第三天。我好好地入睡了，但一个小时后我醒了，就好像我把头放在了一个错误的窟窿里。我完全处在清醒的状态，我感到根本没有睡，或感到只是睡在一张薄薄的毛皮下，我面临着如何重新入睡的难题，而且感觉到被睡意顶了回来。从现在开始直到早晨五点，整夜就这样待着，我虽然睡着，但不一会儿激烈的梦又把我弄醒。严格地说，我是睡在我的旁边，同时，我自己不得不跟梦纠缠在一起。五点左右，睡意的

---

① 歌德1797年9月25日写给席勒的信。
② 参见歌德1797年9月30日的日记。

最后痕迹已消磨尽了，我只做梦，这比清醒更为费力。简而言之，我整夜都是在这种情况下度过的，那就是一个健康的人在真正入睡之前片刻所处的状态。当我醒时，所有的梦境聚集在我的周围，但我回避去思考这些梦境。拂晓的时候，我躺在枕头上叹息，因为这一夜，一切希望都过去了。我思想着那些长夜，在这些长夜尽时，我从沉睡中爬起来，醒来后，我就觉得好像曾被封闭在果壳里一样。

今天夜里出现的一个可怕意象是一个瞎眼的小孩，好像是我莱特梅利兹的婶婶的女儿。顺便说一下，她并没有女儿，只有几个儿子，有一个儿子有一次把脚摔断了。这个孩子与 M. 博士①的女儿有关系，这女儿是我不久前见到过的，她正在从一个可爱的小孩变成一个胖胖的、穿着呆板的小姑娘。这个瞎眼的或者说视力很弱的小孩，两只眼睛罩着一副眼镜，左眼离玻璃镜片颇远，是奶白色的，呈圆形突出在前面，右眼凹进去，由一个紧贴眼眶的眼镜片遮盖着。为了使镜片与视力配合恰当，那就必须运用一种细柄来代替往常用的那种架在耳朵上绕过来的眼镜腿，这个细柄的头部无法固定在别的什么地方，只有固定在面颊骨上。这样，就要从这个镜片向面颊挂下一根细细的小棒，这根细棒消失在那打穿了的肉里，直至顶到骨头的地方为止，同时拉出一根新的金属丝棒，并从耳朵上绕过去。

我相信，失眠只是因为我写作的缘故。即使我写得那么少，那么糟糕，我却是因这种小小的激动而变得敏感起来。我觉得我对晚上特别反感，但在早晨我又感到有更多的痛苦。我感到接近了撕裂我的更大发作的可能性，这种发作可能使我有能力做所有的事情。而且，我在这一般的震动中得不到宁静，这一般的震动就在我自身之中，我没有时间对它下指令。这震动最终只是一种压抑的、克制的和谐，这和谐被释放出来，完全将我充满，甚至还将我拉进辽阔

---

① 罗伯特·安东·马施纳（Robert Anton Marschner，1865—1934），保险局的局长。

的境地，然后再将我充实。但现在对我来说，这种在微弱希望旁边的状况只能引起损害，因为我的生命没有足够的能力去忍受目前的这种复杂。在白天帮助我的是看得见的世界，在夜间我的生命却不受阻碍地将我剪切得粉碎。在这时，我总是想着巴黎，在巴黎被包围的时代，以及后来直至公社。对当时的巴黎人来说，那些陌生的北部和东部城郊的居民，在好多个月的时间里，确切地说，时时刻刻地、接连不断地穿过四通八达的街道，就像时钟的指针向着巴黎的中心移动。

我的慰藉是——我现在带着这种慰藉躺下——我如此长的时间没有写作了，因此这种写作还不能安排进我目前的状况中，可是这在一些有阳刚之气的男子那里肯定至少暂时成功了。

我今天如此虚弱，可我还是给我的老板讲述了这个孩子的故事。——我现在回忆起来，梦中的那副眼镜出自我的母亲，她晚上坐在我的旁边玩牌的时候，她从夹鼻眼镜下面让人很不舒服地朝我看。我已经回忆不起早先曾见过她的这副夹鼻眼镜，是否也是右边的镜片比左边的镜片离眼睛更近。

10月3日。同样的夜晚，只是更难入睡。在入睡时，一种垂直走向的疼痛在脑袋里越过鼻根，就像来自一道挤压得很厉害的抬头纹。为尽快地沉睡下去，我将双臂交叉起来，把双手搁在肩上，使我那样直躺着，像一个满负荷的士兵，我认为这是入睡的好办法。这又是我的梦境的力量，这些梦境在我入睡前已经笼罩了清醒的状态，它们不让我睡觉。我的富有诗意能力的意识在晚上和早晨是不能忽视的，我感觉到自己，一直到生命的基础都松动了，只要我想要的东西，我就能从自己身上拿起来。诱发出这样的力量，使我回忆起我与 B.① 的关系，可是人们是不让这样的力量工作的。它就

---

① 卡夫卡的前家庭女教师露易丝·贝莉（Louise Bailly, 1860—1942）。

是在这里涌流而出，也不允许释放出去，而只可在反撞力中毁灭，只是因为它在这里涉及——就是这个区别——更为神秘的力量和我的最后的东西。

在约瑟夫广场，一辆大旅游车载着紧紧挨坐在一起的一家人从我身边驶过，汽车后面一阵巴黎的风带着汽油味扑向我的面孔。

在办公室口授给本地区一行政管理部门的一则较长的通告。在快完成时，我停住了。我能看见的尽是打字小姐 K.①。从她的习性来看，她显得特别活泼。她移动一下椅子，咳嗽几声，手指在桌上跳来跳去地敲击，而且就这样地将整个房间的注意力引到我的不幸上来。搜索突如其来的想法现在也有了这样的价值：它会使她安静，而且它越是有价值，越是让人难以寻找。终于，我得到了"严厉谴责"这个词和与此有关的句子，但还是带着厌恶和羞耻之心把这一切留在口中，就好像那是生肉，是从我身上切下的肉（这使我花费了如此的辛劳）。我终于讲出了这些，却留下了极大的恐惧。在我身上已经为一种诗意的工作作好了一切的准备，这样一种工作对我来说是一种美妙的解脱，是一种真正的变得有生命力的过程，可是我在这个办公室里却必须因如此一段公文而割弃一个如此幸运的有能力的身体上的一块肉。

10月4日。我不安，并怀有恶意。昨日入睡前，我的头部左上方冒着闪烁的却是冰凉的小火苗。我的左眼上方感到了一种压力。如果我的思想集中到这件事的话，那么，在我看来，我在办公室里也是不能忍受的，哪怕有人对我说，我在一个月里会得到自由。可是，我在办公室里做事大多凭自己的责任感，我确实感到安宁，如

---

① 保险局的一名打字员尤莉亚·凯撒（Julie Kaiser, 1887—1941）。

果我保证能让我的老板满意,何况我并不感到我的情况是一种可怕的处境。昨日晚上,我还有意识地干了一些事,让自己变得沉闷。我散了步,读了狄更斯的东西,然后觉得舒服多了,丢掉了悲哀的力量。我曾把这悲哀看作是有道理的,即使在我看来有点儿被推挤到遥远的地方,我希望从中得到较好的睡眠。睡眠是有点儿深了,可是还不够,而且常常中断。我自我安慰说,我虽然又压制了我身上出现的激烈的波动,但我不想如早先总是在这样的时刻之后那样从自己的手中放弃我自己,而是,我想留在清楚意识到的那种波动遗留下来的疼痛感觉中,这是我早先从来没有做过的事,大概这样我就能找到一种潜藏在我身上的坚韧性。

将近黄昏,黑暗笼罩了我房间里的长沙发。人们为什么需要较长的时间去识别一种颜色,然后,在具有决定性的理解转变之后,很快地对这种颜色越来越深信不疑。如果说前厅的光线和厨房间的光线同时从外部对玻璃门产生作用的话,那么,为使这种可靠的印象不失去效果,淡绿色的,或更确切地说,绿色的光线,几乎完全倾洒而下。如果说前厅的光变得暗淡,只有厨房的光仍然存在的话,那么,接近厨房的玻璃面板变成了深蓝色,其他的变成带有白色的蓝色,如此的白色,使得全部的图画在毛玻璃上(具有艺术风格的罂粟花头、藤蔓,各种各样的四角形和花叶)融合了。

由马路上和桥上的电灯光投到下面墙上和屋顶上的光和阴影是没有规则的,互相交错地覆盖着,有的部分毁坏了,很难识别。恰恰在下面装置的电力弧光灯和在装修这房间的时候,根本没有采纳家庭妇女对此的考虑,就如我的房间在这个时间从沙发看去没有自己房间的照明一样。

在下面行驶着的电车投上屋顶的光辉带有白色,似雾霭,而且机械地断断续续地沿途投到一面墙和屋顶上,在边缘的地方断碎了。——在清新的马路照明下,在它全部反光的闪烁中,地球仪立在蒙有一层淡绿颜色的洗衣箱上,在它拱圆形的上方有一个亮点,从外表看,对它来说似乎光线太强,尽管光线在它的光滑表面闪过,更确切地说,它变成了带褐色的颜色,像皮制的苹果,留在那里。——来自前厅的光线发出了一片大面积的光亮,照在床上方的墙上,这光亮被床头一端出发的一条摇荡的路线限制住了,这时刻,它把床压低了,将昏暗的床栏加宽了,将床上方的天花板抬高了。

10月5日。几天以来,我第一次不得安宁,即使在写这些之前。我对我的妹妹发怒,她走进我的房间,拿一本书坐在桌边。我企盼着有一个小小的机会来临,以发泄这种愤怒。她终于从柜子上取来一张名片,并用它在牙齿之间捅来捅去。从这愤怒里留下给我的只是脑袋里浓烈的烟雾,带着发出的愤怒和开始出现的轻松与自信,我开始写作。

昨天晚上在萨沃伊咖啡馆。那里是犹太人的圈子。①克鲁格夫人是"扮演男性角色的女演员"。穿长袍,黑色短裤,白色长统袜,一件从黑色马甲下露出的薄羊毛白色衬衣,衬衣在脖子前面由一颗线制的纽扣系着,然后卷折成一个宽松的大翻领。在有一头女人头发的脑袋上,有一顶必要的、暗色的无边小便帽,她丈夫也戴这种帽子,再上面是一顶大而软的、带有高高向上卷曲边檐的帽子。——我一点儿也不知道,她和她丈夫塑造的是什么样的人物。我要是向某个人说明这些人物,又不想向这个人承认我的无知,我会说,我把这些人物看作是全教区的仆人,是犹太会堂的职员,是闻名的懒汉,是由教区养着的人。不管怎样从宗教方面的原因来

---

① 一个来自伦贝格的犹太剧团,从1911年9月24日至1912年1月21日在布拉格演出。卡夫卡与剧团的成员交好,并从他们那里获得了最初对意第绪文学和戏剧的了解。

说，他们是有特权的乞讨者，这些人由于他们的特殊地位正好与教区生活的中心靠得非常近，由于无所事事却又到处留意地东游西荡，他们知道很多歌曲，完全知悉所有教区成员的状况，可是也由于他们与各行各业的生活脱离了关系，有关这些方面的知识，他们什么也不知道。他们这些人是一种特殊、纯粹形式上的犹太人，他们只是生活在宗教里，在这种生活里，不事劳累，不要理解，没有苦恼。他们让每个人看上去都像是一个傻瓜，一个贵族的犹太人被杀害，他们就立即大笑，向一个叛教者出卖自己。当被揭露的谋杀者服毒自杀，并呼唤上帝的时候，他们就跳起舞来，狂喜地将双手放在络腮胡子旁边。这一切都只是因为他们十分轻贱，一有什么压力就朝地上一躺，很是敏感，他们干巴的脸马上就能大哭起来（他们痛哭起来脸相怪异），可是一旦压力过去，他们便好像一点儿也不知道自己的重量，立即往高处蹦跳起来。

因此，他们肯定要为一出严肃的戏剧制造很多麻烦，如拉泰纳写的《叛教者》[①]。他们常常踮起脚尖把两腿呈现在舞台前面的空间，总是以全身的模样出现，他们不去理解这戏剧中令人激动的地方，反而将其弄得支离破碎。现在，这出严肃的戏剧是在非常完整的、以各种可能的即兴表演表现的、由一致的感情维系起来的话语中展开的，即使这情节只是在舞台的幕后进行，它总还是保留了它自己的意义。早先常常是两个穿长袍的人被压抑着，这正适合他们的特性。任凭他们伸展手臂，手指打出响声，人们只是看到后面那个凶手，他服毒，将手伸向他本来显得太宽的领子，摇摇晃晃地朝门走去。

曲调拉得颇长，身体随着旋律运动。由于演奏的曲调节拍有长有短，音乐通过臀部的摇摆，在静静的呼吸中，手臂上下的伸展，

[①] 约瑟夫·拉泰纳（Joseph Latteiner，1853—1935），第一个用意第绪语写作的职业剧作家。实际上这部剧是亚伯拉罕·夏尔坎斯基（Abraham Scharkansky，1869—1907）的作品，卡夫卡误引了《布拉格日报》一开始的错误报道。

手掌与额头的接近,以及小心翼翼避免的接触,这一切表现出与旋律相应的最好效果,它有点儿使人想起施拉帕克①。

在有些歌曲里,在"犹太人孩子般的大笑"的致词中,站在舞台上的那位女子,因为是犹太女人,她的顾盼将我们这些观众的注意力吸引到她的身上,因为我们这些观众也是犹太人,不用对基督徒表示渴望或好奇,我的脸颊就感到了一阵战栗。那位政府的代表②,大概除了一个仆役和两个在舞台左边站着的女佣外,是大厅里唯一的基督徒,一个可怜的人。他患有面部肌肉颤抖症,特别是脸的左半部,当然也强烈地蔓延到右边,这张脸上的肌肉几乎是以难以觉察的飞快速度有规律地收缩和恢复原状的,我觉得如钟表的秒针走动那样短暂。这种颤动在越过左眼的时候,便几乎消逝了。在这张已经完全颓唐的脸上,由于这种抽搐,有新产生的小而嫩的肌肉在发展着。

详细询问、召唤或解释犹太法典的旋律:空气进入一根管道,拿起这根管道,为此,对着这个被问的人,从稍远处一根总体来说相当可观、在弯曲处却显得不起眼的大螺丝开始转动。

10月6日。两个老年人坐在舞台边长桌顶端的地方,其中一个把双臂撑在桌上,只有他的脸高高地向右转向舞台,他那张虚肿涨红的脸和一堆没有规则的呈四角形纠缠的胡子,将他的年龄可怜地隐瞒起来了。而另一个正好对着舞台,他那张由于他的年龄而变得干瘪的脸被桌子阻隔着,他只是靠左胳膊倚着桌边,他的右胳膊在空中保持着弯曲,为更好地享受这旋律,他的一双脚尖追随着这一旋律而动,短烟斗在他的右手里也随着节奏微微下垂。"老爹,就这样一块唱吗?"这女人一会儿向这个,一会儿向那个老人叫着,

---

① 一种捷克的民间舞蹈。
② 当时规定公开演出必须有一位政府审查部门的代表在场,确保演出按照规定进行。

微微地俯着身子,并向前伸着手臂作驱赶状。

这种旋律很能抓住每一个突然跳起来的人,拥抱住他所有的热情,而不是将这热情撕裂。有人就是不相信,就是这样的旋律给他们带来了这样的热情。因为那两个穿长袍的人匆匆地赶着唱歌的节拍,对他们来说,躯体就好像是按它自身的需要而伸展的。在唱歌的时候,两手交叠在一起,显然表现出人进入角色的最良好的惬意感。——角落里老板的孩子们,像舞台上的克鲁格夫人的孩子一般,跟着唱起来,这个旋律充满在噘起的嘴唇之间的嘴巴里。

这出戏的内容:赛德曼,一个富有的犹太人,显然是因为他罪恶的直觉越来越明显,出于这种目的,他在二十年前要求接受洗礼,还毒害了他的妻子,那时他妻子拒绝被迫接受洗礼。自此之后,他努力地去忘掉那些意第绪语,这些意第绪语在他的讲话中自然并不是有意带出来的,特别在开始,为了引起听众注意,而且因为在要发生的情节之前还有些时间,他常常对所有的犹太风习表现出很大的厌恶。他将他的女儿许配给军官德拉戈米洛夫,而她却爱着她的表哥——年轻的埃德尔曼。在一个大场面中,她用不常见的、腰部显得很不自然的冷漠态度站着,向她的父亲解释道,她严格遵守犹太人的风习,而且她用一种对强加于她的控制的轻蔑笑声来结束整整的一幕。(这出戏中的基督徒是赛德曼的一位正直的波兰籍仆人,他后来在揭露他的主人方面做出了贡献。他的正直首先是因为,必须收集围绕在赛德曼身边的对立的东西。这出戏除了描写军官的过错外,很少再涉及他,因为他作为出身高贵的基督徒,无人对他感兴趣。同样还有一位后来登场的主法官,最后还有一位法庭随从,他的凶恶并没超越他地位的要求,和另外两个穿长袍的滑稽角色,尽管马克斯称他是一个大屠杀者。)出于某些原因,德拉戈米洛夫要结婚,就要先拿回老埃德尔曼所掌握住的他的票据。可是老埃德尔曼并没有交出这票据的打算,尽管他正要动身去巴勒斯坦,而想付现金给赛德曼。女儿对这位热恋的军官显得自负,而且夸耀自己的犹太民族出身,尽管她已受过洗礼,这位军官不知道有别的办法,软摊着胳膊与双手,求救地看着这位父亲。女儿逃往埃德尔曼身边,她想与自己的心上人结婚,即便是暂时秘密地结婚。因为一个犹太人按世俗观念不能与一个基督徒结婚。显然,没有她父亲的同意,她是不能改皈犹太教的。这位父亲很快看出,没有手段一切均会失去,他表面上为这段婚姻祝福。大家都原谅他,并开始那么地爱上了他,就好像他们大家过去犯了错误似的,甚至连老埃德尔曼也有了如此感觉,尽管他知道赛德曼毒死了他的妹妹。(这个漏洞大概是由于一处省略而引起的,但也可能由于这出戏主要是在口头上从一个剧团传到另一个剧团的缘故。)由于这种和解,赛德曼首先取回了德拉戈米洛夫的票据,因为,"你知道,"他说,"我不想让这位德拉戈米洛夫说有关犹太人的坏话。"而埃德尔曼白白地将票据给了他,然后赛德曼将老埃德尔曼叫到幕后的门帘处,据说是让他看什么东西,就从后面捅了他一刀,穿过睡袍刺进背部。(在和解与谋杀之间,赛德曼曾离开了舞台一段时间,是为思考这个阴谋,并去买了这把刀子。)他想用这手段来将这位年轻的埃德尔曼送上绞刑架,因为嫌疑肯定会落在埃德尔曼的身上,而且他的女儿对德拉戈米洛夫来说就是自由的了。他逃走了,老埃德尔曼躺在门帘的后面。女儿披着新娘的婚纱出现了,挽着年轻的埃德尔曼的胳膊,他穿着祈祷服。遗憾的是,如他们见到的一样,父亲没有出现。赛德曼来了,看上去为看到这一对新婚夫妇感到幸福,这时一个人出现了,也许是德拉戈米洛夫自己,也许仅仅是一个演员,其实是一个我们不熟悉的侦探,而且声称,必须要搜查家中,因为"在这家中,人的性命不安全"。赛德曼说:"孩子,你们不要担心,这自然是一个错误,这是显而易见的。这一切都将会弄清楚的。"老埃德尔曼的尸体找到了,年轻的埃德尔曼被拖拽着离开了他的恋人,他被捕了。赛德曼以极大的耐心和不时插进来的有力的说明指导着整整的一幕。(是的,是的,非常好。但这是不对的。是的，这已经是不错的了。当然，当然。）那两位穿长袍的人，他们应该如何在法庭前证明老埃德尔曼和年轻的埃德尔曼之间所谓多年的仇恨呢？他们进展得很困难，而且有不少误解。终于，他们在一个即兴的法庭场景排练中出现，而且宣称，赛德曼委托了他们，用以下的思路描述这件事情——直至他们终于是那么专注地进入那种仇恨之中，以致他们甚至——赛德曼再也无法阻止他们——能够指出，谋杀是怎样发生的，丈夫是怎样借助一个牛角面包将妻子刺倒的。这当然又是节外生枝了。尽管如此，赛德曼对这两个人足够满意了，并希望他们两人帮助此案有一个好的结局。也许不用再讲任何话，因为这是理所当然的，上帝在这里代替畏缩的写作者为虔诚的听众进行干涉了，而且用失明打击这个凶恶者。

在最后一幕里仍然是那位永恒的德拉戈米洛夫的演员作为主法官坐在那里（这里也表现了对基督徒的轻蔑，一个犹太演员可以足足演上三个基督徒的角色，即使他饰演这些人物很糟糕，也无伤大雅），在他旁边的是作为辩护人的有着浓密头发和髭须的人，人们很快就认出来，这是赛德曼的女儿。人们虽然马上认出了她，但由于好长时间想到的是德拉戈米洛夫的演员替换的情况，而把她看作是另一位演员的替身。直到临近这一幕的一半，人们才明白，为了救她的心上人，她换了装束。两个穿长袍的人应该各自作证，可是这对他们来说很艰难，因为他们是两个人一起演练的。他们也不懂法官的标准德语，如果情况太尴尬的话，辩护人自然帮忙，其余时间也向他低声耳语。随后，赛德曼来了，他早就已经试图通过拉扯衣服来指挥这两个穿长袍的人了。通过他流利的有准备的演说，通过他理智的举止，通过他跟法官的准确的谈话，他给早先的证人留下了良好的印象，这印象与我们知道的他的情况形成了一种可怕的对照。他的述说实在没有内容，遗憾的是他对整个事情经过知道得很少。现在要看最后一位见证人了。他是仆人，并不完全清楚知道，他实际是赛德曼的控诉人。他看到赛德曼去买刀了，他知道，赛德曼在关键时刻曾在老埃德尔曼身边，最后他还知道，赛德曼仇恨犹太人，特别恨老埃德尔曼，并想要他的票据。两个穿长袍的人跳起来，而且很高兴地表示能确证这所有的事情。赛德曼抗拒着，装出了有点不知所措的失态的正人君子的样子。这时提到他的女儿。她在哪里？当然是在家中，还会证明他是对的。不，她不会这样做的，辩护人断定，并想证明这一点，她转向墙壁，拿下假发，转身朝向惊愕的赛德曼，露出是他女儿的真相，即使她去掉了髭须，上嘴唇的纯白色好像还是留下了一种惩罚的印象。为逃脱尘世的正义，赛德曼拿出了毒药，他承认自己干的坏事，可是他根本不是向人，而是向他现在信仰的犹太上帝承认。这个时候弹钢琴的演员奏出一段旋律，那两个穿长袍的人觉得被这旋律感动，情不自禁地跳起舞来。在幕后站着重聚的那对新婚夫妇，他们，特别是严肃的新郎，按古老的犹太教堂习惯的旋律唱了起来。

两个穿长袍的人首先登场。他们拿着为犹太会堂募款用的盒子来到赛德曼的房间，环顾四周，感到不舒服，便互相看了一眼，沿着门柱走动，到处摸了一遍，没有发现门柱圣卷①，在别的门上也没有。他们却不信，爬到各个门旁的高处，一再地拍打着门柱的上方，发出敲击声，像逮苍蝇一样，一会儿登高，一会儿爬下，可惜这一切都白费劲。直到现在他们也没说一句话。

克鲁格夫人和去年的 W. 夫人②之间有相似的地方。克鲁格夫人也许有着比较柔弱和单纯的性格，因此她显得漂亮与体面。这位 W. 夫人永远是那样诙谐，可是她常常用她的大屁股碰撞与她同台

---

① 一种置放在犹太人住屋门柱上的装饰性容器，内有刻经文的羊皮卷。
② 1910 年 4 月 25 日至 5 月中旬，一支犹太剧团在萨沃伊咖啡馆演出。温贝格夫人是剧团负责人莫里茨·温贝格（Moritz Weinberg）的妻子，也是一名歌手。

演出的演员。此外，她身旁还有一个不怎么样的女歌者，我们根本不认识这个新人。

"扮演男性角色的女演员"本来是一个错误的称呼。由于她罩在长袍里，她的身体都被遗忘了。只是因为她肩膀的抽搐和背部的转动，就像是被跳蚤咬时发生的那样，这才使人想起她的身体。袖子尽管不长，但不时地朝上卷一段，为此，观众对这位做出那么多歌曲表演，并用解释犹太法典的方式说话的女人，期盼着莫大的轻松，并专心致志地注意着剧情的发展。

很想看一场盛大的意第绪语戏剧，可是这种演出可能由于人手不足和不清楚的排练受到了损害。我还想了解一些意第绪语文学，显然，一种不间断的民族地位的斗争成了这种文学的一部分，而且这种斗争决定了每一部作品。自然，这种姿态并不是其他文学，在通常的情况下甚至不是被压迫民族的文学所有的。这大概在斗争的年代也在其他的民族那里发生。民族斗争的文学出现，其他的、较远离此主题产生的作品，由于受到观众的鼓舞，才在这种意义上获得民族的外装，例如《被出卖的新娘》①。但在这里看来，只有第一类的作品经受住考验，而且是持久的。

看一看那个像我们一样默默期待演员的简单的舞台。因为那个有着三面墙壁、椅子和桌子的舞台一定要满足所有剧情的需要。我们并不期望从舞台本身得到什么，我们以我们全部力量期望更多的是演员，因此，我们毫不反抗那从空墙后传来的歌唱的吸引，歌唱激发了人们的想象。

10月9日。要是我到了四十岁，那么，我大概会与一个稍稍由

---

① 捷克作曲家贝德里赫·斯美塔那（Bedrich Smetana，1824—1884）的一出喜歌剧。

上唇暴露出前翘的上齿来的老姑娘结婚。曾在巴黎和伦敦待过的K.小姐①嘴里的上门牙，就像人们在膝盖处交叉的双腿一样，互相推挤着。但我几乎到不了四十岁，对此，比如说内心的紧张就表现出来了，这紧张常常布满我左半边脑袋，摸上去就像有一种内部麻痹的感觉。如果我不去顾及烦恼，只是想观察的话，那给我的印象就像在学生教科书里看见的大脑横截面图一样，或者像在活体上无痛的解剖一样，那把刀持续不断地，带点冷漠而又小心翼翼地，常常停着不动，尔后又回过来，有时静静地放着、紧紧挨着还在工作的局部大脑如叶子一般薄的外壳。

今天夜间的梦，我本人尚不以为它是美丽的，除了那个由两个相反的注解组成的小小滑稽场景之外，它带来了那种巨大的梦的喜悦，可是我已经将它忘了。

我走着——是不是一开始马克斯就在场，我不知道了——穿行在有二三层楼高度的长长的屋群，就像人们在列车的通道上从一个车厢穿行到另一个车厢一样。我走得很快，大概也是因为房子有时是那么容易倒塌的缘故，人们就得赶紧加快速度。房屋之间的门并没完全引起我的注意，那是一排非常长的房间，但人们不仅可认出各个住宅的不同，而且也可看出房子的不同来。我穿过的大概只是搁有床铺的房间。只有一种典型的床留在我的记忆里了，这张床放靠在我左方黑暗的，或者说是肮脏的、大约如阁楼一样的斜墙边，床上的用品层次不高，上面的被子原来只是一块粗糙的麻巾，而且被睡在这里的人用脚践踏得不成样子，一个角垂挂下来。在这个许多人正躺在床上的时候穿过他们的房间，我感到害羞，因此，我踮起脚尖跨着大步走过。不管怎么说，我希望以此来表示，我是迫不得已穿过这里的，一切都尽量地表现出体贴、轻微，让我的通

---

① 可能是指罗莎·考夫曼（Rosa Kaufmann, 1878—1942），她的哥哥娶了卡夫卡姑姑尤丽叶·艾尔曼的女儿。

行完全不引起别人的注意。因此我在同样的房间里从不转过头去，要么只看临街的右边，要么只看后墙左边的地方。

这一系列住宅常常被妓院所中断，尽管我好像是因为它的缘故才穿行这条路的，可是我在通过它的时候特别快，使得我除了它的存在之外什么也没注意到。所有住宅的最后一个房间又是一家妓院，我在这里留下来了。对着我踏进门的墙，也就是这一系列住房最后的墙，要么是玻璃做的，要么干脆是打通了的，我要是再走下去也许会摔下去。很可能墙是打通了的，在地板的边缘处躺着妓女。我看到，地上有两个妓女，有一个，脑袋有一点儿垂过边缘耷拉在自由的空气里。左边是一堵坚固的墙壁，它对面右边的墙是不完善的，人们朝下看是一座院子，但看不清它的地面，一座年久失修的灰色楼梯通往下面的好几个地方。这房间里的灯关掉之后，天花板就像其他房间里的一样。

我主要跟脑袋耷拉下来的妓女待在一起。马克斯跟躺在她左边的妓女在一起。我摸着她的腿，然后停在那里，有节奏地压她的大腿。我的欢娱兴致是那样高，我不免感到惊奇，人们一定还没有为这种正好是最美丽的欢娱支付什么。我相信，我（而且是我独自一人）欺骗了世界。然后，妓女依着静躺着的腿抬起她的上身，将背转向我。令我恐惧的是，她的背上布满了带着苍白边缘、被火漆烫红的大圈圈和在这些大圈圈之间喷射出来的红色的溃痕。我现在才发现，她的身体上全是这些印痕，我的大拇指在她的腿股上就触摸过这样的斑痕，这些红色的斑块在我的手指上留下了像是破碎图戳的印记。

我退到一些男人们中间，他们像是在靠近楼梯出口处的墙边等待着，在这阶梯上倒颇有人来来往往。他们那样等待着，就像乡下的男人们在星期天的早晨拥挤在集市上一样。因此这里也是星期天。这时出现了滑稽的场面。有一个男子走出来，在他面前，我和马克斯感到害怕是有原因的，这个男子后来走上楼梯，向我走来，而这时候，我和马克斯带着恐惧，等待着他的不论是什么样的可怕的威胁，结果他向我提出一个幼稚得可笑的问题。我后来就站在那里，并关切地看着马克斯在这个酒店里没有恐惧地随意坐在左边的地上，吃着一盘浓稠的土豆汤。汤里的土豆看上去是个大圆球，有一个特别大。他用调羹挤压这只土豆，也许是用两个调羹搅进汤里，或只是让它滚来滚去。

10月10日。给《泰契-博登巴赫报》写一篇赞同和反对机构的辩论文章。[1]

昨日晚上在护城河街[2]，有三个在排练后出来的女演员向我迎面走来。要很快看出这三个女子的美是很不容易的，何况还想看看跟在她们后面迈着潇洒的、令人鼓舞的演员步伐走来的两个男演员哩。这两名男子超越了女演员们，其中左边的一位有着一张年轻的胖脸，他们身体强壮，都披着敞开的外套，足足地表现了这两个男子的性格。左边的男子走在人行道上，右边的男子走在下面的车行道上。左边的男子高高地抓着他的帽子、将所有五根手指全伸进去，把帽子顶得高高的，并叫道（右边的男子现在才想起来）：再见！晚安！但在这两个男子超越这几个女子，然后道别的同时，他们分了开来，而这几个被致意的女子，以走向车行道最近的那位为首（她看上去身体最孱弱、个头最高，但也是最年轻、最美丽的）。她们完全不为所动，只用轻轻的致意回答过去，几乎没有中断她们选定的话题，继续走她们的路。这全部的过程在一瞬间对我来说，好像是一种强有力的证明，那就是这里的戏剧环境是优越的，而且是领导有方的。

---

[1] 这篇文章题为"劳工事故保险与雇主"，发表于1911年11月4日。
[2] 这条街位于布拉格老城和新城的交界处，连接瓦茨拉夫广场与共和国广场。

前天在萨沃伊咖啡馆的犹太人那里。法伊曼的《赛义德之夜》。①有时候,我们(对此的意识在这一刹那掠过我的脑海)之所以不插手这样的情节,只是因为我们太激动,而不是因为我们仅仅是观众。

10月12日。昨天在马克斯那里写了巴黎日记。②在半暗的里特街,肥胖、热情的R.③穿着秋天的服装。我们只是在她穿夏天的衬衣和薄薄的蓝色夹克衫的时候认识她的,一个姑娘穿这种衣服,外表并不是完全无可指摘的,总之,比起她裸露的样子,还不如说是更为令人不愉快。这时候,格外明显的是她那张没有血色的脸上那只显眼的鼻子,人们也许要用手在她的脸颊摁上好长的时间,脸上才现出一点儿红色来,浓密的淡黄色的绒毛集中在面颊和上嘴唇上,铁路上的尘埃在鼻子和面颊之间飘过,衬衣上有些地方露出隐隐的白色。今天我们却是满怀尊敬地跟着她跑,当我因为没有刮脸,以及一直不修边幅的外表,而不得不在斐迪南大街(连接两条街道)前的过道房屋出口处与她分手时,我才感到了对她倾心的一些小小的撞击。而当我想为什么的时候,我总只是跟自己说:因为她穿得那么温暖。

10月13日。我的上司秃顶处绷紧的头皮向他额头上细巧的皱纹的过渡是没有艺术性的。一种显而易见的、很容易加以仿制的大自然的弱点,纸币可不能这么去做。

我以为对R.的描写是不成功的,但我相信,这个描写比我以

---

① 实际上这是约瑟夫·拉泰纳的一部剧作。
② 见旅行日记的部分。
③ 安吉拉·雷贝格(Angela Rehberger, 1887—?),卡夫卡和布罗德的一个熟人。在《理查德和萨穆埃尔》里叫"朵拉·利珀特"。

为的要更好，或者我前天对 R. 的印象必定是那么不完全，以致这个描写正好适应这个印象，或者甚至超越了这个印象。因为当我昨天晚上回家的时候，我一瞬间想起了这个描写，它悄悄地取代了原来的印象，让我认为，我昨天才见过这位 R. 的，而且马克斯也不在场，如此我还要准备给他讲述有关她的情况，也正好如我自己在这里对她描写的一样。

昨天晚上在射手岛①上，没有找到我的同事，我马上离去。我穿着短外套，手里拿着压扁的软帽子，引起了一些注意。因为外面冷，而这里有喝啤酒的人、抽烟的人，还有军乐团里吹管呼出的热气。这个乐队的站位并不很高，也不可能是那样的，因为这个大厅的高度就颇低。这个乐队占满了大厅的一个尽头，直至旁边的墙壁。乐队的这些人就像装配好似的被推进了这个大厅的尽头。我后来有点儿失去了这种拥挤状态的印象，因为靠近乐队的位子比较空，大厅的中间才挤满了人。

K. 博士好饶舌。②在弗兰茨-约瑟夫火车站后面和他转了两个小时，有好几次请他让我离开，我不耐烦地交叉着双手，尽量地少听他的啰唆。在我看来，一个人在他的职业中做出了好成绩，在他沉浸于叙述他职业经历的时候，肯定会变得神经错乱。他的能干使他意识到，从每一个故事里都能引出联系来，而且这种联系越来越多，他掌握一切，因为他经历过这一切。他肯定在匆忙中，以及考虑到我的关系，而隐瞒了许多东西。我也通过提问打断了他的一些说话，而且也用此方法将他引到别的方面，以此向他指出，他也大大地掌控了我本人的思想。他的为人在绝大多数的故事里起着一个出色的作用，他只是暗示这种作用，由此，在他看来，没说出的内

---

① 位于军团桥下，伏尔塔瓦河上的一个岛，得名自 15 世纪在这里举办射击比赛的传统。岛上有餐厅和公园绿地。
② 1911 年 12 月中旬，卡夫卡和妹夫卡尔·赫尔曼（Karl Hermann, 1883—1939）一同经营石棉工厂。这里提到的卡夫卡博士（Robert Kafka）是他父亲的亲戚，为他们提供法律建议。

容意义还更重大。现在他对我对他的赞赏却是那么深信不疑,使他也能为之叹息。因为在他的不幸中,在他的辛劳中,在他的怀疑中,他本人是值得赞赏的,他的敌人也是能干的人,而且也值得叙述一番。在一家有四个律师助理和两个主管人员的律师事务所里有一件引起争执的事情,在这件事情中,他独自应对整家事务所,经过了几个星期,都是这六位律师的白天谈话的内容。他们中口才最好的是一个非常厉害的法学家,他就站在他对面——这是由最高法庭安排的,它的判决似乎不怎么样,而且互相矛盾。我用告别的声调说到这个法庭辩护的可能,对此他出具证明,这个法庭不可能接受辩护的,人们不得不到处走动,我马上对这个法庭的丑行感到吃惊。他接着解释道,为什么一定会这样呢,法庭负担加重了,为什么,到底是怎么一回事?好吧,我必须离去,那么,撤销判决的法院更好些,行政法庭还要好,为什么,到底是怎么一回事?我终于再也坚持不住了,他就又以我自己的事情作尝试。我由于这事情才到他这儿来(建立工厂),而且我们早已经讨论过这件事,他希望随意地用这种方式抓住我,再将我吸引到他的故事里去。这时,我说了几句话,但在我说话的时候,我郑重地伸手告别,这样,我感到自由了。

　　顺便提一下,他的讲述很好。在他的叙说里,加入了书面语句的清晰陈述,谈话也很生动,就如人们常常在那些肥胖的、黑黑的、目前看起来很健康、中等身材、因不停吸烟而兴奋起来的犹太人身上看到的那样。法庭的术语支持了这种演说,法律的条文被罗列出来,这些众多的条文似乎指向遥远的境地。每一个故事都从头开始发展,赞同的演说和反对的演说都得到发挥,而且因个人的插话而从实际上被动摇,也许没有人想到次要的事情会首先被提出来,然后附带地提一提,再放置一边("一个男子,他如何称呼,那是无关紧要的事"——),听众本人被吸引过来,探询、打听,同时旁逸的故事变得更多。有时候,听者甚至在一个根本不能使他感兴趣的故事面前被询问,当然是毫无收益,只为建立起随便什么样的临时关系,听者插进来的说明不是立即,而是过一会儿才会进入正确的位置,但恰好在刚刚讲述的过程中,这也许是令人恼怒的(库宾),这实际上是对听者的阿谀奉承,将听者引进这故事中,因为这给了他一种完全特殊的权利——在这里作为听众。

10月14日。昨日晚上在萨沃伊看A. 戈尔德法登的《苏拉米特》①。本来是一部歌剧,不过每一个演唱的片断都为轻歌剧。在我看来,这桩无关紧要的小事表明了一种固执的、匆忙的,也是由于错误的原因变得热门起来、在一种部分是偶然的思潮中横贯了欧洲艺术的艺术的追求。

故事是这样的:一位英雄救活了一位在沙漠里迷路("我们祈求你伟大的、强有力的上帝")并由于干渴的痛苦而坠入一个地下蓄水池的姑娘。他们在泉水和一只红眼睛的沙漠之猫的召唤之下发誓互相忠诚("我的可靠的心上人,我的最亲爱的人,我的珍宝,在沙漠里找到了")。这位姑娘,苏拉米特(Ts. 夫人),被阿卜索隆的粗野的仆人辛吉坦(P.)带回到伯利恒她的父亲马诺阿赫(Ts.)那里,而阿卜索隆(K.)还要做一次耶路撒冷的旅行;但他在耶路撒冷热恋上了当地一位富有的姑娘阿维盖尔(K. 夫人),他忘记了苏拉米特,并与阿维盖尔结了婚。②苏拉米特在伯利恒的家中等待着这位情人。"很多人都去耶路撒冷,找到了平静。""他,这个高贵的家伙,想不忠实于我!"通过绝望的爆发,她获得了一种寄托一切的自信心,为了不必结婚并能等待下去,她决定

---

① 亚伯拉罕·戈尔德法登(Abraham Goldfaden, 1840—1908),乌克兰剧作家、作曲家,被称为现代意第绪戏剧的创始人。他于1876年在罗马尼亚成立了第一个意第绪语剧团。
② 这几名演员分别是玛丽亚·齐西克(Mania Tschisik, 1881—1976),伊曼纽尔·齐西克(Emanuel Tschisik, 1867—?),马诺·派普斯(Mano Pipes),克鲁格(Klug)先生和太太。

装疯。"我的意志如铁,我把心筑成堡垒。"她现在整年整年地装疯卖傻,也在这疯狂中悲哀地、吵闹地享受她对那位情人的回忆。大家也不得不容忍这一切,因为她的疯癫只涉及到沙漠、泉水和猫。由于她装疯卖傻,她一下子赶走了三个来求婚的人,对这三个人,马诺阿赫只有用抓阄的方法来让他们和平竞争。他们是:约尔·盖多尼(U.)[1],"我是最强大的犹太英雄",一位叫阿维达诺夫(R. P.)[2]的地主和那位大腹便便的纳坦(勒维)[3]。纳坦觉得自己超于所有人之上,"把她嫁给我吧,我会随她而死的。"阿卜索隆是不幸的,他的第一个孩子被沙漠里的猫咬死了,第二个掉进了井里。他在回想自己的罪孽,向阿维盖尔承认了一切。"节制你的眼泪吧。""你别说了,将我的心劈开吧。""可惜我说的一切都是真的。"一些思维圈子围绕着这两个人形成并消逝。阿卜索隆应该回到苏拉米特身边而离开阿维盖尔?苏拉米特也得到了怜悯,最终阿维盖尔让他离去。马诺阿赫在伯利恒埋怨他的女儿:"哎呀,我的晚年多悲惨啊。"阿卜索隆用他的嗓音治愈她。"父亲,我以后会把其他的事都跟你说的。"阿维盖尔倒在耶路撒冷的葡萄园里,作为辩解,阿卜索隆只剩下他英雄的业绩了。

演出结束,我们还盼着演员勒维出场,我想在这完全的崇拜里欣赏他。像通常那样,他应该做如此的"广告":"亲爱的观众,我以我们全体的名义感谢你们到这里来,并衷心地邀请你们来看明天的演出,在明天的演出里将有闻名世界的××大师的××作品。再见!"挥动手里的帽子离去。

可是我们看到的不是这个,而是幕布紧闭了好一会儿,然后又试探般地拉开了一段空隙,而且时间持续颇长。最后幕布还是被宽宽地拉开了,当中有一个钮结将幕布紧束在一起,我们看到勒维从

---

[1] 可能是萨马尔·乌里希(Schamai Urich)。
[2] R. 派普斯(R. Pipes)。
[3] 伊扎克·勒维(Jizchak Löwy, 1887—1942)。

那后面迈步走向舞台的前面，脸朝着我们观众，用双手抵抗着从下面向他袭击的某个人，直到整个帷幕突然随着它上部固定好的金属丝一起被勒维扯了下来，他想有一个支撑点。勒维在我们眼前支持不住而屈膝俯身，被饰演野蛮人的 P. 抓住，P. 也保持着弯曲的身子，用头从戏台一旁将勒维朝下撞去。好多人从大厅的侧翼围拢来。"把幕拉起来！"有人在几乎完全暴露的舞台上喊叫着，Ts. 夫人站在舞台上，带着一张苍白的苏拉米特的面孔，显得那么可怜，小个儿的仆役们站在桌子上、沙发上，将幕拉至一半的高度，老板在设法安慰那位政府的代表。这位政府代表唯一的想法只是离开这里，但他被老板的劝慰留下来了，人们听到 Ts. 夫人在帷幕后面的说话声："现在我们要从舞台上向观众宣讲道德……"犹太人公务员联合组织"未来"已承担了明天晚上的指导，而且在今天的演出前已经召开了一个井然有序的全体大会。它现在决定，由于这个偶然事故，在半个小时内召开一次特别会议，联合组织的一位捷克成员预言，由于他们这种胡闹的表现，这些演员会全部毁灭的。这个时候，人们突然看见勒维，他就像消失了一样，被仆役领班 R.①用双手，可能也用双膝推向一扇门的地方。他可能被扔了出去。这个仆役领班，不论早晚，在每一个客人面前，在我们面前也一样，像一条狗，用狗般的嘴脸……这嘴脸就长在他那张被旁边卑微的皱褶锁紧的大嘴上。

10 月 16 日。昨日，疲劳的星期天。全体人员向父亲辞职。②因为他能说会道，为人热情，以及他的疾病、他高大的身材和早先的强壮，他的经验，他的聪明，他在一般的和私人的会谈中赢回几乎所有的人。一位重要的雇员 F.③想要延长到星期一的考虑时间，

---

① 鲁比契克（Roubitschek）。
② 卡夫卡的父亲当时经营一家服饰用品商店。
③ 弗朗茨（Franz）。

因为他对我们的业务负责人许了诺,这位业务负责人退出了,而且要把全部人员吸引到他正在建立的新企业里去。星期天会计①写信来说,他也许不能留下,R. 让他不要失言。

我乘车到契兹科夫②那里去找他。他的年轻的夫人,圆圆的面颊,长长的脸,还有一只小而粗犷的鼻子,这鼻子永远也不会使捷克人的面孔消沉。她穿一件显得过长的、很宽松的、有花朵图案装饰、斑纹点点的晨裙。这裙子看起来特别长,特别宽松,是因为她的动作特别匆急,比如向我致意,最后做点装饰性的事情,如把纪念册当当正正地放在桌上,又让她丈夫过来,便很快离去。这位丈夫有着类似的、大约也是从这位他非常依赖的夫人那里学来的、急匆匆的动作,前俯的上身晃动得十分厉害,同时下身明显不动。这是一个十多年来就认识了的、常常见到的、却很少被注意的人的印象,现在突然出现在眼前。我用我的捷克语劝说越不成功(是呀,他已经与 R. 签署一个合同,只是他在星期六晚上因为我父亲的缘故才如此的惊愕,不提合同之事),他的脸就越是像猫。我在将近结束之际,装出一点颇惬意的感觉,就这样用有点拉长的面孔和眯起的双眼,默默地在房间里向四周看去,就像在搜索一些难以言说的具有暗示作用的东西。但我还算镇定,当我看到没有多少效果的时候,他不想用新的语调跟我谈话,我必须重新开始说服他。交谈由此引出,在街的另一端住着另一位 T.③,谈话以他在门边对我在寒冷中穿轻薄服装感到惊奇而结束。这对我开始的希望和最终的失败颇有典型意义。但我让他答应下午去父亲那里。我的理由有些地方太抽象,太拘泥于形式了。错误是没将夫人叫进房间里来。

---

① 安东·图拉赫(Anton Tullach, 1883—1948)。
② 布拉格东边郊区的一个工人聚居地,建有许多工场,1922 年并入布拉格为行政区。
③ 印刷商卡雷尔·图拉赫(Karel Tulach)。

为了保住这位雇员，我下午去拉多廷①。因此，我失去了与我常常思念的勒维在一起的机会。在车厢里，那位老妇人的尖鼻子有着几乎还是年轻人的那种绷得颇紧的皮肤。是青春在鼻子尖上结束？是死神在那里开始出现？打着嗝的旅客顺着脖子朝下吞咽，呲着嘴巴，表明他们在判断着火车的行驶，旅客的组成，坐位的顺序，车厢里的温度，当然也判断着我放在膝盖上的、而且不时有些人盯着看的小册子《潘神》②（因为总还是有些事情是他们在车厢里不可能预料到的）。这在他们看来，是无可指责的，理所当然的，没有疑义的，同时，他们还相信，所有这一切也可能令人非常不愉快。

我在H.先生③家院子里来来回回地走动，一条狗将一只爪子放在我脚尖上，我摇晃着脚尖。有小孩、有鸡，有时还有成年人。一位有时在阳台上俯着身子或躲在门后的保姆对我颇有兴趣。我不知道，在她的目光里我现在到底是个什么样子，是不是冷漠的、害羞的、年轻的或苍老的、狂妄的或可亲近的，双手搁在前面还是后面，感觉冷还是热，是爱护动物的人还是商人，是H.的朋友还是乞求者，是比会议的参加者——他们有时候在一个不中断的弯道上从会场到厕所来回——更有优越感的，或者由于我轻薄的服装而显得可笑的，是犹太人或是基督徒，等等。我走来走去，擤鼻子，不时地读着《潘神》，我胆怯地将目光避开阳台，却发现那里其实没人，朝着家禽走去，接受了一个男子的致意，透过酒馆的窗户看着转向一位演说者的那些男子平淡乏味的、歪歪斜斜的、一张挨着一张的脸孔，这些脸孔为演说增添了效果。H.先生不时从会议中出来，他对介绍给我们公司的那位雇员有着影响，我请求他利用这影响，为我们服务。他深褐色的胡子长满了面颊和下巴，黑黑的眼

---

① 位于布拉格南边15公里处的小镇。
② 双周刊物。卡夫卡看的这期有布罗德评论瓦尔泽的文章。
③ 哈曼（Haman）。

睛,眼睛与胡子之间呈现了面颊的阴暗色调。他是我父亲的朋友,我还是孩子的时候就认识他了,我对他曾有过一个烘焙咖啡者的想象,这使我把他塑造得比他本人更为神秘、更像男子汉。

10月17日。我什么事情都干不成,因为我没有时间,而我心里却是那样紧迫。要是整天自由自在,以及早晨在我心中升起的不安要是能伸延至中午,直至晚上能精疲力尽的话,我就能睡觉了。但对于这种不安来说,最多只在朦胧的黄昏停留一个小时,这一个小时变得有些浓烈起来,后来又变得压抑,最终又为我无益而有害地打开夜色。我会长时间地忍受它吗?而且,忍受它有没有意义呢,我究竟会不会得到时间呢?

如果我想到这则趣闻,拿破仑在埃尔富特的宫廷宴会上讲道:当我还仅仅是第五军团中尉的时候……(王室成员尴尬地面面相觑,拿破仑发现了,并纠正了自己),当我还有幸,仅仅是个中尉……由于稍稍地产生了共鸣、不自然地侵入到我身内的骄傲,我脖子上的血管膨胀起来。①

继续回到拉多廷:后来我独自一人在园子里的草地上走来走去,颇有寒意,然后在敞开的窗户里认出了和我一起转身向房屋这一边的保姆——

10月20日。18日在马克斯那里。有关巴黎的事写得很糟,根本没有进入到本该有的描绘的自由中去,这种描绘会让你从经历中解放出来。我在昨天激昂的情绪后,也感到昏昏沉沉,昨天与勒维的演讲一起结束了。在这一天里,我还是没有什么特别的心绪,我

---

① 引自古斯塔夫·坤策(Gustav Kuntze)的《拿破仑轶事》。

与马克斯去接他从加布隆兹来的母亲,和他们一起到咖啡馆,然后在马克斯那里,他为我表演《珀思丽人》①中一种吉卜赛人的舞蹈。这舞蹈在书中占了好几页,在一种单调的踢踏声中,只有臀部的动作占了很大的比重,脸部的表情变化缓慢而显得热情。直至后来将近结束的时候,那种诱人的发自内心深处的疯狂来得既短暂又迟晚,颤动身体,驾驭身体,浓缩旋律。这种旋律一会儿高昂、一会儿深沉(人们听出了特别怨恨的沉闷的声调),最后是一个不引人注意的结束动作。开始的时候,和在整体中那一种强烈表现吉卜赛人文化相似的地方始终不曾消失,大概是因为一个在舞蹈中如此疯狂的民族也只是在朋友面前安静地表现自己。第一支舞蹈留下了伟大的真实的印象。后来,我在《拿破仑语录》中浏览。人们在瞬间里是多么容易地感觉到拿破仑本人的一小部分惊人的想象啊!后来,我回家的时候,已经心潮澎湃,在围着我转动的这些家具的中心,我不能忍受我的任何想象,它们错杂无序,又若怀胎,如一团乱麻,渐渐膨胀起来,从我的痛苦和忧虑中飞过,尽可能地占据许多空间。可是不管我的容量如何,我变得十分神经质,我进入演讲大厅。比如,从我坐的姿态中,从我是确确实实坐着的姿态中,我也许立即认识到自己是作为听众坐在那里的状况。

勒维读肖洛姆·阿莱汉姆②的幽默小品,然后读佩雷兹③的故事,比阿里克的一首诗(诗人只是在这里为宣扬他为研究犹太人的未来而利用基希涅夫的事件写成的诗④,他才放下架子,从希伯来文改写成意第绪语,他还将他早先用希伯来文写成的诗亲自译成意第绪语),读罗申费尔德的《售灯女郎》。作为演员自然而然反复

---

① 法国作曲家比才的歌剧,改编自英国作家司各特的小说。
② 肖洛姆·阿莱汉姆(Scholem Aleichem,1859—1916),广受欢迎的犹太作家和幽默大师,被誉为"犹太的马克·吐温"。
③ 伊萨克·勒伯·佩雷兹(Isaac Loeb Peretz,1852—1915),犹太民俗作家。
④ 比阿里克(Haim Nachman Bialik,1873—1934)的《在屠城》,以1903年和1905年发生在基希涅夫的两次反犹暴行为主题。

睁大的那双眼睛，现在却一下子定住了，扬起的眉毛成了一个半圆的框。整场朗诵表现了完全的真实。他从肩膀开始举起右臂，显得那么虚弱；他移动着好像是借来的夹鼻眼镜，它在那只鼻子上是那样地不合适；他将腿伸在桌子下面的那种姿态，使得连接大腿与小腿之间的那些瘦弱的骨头在活动中显得特别突出；他的背部看上去疲惫而可怜地弯曲着。因为面对统一而单调的脊背，观察者在判断中是不会被蒙骗的，这就像是通过眼睛、面颊的凹凸，或者通过每一个无关紧要的细节去观察面孔一样，即使脸上布满了短髭也一样。在演讲过后，我踏上了回家的路，我感觉到我聚集了所有的能力，我因此而向我的妹妹们诉苦，在家里甚至向母亲诉苦。

因为工厂的事去 K. 博士那里。那种不严重的理论上的芥蒂肯定会在缔约者双方之间签订的协议书上出现。就像我用眼睛在 H.① 已向博士转过去的脸上搜寻一样，这种芥蒂在这两个人之间一定会更多，否则他们不会如通常那样去通盘思考对方的情况，因此而去不满于每一个细小的地方。——K. 博士的习惯是在房间里成对角线地走来走去，上身紧张地、如在沙龙里一样地朝前晃动，同时叙说着什么。他常常是在走完一个对角线之后，便将他抽的烟灰抖落进房间中分别放着的三个烟灰缸中的一个里。

今日早上在 N. N. 公司②。经理用背支撑在靠背椅的一边，为他那东欧犹太人的手势取得空间和依靠。这是双手和面部表情的综合表演与互相竞争的最佳状态。他有时候将这两者联系起来，为此，他不是盯着他的双手，就是为了使听者舒服而将双手保持在面部附近。他说话的声音如庙宇里的旋律，特别是在列举更多的论点

---

① 卡尔·赫尔曼。
② 洛维与温特贝格公司。卡夫卡后来在给菲莉丝的信中写到："这是我知道的波希米亚地区最大的木材商。"

的时候，他将这种旋律从一个指头引向另一个指头，就像跳越管风琴的各个音栓一样。我后来在护城河街遇见了父亲和 Pr. 先生①，这位先生竟举起手来，让袖子落下一点儿（他并不想动手把袖子拉起来），在街中央用露出来的手和张开的手指做着强有力的螺旋运动。

我大概是病了。从昨天起我的身体到处发痒。下午我的脸发起热来，显出各种不同的颜色，使我在修剪毛发的时候感到害怕。那位常常能看见我和我镜中形象的助手会在我身上看出一种大病的迹象来。胃和嘴巴之间的联系部分受阻，一枚如金币大小的盖子不是不时地上升，就是停在下面，然后逐渐扩大，布满胸口表面，轻轻地迫压着向上放射。

继续讲在拉多廷的事。我曾邀请她下来。第一次的回答是严肃的，直到现在她还带着要求她照顾的小女孩，从我身边走过的时候还那样咯咯地笑，并做出娇媚之态。从我们结识的那一刻开始，她也许再未敢有这样的做法。后来，我们常常在一起大笑，全不顾我在楼下、她在楼上开着窗户而感到的寒冷。她将胸脯压在交叉的双臂上，支着屈曲的膝盖，将整个身体靠在窗栏上。她十七岁，将我看作是十五六岁的小伙子②，通过我们整个的交谈也不能改变她的这种看法。她的小鼻子有些歪斜，因而在面颊上抛下一条不寻常的影子，当然这条影子并不能帮助我去重新认识她。她不是来自拉多廷，而是来自库赫勒（布拉格的下一站），这一点她怎么也不想让人忘记。后来，我与那个即使我没出差也可能会留在我们公司里的雇员在从拉多廷伸出的公路的黑暗里散步。在一边是一家水泥厂曾堆积过石灰的荒凉之地，古老的磨坊。一棵被旋风从大地连根拔起

---

① 普莱斯勒（Preissler）。
② 卡夫卡当时实际年龄是 28 岁。

的白杨树,据说先是斜横在土地里,然后逐渐地暴露出它全部的根须。这位雇员的面孔:生面团似的、红色的肉附着在强健的骨头上,看上去疲惫不堪,然而在它的限度内却是强壮有力的。语调一点儿也没有为我们在这里一起散步惊异。在一片广大的、被一家工厂预先买进、暂时闲置在一旁、位于居民区中央的、当然也只是由部分被电灯光强烈照射的工厂大楼包围的土地上方,是一团洗练的月亮,充满光线的、因而若云一般的烟雾从一柱烟囱里冒出。列车发出信号,在长长的交叉在这块土地上的、违背着工厂意愿的、由居民践踏出来的路旁,穿梭的老鼠发出窸窸窣窣的声音。

在整体而言微不足道的写作中,我获得了力量,例子如下:

星期一,16 日,我和勒维在国家剧院看《杜布罗夫尼卡三部曲》①。剧本和表演是令人绝望的。第一幕留在我记忆里的是一种座钟的悦耳的响声,行进的法国人在窗前唱《马赛曲》,这支逐渐消逝的歌曲受到刚入场的人们一再欢迎。一会儿声音又高了起来,一位身穿黑色衣服的姑娘拖着她的影子,穿过了那条夕阳照在剧场正厅前排座位留下来的光带;第二幕留下来的只是一位姑娘柔美的脖颈,它从暗红色衣服遮盖的肩膀延伸至小小的脑袋,显得亭亭玉立;从第三幕中留下的是压皱了的皇帝的外衣,暗色的令人产生幻想的坎肩连着横穿起来的黄金怀表链子,那是早先侯爵的一位年迈的、驼背的后代用的。更多的就没有了。……座位票是颇贵的,作为糟糕的行善者,我在这里扔出了钞票,而他却是处在困苦之中;终于,他比我更觉得有点儿无聊。简而言之,我又一次证明了那种所有的我独自开始的行动所具有的不幸。在我自己曾与这种不幸不可分地结为一体的时候,所有过去的不幸的事情朝我这儿涌来,所有未来的不幸又将我朝下拉。我每次几乎完全是独立的,我都把这

---

① 克罗地亚剧作家伊沃·沃伊诺维奇(Ivo Vojnovic, 1837—1929)的作品。

一切作为难得的事情而完全轻松地承受下来，而且甚至第一次感觉到在剧院里我的脑袋是一个观众的脑袋，从靠背椅和身体聚集的黑暗中腾升到一种特别的光辉里去，而不以这个剧本和这个演出糟糕的诱因为转移。

第二个例子：昨天晚上在马利恩街、我灵活地向我的两位小姨子①同时伸出两只手，就好像那是两只右手，我成了双重人。

10月21日。一个相反的例子：我不能长时间地朝着我顶头上司的眼睛看，如果他跟我商谈办公室里的事情的话（今天说的是卡片的索引）。并没有一种轻微的苦涩违背我的意愿进入我的目光，这种轻微的苦涩不是排挤我的目光就是排挤他的目光。因为他对内心深处的原因一无所知，放任那飘忽不定、一有冲动就移开的目光，但他又马上收回这目光，因为他将整个过程只看作是他眼睛瞬间的疲乏。我越来越坚强地抵御着，也因此加快我交叉目光的频率，我最喜欢看的还是沿他的鼻子落在面颊上的影子，要保持住朝向他方向的脸，这常常需要紧闭的嘴巴中牙齿和舌头的帮助——如果必须要那样的话，我尽管垂下眼，但视线决不低于他的领带。当他的视线转开，而我紧紧地而且毫无顾忌地追着他的时候，我马上集中了最锐利的目光。

犹太演员们。齐西克夫人嘴巴附近的面颊显得凸起。部分是因为饥饿、分娩、旅途与演出劳累引起的面颊消瘦，它们必须要为她那张原先肯定是笨拙的大嘴在演出时运动而伸展。演苏拉米特时，她总是要放下遮盖她面颊的毛发，这样一来，她的脸看上去有时像一张早先时代的少女的脸。她有一个大骨架，中等强壮的身体，并将腰身束得紧紧的。她在行走的时候微微地表现出一些庄重来，因

---

① 卡尔·赫尔曼的姐妹。

为她有这样的习惯：抬起她的长臂，然后伸展，然后慢慢地动起来。特别在她唱那首犹太民族歌曲时①，宽大的臀部微微地摇晃，并不时地运动着随臀部弯曲的手臂，空空的两手就像是在嬉戏一只慢慢飞着的气球。

10 月 22 日。昨天在犹太人那里。夏尔坎斯基的《科尔·尼德莱》是个颇糟的剧本，它却有一个不错的诙谐的写信场景，还有并排站着的恋人虔诚地交叉着双手做祷告。皈依异端的大审讯官靠着约柜前的帷幕，他登上台阶，停立在那里，歪着脑袋，嘴唇贴着帷幕，将祈祷书举在他发出啪嗒声响的牙齿前面。在第四个晚上②，我第一次为得到一个纯粹的印象而明显地感到无能为力。对此，我要归咎于我们的大团体，以及我妹妹在用饭时的来访。尽管如此，我也许可以不那么虚弱。由于我对齐西克夫人的爱，我的行为有点可怜，她也只是因为马克斯才坐在我的旁边。我又可以恢复过来了，现在已经好多了。

齐西克夫人（我是那么喜欢写这个名字）就是在桌边吃烤鹅的时候也喜欢偏侧她的头。如果人们先仔细地沿着面颊看去，然后再把缩小的自己溜进去，你这时都不用先抬眼皮，因为它们已经抬起来了，同时，透出的那一束浅蓝色的光诱使你跃跃欲试，人们相信随着目光能够来到她的眼皮之下。从她众多地道的表演中，她有时推出拳头，转动手臂，手臂拉着裹住身体的无形的长衣裙的后襟，分开的手指放在胸上，因为失去艺术性的呼叫是令人不满足的。她的表演并不丰富，用可怕的目光看着她的表演对手，在小小的舞台上寻觅着一条出路，温柔的嗓音在直线的、短暂的上升中必

---

① 犹太诗人纳夫塔里·赫尔茨·伊姆贝尔（Naphtali Herz Imber, 1856—1909）作词的《希望》。如今是以色列的国歌。
② 前三个晚上分别是 10 月 5 日、8 日和 13 日。

须借助于较大的内部共鸣,不用使劲,就显出英雄的形象,欢快通过她舒展开的面庞,越过高高的额头,直至头发,渗透进她的全身。在独唱的时候,她自得其乐,不用再增添新的手段,逼得观众去关心她整个的身体,没有更多的了。这是全部的真实情况,因此可以确信,人们不能从她那里夺去哪怕是最微小的效果,她是独立于表演的,也是独立于我们的。

我们对这些演员有着同情,他们表演得那么好,却没法获取什么,而且也绝对得不到感谢和光彩,这同情本来只是对许多可贵的努力,以及主要是对我们的悲哀命运的同情。因此,这同情也显得过分的深切,因为它从表面上是为了那些陌生人,而实际上是我们的一部分。不管怎样,它与演员们总是联系得那么紧密,使我现在怎么也不能剥离。因为我认识到,这同情正更为固执地与他们连结在一起。

齐西克夫人肌肉发达的嘴唇旁边的面颊上显出令人注目的光泽。她那有点儿没长开的小姑娘。①

和勒维及我的妹妹②散步三个小时。

10月23日。演员们又一次令我害怕地用他们的在场向我证实,我至今写下的有关他们绝大部分的事情全是错误的。错误在于,我是在用一成不变的爱(就是在我写这些时候的现在,这些也会是错误的),正在变换着的力量去写有关他们的事,而且这种变换着的力量并不正确地、响亮地敲击在这些真正的演员身上,而是沉闷地陷于这种爱之中。这种爱对这种力量永远不满,并欲通过它对它的

---

① 她的女儿安妮·齐西克(Annie Tschisik, 1903—1983)。
② 可能是指奥特拉。

遏制来保护演员们。

齐西克与勒维之间的争论。齐：埃德尔斯塔特是最伟大的犹太作家。他是崇高的。罗申费尔德当然也是一个大作家，但不是最伟大的。勒维：齐是位社会主义者，那是因为埃德尔斯塔特写了社会主义诗歌（他是伦敦的一家社会主义犹太报纸的编辑），因此，齐将他看作是最伟大的作家。但埃德尔斯塔特是谁呢，他的党派知道他，此外没有人知道，但世界认识罗申费尔德。——齐：这不取决于知名度。埃德尔斯塔特所做的一切都是崇高的。——勒：我也详细地了解他。例如《自杀者》就很好。——齐：争论有助于什么呢？我们无法统一。我明日再讲我的意见，你也一样。——勒：我后天讲。

戈尔德法登，结过婚，是个挥金如土的人，即使陷入极大的困境。约百个剧本。作了不少剽窃来的礼拜仪式上用的旋律，有民间风味。全民族都唱这些曲子。工作时的裁缝（被模仿了），女仆，等等。

在这么小的空间里穿衣服，如齐西克夫人所说，人们肯定会发生争吵。演员激动地从表演场地下来，都把自己看成是最伟大的演员。例如，他们在这里互相踩一下脚，这是不可避免的，这样，不仅要争执一番，而且还大动干戈，弄得大家精疲力尽。所以，在华沙这种地方就曾有过七十五个单独的小更衣室，每一间里都有照明设备。

六点钟，我在他们的咖啡馆里碰到按两个敌对的小组围坐在两张桌子周围的演员们。在齐西克小组的那张桌子上放着一本佩雷兹的书，勒维正将它合上，走过来跟我一起离去。

直到二十岁的时候，勒维还是一个研读犹太经书的年轻人，当时，他还在学习，用的是他颇富有的父亲的钱。那时候有一个同龄年轻人的社团，一到星期六，这些年轻人就在一家偏僻的酒馆里聚会，并穿着犹太人的长袍抽烟，要不就是违反假日戒规犯错误。

"伟大的山鹰"①，从纽约来的最有名的意第绪语演员，是个百万富翁。戈尔汀为他写了《疯狂的人》②，勒维请他来卡尔斯巴德时别来看演出，因为在他面前他也许没有勇气在这个设备极差的舞台上表演。——只是布景，而不是那个人们不能在上面活动的可怜的舞台。我们怎样去演《疯狂的人》哩！这里人们需要一个卧式长沙发。在莱比锡的水晶宫殿里，那里可是辉煌灿烂的。窗户可以开，阳光照进来，剧本里还需要一个国王的宝座，行了，这有了一个宝座，我穿过人群朝他走去，真是一个国王。在这里应该是非常容易演出的，在这里，所有的东西都会使人迷惑。

10月24日。母亲整天操劳，有时候兴高采烈，有时候闷闷不乐，这种情绪是很自然的。她并不利用自己的状况，提哪怕是最低的需要，她的声音很亮，对平时的谈话来说太高了，但如果有人悲愁，过些时间偶然听到了，就会感到宽慰。自较长一段时间来，我总埋怨，我虽然有病，但从没有一种逼着我躺在床上的特别的病。这种想法绝大部分肯定是因为，我知道，比如说，要是母亲从有灯光的客厅来到昏暗的病室时，她会怎样地安慰我，或者是晚上，当白昼开始单调地向黑夜过渡的时候，从忙碌中回来，带着她的关

---

① 雅各布·P. 阿德勒（Jacob P. Adler, 1855—1926），曾是戈尔德法登剧团的演员，后移民纽约。阿德勒在德语中有"山鹰"的意思。
② 雅各布·戈尔汀（Jacob Gordin, 1853—1909），俄裔美国剧作家，对意第绪语戏剧产生了重要影响。

切,并迅速地将一切安排停当,再一次让那么迟晚的一天开始,并使病人高兴起来,还想在这同时能帮她一把。我也许希望再得到这些,可能是我后来虚弱的缘故,因此,我深信母亲所做的一切事情,以增长的年龄,也许能拥有天真的欢乐。昨天我突然想起,我只是因此而不那么爱我的母亲,就如她应该得到的、我能够做到的那种爱,因为德国的语言在这方面妨碍了我。犹太的母亲不是"母亲",母亲这种称呼使她有点滑稽(不是对她,因为我们是在德国),我们称呼一位犹太妇女为德语的"母亲",但忘记了那种越来越难以深入到感情里去的矛盾。"母亲"对犹太人来说,特别德国味,这除了基督教的光辉外,还包含着基督教的冷漠,因此,它不仅使用"母亲"相称的犹太妇女显得滑稽,而且也令人陌生。妈妈也许是个比较好的称呼,只要人们不在这个称呼里想到"母亲"的含义。我相信,也只有对犹太人居住区的回忆还能保持住犹太的家庭,就是"父亲"这个词也远远不是犹太父亲的含义。

今天站在傻里傻气、说谎达到可笑地步的 L. 参事①的面前,出乎意料地不请自来,他颇不耐烦地询问我的病情。我们已经好长时间,或者说大概根本就没有这样亲密地交谈过。这时,我感觉到,我的还从来没有被他如此仔细端详的面孔,对他敞开了虚假的、表现糟糕的、但不管怎么说令他吃惊的一面。对我来说,我是认不出来的。我对他认识得太清楚了。

10月26日。星期四。勒维昨天整个下午都在朗诵戈尔汀的《上帝·人·魔鬼》和他自己在巴黎的日记片断。前天,我看了戈尔汀的《疯狂的人》的演出。之所以说戈尔汀要比拉泰纳、夏尔坎斯基、法伊曼等人好得多,因为他拥有更多的细节、更多的条理,

---

① 欧根·莱德尔(Eugen Lederer, 1861—1937),保险局意外事故部门的部长。1909年4月17日至9月17日,卡夫卡被临时调至这个部门。

以及在这个条理里的更多的合乎逻辑的东西。为此,这里再不完全是其他剧本里的那种生硬的、一次性的即兴表演的犹太人特性的东西。在表演这种犹太人特性的时候,发出的噪声是沉闷的,因而刻划的细节就更少了。自然也有对观众作出让步的,而且有时候人们相信还必须踮起脚尖,为越过纽约看戏的犹太人的头看这出戏(疯狂的人的形象,塞尔德夫人的全部故事),但更糟的是对不论哪一种熟悉的艺术也做出明显的让步。例如,在《疯狂的人》中,情节变化了整整一幕,由于考虑到这位疯狂的人讲了一些在人性上模糊不清、在文学上却是那么粗野的话,竟让人闭上了眼睛,在《上帝·人·魔鬼》里的那位老姑娘也是如此。《疯狂的人》的部分情节非常大胆。一位年轻的寡妇与一个已经有了四个孩子的老头结婚,同时马上与她的情人弗拉基米尔·沃罗贝契克通奸。这两个人就这样毁了这整个家庭,施默尔·莱布利希(派佩斯)不得不拿出所有的钱,不久便病了。最大的儿子(克卢格)是个大学生,离家出走,亚历山大成了赌徒、酒鬼,丽丝(齐西克)成了妓女,勒美赫(勒维)是个傻瓜,对塞尔德夫人仇恨,是因为她取代了母亲的位置,又对她爱,因为她是靠近他的第一个年轻女人,这两者把他带进了一种荒谬的疯狂境地,发展得如此之远的情节随着勒美赫对塞尔德的谋杀而解决了。所有的其他人让观众停留在一种未完的、无可奈何的回忆中。对这个女人和她的情人的杜撰是一种没有寻求他人看法的杜撰,这种杜撰给予我的是莫名其妙的、各种各样的自信。

　　戏剧节目单给人留下暗示的印象。人们从这里获悉的不仅是那些名字,还有一些更多的东西,但也就只是这么多了。比如在这里最善意的、最勇敢的公众肯定知道了一个受到他们审判的家庭。施默尔·莱布利希是一个"富有的商人",却没有说,他年老多病,是一个可笑的喜欢女人的人,一位坏父亲,一个不虔诚的鳏夫,他在他夫人忌日的那天结婚。这所有的说明要比戏剧节目单上的正确得多，因为到戏的结尾处，他已不再富有，因为塞尔德将他搜刮得一干二净，他也几乎不再是一位商人，因为他疏懒了他的事业。西蒙在戏剧节目单上是"一个大学生"，实际上形象颇为模糊，就像我们知道的许多遥远熟人的儿子一样。亚历山大是一个没有个性的年轻男子，也只是叫"亚历山大"而已，关于"丽丝"这个深居简出的姑娘，人们也只知道，她叫"丽丝"而已。勒美赫可惜是"一个白痴"，因为这是几乎无法隐瞒的事情。弗拉基米尔·沃罗贝契克只是"塞尔德的情人"，但不是家庭的破坏者，不是酒鬼、赌棍，不是放荡的人、游手好闲的人，不是寄生虫。他顶着这个"塞尔德的情人"的名头，虽有许多描写，但谈到有关他的举止，人们能说的却少得可怜。此外，情节的发生地是在俄国，这些勉强聚集在一起的人物分散在一片广阔的地区，或者说集中在这个地区的一个小小的、不被人注意的点上，简单地说，这个剧本里发生的事是不可能的，观众得不到什么可看的内容。

尽管如此，这出戏开始演了。剧作者明显强大的力量开始运作。许多事情出现了，这些事情不依赖于戏剧节目单上的人物的力量，却不可避免地与他们贴近。若人们只相信鞭打、抢劫、殴斗、捅肩、昏倒、砍头、残废、穿着俄国翻口靴子跳舞、女人的裙子飘得高高的舞蹈、沙发床上的翻滚，这些都是事实，在这里反驳是无助于事的。甚至连留下回忆的、令身临其境的观众激动的高潮也不必要，这让人们认识到，戏剧节目单暗示的印象是一个错误的印象，这印象只能在演出之后才能构成，但现在已是不正确的了，也是不可能的了，这种印象只能在一种厌烦的袖手旁观的处境中产生。在这种情况下，对诚恳地下判断的人来说，在演出之后于节目单与演出之间不再有什么相符合的东西可看的了。

从第一个笔画①开始就带着绝望写作，因为今天玩牌的人特别

---

① 指的是前文中的一个分隔斜杠符号，原稿在"尽管如此"之前。

吵闹①，我不得不坐在大家都在的桌旁。那位 O. 女士②张口大笑，站起来，又坐下去，越过桌子跟我说话。我为完成这个不幸而写得如此糟糕，我不得不想起勒维美好的、用一气呵成的感情写成的巴黎回忆。它是出自于独立的火焰，而我肯定主要是因为时间太少，至少现在几乎完全受着马克斯·布罗德的影响，这有时候甚至使我对他的工作扫兴。能够让我感到慰藉的是我在写的关于萧③的自传评论，尽管这里面本来就包含着与慰藉相对立的东西：还是孩童的时候，他在一家都柏林的房地产代理人的办事处当学徒。他很快放弃了这位置，去了伦敦，并成了作家。在从一八七六年至一八八五年的最初九年里，他总共挣了一百四十克朗。"尽管我是一个坚强有力的年轻人，我的家庭处在恶劣的境遇中，我并没投入生活的斗争，却让我的母亲投入到生活的斗争中去了，让自己靠着她来养活。对我的父亲来说，我不是帮手，相反，我却是依赖着他。"④最终使我感到了少许的慰藉。他在伦敦自由自在度过的年华对我来说已经过去，可能的幸运变为越来越不可能实现的幸福，我过着一种可怕的替补式的生活。我十分胆小而可怜地只对萧追踪到这么远，我给我的父母朗诵到了这个地方。这种可能发生的生活是怎样带着钢铁的色彩、绷紧的钢棒和薄薄的黑暗在我的眼前闪光啊！

10 月 27 日。勒维的故事和日记：巴黎圣母院如何地使他感到恐惧，植物园的老虎如何地打动了他，那是绝望了的人与希望着的人的一种描述，他贪婪地饱食了绝望与希望，就如他想象中虔诚的父亲询问他能不能在这个星期六散步，他现在是不是有时间读现代的书，他是不是可以在斋戒日吃东西，而他却必须在星期六工作，

---

① 卡夫卡的父母家几乎每晚都有牌局。卡夫卡很少参与打牌，但经常在旁观看。
② 奥特拉。
③ 萧伯纳。
④ 这段话出自萧伯纳的第二部小说《非理性的结》中自传性的序言。

根本没有时间，并且禁食的日子比每一个宗教规定的日子还多。当他啃着一块黑面包穿过胡同散步的时候，从远处看，他好像是在吃巧克力。帽子工厂里的情况①和他的朋友。他的朋友是个社会主义者，这位社会主义者把每一个不完全像自己那样工作的人都看作是资产阶级分子，比如用那双细嫩的手在工作的勒维。这位社会主义者在星期日感到无聊，他将阅读鄙视为享乐。他收到了一封信，可是他自己不会念，嘲讽地请勒维为他念。

在俄国的每一个犹太人聚居区都有犹太人的净身池，我将它想象为一个小房间，里面有一个一定规模的水池，有由拉比布置和监督的设施。这种净水只是要洗去心灵的尘世龌龊，因此，它的外部状态是不重要的，它是一种象征，因此它可能是脏的、是臭的，即使如此，但它还是完成了它的任务。妇女来到这里，为消除月经期的污秽，写妥拉②的经师来到这里，是为在写一段经文最后的句子之前洗去所有邪恶的思想。

规矩是：醒了之后，马上将手指三次浸入水中，因为罪恶的魔鬼在夜里会栖身于第二个和第三个手指节上。合理的解释是：应是防止手指马上碰到脸，因为在睡觉和做梦的时候，手指会不由自主地接触身体的各个部位，如腋下、屁股、性器官等地方。

后台的更衣室那么狭窄，要是一个人偶然在舞台的门帘后面站在镜子前，而第二个人想从他身旁走过，那么，他就得撩起幕布违心地向观众展示那么一会儿。

---

① 勒维十七岁时前往巴黎，起初在工厂工作，后加入职业剧团。
② 妥拉（Torah）广义上指上帝启示给以色列人的真义，亦指上帝启示人类教导与指引。狭义上指《圣经·旧约》的首五卷。

迷信：人们要是从一只不完整的杯子里喝东西，罪恶的魔鬼就会得到进入人体的入口。

演员在演出后出现在我面前，他们会显得多么受伤啊，我是多么害怕用一句话去轻抚他们啊！我多么愿意匆匆地握一下他们的手后迅速离去，就好像我生气而且不满似的，因为我是那样地不可能说出我真正的印象。所有的人，除了马克斯之外，对我来说都是虚假的。马克斯安详地说着一些没有内容的事情。但虚假的是那个打听荒唐细节的人，虚假的是那个给演员的说明予以一个诙谐答复的人，虚假的是那个嘲讽的人，虚假的是那个开始解析他的各种各样印象的人。所有这一群全是无赖，他们准确无误地挤缩到观众大厅的深处，在已经很晚的夜里爬起来了，而且又发现了自己的价值。（离正确的东西相去甚远。）

10月28日。我虽然有一种类似的感觉，但在我看来，那天晚上上演的剧本远不是完美的。①但正是因为如此，我才应该在这些演员面前表示特别的敬畏。谁知道在印象中的那些小小的、即使是不少的漏洞，由谁承担它们的责任呢？齐西克夫人有一次踩在了自己衣服的镶边上，在她那公主般的放荡衣裙里摇晃了好一会儿，像一根硕大的圆柱。有一次还说错了话，为了让舌头镇静一下，便做了个突然的动作将身子转向后墙，尽管如此，动作与说话还是露出了明显的脱节；这使我感到迷惑，但这并没阻止面颊骨上掠过的一丝轻颤，这是我在听她说话的声音时一直感觉到的。可是别的熟人们得出的印象比我的要不纯洁得多，他们在我看来应比我有更大的敬畏，因为我认为他们的敬畏比起我的有更大的效果，也因此我有双倍的理由咒骂他们的举止。

---

① 指1911年10月24日上演的《疯狂的人》。

马克斯刊登在《剧院》杂志上的《关于戏剧的公理》。完全有一种梦般的真实特性，对此，这个表达也适合"公理"。这种真实性越是梦般地自吹自擂，人们就得越发冷静地去抓住这种真实性，这道出了如下的基本准则：

戏剧的本质在于一种不足，这是个命题。
（舞台上的）戏剧要比小说更有创造性，因为我看到的一切，后者我们却只能读到。

这只是表面的，因为在小说里，作者只能给我展示最重要的东西，在戏剧中我们相对地看到了所有的东西，演员、布景，因此不只是最主要的东西，还有次要的东西。因此，从小说的意义上来说，最好的戏剧也许就应该是一种完全失去激情的，例如哲学的戏剧，由坐着的演员在一个随意的房间布景里朗诵而完成的表演。

可是最好的戏剧是那种在时间与空间里给出最多刺激的戏剧，它摆脱所有的生活要求，将自己集中在话语上，集中在独白时的思想上，集中在事件发生的基点上，用激情来控制其他的一切，将自己抬在一个由演员、画家、导演扛着的招牌上，一味地追逐它最极致的灵感。

这种结论的错误：它没有阐明就更换观点，它看事物一会儿从写字间出发，一会儿从观众出发。观众并不是从作者的角度去看的所有一切，演出使作者本人都感到吃惊。

10月29日。**星期天**①。可是他的剧本里就是那样包括了所有的细节，不断地从这个细节移向那个细节，只是因为作者将所有的细节搜集在讲话之中，他给了它们戏剧性的分量与威力。因此，戏

---

① 原文此处与上段相连。

剧在它最高的发展中陷入了一种过分人性化的境地，再把这种人性化拉扯下来，变成大家可以接受的东西，就是演员的任务，他拆解分配给他的角色，分析这个角色，承担起浮动在自己周身的角色。戏剧就是盘旋在空中，但不是那个被风暴托起的屋顶，而是整个一座大楼，它的墙基被一种在今天还与颠狂很为相近的力量从大地里拖拽上来。

有时候看上去，戏剧就在天幕①之上，演员们从天幕取下条条带子，他们在表演时，将带子的一端抓在手中或围绕在身上，而只是有时候，一条难以解开的带子将一个演员吊在高处，令观众吃惊非小。

我今天梦见一头像一只灵缇的驴，它在各种动作中表现得很克制。我仔细地观察它，我知道这是极少见的现象，但只是为保留住对它的回忆。我是不喜欢它那长长的、一成不变的、细瘦的像人脚的足的。我喂它刚从一位苏黎世的妇人（这一切都是在苏黎世发生的）那里得来的新鲜、碧绿的柏枝，它不吃，只是用鼻子在柏枝旁嗅了一下；但当我后来将这些柏枝放到一张桌子上时，它当着我的面将那些柏枝吃得精光，只剩下几乎认不出了的粟子似的一粒小核。后来听说，这头驴还从来没有用四肢走过路，而总是像人一样地保持着直立，并展示它的银光闪闪的胸脯和小肚子。可是这根本不是正确的。

此外，我梦见了一个英国人，我是在一个类似苏黎世救世军的集会上认识他的。那里的座位就像学校里的一样，就是在写字板下面有一个敞开的桌斗，当我把手伸进去要收拾一下什么的时候，我惊讶于人们在旅途中结成友谊是多么容易啊。我指的显然是这位不久便朝我走来的英国人。他穿着鲜明、宽松的衣服，显出很好的质

---

① 舞台布景上部的结构。

地，只是在后面的上臂部不是衣服料子，而是牢牢缝制在上面的什么，那是一种灰色的、有点像挂着的、被撕成一条条的、如蜘蛛穿刺点绘的料子，这种料子不仅使人想起马裤的皮垫，也使人想到缝纫女工、女店员、女雇员的袖套。他的脸也像是用一块灰色的料子遮盖的，这块料子对着嘴巴、眼睛，也许还有鼻子的部分，裁剪得十分巧妙。但这种料子是新的、粗糙的，更确切地说是法兰绒之类的东西，非常挺韧、柔软，产自有名的英国厂家。这一切都令我那么中意，我急于要跟这个人相识。他也想邀请我去他家，可是我后天必须离去，这事就告吹了。在他离开集会之前，他还穿上了几件显然是很适用的衣裳，他将衣服的钮扣扣上之后，这衣服便使他显得完全不起眼了。虽然他无法请我去他家，他还是要我和他一同上街走走。我跟着他，我们在集会酒店对面的人行道边停下来，我站在下边，他站在上面，在一席谈话之后，我们又感觉到邀请之事怎么也行不通了。

　　后来我梦见马克斯、奥托和我有这样的习惯，即先把我们的箱子送往火车站。①这个时候，我们拿着衬衣穿过主厅走向离我们很远的箱子。尽管这看来是一般的习惯，却没有在我们身边保持住，特别是因为我们在火车驶入前的一会儿才开始收拾行李。所以我自然是着急了，而且几乎没有希望再能赶上火车，怎么还能得到好位置哩？

　　尽管咖啡馆的老主顾和职员们都喜欢那些演员，但他们却不能在令人丧气的印象中保持尊重，而且将这些演员蔑视为完全如历史上的穷光蛋、游荡者，是与犹太人一伙的人。如此，那位酒馆的职员要把勒维扔出大厅。正当小齐西克在观看《疯狂的人》期间，由于她同情的激动想给演员们带来一些什么东西的时候，那位过去曾

---

① 卡夫卡和马克斯与他的兄弟奥托·布罗德（Otto Brod, 1888—1914）在1909年9月一同前往意大利加尔达湖旅行，1910年10月又一起去了巴黎。

是妓院跑堂的，现在却是皮条客的看门人，也居然用大声喊叫来盖住小齐西克的声音。当我前天陪勒维回到咖啡城市①的时候，当他给我朗诵戈尔汀的《埃利塞·本·舍维亚》第一幕之后，那个家伙（那家伙斜着眼睛，在弯曲的尖鼻子和嘴巴之间有一凹坑，从这凹坑里竖起一撮小胡子）朝他叫喊："过来，白痴。（暗指他在《疯狂的人》中的角色）我们等着哩。今天你有客人，你真的配不上呢。连一位火炮志愿兵也来了，看这里。"他指向一块遮蔽着的咖啡馆的玻璃，好像那位志愿兵就坐在这玻璃的后面。勒维用手擦一下额头："从埃利塞·本·舍维亚到这个人。"

今天在看到那道楼梯的时候，我是那么着迷。很早的时候，而且好多次以来，我就颇有兴致地从我的窗口观看那个三角截面的阶梯石栏，这个阶梯从右边由切赫桥向下引向码头高地，坡很陡，这座桥就好像只是给人以一种迅速的暗示。现在我朝上越过河面看到堤坡上的引梯，它一直延伸到水边。它一直是在那里的，只是在秋天和冬天它前面的游泳学校停办了才显露出来，四周是褐色大树下的暗色草地，人们也只能在空隙间看见它。

勒维：四位犹太朋友在年纪大的时候都成了伟大的犹太经文的学者，但每个人都有着自己特殊的命运。一个变得神经错乱，一个死了，埃利塞拉比在四十岁的时候成了自由思想者，只有他们中年纪最大的阿基巴得到了全面的认知，他四十岁的时候才开始专心致志地从事研究。埃利塞的学生是迈尔拉比，他是一位虔诚的男子。他是那样的虔诚，就是自由思想者的课也不会对他有任何损害。如他所说，他吃果仁，将果壳扔得远远的。有一次，星期六，埃利塞骑马散步，迈尔拉比就徒步跟着。迈尔手里还捧着经书，自然是只

---

① 这家咖啡馆和卡夫卡当时的住处离得很近。

能走上两千步，因为人们在星期六不可以再走下去了。这里，从散步中产生出一种象征性的说法和反驳。"回到你的人民那里去吧。"迈尔拉比说。埃利塞玩弄词句地拒绝了。

10月30日。我几乎一直有这样的愿望，如果我一旦觉得我的胃很健康，我就会用吃食在我身上堆积起那可怕的冒险想象来。特别是在熟肉铺前面，我满足了这个愿望。我要是看见一根香肠，标签上标明是一种陈年的坚硬的家常香肠，在我的想象中，我就会用全副的牙齿啃它，并很快地、有规律地、放肆地吞咽进去，像一部机器。这件事本身在想象中立即导致的绝望加剧了我的匆忙。我将肋条肉长长的肉皮不经咀嚼地塞进嘴里，穿过肠胃，然后又从后面将它们拽出来，我将肮脏的食品店吃得一干二净，用鲱鱼、黄瓜和所有不佳的、陈年的、味道浓烈的食品将我装满。糖果像冰雹一样从白铁皮罐子里泼洒进我的身体。就这样，我不仅享受了我的健康状态，而且也享受了一种没有疼痛的，并且马上就过去的苦难。

这是我的老习惯，那就是不让纯净的印象——不管它们是痛苦的，还是欢乐的，只要它们达到了最高的纯净境界——惬意地走遍我的全身，而是用新的、意想不到的、微弱的印象将它们搅混，并将它们驱逐。这并不是要伤害我自己的凶恶企图，而是在忍受那种印象的纯净中表现出来的虚弱。但那种印象的纯净性与其说没有被承认，还不如说是在内心的静谧处由新的印象随意呼唤出来的，而不是让那些也许是唯独正确的纯净印象自己显露出来，并求救于别的力量去支持它。

例如，我在星期六晚上听了T. 小姐[①]那部出色的中篇小说后就是这样，这部小说更多的是属于马克斯的，至少是在较大的篇幅

[①] 马克斯当时与艾尔莎·陶西格（Elsa Taussig, 1883—1942）小姐合写中篇小说，后来两人结婚。

里，比自身更多的补充内容是属于他的。然后我也听了鲍姆的优秀剧本《竞争》，在这个剧本里，人们能够明显看到在创作中和在效果上的那种不断涌现的戏剧力量，就像在一件活生生的手工艺制品中看到的那样。在倾听了这两篇创作之后，我是那样地折服了，我多少天以来颇为空白的内心毫无准备地被如此沉重的悲哀充实了，以致我在回家的路上跟马克斯解释道，从《罗贝尔特和萨穆埃尔》这部作品中恐怕什么也做不成。①对于这个解释，无论我还是马克斯都得要有点儿勇气。后来的谈话使我有点儿心乱了，因为《罗贝尔特和萨穆埃尔》在当时远远不是我主要关心的事，因此我并没找到给马克斯不同看法的正确答案。但当我后来独自待着的时候，当我的悲哀不再被交谈干扰的时候，当不再有马克斯的在场让我时时感到慰藉的时候，我的绝望竟走到如此地步，它开始瓦解我的思想（这时候，在我吃好晚饭休息的时候，勒维来到我的住处，他打断了我的思绪，从七点到十点我开心不已）。我在家中并不去期待继续发生的事情，我杂乱无章地读着两册《行动》②，读了一点儿《不幸的人》③，最后还读了我的巴黎手记④。我躺在床上，确实比早先满意了一些，但仍然顽拗。几天之前有过类似的情况，那是当我从一次散步中，带着他表面上为我的目标而鼓舞的力量，回到对勒维的清晰的模仿中的时候。那个时候我也读书，在家中说了许多乱七八糟的话，直至精疲力尽。

10月31日。尽管我今天有时候读着菲舍尔的目录、岛屿的年鉴、《新观察》，可是我颇为清楚那些所有的东西，它们不是死死地被吸收了，就是浮光掠影地呈现在我的脑海里，虽说是浮光掠影，

---

① 这部小说即前文中提到的《理查德和萨穆埃尔》，后来更改了名字。
② 卡夫卡的好几个朋友和熟人都为这本周刊供稿。
③ 威廉·舍费尔（Wilhelm Schäfer, 1868—1952）发表于1909年的小说。
④ 指1911年8月至9月的巴黎旅行手记。

却抵御着任意的伤害。今天晚上,如果我不一定再要与勒维出去的话,我会有足够自信的。

今天中午,由于一位妹妹的缘故,有一位女婚姻介绍人在我家,出于一些复杂的原因,在她的面前我感到一种抬不起眼来的窘态。这个女人穿了一件衣服,年纪、破旧和龌龊给这件衣服蒙上了一层浅灰色的油光。当她站起来的时候,她将双手仍搭在腿上。她斜睨着眼睛,看来要将她搁在一边是更加困难了。当我不得不朝我的父亲看去时,他问了我一些有关那个被介绍的年轻男子的情况。同时,我的窘态又稍稍减轻了,因为我把午饭端在自己的面前,我没有了窘态,全神贯注地忙于从我的三个盘子里制造出一种混合的佳肴来。我开始只是匆匆地看了她一眼,在她的脸上有着那么深的皱纹,这使我想到动物在看这样的人脸的时候肯定会带着那种不可理解的惊讶。她身体上令人注目的地方是从她脸上伸出的那只小鼻子,它在有点凸起的末端显得特别棱角分明。

在星期日下午,我刚巧走在三个妇女的前面踏进马克斯的家门。我在想:会不会还有一二间房子,我可以在那里干点事情,那些在我后面走着的妇女还可能看见我在星期日下午为干一件事、谈一次话拐进一家大门,她们有目的地、匆匆地、只是破例地从这方面去推测着这件事。这肯定不会持续太久的。

特别是在大声朗诵的时候,我带着专注的乐趣读威廉·舍费尔的中篇小说,对我来说就好像用一根连接的线牵引着舌头。我昨天下午一开始没能很好地容忍瓦莉①,但当我借给她《不幸的人》的时候,她已经读了一会儿了,而且肯定是受了这个故事的很大影响,因为这种影响,我喜欢上她了,并亲昵地抚摸了她。

---

① 卡夫卡的第二个妹妹。

为了不要忘掉我的父亲会又一次称我是个坏儿子这件事，我为自己写下这些。无论是为了压制我，还是假装地为拯救我，他没有特殊的理由在一些亲戚面前说马克斯是一个"疯狂暴躁的人"。当勒维昨天在我房间里的时候，他带着嘲讽的神情晃动着身体，歪斜着嘴巴，谈论那些进入屋子的陌生人。谁会对一个陌生人感兴趣呢？人们去建立如此无益的关系有何用呢？等等。——我也许不应该将这些写下来的，因为我恰恰把自己写进了对我父亲的仇恨中。对这种仇恨，他今天可说不出什么理由来了。至少由于勒维的缘故，这种仇恨与我当作我父亲的见解写下来的东西比较是太过分了，而且还要升级，我也不堪去回忆昨天父亲的行为举止里表现出来的那种原本的恶。

11月1日。 今天开始如饥似渴地、幸福地读格雷茨的《犹太教历史》①。因为我对此的要求远远地超过了阅读，这对我来说，首先比我想的还要陌生，而且，为通过静思来聚集我身上的犹太特性，有些地方我必须要停下。将近结尾处，在新占领的迦南建立的第一个不完善的居住点和有关人民英雄（约书亚、士师、以利亚）不完全的可靠的传说已经紧紧抓住了我。

昨天晚上与克鲁格夫人告别。我们，我和勒维，沿着车厢跑，并看见克鲁格夫人从最后一节车厢关着的窗子里，在昏暗中朝外看。她还在车厢里迅速地朝我们伸出胳膊，站了起来，打开窗户，她在里面披着敞开的宽大外衣站了好一会儿，直至与她面对面的阴影里的克鲁格先生立起身来，他只能是苦涩地张着大大的嘴巴，不过很快地、就好像是永远地又闭上了。我曾经有过十五分钟与克鲁格先生待在一起，只是很少讲话，而且大概也只看了两眼。一般在

---

① 海因里希·格雷茨（Heinrich Graetz, 1817—1891），犹太裔德国历史学家，卡夫卡读的是他这部三卷本著作中的第一卷。

轻柔持续的交谈中，我的视线是离不开克鲁格夫人的。她完全为我目前的状况控制着，但在她的想象中，这种控制比实际更为厉害。在她转向勒维一再叫着"喂，勒维"时，其实她是在向我说话，如果说因为她丈夫有时只让她的右肩靠着窗户，压着她的衣服和被风吹鼓起来的外衣，而她靠向她丈夫的话，那是她在用这种方式来努力地给我一个无言的信号。

我在演出时的第一个印象是，我对她来说并不是那么特别让人愉快。正确的印象大约是，她极少要我一起唱歌，如果她丝毫没有感情地问我一些什么，我可惜总是回答错了（"您懂这个吗？"我说："懂。"但她想要的回答是"不懂"，为了再回答，"我也不懂"），她第二次没将她的肖像明信片给我。我偏爱齐西克夫人，我想给她献花而伤害了克鲁格夫人。但对我博士学位的尊重又加入了这种反感，这种尊重并不因为我幼稚的外表而受到妨碍，倒不如说因此而更受尊重了。这尊重如此庄严，从她虽然是经常的、但完全不会特别加重语气的敬称"您知道，博士先生"中听起来有这样的感觉。我一半是无意识地表示遗憾，我远不配获取这样的敬称，并又问自己，我是不是不需要从每个人那里得到完全一样的敬称。可是这个时候，我作为人被她那样地尊重，那么我以观众身份出现时更该如此。当她唱歌的时候，我就容光焕发；当她在舞台上的时候，我整场时间都大笑不止，并看着她，我跟着一起唱那个旋律，说着那些台词；在一些演出后我向她致谢；因此，她自然又很好地容忍了我。但如果她以这种感觉跟我交谈，我就会发窘，这肯定使她带着那颗心又回到她当初的厌恶中去，并自持在那里。她肯定会越发努力地将我当作观众来回报，她很喜欢做这些事，因为她是一个爱虚荣的演员和一位好心肠的妇女。

特别是当她在那上边车厢窗户里沉默的时候，她用一张因尴尬和狡黠而欣喜的嘴巴和眯起的眼睛看着我，这双眼睛在从嘴巴处伸出的皱纹之上浮动。她一定相信我爱上她了，这也是真实的，她用那种目光传递给我那种唯一的满足,这是她作为有经验的却年轻的贤妻良母能够给予一位她想象的博士的满足。这种目光是那样迫切,并被这样的话语如"这里有如此可爱的客人,尤其是个别的"支撑着,我只有自制,在这些瞬间,我朝她的丈夫看去。在我将他们两人作比较时,我感到一种莫名的惊奇,他们一起从我们这儿离去,可是只顾关心我们,却没有互相看一眼。勒维问他们是不是得到了好位置,"对,只有这里有空。"克鲁格夫人回答,并向车厢里边匆匆看了一眼,车厢里的空气被抽烟的丈夫污染了。我们谈到她的孩子,他们是为他们而离开的;他们有四个孩子,三个是男孩,最大的九岁,他们已经十八个月没见到他们了。当一个男子在附近迅速登上车厢,看来列车就要启动了,我们赶快告别,互相伸出手来,我拿下帽子,然后将它放于胸前,像人们在列车开动的时候那样,我们往后退,人们以此来表明,所有一切都过去了,人们已经承受住了这些。可是列车并没有开,我们便又走近去,令我感到十分高兴的是她打听了我的妹妹们。突然,列车慢慢地开动了。克鲁格夫人拿出手绢准备示意,我说要给她写信,她大声地问我是不是知道她的地址,可是她已经离得太远了,我无法用说话来答她,我就向勒维指指,意思说,我可以从他那里知道地址。好吧,她向我和勒维点头,并让手绢在空中飘起来,我举起帽子,一开始并不那么自在,后来,她越来越远,我也就越来越无拘束了。

  我后来回忆起这件事,我有了这样的印象,那趟列车根本没有开走,而只是在车站行驶了一小段距离,为给我们表演,后来便消逝了。当天晚上,在半睡的状态中,克鲁格夫人在我面前不自然地变得矮小了,几乎连腿也没有了,扭拧着双手,脸孔也变形了,好像是她遇到了极大的不幸。

  今天下午,孤寂的痛苦袭卷我的全身,那么铺天盖地、那么强烈，使我发现，我通过这个写作得到的、以及我真的并不是为这个目的而支配的力量在这种情况下消耗殆尽。

克鲁格先生一旦来到一个新的城市，人们就会注意到，他和他夫人的首饰是怎样消失在当铺里。在临离开时，他又慢慢地将它们赎出来。

哲学家门德尔松夫人喜爱的句子：对全世界我是多么的反感！

与克鲁格夫人告别时最重要的印象之一，是我总是不得不相信，作为一个平常的市民阶层的女人，她用强大的威力坚持在真正的人的使命高度之下，只需一步之跃，只需要闯开大门，只需要一线打开的光亮，就成了演员，并使我折服。她确实也是站在上面，而我站在下面，就如在剧院里一样。——她十六岁就结婚了，现在已二十六岁。

11月2日。今天一早，长时间以来的第一次，又感到想象一把刀子在我心里转动的欢乐。

在报纸上，在交谈中，在办公室里，常常是语言的气势，然后是从当前的一个弱点中产生的、对已经是属于未来时刻的突然的、越发强烈的醒悟的希望，或者是坚强的自信本身，或者仅仅是漫不经心，或者是一个当代伟大的、人们无论如何要将之转嫁给未来的印象，或者是当代的真诚的欢呼表明未来的每一种涣散都是有道理的意见，或者对在经过一两次冲撞中间发掘出来的、使嘴巴张到最大限度，又极快而且是不自然地让它闭上的句子的欢乐，或者是一个果敢追求清晰判断的可能性的轨迹，或者是给本来应该结束的演说继续下去的努力，或者是匆匆忙忙地、如有必要便匍匐离开题目的要求，或者是为其沉重的呼吸寻找一条出路的绝望，或者是对一种没有阴影的光明的渴求——所有这一切都可能诱出这样的句子："我刚刚读完的这本书是我至今读到的最美好的书"或"是如此的美，我还从没有读到过哩。"

为证实我所写的和我所想的有关他们的一切是错误的，那些演员们（除了克鲁格先生和夫人）又留在这里了，就如我昨天晚上碰到勒维时向我叙说的那样；谁知道，是否他们会出自同样的原因于今天又离去了，因为勒维没有到店里来，尽管他答应过要来的。

11月3日。为证明我写下的这两件事均是错误的，这个证明看上去几乎是不可能的，勒维昨天晚上自己来了，而且打断了我的写作。

N.① 的习惯是用同样的语调重复所有的事情。他向某人叙述他公司的故事，虽然不带那么多的细节，因为这些细节本身也许会最终结束这个故事，但毕竟还是用一种缓慢的、以及唯有如此才彻底的方式来转述，当然这种转述没有其他的意思，因此用原故事的结尾也就解决了。一会儿的时间就说着别的事情过去了，他突然找到朝他的故事过渡的地方，并又将它从它刚才的形式里，几乎没有补充地，但也几乎不加剔除地取出来，带着一个牵着一根暗暗缚在他背上的带子在房间里转的人的善意。这个时候特别喜爱他的是我的双亲，因而他们感觉到他的习惯比他们意识到的强得多。这正投其所好，他们，首先是我的母亲，不自觉地给了他重复的机会。要是在一个晚上，重复一个故事的时刻不合适的话，在场的母亲就会提问，而且带着一种好奇，当然，正如人们估计的那样，这种好奇在刚问了的问题之后是停不下来的。哪怕几天过后，对于那些已经

---

① 实指卡尔·赫尔曼。

重复过的、靠自己的力量再无法讲下去的故事，母亲还一本正经地带着问题追着问。N. 的习惯确是一种如此支配人的习惯，它常常有着完全为本身辩驳的力量。没有人能够用一种如此有规律似的重复来向单独的家庭成员叙述一个基本上与大家有关的故事。这个故事当然是要在不断按照某种间隔慢慢加入一个听众的家庭圈里一遍遍地讲述的，这种讲述几乎常常都是在这种情况下进行的。因为我是唯一知道 N. 习惯的人，而且我也是绝大多数情况下第一个听这个故事的人，这种多次的重复带给我的也只是证明这种观察的小小的欢乐而已。

妒忌我那么喜欢的鲍姆一个所谓的成就。在这里，感觉到身躯里有一个线团，这线团迅速地松开、撒出无穷无尽的长线，将这些长线从我身躯的边缘紧紧地拉到它自己那里。

勒维。我父亲谈论他时说："谁与狗一起躺在床上，谁就和臭虫一起起身。"我无法克制自己，说了一些语无伦次的话。接着，父亲显得特别平静地（当然是在一阵非同寻常的长时间停顿之后）说："你知道，我是不可以激动的，我必须保重自己。我还要为这样一些事情操心吗？我正是厌倦了这些激动，完全地厌倦了。好吧，别对我说这些了。"我说："我在努力地克制自己。"而且在父亲身边，就如总是在如此极端的时刻，我感觉到一种智慧的存在，我从这种智慧里只能抓获一息。

勒维的祖父去世了，他曾是一个慷慨大方的男子汉，懂得好几种语言，曾深入俄国内地作过多次旅行，他有一次星期六在叶卡捷琳诺斯拉夫的一个神迹拉比①那里拒绝吃饭，因为那位拉比儿子的

---

① 据说是可以施行奇迹的拉比。

长头发和彩色围巾让他怀疑这家人的虔诚。

床架在房间的中央，烛台是从朋友和亲戚那里借来的，房间里烛光闪闪，且充满了蜡烛的烟雾。大约有四十个男子整天围守在他床边，为安慰这位虔诚的死者。他在临终时还很清醒，在准确的时刻将手放在胸口，开始背诵这个时刻规定的经文。在他痛苦的时候和死后，祖母在聚集着女人们的隔壁房间不停地大哭，可是在他咽气的时候，她却那么安详，因为这是一种尽力为正在死去的人赶走死神的戒律。"他带着自己的祷告去了。"许多人为这样虔诚一生而死去的他称羡不已。

逾越节。富有的犹太人社群租了一家面包房，它的成员们为给这个家族的首领们调制所谓十八分钟未发酵的面包而承担起所有的工作：取水、按教规净面、揉面、切块、打孔。

11月5日。去看了《巴尔·科赫巴》①。昨天从七点起和勒维一起朗读他父亲的信后睡觉。晚上在鲍姆那里。

我想写作，可是额头老在发颤。我坐在自己的房间里。处在整个住宅的喧闹的中心。我听见所有的门的撞击声，透过这种噪声，给我免去的只是那些在所有门之间穿行的人的脚步声，我还听到厨房灶门关闭的声音。父亲撞开我房间的门，穿着拖沓的睡衣，有人从旁边房间的炉子里抓一把灰。瓦莉糊里糊涂地发问，穿过前屋就像穿过一条巴黎的胡同，她喊叫着，父亲的帽子是不是揩擦过了，那是我熟悉的咝咝声，然后是提高嗓门回答的喊叫。卧室的门把手被转开了，像从有黏膜炎的嗓子里发出的声音那么嘈杂，然后门随着一个女子嗓音的短促歌唱而越开越大，但又随着男子

---

① 犹太起义领导人（Bar Kokhba），领导反抗罗马政权。

沉重而猛烈的冲击声关上了,这声音听起来肆无忌惮到了极点。父亲走开了。现在,由两只金丝雀的叫声领头,响起了比较柔和、分散、失望的噪声。很早以前我就想到这件事,听到金丝雀会使我突然重新想起,我是不是不应该将门打开一条小缝,如蛇一样匍匐进入旁边的房间,就这样在地上向我的妹妹和家庭女教师请求安静。①

昨天晚上,当马克斯在鲍姆那里朗诵我的汽车小故事②的时候,我感到了苦涩。我拒绝了一切,我对着这个故事将下巴死死地压在胸口上。这个故事里的零乱的句子带着许多空当,都可以将两只手伸进去了;一个句子听起来很响亮,一个句子却又低沉下去,一个句子与另一个句子交替,就像舌头摩擦着被蛀空的或者是假的牙齿;一个句子带着那么佶屈聱牙的音调,使整个故事陷进一种令人郁闷、令人惊异的境地;那是一种对马克斯睡眼蒙眬的模仿(指责声减弱了——增强了),显得摇摇晃晃,有时候看来就像一节舞蹈课的前一刻钟。我为自己解释,我的时间和安静太少了,无法从我的身上发掘出让我发挥全部才能的可能性。因而总只是展现出断断续续的初步尝试,比如,这种扯得零乱的起始贯穿了整个的汽车故事。我要是有一天能够写出一整部较大的作品来,从头到尾都构思得么好,那么,这个故事也可能永远不会彻底地从我这里解脱,而我可以静静地,睁大眼睛,作为一个健全的故事的血亲倾听它的朗诵。但这样的话,故事的每个小段就会如无家可归一样打转,并将我驱赶到对立的方向去。——如果这个解释是正确的话,我对此还是高兴的。

---

① 这一段,卡夫卡曾作了一些小小的改动,以《巨大的噪声》为题发表在1912年10月的《赫尔德尔》杂志上。
② 以他和布罗德在巴黎旅行期间目睹的一起车祸为素材的创作。

戈尔德法登的《巴尔·科赫巴》上演。整个大厅和舞台都发出对这出戏的错误评论。

我给齐西克夫人带去一束花,并附上一张名片,上面写有"由衷的感谢",我等待着能够将花递给她的那个时刻。可是演出开始得迟了,我听说齐西克夫人主要的那场戏是在第四幕,在焦急与害怕——花儿可能会凋谢——的面前,到第三场的时候(已经是十一点钟),我已经让服务员打开花的包装,并将它放在一张桌子上的一边。这时,厨房人员和一些脏兮兮的常客把花束递来递去,闻着花的芬香,我只能担着心,怒视着他们,别无他法。她主要出现在监狱的一场。我喜欢齐西克夫人,但内心催促她的演出快点结束。终于,在我分神没注意的时候,这一幕结束了,服务员递上花束,齐西克夫人在合上的幕间接受了献花,在幕布的一条小缝间,弯了弯腰便没再回来。没有人发现我的爱情,当人们几乎还没有发现花束的时候,我真想向大众表明这种爱,这会让齐西克夫人感到它的宝贵。这时已经两点了,大家都疲倦了,有些观众早已经离去,我倒是挺想朝他们背后扔去玻璃杯。

来自我们公司的监察员、一个基督徒 P.[①] 跟我在一起。一般来说,我是喜欢他的,现在他却扰了我。我的担心是花,而不是他的事情。在这种情况下我知道他对剧本的理解并不怎么好,而我却没有时间、兴趣和能力去强行帮助他,他自认也不需要这个帮助。最后,我在他的面前感到羞愧,我没有很好地照应他。他也打扰了我与马克斯的来往,甚至通过回忆提醒我,我过去曾喜欢他,以后还会喜欢他,他对我今天的举止也不会见怪的。

可是不只有我受到干扰。马克斯为他在报纸上的赞许文章而感

[①] 瓦茨拉夫·波科尔尼(Václav Pokorny),监察员是被赋予监管和评估权限的工程师的职位名称。

到有责任。①这对由贝尔格曼②陪同的犹太人来说是太迟了。巴尔·科赫巴社团成员因为这出剧名的缘故已经到场了，而且不得不感到失望。因为我只是从这戏中认识巴尔·科赫巴的，我也许不会这样呼某个社团。在大厅的后面，有两个女店员穿着妓女般的晚装，带着自己的情人，她们在演出死亡的那一场不得不被大声呵斥后才安静下来。最终不少人在街上大为恼火地敲击玻璃窗，说他们从舞台上看到的东西太少了。

舞台上缺少克鲁格一家人。——可笑的临时演员。"野蛮的犹太人。"如勒维所说。顺便说一下，出差的人也是得不到报酬的。他们绝大部分时间必须隐藏或享受他们的大笑，即便他们是好意。一个戴着金黄色胡须、圆脸蛋的人，在他面前人们几乎会控制不住大笑，贴上的颤动的络腮胡子使他的面颊在没有设计的大笑中受到不舒服的限制，因而他在大笑时由于这种不自然而显得特别滑稽。第二个人只是想怎么笑就怎么笑，而且笑了颇长时间。当勒维唱着歌死去的时候，当他倒向那两个年纪最大的人的胳膊里的时候，当他应该慢慢地用减弱的歌唱声滑到地上的时候，他们在他的背后将头伸到一起，为躲过观众（如他们认为的）而最后一次地大笑不止。昨天当我在吃午饭时回忆起此事，我还大笑不止哩。

齐西克夫人一定要在监狱里拿下探望她的喝醉了的罗马总督（年轻的派佩斯）的头盔，戴到自己的头上。当她取下它的时候，一条压成一团的毛巾掉落了出来，这显然是派佩斯塞进去的，因为头盔将他的头压得太紧了。尽管他知道，他的头盔要在舞台上被取下来，可是他忘了他要表演的醉态，责备地看着齐西克夫人。

---

① 马克斯的文章《布拉格的一个意第绪剧团》发表在1911年10月27日的《布拉格日报》上。
② 胡戈·贝尔格曼（Hugo Bergmann, 1883—1975），卡夫卡的中学同学，青年时代的朋友，后文提到的巴尔·科赫巴社团（犹太护国运动大学生社团）的重要成员。在耶路撒冷一大学任哲学教授。

美的地方：如齐西克夫人在罗马士兵（她当然一开始不得不将他们拉到自己一边，因为他们显然不敢碰她）手下挣扎，这个时候，三个人的动作通过她的小心和技巧，几乎，当然仅仅是几乎，随着歌唱的旋律而动；在这支歌里她宣告了弥赛亚的出现，歌声没有停下，只是由于她的能力，竖琴的演奏通过小提琴弓弦的上下运动表现出来；在监狱里，由于经常有脚步声逼近，她因而中断了她悲伤的歌唱，加快地奔向磨盘，一边唱着劳动者的歌，一边转动着磨盘。然后又离开那里唱她原来的歌，一会儿又跑向这个磨盘，就像在睡觉时唱的一样。当派佩斯来看望她时，她的嘴巴张开得就像眨动的眼睛，说得更确切些，她的嘴角在自动启开的时候使人想起眼角。——不管她罩白色还是黑色的面纱都是那么美丽。

重新在她身上看到一些熟悉的动作：手深深地压进不算很好看的紧身围腰，在嘲讽时颤动肩膀和臀部，特别是当她背向被嘲讽的对象时。

她就像一个家庭的母亲，指挥着整个的表演。她给所有的演员暗暗的提示，自己却从来也不停顿下来；她教那些临时演员，有时请求他们，如果必要的话，最终还得推他们一把；她要是不在舞台上，那她清亮的声音便是混杂在舞台上的柔弱的合唱声中了；她守住折叠屏风（这在最后一幕里代表一座城堡），不然临时演员很可能已将它撞倒十次。

我曾希望用这束花使我对她的爱恋得到些许满足，可是这完全无济于事。这只有通过书信或同房才是可能的。我不写这个，并非因为我不知道这个，而是或许常常将告诫写下来为好。

11月7日。星期二。 昨天演员们和齐西克夫人终于离开了。①我晚上陪着勒维去咖啡馆，但我等在外面，不想进去，不想看见齐

---

① 剧团前往纽伦堡演出，1911年11月16日回到布拉格。

西克夫人。可当我来来去去走动时,我看见她开门和勒维走出来,我迎着他们打招呼,并在车行道上与她相遇。齐西克夫人自然是用她那发音漂亮的词藻来感谢我送的那束鲜花,她也许到现在才知道那束鲜花是我送的。这个骗子勒维原来什么也没跟她讲。我为她担心,因为她只穿了一件质地轻薄的深色短袖上装,我请她——我也许马上就要触到她,让她——走进咖啡馆,使她不要着凉。不会的,她说,她不会着凉,她有一条披肩,说着便稍稍地举起披肩,让我看,随后将披肩紧紧地围住胸口。我可不能跟她说,我原本不是为她感到担忧的,而只是高兴地找到了一种感觉,在这种感觉里我可以享受我的爱。因此我又跟她说,我也许是感到担忧了。

在这段时间里,她的丈夫、她的孩子和派佩斯先生也走了出来,这表明,他们不一定去布尔诺,如勒维让我相信的那样,更为确切地说,派佩斯甚至决定去纽伦堡。这也许是最好的情况,在那里也许很容易得到一间大厅,那里的犹太社区也大,接着去莱比锡和柏林也很适意。另外,他们也许整天商量着这些事情。勒维直到四点才睡醒,她也许干脆就等着,这就误了去布尔诺七点半的那趟列车。在这种种讨论中,我们进了酒馆,坐到一张桌子旁。我与齐西克夫人面对面。我或许非常喜欢表现自己,这就其本身来说倒是不难的,我要是知道一些列车往来的路线、区别出火车的站名、在纽伦堡和布尔诺之间做出抉择,但首先要能盖住派佩斯的声音该多好啊。派佩斯像他演巴尔·科赫巴时的表现一样,他十分理智地、即使是没有目的地用喊叫声,用一种非常迅速的、不容打断的、对我来说至少在那个时候颇为不可理解的、强度适中的废话来对抗勒维。现在我不去表现自己,我把整个身体沉沉地塞在沙发椅里,一会儿看派佩斯,一会儿看勒维,只是在这过程中有时候撞上齐西克夫人的视线,如果她只用一瞥来回应我(例如由于派佩斯激动的缘故,她肯定只会对我微笑),我就会朝别处看去。这不是毫无意义的。在我们之间不可能有基于派佩斯激动的微笑的。为此，面对她我的面孔是太严肃了，因为这严肃我觉得相当疲倦。如果我想对什么事情发出大笑的话，我能越过她的肩膀看到一个胖胖的、在《巴尔·科赫巴》里饰演总督夫人的女人。但我本来也不是严肃地看她的。这也许就叫我爱上了她。甚至在我后面的完全纯真的派佩斯一定看出了这一点。这也许真是没有听说过的。我，一个年轻的小伙子，一般来说，人们把我看作是十八岁的青年，当着萨沃伊咖啡馆里晚间客人们的面，在四周站着的服务员的圈子里，在围坐在桌边的演员面前，向一位三十岁的女人——几乎谁都不认为她漂亮，她已经有两个孩子，一个十岁，一个八岁，她的丈夫就坐在她旁边，而且他还是正派和俭朴的楷模——向这位女子宣说他的爱情，他完全陷入这爱中了——现在这本该值得注意的事情来临了，不过无人再会注意到——立即放弃这个女人，如果她年轻和未婚的话，他也会那样放弃她。我应该感谢呢？或者，我应该诅咒呢？尽管面对所有的不幸，我还能感觉到爱情，一种非尘世的爱情，当然还是属于尘世的对象。

齐西克夫人昨天是美丽的。那双小手天生的、适度的美，轻巧的指尖的美，浑圆的前臂的美，它们长在那里显得那么完美，当然那异乎寻常的裸露景象并不让人去想其身体的其余部分。分成两层波浪的、被煤气灯照得光亮的头发。右边的嘴角处稍稍有点不光洁的皮肤。她的嘴巴逐渐张开，就像是发出孩童般的怨诉似的，上面和下面形成柔和的曲线，人们在想，这个将语句中元音的光辉扩散出来的、并用舌尖保持住语句纯洁轮廓美丽的构词，能发出空前绝后的清脆声音，并惊叹它的持久不逝。她凹进去的额头显得苍白。我不喜欢我迄今见过的涂抹的粉，但如果这白色、这层浅浅的悬浮在皮肤上的有点儿浑浊的奶色面纱是源于脂粉的话，那人们就应该全都涂上脂粉。她喜欢将两根手指放在右嘴角旁，可能她还把指尖放进嘴里，我并没有清楚地看见这些手指，但这看上去就是那样，就好像她将一根牙签放到被蛀空的牙里,并让它在那里停留了一刻钟。

11月8日。我整个下午为工厂的事待在博士(律师)① 那里。

那位姑娘挽着她情人的手走着,只是因此,她才安详地顾盼四周。

在 N.② 那里的女雇员使我想起一年半之前在巴黎的奥德翁剧院扮演马内特·萨洛蒙③的女演员。至少是在她坐着的时候,一对柔软的、与其说是高耸的还不如说是宽阔的、被羊毛质地的料子挤压的乳房,一张到嘴部都是宽阔的,但又迅速变窄的脸孔。在一种顺滑的发式里,自然的鬈曲有点儿显不出来了。在强健的身体里表现出热情与安详。我对她的记忆不断增强,正如我现在意识到的,因为她毫不松劲地工作着(在她的打字机上,键棒如飞——奥利菲尔型号打字机——就如旧时代的毛衣针),也走来走去,在半个小时里几乎不说几句话,就好像她将马内特·萨洛蒙保留在自己的心里。

当我在博士那里等着的时候,我看着这样一位打字的小姐。我在想,乍一看她的脸显得多么难以辨认啊。特别是那一种四处散开的、几乎是以同样长短披在头四周的凸起的发型跟看上去极长的、笔直的鼻子的关系使人困惑。这位正念着文件中一段文字的姑娘突然转身,我几乎为这观察感到惊讶,我在这位姑娘面前

---

① 这里和下文的博士指的都是罗伯特·卡夫卡。
② 卡尔·赫尔曼。
③ 法国作家埃德蒙·德·龚古尔(Edmond de Goncourt, 1822—1896)同名小说的主人公。

是陌生的,我好像用小手指触了一下她的裙子。

当博士念到协议中一个与我未来可能出现的妻子和可能出现的孩子有关的地方时,我注意到我对面的一张桌子外带两把椅子和一把较小些的椅子围着他。当我想到我绝不可能让自己、我的妻子和我的孩子去坐这些或任意的三张椅子的时候,我感到从一切的开始便是对那种幸福的如此绝望的渴求。我在这个被激怒的状态里向博士提出这长时间朗读中我所持有的唯一的问题,这个问题马上暴露出我对这个刚念完的协议中一段较大部分内容的完全误解。

继续告别:我注意着派佩斯,因为我从他那里感到了压抑,主要注意到的是他参差不齐、齿根发黑的牙齿。最终我突然有了一半的奇想:"为什么要搭一辆列车走到那么遥远直至纽伦堡的地方呢?"我在问,"为什么不到一个较小的站头去演出一两场呢?""您认识这样的站头吗?"齐西克夫人问,但绝不是那么尖刻的语气,就如我写的一样,她用如此的提问来逼我去看她。她的整个的越过桌子才看得清楚的身体、浑圆的肩膀、后背和胸脯是柔软的,尽管在舞台上穿着欧洲衣服而显得瘦骨嶙峋,身体近乎生硬。我可笑地说出比尔森这个地方,旁边的当地客人很有理智地说出特普利采①。齐西克先生也许赞成任何一个站头,他只相信小规模的演出,齐西克夫人也一样,但他们缺少沟通理解,此外,她向周围人打听行程的费用。他们常常这样说:啊,你要是挣到生活费,就足够了。她的女孩用面颊摩擦她的臂膀,她肯定没有感觉到。但对成年人来说,就会产生这样幼稚的信念,对孩子来说,在他双亲的身边,即使他们是游荡的演员,也绝不会发生什么事情的,而且在世间真正的麻烦不会降临在他们身上,而是只存在于成年人的高度。

---

① 波希米亚西北部的温泉浴场小镇。

我很赞同去特普利采,因为我可以为他们写一封给 P. 博士①的介绍信,这样,我就可以为齐西克夫人效劳了。在派佩斯持异议的情况下,他自己为三个可能选择的城市做阄,并热忱地主持了这场抓阄,结果是特普利采被列为第三选择。我走到旁边的桌子去,激动地动手写介绍信。我托词告退,我说我必须回家了解一下 P. 博士的详细地址,这自然是没有必要,而且家里人也不知道这个地址。我发窘地握了一下这位夫人的手,并抚摸了一下她女儿的下巴,在这同时勒维却做好了陪我离开的准备。

11月9日。前天做了梦:大声喧哗的剧院,我一会儿在上面的顶层楼座,一会儿在舞台上。有一位姑娘,我是在几个月前喜欢上的,她也在这里表演,当她害怕地紧靠在一个椅背上的时候,她柔软的身体紧绷着。我从顶层楼座向这位女扮男装的姑娘示意,我的同伴却不喜欢她。有一幕,布景是那样大,其他什么也看不见,没有舞台,没有观众厅,没有黑暗,没有舞台前沿的脚灯灯光;更多的是所有的观众一大群一大群地出现在场景里,这场景表现了这个老城广场,大概是从尼克拉斯大街的街口看出去的。尽管人们因此而根本不可能看见市政厅大钟前广场和小城区,但通过舞台地面短距离的转动与缓慢的摇晃,人们就能够,比如说从金斯基皇宫的角度出发,眺望这个小城区。至于什么地方可能展示全部的舞台布景是没有意义的,因为现在这个布景已经在如此完美的状况中出现在那里了,也许因为没有看到这个布景的某个部分而惋惜流泪,正如我意识到的,这个布景是这整个大地上至今从未有过的最美的舞台布景。照明是由阴暗的秋天的云来调节的,受到遮挡的太阳的光线分散在广场东南角这一扇或那一扇玻璃窗上闪烁。因为所有的一切

---

① 卡夫卡叔叔(Filip Kafka, 1846—1914)的继子约瑟夫·波拉采克(Josef Polacek, 1874—1943),是当地犹太社群的活跃成员。

都是以自然的大小、连最微小的地方都不出错的情况下制作的，这就造成了一种扣人心弦的印象。有几扇窗被适度的风吹得张开或关闭，由于房屋高大，人们也许听不到一点儿响声。广场向下倾斜得厉害，路面几乎是黑色的，泰恩教堂耸立在原来的地方，在教堂前面却是一座小的皇宫，在它的前院，除了布局在广场上巨大纪念碑旁的某些东西外，一切均是秩序井然地聚集在那里：圣母柱，我本人也从没见过的市政厅前的古老喷泉，尼古拉斯教堂前的喷泉和一个用厚木板条围钉成的栅栏，现在人们已经在这里为胡斯纪念碑挖地基。

用形象来表现——人们常常在观众大厅里忘记，那只是以形象来表现的，正如在舞台上和在布景前一样——一个皇家的节日和一次革命。一次那么大的革命，熙熙攘攘的人群挤满广场，这次革命在布拉格大概还从来没有过。人们显然只是因为舞台布景的缘故才将这次革命移至布拉格，它本来是属于巴黎的一次革命。人们一开始从这个节日里并看不出什么来，不管怎么说，皇宫成了庆典的场所，就在这个时候，革命爆发了，人民冲进皇宫，我本人也正越过前院喷泉的凸起处跑到空旷的地方，回到皇宫对宫廷的人应该说是不可能的了。这时，从艾森街开来的宫廷车队疾驶而至，它们不得不在驶进皇宫之前的远处就开始刹车，刹住的车轮在石头铺成的路面上滑行。那些车子是在人民庆典和游行的时候见到的那种，车上挂着栩栩如生的画像，这些画像是平面的，用花编制的花环围绕着，另外，从车板四周挂下一条彩布遮住了车轮。人们越发明白了这些车子在疾驶中引起的恐怖。这些马在驶入之前就受惊了，它们像没有知觉似的在从艾森街到宫殿的弧形路线上拖着这些车子。正在这时，许多人从我身旁拥向广场，绝大多数是我在街上认识的观众，他们大概是刚刚赶到。在他们当中还有一位熟悉的姑娘，但我不知道她叫什么名字。她身旁走着一位年轻潇洒、身穿一件黄褐色小方格双排扣大衣的男子，右手深深地插在口袋里。他们走向尼克拉斯大街。从这个时刻起我便什么也看不见了。

席勒在什么地方说过：重要的事情是（或者类似于）将"感情转变成性格"。①

11月11日。星期六。昨天整个下午都待在马克斯那里。确定了《丑图之美》的文章的次序。没有良好的感觉。这时候马克斯却是非常地喜欢我，或者只是在我看来是那样，因为我后来那么清楚地意识到我那微薄的贡献。不，他真是更加喜欢我了。他还想将我的《布雷西亚》② 收入这本书。我心中所有的善良感觉对此进行着抵御。我今天应该与他去布尔诺。③我身上所有丑恶和柔弱的东西使我克制着。因为我不能相信我明天真会写出一些好东西来。

一群姑娘穿着工作裙，臀部裹得特别紧。有个姑娘今日上午就在洛维与温特贝格公司，在这位姑娘身上，那块只是紧紧系在臀上的围裙的布片并不像往常那样分布得体，而是互相随便地重叠着。她那样的裹法就像是裹在襁褓里的婴孩。就如我往往是无意识地从襁褓中的婴孩那里得到的那种印象一样，这些孩子就这样被挤压到他们的襁褓中和床上，用带子紧紧地捆上，就如完全为满足一种欲望似的。

爱迪生在一次美国采访中叙述了他穿越波希米亚的旅行。按他的看法，波希米亚在某种程度上较高的发展（在城市近郊有宽阔的街道，房子前面有小花园，在乡村公路上行驶，人们会看到不少正

---

① 出自席勒的《试论人类动物特性和精神特性之间的关联》。
② 布罗德的这本书于1913年5月出版。他原本计划把卡夫卡的《布雷西亚观飞机》收入其中，后因出版商要求删减篇幅而作罢。
③ 卡夫卡原计划陪同布罗德去那里参加一个朗诵会。

在建设中的工厂）是基于这样的情况，即捷克人大量地拥向美国，从那里归来的某些捷克人又从那里带回来新的追求。

不管怎样，一旦我认识到，我对那些原本肯定要去消除的弊端（例如我已婚的妹妹①从外表来看过的是满意的生活，在我看来却是没有慰藉的生活），听之任之了，在一瞬间里，我便失去了手臂肌肉的感觉。

我将试图逐渐地把我心中所有的确凿无疑的东西，稍后把值得相信的东西，再后把可能的东西如是汇集起来。无可怀疑的是我身上的那种对书籍的欲求，倒不是真正想占有或阅读这些书籍，更多的是想见到它们，在一个书商陈列的书籍中让我相信这些书籍的存在。如果在什么地方出现同一本书的许多样本，那么，这每一种样本都会令我高兴不已。这就好像这种欲求是从胃里产生的，就好像是被引入歧途的食欲。我占有的那些书籍很少令我高兴，相反，我妹妹们的书籍却使我兴奋。占有书籍的渴望是一个无法比拟的较小的欲望，它几乎不存在。

11月12日。**星期日**。昨天黎施潘的演讲会②：在鲁道夫音乐厅的"拿破仑传奇"。大厅显得颇空。就如考验演讲人的举止一样，在从进口的小门到演讲桌的路上放置了一架大钢琴。做演讲的人走进来瞥了一下听众，想从最短的路走到他的桌边，因此先走向近处的钢琴，他大吃一惊，立即往回走，并轻轻地绕开这架钢琴，也不再朝听众看去。他在结束演说的兴奋和热烈的掌声中，自然早就忘

---

① 艾莉·赫尔曼。
② 让·黎施潘（Jean Richepin, 1849—1926），法国诗人、小说家和剧作家。1911年11月11日，他在鲁道夫音乐厅做了以拿破仑为主题的演讲，并朗诵了雨果、海涅等人的诗歌。

了这架钢琴，因为在演说的时候人们不再注意它了。他想尽可能地推迟些时间将背转向听众，他将双手放在胸前，并向一旁显得有教养地踱了几步，当然也稍稍地碰到了钢琴，他要再走向无阻无碍的地方，那他就必须踮起脚尖微微躬起背部。黎施潘至少是这样做了。

他是一位强壮、高大、有腰身的五十岁的人。死板的在四周形成漩涡的发式（就像都德）没有被破坏，而是颇为牢固地压在头顶上。像在所有上了年纪的南方人身上看到的一样，他们有一只肥大的鼻子和一副他们独有的宽大而有皱纹的面孔，从他们的鼻孔能呼出一股强大的风，就像马嘴里喷出的气息。面对他们，人们清楚地知道，这是无法再超越，但还会长时间继续下去的他们面孔的最终状态。他的脸孔也使我想起在一撮相当自然长出来的胡须后面的一位年老的意大利女人的面孔。

在他的背后升高着的音乐指挥台新涂上的浅灰色一开始就让人迷惑。白色的毛发牢牢地贴附在这种颜色上，让人看不出轮廓来。当他把头向后仰的时候，颜色便动起来了，他的脑袋几乎沉浸在这颜色里。刚到演讲的中段，当注意力完全集中的时候，干扰停止了，特别是当他在朗诵时，那穿着黑色衣服的高大身躯站立起来，用晃动的双手引出诗句并驱散这浅灰颜色的时候。——一开始，他觉得尴尬，他那么使劲地朝各个方向鞠躬。在讲述一位他认识的身上有五十七处伤口的拿破仑士兵的时候，他发现，这个家伙上身那多种多样的颜色，只有彩色画派的大家，如他在场的朋友穆夏①才能模仿。

我注意到，自己越来越多地被演讲桌上的人所打动。我不去想我的痛苦和担心。我挤进我坐的靠背椅的左角，其实是挤进了演讲里，交叉的双手放在双膝之间。我感觉到了黎施潘对我的影响，肯

---

① 阿尔丰斯·玛利亚·穆夏（Alphonse Maria Mucha，1860—1939），捷克画家、插画家、平面艺术家。

定就像大卫王将一位年轻的姑娘放到床上那样感觉到的影响。我甚至有了一点拿破仑的幻象,他也是在一种系统的幻想中从进口的小门走进来的,不管他可能是从讲台的木板里,或可能是从管风琴那里走出来。他震撼了在这一时刻密密麻麻挤满人的整个大厅。我真的离他非常近,我曾经、也许确实从没有怀疑过他的影响。我许是注意到他走近时的每一处可笑的地方,就像在黎施潘身上也一样,但这样的观察不会干扰我。我作为孩子对此是多么冷淡啊!我常常希望我站立在皇帝的对面,向他指出他的无效应性。而这不是勇敢,只是冷淡。

他朗诵诗歌就如在法庭上演讲。他敲击桌子就像是战场上无力的旁观者,他挥动伸长的胳膊,让卫兵穿过大厅中央辟一通道。"皇帝!"他只是以高举的、变成了旗帜的手臂喊道,他得到的是一种重复的生硬的回响,这回响穿过下面呼喊着的人群。在描绘一个战役场面时,一只小脚不知在什么地方踩踏了一下地面,人们循声而视,那原来是他的脚,这只脚极少有这样的胆量。但这并没有干扰他。——在朗诵《步兵》时,他用吉拉德·德·内瓦尔的译文朗诵①,并特别为此感到自豪,但掌声极少。

在他年轻的时候,拿破仑的坟墓每年打开一次,伤员排着队被领着走过,他们看到了那张涂有防腐剂的面孔。看上一眼,与其说是崇敬,还不如说是恐惧,因为这张脸肿了起来,而且变绿了。后来虽然打开坟墓的做法取消了,但黎施潘还在他的叔祖父的臂膀上见到过这张脸,他的叔祖父在非洲服过役,而且,指挥官专门让人为他打开过那座坟墓。

他早就提前宣告过,他要朗诵一首诗(他有着一种可靠的记忆,容易激动的人都有这种特征),他评论这首诗,将要朗诵的诗句在这些讲话中已经造成了一阵小小的地震。在朗诵第一首诗的时

---

① 海涅的这首诗由他的朋友内瓦尔译成法语。

候,他甚至说,他要用他全部的热情来朗诵这首诗,事实真是这样。

在朗诵最后一首诗时,他的情绪越来越高昂,不知不觉地进入了这些诗句(维克多·雨果的诗句)。他慢慢地站起身来,按着诗句的韵律再也坐不下来了。他用他散文般的最后的威力来接受和保持诗歌朗诵时的大动作。他在结束的时候发誓,即使在千年之后,他尸体的每粒尘埃如果还有知觉,他还将准备追随拿破仑的呼唤。

他用那迅速的连续不断的吐气连着短促的呼吸说道,法语本身会经受住这种天真的即兴演说、永远也不会被撕碎,他谈到那些美化日常生活的诗人,谈论他的如一个诗人幻想的幻想(闭着眼睛),谈论他的若一个诗人的幻觉的幻觉(勉强向着遥远处睁开眼睛),等等。在这种情况下,他有时候也闭上眼睛,然后慢慢地睁开,一根手指一根手指地移开。——他服过兵役,他叔叔在非洲,他的祖父在拿破仑的麾下,他甚至还唱了两句战争的歌词。——11月13日。我今天获悉,这个家伙六十二岁。

11月14日。星期二。昨日在马克斯那里。他从布尔诺演讲回来。

下午睡着了。包住没有疼痛的脑瓜的坚固的脑壳好像深深地钻到里面去了,而且在光和肌肉的自由游戏中将大脑的一部分留在了外面。

在一个寒冷的笼罩着黄色光线的秋天的早晨醒来。穿过几乎是关着的窗户,看见有人在倒下之前还在玻璃窗前滑动,那人摊开双臂,拱起腹部,蜷缩起双腿,就像古时候船前雕像的形象。

123

入睡之前[①]

做未婚男子看来如此令人厌烦。作为老年人，在沉重地维护尊严之下，请求被接纳进一个与大家共度时光的晚间聚会，他手里拿着吃的东西回到家中，不能以平静的自信懒洋洋地期待任何人的来访，只能将疲倦或不愉快赠送给每个人。在家门前告别的时候，绝不能与他夫人一同挤上楼梯。要是病了，要是他能从躺着的地方坐起来的话，他只有从他的窗户向远处眺望以得到慰藉。在他的房间里只有边门，它们通往陌生的房屋，难免要对他的亲戚感觉陌生。跟这些亲戚也只能通过婚姻的方式来保持亲密的关系，首先是通过他双亲的结合，然后，如果这种结合的作用消逝了，就肯定要通过自己的结合，必须对着他人的孩子惊叹，而且一定不准重复：我没有家庭，一个人是成不了家庭的，永远有一种没有变化的年龄感，按照我们年轻时回忆中的一个或两个单身汉形象来从外表和举止完善自己。这一切都是真实的，只是人们容易在这当中犯这样的错误，就是竭力地为自己夸大未来的苦难。目光必须要远远地超越这种苦难，而且不再回头，实际上人们在今天和以后都是站在那里的，只要有着一个躯体，一个真正的脑袋。当然也得有一个好用手去拍打的额头。

现在试为《理查德和萨穆埃尔》的导言打草稿。

11月15日。昨天晚上我带着一种预感拉过床上的被子，躺了下来，我又明白了我所有的能力，就好像我将它们攥在手中似的；它们紧绷在我的胸口，它们燃烧着我的脑袋。有一小会儿，我安慰自己不要为了工作而起来，我重复着："这不会健康的，这不会健康的"，而且想用几乎是比较清晰的意图让睡眠掠过我的脑

[①] 这个标题是马克斯后加的。此篇在卡夫卡的第一本书《观察》中更名为《单身汉的不幸》。

海。我总想着一顶带檐的帽子，为保护自己，我要用强有力的手将这顶帽子压在我的额头上。我昨天到底失去了多少啊，血液是怎样蜷缩在狭窄的脑袋里的，我对所有的事都有能力，只是为力量所阻挠，这种力量对我单纯的生活来说是不可缺少的，在这里却浪费掉了。

肯定的是，所有我预先在良好感觉中一个字一个字或甚至于只是顺便地，但用明确的语句创作出来的东西，一到写字桌上试图写下来的时候，就变得干巴巴、颠三倒四、僵化、谨小慎微，使整体性受到妨碍，最终看上去漏洞百出，尽管关于最初的杜撰什么也没忘掉。当然这大部分的原因在于，我在灵感迸发的时刻没有用纸创作那些好东西。尽管我渴求灵感迸发，但更多的是害怕，后来成果是极其丰富的，但我又不得不放弃。我只是偶然地，又不加思索地从这思绪的河流里取出来，自然是信手取来，可是获取的这些东西在经过斟字酌句写下来的时候跟灵感的丰富一比就什么也没有了。这获取来的东西只在丰富的成果里才是活生生的，我没有能力将这丰富的成果重现出来，因此，这种写作是不好的，而且被扰乱了，因为它的诱惑力没有任何用处了。

11月16日。今日中午入睡前，我怎么也睡不着，一个蜡制的女人的上身压着我。她的脸孔在我的脸孔上方向后仰过去，她的左下臂压着我的胸口。

三夜没有入睡，在想做一点事情的最小的尝试中，我的力气马上就用尽了。

从一本旧笔记里读到："现在是晚上，在我从六点不到的时刻起学习之后，我注意到，我的左手怎样在片刻的时间里出于同情而用手指抓握住右手。"①

　　11月18日。昨日在工厂。乘电车回来,坐在一个角落,伸着双腿,看着外面的人,商店点亮的广告灯,可通行的高架桥围墙,不时出现的后背和面孔,从近郊商业街引出的一条公路上没有什么人为的设施,只有赶回家的人在行走,火车站地段那种刺眼的破开暗处的电灯光,一家煤气工厂的不高的、逐渐变细的烟囱,一则关于女歌星德·特雷维尔②巡回演出的广告,这广告占据了一直延伸到公墓附近的一条街道,从这个地方开始,我又从田园的寒意回到城市住宅里的一般的温暖。人们将陌生的城市当作事实来忍受,生活在那里的居民渗不透我们的生活方式,就如我们不能渗透他们的生活方式一样,人们一定要作比较,那是难以抗拒的,但人们清楚地知道,这没有道德上的,甚至也没有心理上的价值,最终人们也常常可以放弃这种比较,因为太大的生活条件的差异不让我们去作这样的比较。

　　我们故乡城市的近郊对我们来说虽然也是陌生的,但这里值得去比较一番。半个小时的散步路程向我们一再地证明,这里生活着的人一部分在我们的城里,一部分在可怜的、阴暗的、像一座大山隘布满皱褶的边缘,尽管他们都有一个那么大的共同利益的圈子,而一般在城市之外的人群里却没有。因此,当我踏上城郊的时候,总是带着那种恐惧、孤独、同情、好奇、骄傲、旅行的欢乐、男子的气概混在一起的感觉,而回来的时候,特别是从齐兹科夫③回来的时候,却是满怀喜悦、严肃和沉静。

　　11月19日。星期天。梦:

---

① 根据马克斯的笔记,此段与法学考试前的学习有关。
② 法国女歌手伊冯·德·特雷维尔(Yvonne de Treville)。
③ 布拉格郊区,卡夫卡和妹夫的石棉工厂就建在这里。

在剧院。上演施尼茨勒的《广袤的土地》，由乌蒂茨①改编。我坐在很靠前的长凳上，我以为是第一条长凳，可是最后才发现，那是第二条长凳。长凳的靠背却与舞台相背，这样，看观众大厅倒是方便，可是看舞台就只能转过身去了。作者就在附近，我无法克制我对这部显然已经了解的戏剧的不好的评论，但要补充一下，第三幕应该是诙谐的。关于这个"应该"，我想再说几句，如果要说一些好的地方，我不熟悉这个剧本，因而不得不靠听来的说法。为此，我再一次重复一下这个说法，当然不仅仅是为了我，可是也并不被他人所注意。在我的四周是一大群拥挤的人群，他们好像全都是穿着冬天的服装来的，因而将座位挤得满满当当。我并没向旁边的、后面的人看一眼，他们却朝着我说话，向我指着那些新来到的人，说出一连串的名字。我特别被推挤着穿过椅子空隙的一对夫妇吸引住了，因为这位夫人有着一张深黄色的、男人一样的脸，鼻子很长，此外，她穿的是男人的衣服，人们不论多远都能在拥挤的人群里看到这位高出人一头的夫人。在我旁边站着的是不引人注目的演员勒维，似是而非，而且做了激动的讲话，在讲话中"原则"这个词反复出现，我不断期待着"参照物"这个词的出现，可是没有。在一个二层包厢里，实际就是在顶层楼座的一个角落，里面站着的是基施家的三儿子，身前坐着的是母亲，他正向着剧场讲话，穿着一件漂亮的礼服大衣，两侧是敞开的。勒维的讲话与这个讲话有关系。此外，基施出现在幕布上方的高处，并说道，这里坐着的是德意志的基施，他指的这个人是我的同学②，学过德国语言文学。

帷幕升起，剧场暗了下来，基施本就要走，他动了起来，为表

---

① 阿图尔·施尼茨勒（Arthur Schnitzler, 1862—1931），奥地利剧作家、小说家。埃米尔·乌蒂茨（Emil Utitz, 1883—1956），哲学家，大学教授。卡夫卡在文科中学时代的同学。
② 指艾贡·埃尔温·基施（Egon Erwin Kisch, 1885—1948）的兄弟保尔·基施（Paul Kisch, 1883—1944）。

现得更明显，和他母亲一起向上方的楼座走去，不见了，双臂、大衣和双腿都张得很开。

  舞台要比观众大厅深一些。为朝下看，人们将下巴搁在椅背上。布景主要布置在舞台中央的两根短而粗的柱子之间。一次请客的宴会上演了，参加的有姑娘和年轻的男子们。我看到的不多，那些留下来的姑娘们用平平的、绝大多数是蓝色的、在整个长椅的上方移来移去的大帽子遮住了视线。因为尽管随着演出开始，坐在第一排长椅上的许多人都离开了座位，显然是去舞台的后面了。可是我特别清楚地看到了舞台上一个十岁到十五岁的小家伙。他的头发干燥，剪了个直分的发型。他甚至连如何正确地将餐巾放在他的大腿上都不知道，他不得不因此而朝下面看去，在这出戏里他应该演了一个花花公子。通过这种观察，我对这出戏不再有信心。舞台上的宴会期望着新来者，他们是从第一排观众行列里来到台上的。这出戏也没有很好地排练过。这时，正好来了一位女演员哈克尔伯格[1]，一位男演员倚在圈椅里，很善交际地喊着"哈克尔——"向她打招呼，他现在注意到了这个错误，并做了纠正。现在又来了一位姑娘，我认识她（我想，她叫弗兰克尔），她正从我的位子旁边跨越椅背，她的后背完全裸露，皮肤不很干净，右胯上部甚至出现被抓破的血痕，有门把手那样大小。但后来，当她转向舞台以纯洁的面孔出现的时候，她演得非常好。这时，一位唱着歌的骑士骑着马从远处急驶而来，一架钢琴模仿着马蹄的声音，人们听到越来越近的狂热的歌唱。最后，我也看到了这位唱歌的人，他为了给这歌声造成一种自然的匆匆而近的感觉，从上面沿着顶层楼座跑向舞台。他还没有到达舞台，也还没有将歌唱完，他在匆促的奔跑和喊叫的歌声里却已达到了最大的限度，钢琴也无法更为清晰地模仿出撞击在石头上的马蹄声来了。因此这两者都停止了，歌者平静地唱

---

[1] 盖特露德·哈克尔伯格（Gertrud Hackelberg, 1893—1979）是德国歌剧院的演员，但她实际上没有出演过这部剧。

着走来，他只是将自己伪装得那么矮小，唯有他的脑袋露出顶层楼座的护栏，让人们不那么清楚地看着他。

随着第一幕结束，幕布还没有落下，而且整个剧场还是黑洞洞的。在舞台上有两个评论家坐在地上，背靠着一处布景并在写着什么。一位戏剧顾问或者是导演蓄着一副金黄色的尖胡须，他跳上舞台，迅速地伸出一只手作一个指示，另一只手上有一粒葡萄，那是早先放在宴会桌上的果盘里的，他这时将它放进嘴里去了。

我又转向观众大厅，看见它用一盏简单的煤油灯照明，就像街道上伸出去的枝形路灯，当然现在显得非常暗淡。突然，由于不纯净的煤油或者是有毛病的灯芯引起的，灯火从这个灯笼里冒出来，火星大片地溅落在观众身上。他们还弄不清眼前是怎么一回事，就变成了黑土地般的一群。这时从这群人里站出来一位先生，愣头愣脑地走向靠近他们的那盏灯，显然想处理好这件事。他先朝上看着灯，就这样挨着它站了一会儿，而当什么事也没有发生时，他又安静地走回他的位子，沉沉地坐了下去。我跟他换了个位置，将面孔朝向黑洞洞的地方。

我和马克斯肯定是不一样的。我是那样地欣赏他的文字，如果这些文字作为对我和每一个其他人来说都是难以达到的整体放在我面前的话，包括今天这一系列短书评[①]也是一样，那么，每一个他为《理查德和萨穆埃尔》写的字句都跟我在这方面作出的违心的让步有关系。我对这种让步从内心深处感到痛苦，至少今天是这样。[②]

今天晚上，我的内心又充满忧心忡忡的被抑制的能力。

[①] 可能是布罗德将要在 1911 年 11 月 26 日《布拉格日报》上以"新文学"为题发表的书评。
[②] 指他们合作的《理查德和萨穆埃尔》。

11月20日。一幅图画的梦，好像是安格尔①的画。姑娘们在森林里，在上千面的镜子里，或者从根本上说：是处女们……相似地分成一群一群的，轻盈地牵拉着，像在剧院的幕布前面。在图画的右边，一组女郎较为紧密地待在一起，朝左面坐着，或躺在一根巨大的树枝上，或躺在一根飘着的带子上，或以自己的力量在一个正向着天空慢慢升腾的链环上飘动着。这时，她们不仅对着观众映照自己，而且还离他们而去，变得朦朦胧胧，反复显现；眼睛在细小的地方失去的东西，在丰富中得到了。但在前面站着的是一位没有受到镜像影响的裸体姑娘，她用一条腿支撑着，臀部显得突出。这里，安格尔的绘画艺术应该得到赞赏，只是本来带着快乐情绪的我感觉到，太多的真实的裸露对触摸这位姑娘的感觉来说也是多余的。从一处被她遮盖住的地方闪出一道浅淡的黄白色的光线。

我肯定讨厌反命题。反命题虽然来得突然，但并不令人惊异，因为它们存在于非常近的地方；如果它们是无意识的话，那么，它们只是处于极边缘的地方。它们虽然产生出透彻性、丰富性、完美性，但唯是如此才像生命之轮②中的一个形象。我们在圈子里来回地追逐我们小小的突发奇想，不管它可能是多么地不同，是多么不细致入微，就像被水浸泡得膨胀起来一样。它在一个人的手下扩展着，起初希望到没有限制的地方，最终却变为较为适中的、总是同样的大小范围。它自己蜷缩着，是不能伸展的。它提供一个依据，它是木头里的洞穴，是静止的冲锋前进，就如我指出过的一样，它把反命题拉到自己身上来。但愿它只是把一切都拉到自己的身上，而且是永远的。

---

① 让·奥古斯特·多米尼克·安格尔（Jean Auguste Dominique Ingres, 1780—1867），法国新古典主义画家。
② 一种类似走马灯的玩具。

为这剧本准备的：英语教师魏斯①，他有一副挺直的肩膀，双手有力地插在口袋里，穿件褶折绷得颇紧的淡黄色大衣。有一天晚上他在瓦茨拉夫广场越过车行道，踏着矫健的步子，匆忙赶上原来还停着的，但已经响起铃声的电车，离开了我们。

E. 安娜！

A. 抬头望着：嗯。

E. 来一下。

A. 迈着稳重大步：你想说什么？

E. 我想跟你说，这些时间里我对你不满意。

A. 可是……

E. 就是这样。

A. 那你倒是跟我说清楚呀，埃米尔。

E. 就那么快？你竟不问问原因？

A. 我认识她。

E. 是这样吗？

A. 这吃的不合你胃口。

E. 很快站起来，大声地：你知道吗，库尔特今天晚上走，或者，你不知道这件事？

A. 内心不为所动：知道啊，可惜他走了，所以你其实不用叫我过来了。

11月21日。我孩童时代的保姆，今天在短短的时间里第二次到我们这里，是为来看我。她的脸是暗黄色的，鼻端棱角分明，面颊上还有一颗我当时非常喜欢的痣。第一次她来时，我不在家，这一次她来时，我想休息一下，睡一觉，便佯装不在家。她为什么将

---

① 马克斯的朋友和远亲。

我教得这样坏，我可是听话的，她现在当然在前屋跟厨娘和女仆说着我性情安静、顺从。①她为什么不为我利用这些，为我准备一个较好的未来？她是已婚的女人，或是寡妇，她有孩子，她能说会道，使我无法入睡。她以为我是正值二十八岁美好年华的健壮男子，很喜欢回忆我的年少时代，而且知道究竟什么才对我有用。可是我现在就躺在这里的长沙发上，一脚踏在世界之外，正好适合睡觉，睡意不想来，如果它来了，也只是擦身而过，我由于疲惫而感到关节疼痛，我干瘦的身体由于激动而颤抖，我不能清楚地知道这激动的原因，脑子里在惊异地抽动。这个时候有三位妇女站在我的门前，一个称赞我过去是怎样，两个称赞我现在如何。厨娘说，她认为：我会同样地不用走什么弯路就到天堂了。确实会是这样。

勒维：《塔木德》里的一位拉比有着在这种情况下非常虔诚的原则，即不从任何人那里接受任何东西，甚至是一杯水。但现在的情况是，他那个时代最伟大的拉比想结识他，并请他吃饭。要拒绝这样一个人物的邀请，那是不可能的。第一位拉比因而沮丧地上了路。可是因为他的原则是如此强而有力，一座山耸立在了这两位拉比之间。

安娜坐在桌边读报纸。
卡尔在房间里走来走去，他走到窗户那里就站住了，并朝外看，他甚至一下子打开了内窗。
安娜：请把窗户关上，外面都结冰了。
卡尔关上窗户：我们正好有着不同的忧虑。

11月22日。安娜：你可是染上了一个坏习惯，埃米尔，一个

---

① 玛丽·维尔纳（Marie Werner），在卡夫卡家工作了许多年，卡夫卡通常称呼她为"那位小姐"。

非常令人讨厌的习惯。你能把每件小事都联系起来,并用它来在我身上寻找不好的性格。

卡尔搓着手指:因为你不体贴人,因为你根本不可理解。

肯定的是,我身体的状况构成我前进的一个主要阻碍。有了这样一个身体,什么目的也达不到。我将不得不习惯它那接连不断的失败。从最近那些胡乱做梦,但几乎没有一瞬能连续入睡的夜晚以来,我今天很早就变得支离破碎了,除了额头,其他什么也没感觉到。看到一种勉强可以忍受的状况远远地超出了眼前的情形,我一度做好了死亡准备,手里拿着文卷蜷缩在走廊的水泥地板上。我的身躯对它的虚弱来说是太长了,它没有哪怕将将够产生一种大有裨益的热量的脂肪来维持体内的火势,它没有脂肪,思想能从脂肪那里得到营养去满足日常之必需而不伤害整体。孱弱的心脏在最近一段时间里常常刺痛我,它怎么能将血液推向这么长的双腿呢?膝盖也许承担了不少的工作,它只是用老态龙钟的力量将血液灌进冰凉的下肢。但现今上面又已经是不可缺少的了。我等待着,这时下面也分散了一些精力。由于身体的长度,一切都被拽得支离破碎。这个时候,它能做什么呢?因为它也许为我想要达到的目的拥有太少的力量,即使它被压缩了。

从勒维给他父亲的信中摘出:如果我来华沙,我将穿着我的欧洲服装在你们当中走来走去,"就像眼前的一只蜘蛛,就像新婚夫妇中的哀悼者"。

勒维叙说一位结了婚的朋友,他生活在波斯汀,是华沙附近的一个小城,他在他进步的志趣里感到孤独,因而觉得不幸。"波斯汀,它是个大城市吗?"——"这么大。"他向我伸出张开的手。这手上戴着一只粗糙的黄褐色手套,勾勒着一处荒凉的地方。

11月23日。二十一日,克莱斯特逝世一百周年的那天,克莱斯特家人在他的墓地放了一个花圈,上面写道:"献给他们家族的最优秀者。"

我以我的生活方式将依赖于什么样的状况呢!我今天晚上要比过去一个星期睡得好一些,今天下午甚至更好,我甚至有一种昏昏欲睡之感,在中等入睡水平之后的状态,因此我担心,好好写作的机会少些了。我感觉到,某种能力较深地进入了体内,我为所有惊奇的事做着准备,这就是说,我已经看见了它们。

11月24日。《施希特》(这是一个学习屠宰技艺的人),戈尔汀的剧本。①里面有《塔木德》经典的语录,例如:

如果一位大学者在傍晚或在夜里犯了罪过,这样,人们不可在早晨去谴责他,因为以他丰富的学识,他肯定已经深感后悔。如果有人偷了一头牛,那么他必须偿还两头;如果有人屠宰了那头偷来的牛,那么他必须偿还四头牛;但如果有人屠宰了一只牛犊,那么他只须偿还三头牛。因为人们认为,他为了要将这只牛犊牵走,必定是费了好大的力气。这种看法也决定如下的惩罚,即便有人将这只牛犊不费吹灰之力就弄走了。

正派的坏思想。昨天晚上我感到特别的痛苦。我的胃又变坏了,我吃力地写作。在咖啡馆(这里开始很安静,肯定是我们所珍惜的,但后来变得热闹起来,让我们无法安静)我努力地听了勒维的朗诵,我的可悲的下一个未来在我看来不值得进入,我孤零零地

---

① 关于戈尔汀的这出剧作,没有留存的演出记录。这里指的应该是下文中勒维在咖啡馆的朗读。

穿过斐迪南大街。这个时候，在贝尔格斯坦①的出口处，关于之后的未来的思想又出现于我的脑际。我这个从一个废物间里拽出来的躯体怎能承受这个思想呢？在《塔木德》里也说道：一个男人没有女人就不是一个人。面对这样的思想，在这个晚上我无所他求，而是对自己说道："现在你们来吧，坏思想。现在，因为我是虚弱的，而且胃也坏了，偏偏这时候你们要求我深思熟虑。你们的目的只是在于那些对你们有利的时刻。你们真可耻，下一次再来，等我更为有力的时候，不要这样利用我的处境。"而事实上，也不用期待其他的证明，它们就退缩了，慢慢地散开了，而且在我继续的、当然是不会太幸福的散步中再也不打扰我了。但它们显然忘了，如果它们尊重我所有不好状况的话，它们很少会轮上的。

由于从剧院开过来的一辆汽车的汽油味，我的注意力被吸引过去了。朝我的方向走过来的剧院观众的生活显得多清晰啊。他们最后用几个动作将他们的大衣和挂在身上的望远镜整整，一种美好的家庭生活在等待着（虽然它只是由一支烛光照耀着，可是在睡觉前如此是很不错的），即便他们好像是从剧场被遣回家的，像是居次要地位的人物，幕布在他们面前最后一次落下，所有的门已经在他们后面打开，他们在开始之前或在第一幕的时候曾通过这些门，由于某种可笑的担心而傲慢地进场。

11月25日。整个下午在咖啡城市说服 M.② 在一项声明上签字。他只是我们这里的店员，也就是说不必进行保险，而且父亲也许没有义务为他的保险增补一大笔钱。他答应我，星期一将这份声明寄到公司。我用一口流利的捷克语讲话，我有修养地请求原谅，

---

① 斐迪南大街的一条支路。布拉格的一条林荫道。
② 爱德华·米斯卡（Eduard Mischka）。

特别是为我的错误。我从他那里感觉到，我对他如果不是可爱的话，那么就是可敬。但到了星期一他什么也没寄来，而且他也不在布拉格，而是溜之大吉了。

晚上无神地待在鲍姆那里，没有马克斯。朗读《丑恶的东西》①，是一个没有整理好的故事，第一章更像是一个故事的大本营。

11月26日。上午和下午，直至五点，与马克斯处理《理查德和萨穆埃尔》。后来去 N.② 那里，他是林茨的一位收藏家，是库宾介绍的，五十岁，长得非常高大，有如钟塔一般的动作。他如果较长时间沉默不语的话，别人就低下了头，因为他完全沉默，同时，他说着话的时候又不完全是在说话，他的生活由收集和性交组成。

收集：他是从收集邮票开始的，转而收集版画刻印艺术品，后来什么都收集，最后他看到这些永远没有尽头的收藏没有什么用处，他便只收藏护身符，稍后又收藏下奥地利州和南巴伐利亚的徒步朝圣者们的纪念章和图片。这些纪念章和图片分别按每次的朝圣重新整理，从质料和艺术角度来说，绝大部分是没有价值的，但它们常常包含着一些令人愉快的表现。他现在开始努力发表这些东西相关的文章，而且，他是第一次对这些东西、对它们的系统化确立自己的观点。自然，以前收藏这些东西的收藏家们很恼火，他们疏忽了发表这些东西的机会，但后来也不得不表示满意。现在他已经是公认的有关朝圣纪念章方面的行家，鉴定和评估这类纪念章的请求来自各个地方，他的话真是一锤定音。此外，他还收集别的东西，一条贞操带是他的骄傲。这条贞操带，还有他收集的所有护身符，已在德累斯顿的卫生保健展览会上展出。（他刚去过那里，并已将所有的展品打包托运。）还有一柄漂亮的法尔肯斯坦人的骑士

---

① 布拉格作家诺伯特·艾斯勒（Nobert Eisler, 1882—1949）的作品。
② 安东·马克斯·帕辛格（Anton Max Pachinger, 1864—1938），库宾的朋友。

宝剑。他是以一种不怎么样的、只是通过收藏才明白的态度来对待艺术的。

  他从格拉夫饭店的咖啡厅将我们领往他的炉火烧得过热的房间里。他坐在床上,我们围着他坐在两张椅子上,这样,我们就组成了一个宁静的聚会。他的第一个问题是:"您是收藏家吗?"——"不,只是个可怜的爱好者。"——"这没关系。"他抽出皮夹子,有点拘谨地向我扔来藏书票,有他自己的,也有别人的,其中有一张他最近写的一本叫《石头王国的魔幻与迷信》的说明。他已经写了不少东西,特别是关于"艺术中的母性",他认为怀孕的身体是最美的身体,它对他来说也是最适意的……他还写了有关护身符的文章。他在维也纳的一些博物馆里也有一席之地,他领导过地处多瑙河河口的布勒伊拉的挖掘工作,发明了一种以他命名的黏合出土花瓶的工艺。他是十三家学者团体和博物馆的成员,他已经安排好了,死后将他的收藏品赠送给纽伦堡的日耳曼国家博物馆,他在写字桌边常常坐到夜里一二点钟,早晨八点又坐到了那里。他让我们一定要在一位女友的题辞留念册里写些什么。他将这本纪念册带在身边上路,就是为把它写满。马克斯写了一节复杂的诗句,N.先生欲将它译为一句成语:"雨过天晴"。在这之前他用生硬的嗓音朗诵了一下。我写的是:"小小的灵魂在舞蹈中跳跃",等等。

  他又念上了,我帮助他念,最后他说:"是一种波斯的旋律?这究竟怎么说呢?是加扎勒诗体①?是吗?"这时,我们不能表示同意,而他认为是什么,我们也猜不出来。最后他引了吕克特的三行节诗体②。是呀,他认为就是三行节诗体。这当然也不是。好吧,不过它有某种动听的乐音。

---

① 东方民族的一种诗体,由一些对句构成,全诗用同一韵脚。
② 波斯诗歌加扎勒(ghazal),由三个诗行组成一个诗段,第一行与第三行押韵。由德国作家、诗人、翻译家弗里德里希·吕克特(Friedrich Rückert, 1788—1866)引入德语文学。

他是哈尔伯①的朋友,他喜欢谈论哈尔伯,我们却更愿意谈布莱。关于布莱却聊得不多,他在慕尼黑文学界由于文学上的伤风败俗而受到蔑视,他的妻子是牙医,有一个受欢迎的工作室,并养活他,她已经和他离婚。他的女儿十六岁,有一头金黄色的头发和一双蓝色的眼睛,是慕尼黑最任性的女郎。在施特恩海姆②的《裤子》里——N. 与哈尔伯在剧院里——布莱饰演一位逐渐衰老的追求享乐的人。当第二天 N. 碰上他的时候,N. 说道:"博士先生,您昨天演的是布莱博士。"——"怎么?怎么?"他发窘了,"我演的是那位,是那位呀。"——在离开的时候他把被子掀开,让床的温度和室温一致,还要求调整了一下炉火。

摘自《塔木德》:如果一位学者去相亲,他就应该带上一个未受教育的人,因为他太沉浸于他的学问了,他也许注意不到重要的东西。

围绕着华沙的电话线和电报线通过贿赂延伸成为一个完整的圈子,从《塔木德》的意义上说,这个圈子以城市构成了一个确定了界线的地区,在一定程度上形成了一个大院,这样,也使得这位最虔诚的人星期六能够在这个圈子里活动,将一些小东西(如手帕)带在身边。

在哈西德③的社团里,他们愉快地谈论着《塔木德》里的问题。议论如果停下来,或者有人不参加,那么就用歌声来做补偿。旋律是随便编造的,听起来成了一种调子,家庭成员就也被叫进来,和他们一起温习和讨论。一位神奇的拉比,他常常产生幻觉,

---

① 马克斯·哈尔伯(Max Halbe, 1865—1944),德国作家,自然主义的代表。
② 卡尔·斯特恩海姆(Carl Sternheim, 1878—1942),德国剧作家、短篇小说作家,德国表现主义的主要倡导者之一,代表作多为讽刺喜剧。
③ 18世纪东欧犹太人发起的宗教运动,其教徒自认为是犹太传统的坚定捍卫者。

在一次这样的议论中，他突然将面孔埋在放于桌上的胳膊中，在这样的沉默中保持了三个小时。当他醒来的时候，他哭了，并演唱了一支全新的有趣的军队进行曲。这就是死神陪一位在一个遥远的俄国城市于这个时候刚刚死去的神迹拉比去天堂时用的旋律。

按照犹太教的神秘教义，虔诚的教徒在星期五都得到一个新的、完全属于上天的、比较温顺的灵魂，它在他们身上一直逗留到星期六的晚上。

在星期五的晚上，庙宇的两位天使陪每一位虔诚的教徒回家；家里的主人站在餐室里欢迎这两位天使；天使只做短时间的滞留。

教育姑娘们，她们的成长，对世界法则的适应，对我来说总是有一种特殊的价值。以后，她们不会再那么没有希望地避开一个只是匆匆认识她们并很想匆匆与她们交谈的人，她们会在那里稍稍停立一会儿，尽管那儿并不是房间的处所，在那些地方，人们想让她们停留，不必再用目光、威胁或爱情的力量去抓住她们；如果她们转过身去，也是慢慢地做着这些动作。她们不想因此伤害感情，于是她们的背部变得越来越宽。人们跟她们说什么话，一句也漏不了，她们倾听着整个的问题，人们不必急急忙忙，她们回答提出的问题非常清楚，还很风趣。是啊，她们甚至主动地仰起脸发问，一次小小的交谈对她们来说不是不堪忍受的。她们在开始工作的时候是不会让一个旁观者打断的，而且很少顾及那位旁观者，但他尽可以较长时间地看着她们，只有穿衣服时她们才退出来。这是少有的时刻，在这一刻人们可能心神不定。此外，人们可一定不要满街乱跑，在家门口截取或等待一种偶然的幸福，尽管人们已经知道，他并没有能力强迫那种幸福降临。

尽管这些重大的变化随她们一起发生，但那些事并不少见，就是她们在一次不期而遇时带着一种悲伤的表情朝我们走来，将摊开的手放在我们的手上，以缓慢的动作，像一个有业务往来的朋友似的，邀请我们进入住宅。她们在隔壁房间里来来回回地迈着沉重的步子；但当我们进入那里，她们一方面出于渴求，另一方面出于固执，便蹲在窗龛①里读起报来，绝不看我们一眼。

11 月 30 日。在三天的时间里我什么也没写成。

12 月 3 日。我现在读了舍费尔的《卡尔·施陶费尔的人生历程·热情编年史》②中的一段，被那种伟大的、只是在这个时刻钻进我被谛听的内心的印象弄得那么拘束与着迷，正在这个时候，我被腐蚀的胃强加给我的饥饿和自由的星期日那种通常的激动驱使得如此之远，使我不得不在这个时候写作，就像人们在遇到外来的、即由外部事物强加的激动的时候只能通过严格控制用手臂来自助一样。

未婚男子的不幸对周围的世界来说，不管是表面上的或者是事实上的，都是那么容易被言中，使得他无论如何也要去诅咒他的决定，如果他出于对秘密的兴趣而成为未婚男子的话。他出外四处走动时，虽然穿着扣得好好的上衣，双手插在高高的上衣口袋里，双肘显得尖尖的，帽子深深地遮着脸，一种虚假的、生来就有的微笑应该是保护嘴巴的，就像夹鼻眼镜保护眼睛一样，裤子较瘦，显出细腿的美来。但每个人都知道在他的周围是怎样的状况啊，可以列数他受到的无数痛苦。他从内心深处感到冷漠，他用他那双重面孔更为悲哀的另一面朝这内心深处看去。他不停地迁居，有着可预期的规律性。他与那些活着的人离得越远，对他来说感到足够的空间也就越小。最可恶的嘲弄就是，他还必须如一个有意识的，但又

---

① 厚墙的窗洞。
② 舍费尔 1911 年出版的小说。

不能将他的意识表达出来的奴隶一样为那些活着的人工作。而另外一些人，不论他们一生躺在病床上，还是不得不被死神打倒，也不论由于自己的衰弱而早已倒下很长时间，他们却可以向他们可爱的、健康的、有血缘和婚姻关系的亲戚求助。他，这位未婚男子，显然是由于自己的意志而安于生活中的这个越来越小的空间，他死了，棺材对他正合适。

我最近向我的妹妹朗诵默里克①的自传，开头就已经不错，继续下去就更好，而最终，我重叠着指尖，用平静的声音压制着体内的阻碍，为我的嗓子创造一种越来越广阔的前景。最终，围绕着我的整个房间里，除了我的声音之外，什么也容纳不下了。直到后来下班回来的双亲按门铃为止。

入睡之前，我感觉到了身躯上轻飘飘的胳膊之下拳头的重量。

12月8日。星期五，长久没有写作，只是这一次差不多是由于满意的缘故，因为我自己结束了《理查德和萨穆埃尔》的第一章，我尤其认为，在车厢中睡觉的开头描写是成功的。还有，我相信，有什么东西在我这里形成，这东西与那种席勒式的将冲动转变成为性格的东西十分相近。我必须要越过我内心深处的一切阻碍写下这个。

与勒维散步至地方长官的官邸，我称它为锡安堡。入口的大门与天空的色彩清晰地交相辉映。

另一次散步去赫茨岛②。谈到齐西克夫人，人们在柏林怎样出

---

① 爱德华·默里克（Eduard Mörike, 1804—1875），德国最伟大的抒情诗人之一，小说家。
② 伏尔塔瓦河上最大的岛屿。

于同情将她纳入社交圈，最先她是一位不引人注目的穿戴老旧衣帽的二重唱演员。勒维念了一封从华沙来的信，一位年轻的华沙犹太人在信中抱怨犹太剧院的衰落，信上写道，他宁愿去"诺沃斯蒂"——波兰轻歌剧院——也不去犹太人的剧院，因为它那可怜的装潢、有伤风化的内容、"发了霉的"唱段，等等，都令人无法忍受。人们脑子想的只是，一部犹太轻歌剧的主要效果在于，歌剧中的主要女歌手带着一群小孩在后面穿过观众向舞台行进。所有的人都带着妥拉的小卷，唱着：妥拉是最好的商品。

成功地写完了《罗伯特和萨穆埃尔》里出现的关于城堡区和观景山的段落之后，做了美妙而孤独的散步。在内鲁达街上有一块牌子写着：裁缝安娜·克里左娃，在法国由公爵遗孀阿伦伯格，即阿伦伯格公主支持学成。——在第一座城堡①的庭院中央我站住了，我注视着城堡看守的戒备状态。

马克斯不满意我写的最后部分。肯定是因为，他认为它们对整体来说不合适，但也可能认为，它们本身就不怎么样。这很有可能，因为他提醒我不要写得那么长，并把这样写作的效果看作是有点如透明胶质的效果。

为了能够和年轻的姑娘谈话，我要和年纪较大的人接近。从他们那里发出的轻微的干扰振奋了我的谈话，这种对我的要求在我看来马上使我的情绪沮丧；我没有考虑过的从我心里讲出来的话，可能对那些年纪较大的人来说总还是适合的，如果它对姑娘没有价值；我从年纪较大的人那里可以获得许多帮助，如果必要的话。

---

① 这里的城堡指的是布拉格城堡。

H. 小姐①让我忆起 Bl. 夫人②，只是她的鼻子在长度、微微的双重弯曲及某种程度的瘦削方面看上去像 Bl. 夫人的那只长坏了的鼻子。但从前她脸上也有一层外表上几乎没有理由存在的黑色，它只可能是由一种有力的性格逼进皮肤里去的。宽阔的后背，肿胀的女人后背显出极为晚暮的样子！沉重的身体在剪裁得体的衣服里变苗条了，连这件瘦削的衣服都显得宽松了。在交谈中的窘境过后，一次随便的抬头意味着找到了一条出路。我在这次交谈中并没有躺在地上，也没有认为我的内心已经死去，但也许我只是从外部去看自己，我也许对我的举止无法做别的解释。和新认识的一些人进行一种自由的交谈我早就不行了，因为性欲愿望的存在无意识地阻碍着我，而现在阻碍我的却是它的有意识的缺乏。

在护城河街遇见齐西克夫妇。她穿着她在《疯狂的人》里穿过的荡妇的衣服。如果我把在护城河街见她的情况加以细细分析，她就变得难以想象了。（我只是约略地看了她一下，因为我怕她的目光，我没有向她致意，自然也没被她看见，我也没敢立即转过身去。）她的个子比从前更小，左臀部不再瞬间地突起，而总是翘在那里，她的右腿变得弯曲了，她将脖子与头部靠近她丈夫的动作非常匆急，她想用朝一边伸出的、屈曲的右臂挽住她丈夫。她丈夫戴着前面有低低的帽檐的小太阳帽。当我转过身去的时候，他们离去了。我推测他们进中央咖啡馆去了，我在街的另一边等了一小会儿，又过片刻，我幸运地看见她朝窗户走去。当她坐到桌边，我只看到她那顶用蓝色天鹅绒罩住的纸板做成的帽子的边缘。

后来我在梦中待在一座很窄、不太高、玻璃穹顶的廊道房子里，它类似于原始的意大利图画上的那种不能通行的联通处，从远

---

① 可能是前文提到过的海莲娜·哈斯。
② 玛丽亚·布莱。

处看，也像我们在巴黎见过的一种过道房屋，它是小场街的一处延伸。只是巴黎的那种过道空间更宽大，而且充塞了买卖的人群，这里却是四壁空空，看上去几乎没有两个人并排行走的位置，可是确实有人在里面行走了，就如我带着齐西克夫人，然后令人吃惊地出现了许多位置，我们并不惊异。在我与齐西克夫人向一个出口处走去，朝着一位可能是观察全景的人走去的时候，以及齐西克夫人因为某种过错（可能是嗜酒）请求原谅，并请求我不要相信诽谤她的人的时候，齐西克先生正在过道空间的另一端抽打一条浑身黄毛乱蓬蓬的瑞士雪山搜救犬，这条犬用后腿立在他的对面。这情景很不清楚，是不是齐西克只是跟狗逗着玩，并由于它而丢下妻子；或者，是不是他自己被这条狗狠狠地攻击了；或者，是不是他最终想阻止这条狗靠近我们。

和 L.① 在码头。我感到一阵轻微的、整个身体被压抑的失去力气的晕厥，我熬过去了，但过了一小会儿我看着它就像回忆那早已忘记了的事情一样。

即使我撇开所有其他的障碍（身体的状况、双亲、性格）不说，我还是获得了一种很有道理的借口：在我还没有取得伟大的、让我完全满足的成就以前，我无法放手为自己争取。这当然是无可辩驳的。

我现在有，而且下午已经有过一个强烈的愿望，写出完全出自我内心的全部恐惧不安的状态，这种状态正像是来自深处，进入到纸的深处，或者是那样地将它写下来，使我能够将这个写下来的东西完全并入到我的身上。这不是艺术家的愿望。当今天勒维说到有关他的不满以及有关他对剧团所做的一切觉得无所谓的时候，我解

---

① 勒维。

释这种状况仅只是怀乡的表现，但在某种程度上我并不是为他做这种解释的，尽管我将它说出来了，却是将它留给自己的，短暂地享受一下它，以慰藉我自己的悲哀。

12月9日。施陶费尔-伯恩①说："创作的甜美掩盖了它绝对的价值。"

如果人们静静地停留在一本带信件和回忆录的书上，不管是哪一个人的书，这里说的是卡尔·施陶费尔-伯恩的书，如果人们不是出于自己的力量将这个人拉到自己的身边，因为属于这种情况的毕竟是艺术，艺术本身就是愉悦的，而且是听之任之地——谁只要不进行反抗，这种情况就马上会在他身上发生——由招来的那位陌生人将自己拽走，并让自己成了他的亲戚，以后就不再有什么特殊的东西了，前提是人们合上书又回到自己身上来，在这样的远足和这样的休整之后在他的新认识的、重新松动的、从遥远处观察了片刻的自己的本性里又有了更好的感觉，并获得了比较自由的头脑。——之后，它才能使我们惊奇，不论其生动性，那种陌生人的生活情况被一成不变地记述在书中，根据我们的经验，虽然我们自认为已经知道，在世界上没有任何东西比对这种生活经历的描绘离这种生活经历更远的了，比如说对一位朋友死亡的悲哀。②但对我们这些人合适的东西，对陌生人就不是那样了。如果我们用我们的信不能满足自己的情感——在这里自然有许多从层次上说双方面都模糊的东西——如果在我们最佳的状态中一再出现的那种表达肯定对我们本身有所帮助，如"无法描绘的"、"不可言状的"，或者"多么悲伤"、"多么美丽"，接着紧跟它们的便是一种很快拆碎的

---

① 卡尔·施陶费尔-伯恩（Karl Stauffer Bern，1857—1891），瑞士画家、版画家、雕塑家。
② 1887年4月19日，伯恩在信中提及朋友利赛尔（Lissel）的死讯。

145

用连词 daβ 带出的从句，如此我们便得到一种能力去冷静而认真地理解那些陌生的报道，跟自己写信相比，至少在这个范围里，我们缺少这种冷静与认真。对于那种把面前放着的信展开或捏皱的感觉，我们是一无所知的，正是这种无知变成了理解，因为我们被迫抓住这里放着的这封信，只是相信这里面所说的东西，就是说找到了一种完美表达出来的东西，只要这一种完美的表达是合理的，从这里就显然看到了进入最赋有人性境界的道路。如此，例如卡尔·施陶费尔的信件只是关于一个艺术家短促一生的叙说……〔中断〕

12 月 10 日。星期日。 我得去看望我的妹妹和她的小家伙。① 前天夜里一点钟我母亲从妹妹那里回来的时候，带回了小家伙出生的消息。我父亲穿着睡衣，穿过房间，打开每一扇门，将我、女仆和妹妹们唤醒，传递这个消息的样子，就好像这个孩子不仅是出生了，而且这个孩子已经过着一种高贵的生活，并有了一块墓地似的。

12 月 13 日。 由于疲乏没有写作，轮流躺在暖屋子和冷房间里的长沙发上，带着病弱的双腿和令我讨厌的梦。一只狗躺在我身上，它的一只爪子靠近我的脸，为此我醒了，但有一阵子不敢睁开眼睛看它。

《獭皮》② 是部有缺陷的、没有升华就逐渐转弱的剧本。警察局长的那场戏是虚假的。莱辛剧院的莱曼的表演是动人的。她蹲下的时候，就将裙子夹在两腿之间。群众流露出的沉思的目光，举起

---

① 费利克斯·赫尔曼（Felix Hermann, 1911—1940），卡夫卡妹妹艾莉的第一个孩子，出生于 12 月 9 日。
② 盖哈特·霍普特曼的代表作。卡夫卡观看的是柏林莱辛剧院女演员艾尔莎·莱曼（Else Lehmann, 1866—1940）出演的版本，当时她在布拉格做客座演出。

两只张开的手,互相交叠在面孔的左前方,像是为主动减弱否认的或者是竭力申明的嗓音的威力。其他人的表演是没有经过琢磨的、粗糙的。喜剧演员狂妄放肆是违背这部剧本的(抽出一把军刀,拿错帽子)。我反应冷淡,没有兴致。我回到家中,但坐下的时候,我不禁赞叹地想道,真有那么多的人花一个晚上去承担那么多的激动(有人喊叫,有人行窃,有人被偷,有人被打扰,有人拼命鼓掌,有人被冷落),只要你眯起双眼看一看,在这部戏剧里有那么多的乱糟糟的人声和喊叫混杂在一起啊。还有不少美丽的姑娘。有一位姑娘,皮肤光滑,圆圆的面颊,头上梳着高高的发型,有一双孤独的、有些肿胀的眼睛。——这部剧中好看的地方是沃尔芬同时作为小偷和聪明、进步、民主人士的真诚朋友出现。如果观众里有一个剧中官员韦尔汉这样的人,肯定觉得自己已经被认出来了。——可悲的平行的四幕。第一幕中偷窃,第二幕是法庭,第三幕和第四幕也是法庭。

《裁缝乡长》在犹太人中上演。没有齐西克夫妇,却出现两个可怕的新人:利卜戈尔德夫妇①。里希特的糟糕的剧本。开头是莫里哀式的,那位好炫耀的乡长身上系着挂表。利卜戈尔德太太不认字,她丈夫得与她一起探讨。

这几乎是一种风习,一位喜剧演员与一位严肃的女郎,一位严肃的男子与一位快乐的女子结婚,一般来说只是带着结了婚的、或者是有亲戚关系的女人。——就如有一次半夜里,那位钢琴演奏员,大概是一位单身汉,手里拿着琴谱悄悄地溜出门去。

合唱团举行的勃拉姆斯音乐会。②我的缺乏音乐天赋主要表现

---

① 来自伦贝格犹太剧团的喜剧演员和歌手。
② 在鲁道夫音乐厅举办的"勃拉姆斯之夜"。由德国合唱团和德国男子合唱团共同出演,格尔哈德·冯·库斯勒指挥。

在，我不能连贯地去享受音乐，只是有时候在我心中产生一种效果，而这种效果很少是一种音乐上的效果。听过的音乐自然地竖起了一道围住我的墙，对我来说，唯一持久的音乐影响便是，我是那样地被禁锢着，与自由是不一样的。

在文学面前如在音乐面前那般的恭敬，在观众中是没有的。姑娘们在唱着，许多人只是由于旋律张开嘴巴，一位身材笨拙的姑娘在唱歌的时候急速地转动着脑袋。

在一个包厢里坐着三位神职人员。当中的那位戴着小红帽，带着安详与威严倾听着，无动于衷又显得沉重，但并不僵化；右边的那位沉沉地坐在座位里，他有一副尖尖的、呆板的、多皱纹的面孔；左边的那位将他的脸斜斜地支在半张开的拳头上。——演奏的是《悲剧序曲》（我只是听到缓慢的、庄重的、一会儿迈到这里一会儿迈到那里的脚步声。大有教益的是，觉出了各个演奏组合之间的音乐过渡，并能用耳朵检验到这种过渡。指挥的发型逐渐散乱）。歌德的《铭记》、席勒的《悲歌》，还有《命运女神之歌》《胜利之歌》。唱歌的女子们高高地站在有低矮栏杆的阳台旁边，这阳台像是早期意大利的建筑。

尽管我有一段时间站立在常常向我袭来的文学里，可是我三天来除了一般的幸福要求之外，就没有感到那种对文学的根本愿望，这是不容置疑的。同样，在三个星期的时间里，我把勒维看作是不可缺少的朋友，现在我三天没见到他便微微感到遗憾。

当我在一长段时间之后开始写作，我就像从空虚的空气中去抓词句。如果抓住了一个词，那么就写上这一个词，所有的工作又重新开始。

12月14日。我父亲中午指责我，因为我不关心工厂的事。

我解释，我是参与了，因为我期望获益，但我不可能一起工作，如果我还要坐在办公室里。父亲继续骂，我站在窗边，一声不吭。但到了晚上，我突然发觉了从这次中午谈话中产生的思想，我可能对我目前的位置很满意，并只是一味地保护自己，好为文学获得所有的时间。我好不容易较为贴近地观察了这种思想，它不再令人讶异，已经习以为常地出现在我脑海里。我对自己否认能将所有的时间用于文学。这种信念当然出自一种瞬间的状况，但信念比瞬间的状况强有力得多。我想着马克斯也像想着一个陌生人一样，尽管他今天在柏林有一场激动人心的讲演和开幕晚会；我现在突然想起，只是在我晚上散步时渐渐地临近陶西格小姐①住宅的时候，我才想到了他。

和勒维在下面的河边散步。从伊丽莎白桥支起的、里面由一盏电灯照明的桥拱的那一根墩柱，在旁边射过来的光线之中显得漆黑一团，看上去就像工厂的一柱烟囱，在它上方朝向天空布满阴暗的影子一般的楔子就像冒出的烟。围成的一圈界限分明的绿色的光面洒向桥的一边。

在朗诵威廉·舍费尔的《贝多芬和一对恋人》时，与朗诵的故事毫无关系的各种想法（想到晚宴，想到正等着的勒维）非常清晰地闪过我的脑海，就是今天这个极为纯粹的朗诵也没打扰我。

12月16日。星期日②中午十二点。用睡觉和看报虚度了上午的时间。害怕结束为《布拉格日报》写的一篇评论。对写作这样的恐惧总是表现在，我还没有坐到桌边，就偶然杜撰出要写的文字开头的句子，这些句子马上便显得用不上了，干巴巴的，在结尾之前

---

① 马克斯·布罗德的未婚妻。
② 其实是星期六。这个日期可能是卡夫卡后来填上去的。

149

就中断了,并用这些刺眼的不连贯的句子展现出一个令人沮丧的前景。

圣诞集市上的古老把戏。立在一根横杆上的两只凤头鹦鹉拖着行星。错误是:预言一位姑娘得到一位女性的恋人。——一位男子用诗句兜售假花:这是一朵皮制的玫瑰花。①

年轻的派佩斯在唱歌。独特的手势表演,右前臂在关节处来来去去地做着动作,半张开的手继续微微地张开,然后又蜷缩起来。汗珠布满他的脸,特别是上嘴唇,就像是玻璃碴儿。一件没有扣子的护胸随意地塞在外套的马甲里。

在正歌唱着的克鲁格夫人口中柔嫩红色里温暖的阴影。

巴黎的犹太人街道,玫瑰街,里沃利街的支路。

如果一种杂乱无章的教育本身包含着贫乏的、与纯粹不安的存在有着必不可少的联系的心态,突然被要求去促成一件暂时有时间限制的、因而必然是强度很高的工作,促成自身发展,促成发表意见,那么就只能有一种苦涩的回报。在这个回报里,一种只有用所有并非训练有素的力量才能去承受的获取而产生的骄傲,一种对突然逃逸的学识的——因为这学识与其说是固有的还不如说是预感的,所以它特别容易游动——小小的回顾,最后是四周的仇恨和钦佩,全都混杂在一起了。

昨天入睡前,我想象了一幅画面,与山丘相似的在空中隔开的一群人,这群人在绘画技术上对我来说是全新的,只要一下子臆造

---

① 原文为捷克语。

出来就是轻易可行的。一群人围集在一张桌子的周围,地面的延展要比人的圈子辽阔得多,我强而有力的目光在所有人中暂时只看到一个穿古装的年轻人。他将左臂支撑在桌子上,手松弛地贴在面孔上,戏谑地面朝着一个人,这个人满怀忧虑,或者疑惑地对他弯下身子。他的身体,特别是右腿,带着一种年轻人的漫不经心伸展着,与其说他是坐着,还不如说是躺着。两组清晰的限制住那双腿的线条交织在一起,并稍稍地跟身体的边线连结起来。在这些线条之间,灰白色的衣服以微弱的立体感隆凸起来。出于对这种美丽绘画的惊讶,它在我的脑海里产生了一种紧张感,我相信这是同一类型的而且是持续的紧张感。由此,只要我想,就能够将铅笔拿在手中进行勾勒,我肯定会强迫自己跳出这混沌的状态,对这绘画进行一番更为周密的思考。这个时候我当然马上感觉到,我所想象的并不是什么别的东西,而是一小组灰白色的瓷器。

在过渡的时间里,对我来说就是上个星期,至少还有这一时刻,常常有一种悲哀却平静的、对我失去感觉的惊异袭击了我。通过一个空洞的空间我被所有的事物隔开,我甚至无法挤向这个空间的边界。

现在是晚上,这个时候对我来说思想变得更自由了,我也许有能力去做某些事情了,我必须去国家剧院看《希波达米亚》,弗尔克利基①的首次演出。

星期日从来不比工作日对我更有益,这是不容置疑的。因为它通过特殊的时间分配将我一切的习惯搅乱,而我需要多余的自由时间,才好在这个特殊的日子里勉强地安排一下自己。

---

① 耶洛斯拉夫·弗尔克利基(Jaroslav Vrchlicky, 1852—1912),捷克著名作家爱弥儿·弗里达的笔名。

不管怎样,在这个将我从办公室工作解放出来的时刻,我也许将马上满足我写一部自传的愿望。我也许必须在开始写作的时候将如此重要的改变作为我前面暂时的目标,以便能左右大堆发生的事情。但将另一个突出的改变作为这种本身如此可怕得难以置信的改变,我还没能预见到那样的可能。但写自传倒是一种巨大的快乐,因为它的进行那么容易,就如记下众多的梦境,而且还可能有一种完全不同的、巨大的、永远影响着我的成果,这成果也许对每一个其他人的理解和感受都有所助益。

12月18日。前天看《希波达米亚》。①可悲的剧本,没有思想也没有缘由地在希腊神话中四处乱走。节目单上的克瓦彼尔②的文章,字里行间流露出整个演出的明显观点,一个好的戏剧导演(但这在这里无非是模仿莱因哈特③而已)可能把一部糟糕的文学作品变成伟大的戏剧表演艺术。这一切对一位大约只是见过些许世面的捷克人想必是种悲哀。——在休息的时候,地方长官通过包厢开着的小门到走道里呼吸新鲜空气。——作为剪影唤出的死人阿克索哈,她很快消失了,因为她作为不久前刚刚死去的女人一看到世界便又深切地感觉到了她旧时作为人的苦难。

我是不守时间的,因为我没有感觉到等待的痛苦。我像一头牛般等待着。也就是说,如果我感觉到我瞬间存在的一种即使是很不确定的目标,我在虚弱的时候会那么自负,由于这一眼前的目标的缘故,我也愿忍受一切。我要是恋爱了,那时候我能做什么呢?多

---

① 卡夫卡记错了日期。这部剧是在1911年12月17日首演的。
② 耶洛斯拉夫·克瓦彼尔(Jaroslav Kvapil, 1868—1950),捷克国家剧院的剧作家、导演。
③ 马克斯·莱因哈特(Max Reinhardt, 1873—1943),奥地利导演,演员,戏剧活动家。

少年之前，我在环形道的凉亭下等待得多久啊，直至 M.① 走过，即使她还挽着她的恋人。部分是出于疏懒，部分是出于对等待的痛苦的无知，我错过约定会面的时间，但部分也是为了新的复杂的目标，重新不踏实地寻找那些我与之有约的人们，也就是说可能要长期不定地等待下去。我在孩提时代，对等待有着一种巨大的精神上的恐惧，人们也许会从中得出结论，我注定就要成为社会地位较高的人，但我已经预感到我的未来。

我处在良好状态的时候，没有时间，也不容许自己去充分地自然地过那种生活；相反，我处在糟糕状态的时候，有的却比这种状态要求的还多。如今我忍受着这样的一种状况，就如我可以按日记计算出来那样，从 9 日起，几乎有十天了。昨天我又一次脑袋火辣辣地躺上床，并想自己欢乐一番，因为这种糟糕的时间过去了，我又已经担起心来，我会睡得不好。但这已过去，我睡得颇好，只是醒来却很糟。

12 月 19 日。昨天是拉泰纳的《大卫的提琴》。②被驱逐的兄弟，一位有艺术天赋的小提琴手，他出现了，就如在我最初的中学时代的梦中一样，变得富有归来。但起先他穿着乞丐的衣服，双脚围裹上一包碎布，就若一个铲雪人。他那些从来没有从故乡离开的亲戚：他的诚实贫穷的女儿，富有的兄弟，这位兄弟没有将这位可怜的女孩嫁给自己的儿子为妻，却不顾自己的年纪，想找一位年轻的太太。后来这位归来者揭开了自己的秘密，他撩开了高贵的上衣，在这衣服下面的一条横系着的绶带上挂着欧洲各国君主的勋章。他用小提琴的演奏和歌唱使所有的亲戚和他们的家属全变成了

---

① 无法确认 M. 是谁。
② 根据《布拉格日报》的报道，演出实际是在 12 月 19 日，这里的日期可能是卡夫卡后来写的。

好人，也使他们的关系正常起来。

齐西克夫人又来演出了。昨日，她的身段比她的脸漂亮，这张脸比以前消瘦多了，使额头显得太引人注目，一讲话额头上就出现皱纹。她浑圆美丽、中等强健的硕大身体在昨天并不属于她的脸孔，她使我模糊地忆起混种生物来，如美人鱼、希腊神话中半人半鸟的海妖、半人半马怪。当她后来站在我面前的时候，对我来说，就像我在那些没有怜悯之心的观众圈子里与一尊雕塑谈话，她的脸已经变形，皮肤已不那么洁净，涂满了脂粉，在深蓝色的短袖上衣上还有一处污点。

克鲁格夫人站在她的旁边，并观察着我。韦尔奇小姐①从左边观察我，我说了我能说的一切愚蠢的话。我就这样不停地向齐西克夫人询问，她为什么要去德累斯顿，尽管我知道，她与其他的人吵翻了并因此而离开，所以这个话题也就令她难堪了。最终令我更为尴尬的，只是我一点儿也想不起别的什么话题来。当我与克鲁格夫人讲话而齐西克夫人插进来的时候，我才向克鲁格夫人说了声"对不起！"便转身向着齐西克夫人，就好像我是在想，从现在起我要和齐西克夫人一起度过我的一生。当我后来与齐西克夫人说话的时候，我才发现，我的爱意根本没有抓住她，而只是一会儿较近、一会儿较远地绕她几下就飞走了。她一点儿也安静不下来。

利卜戈尔德夫人演一个年轻的男子，穿一件紧紧箍住怀孕身体的衣服。因为她没有服从她的父亲（勒维），他把她上身压在一张沙发椅上，并打了她的屁股，罩着屁股的那条裤子绷得非常紧。勒维后来说，他碰她就像碰一只老鼠那样不情愿。但她从前面看是漂亮的，只是从侧影看她的鼻子向下的走向太长、太尖，而且太过

---

① 可能是卡夫卡和布罗德的朋友菲利克斯·韦尔奇（Felix Weltsch, 1884—1964）的表亲丽莎·韦尔奇（Lise Weltsch），也可能是韦尔奇的妹妹伊丽莎白（Elizabeth）。

凶相。

我到十点左右才到达。在这之前我已做过一次散步，忍受了微微的精神上的烦躁，在剧院占了一个位子，那正是在演出的时候，在独唱演员们欲朝我唱着走来的时候。我还错过了克鲁格夫人的演唱，她那总是充满活力的歌唱无非就是要检验一下世界的坚固性，这也是我所需要的。

今天吃早饭的时候，我偶然与母亲谈到孩子和结婚的事，只是那么几句话，但这个时候我第一次清楚地注意到，我的母亲对我的设想是何等的不切实际和天真啊。她将我看作一个健康的年轻男子，这个男子只是有一点儿幻觉，自以为生了一点儿病而已。这种病态的幻觉会随着时间流逝而消失，结婚和生孩子自然而然地就会使这种病态彻底消除。然后，那种对文学的兴趣大概也会回到对有所造诣的人来说所必须的那种程度上来。对我的职业或对工厂或对那些刚刚来到我手中的事情的兴趣将理所当然不受干扰地增大。因而这种最微不足道的、没有预感就感觉到的理由并不是向着那种持续不断的对我未来的绝望说的；对于还没有发展得那么深的暂时的绝望，可能的理由是，我相信胃又一次发病，或者，我因为写得太多而不能睡觉。解决的可能性有成百上千种。看来最有可能的是，我突然热恋上一位姑娘，并不再想摆脱她。那么，我将会看到人们怎样好好地看待我，而且也不会去阻碍我。但如果我是一个单身汉，像在马德里的舅舅①那样，那也不会是幸事，因为我从我的聪颖中已经知道如何安排自己。

12月23日。**星期六**。当看到我全部的、引往一个令所有亲戚

---

① 卡夫卡母亲的哥哥阿尔弗雷德·勒维（Alfred Löwy, 1852—1923），是一家西班牙铁路公司的主管。

和熟人感到陌生的错误方向的生活方式时，那种担忧出现了，而且由我的父亲说出来了，那就是，从我身上将会出现第二个鲁道夫舅舅①，也就是说，是新成长起来的家庭的白痴，对另一个时代需求来说有些改变了的白痴。那么，从现在起我就能感到，在这个家庭里，母亲对这种意见的反对态度随着岁月流逝而变得越来越小，母亲收集了所有要说的话，什么话在赞同我的时候说，什么话在反对鲁道夫舅舅的时候说，而且还增强了说话的语气，这就像一个楔子嵌进了我们两人的想法中间。

前天在工厂里。晚上在马克斯家，画家诺瓦克②正在那里展示为马克斯做的石版画。我知道，在他们面前我不能表达自己，我说不出是，也说不出不是。马克斯提出一些已经形成的看法，对此，我的思想转来转去，却没有结果。最终我习惯了这些单独的画页，至少将没有受过训练的眼睛发出的惊讶丢在一边，觉得下巴是圆的，一张脸是压扁的，上身如披盔甲，他看上去倒不如说好像在日常便服里面穿着一件很大的燕尾衬衣。与此相反，画家提出了一些不论第一次还是第二次都无法理解的想法，而且只是通过这样的手法减弱了这种理解的意义，即他若是内心确证了这一点，那他在谈论的就是那最廉价的荒唐。他断言，艺术家感觉到的、当然是有意识的任务，就是将这个被画的人物接受进他自己的艺术形式中去。

为达到这一点，他首先用彩色制作一幅肖像速写，这幅速写也放在我们的面前，在暗沉的色彩中它表现出一种真实的、极为显明的纯粹的相似来（这种极大的显明性，直到现在我才能够承认），并被马克斯称为最好的肖像画。因为这幅画除了逼真之外，还画出了他的眼睛和嘴巴那高贵的深邃的表情特色，这种表情特色的效果

---

① 卡夫卡母亲同父异母的弟弟鲁道夫·勒维（Rudolf Löwy, 1861—1921），他是布拉格一家啤酒厂的会计，改信天主教，因而被家人视为异端。
② 威利·诺瓦克（Willi Nowak, 1886—1977），捷克画家，当时他在布拉格开画展。

通过暗沉的色彩准确地被增强了。如果人们对此有所留意的话，那他就不可能否认这一点的。完成这幅速写之后，画家就在家中着手于他的版画工作，一幅一幅地变化着，同时他努力地追求着不断远离自然的表现，但在这同时不仅不损害他自己的艺术形式，而且一根线条一根线条地向这种形式推进。这样，比如说耳廓便失去了它人类耳朵所有的弯曲和细微的边缘，成了一个较深的半圆的漩涡围绕着一个小小的黑洞。马克斯的那个从耳朵起就已经形成的瘦骨嶙峋的下巴失去了它单一的边界，这个边界看上去是那么不可缺少，而且从旧的真实的距离中产生一种新的真实，对观察者来说是那么少见。头发融成稳固的分明的轮廓，看得出是人的头发，即便画家也否认了这一点。

在画家要求我们理解这些变化的时候，他只是极快地，却是带着骄傲地指出，在这些画页上所有的东西都是有意义的，即使是那个由于它影响着所有后来的东西产生的效果而偶然画下的东西也是必不可少的。在一个脑袋旁边有一条细细的浅浅的咖啡渍从上而下贯穿了整个画面，它是添加上去的，有考虑的，而且并不损害全部的比例，所以不必再将它去掉。在另一幅画面的左角上是一大团分散的、几乎不引人注目的蓝色画点的斑迹；这斑迹也是故意画上的，是由于从它那儿掠过这幅图画洒下的小小光线的缘故，然后画家在这种光线里继续工作。现在，他最后的目标是，首先将嘴巴，然后将鼻子加入到变换中去。在嘴巴方面，已经发生了一些变化，但还不够，对此马克斯抱怨说，用这种方法会让石版画离那好看的彩色速写越来越远，根据这意见，他指出，石版画会再和彩色速写接近的，不能完全否认这样的可能。

不管怎么说，不可忽视的是，画家带着一种自信在交谈的每一时刻都确感他的灵感是不可预见的，而且只有这种自信使他的艺术劳动带着最好的合理性成为一种几乎是科学的工作。——买了两幅版画：《卖苹果的姑娘》和《散步》。

写日记的人的一种优点在于：他对变化有着冷静清晰的意识，他无时无刻不面临这种变化。当然，在一般情况下他也相信、预料并承认这些变化，但如果取决于从这样一种承认中获得希望或宁静的话，那他就总要否认这些变化。在日记中人们找得到这样的证明：人们本身就生活在今天看来是不堪忍受的处境里，环顾四周，记下观察的感受，这就是说执笔的右手像今天一样地移动着，今天我们虽然通过通观各种可能性对当时的状况变得更为聪明了，但因而更有必要去确认我们当时在纯粹无知的情况下仍然不懈追求的那种无所畏惧的精神。

由于韦尔弗①的诗，昨天整个下午我的脑袋像充满了蒸汽。我在一瞬间感到了恐惧，欢欣振奋会将我不停地扯到荒唐的境地。

昨天晚上跟韦尔奇进行了痛苦的交谈。我的目光如受惊一般在他的脸和脖子上转来转去，有一个小时那么久。有一回，就在一种由于激动、虚弱和思想游离而引起的脸部扭曲中，我无法确定，我能否在不会长久伤害我们关系的情况下退出房间。外面在下雨，是非常适合默默行走的天气，我呼吸着，然后满意地在"东方"②前面等了 M.③ 一个小时。慢慢地看着手表，漫不经心地走来走去，这样的等待，对我来说，和躺在长沙发上伸展双腿、将双手放进裤袋里，几乎是一样的舒服。（在半睡半醒的状态中，我不会以为是双手插在裤袋里，而好像是拳头放在大腿的上面了。）

12 月 24 日。星期日。昨天在鲍姆那里很愉快。我是和韦尔奇

---

① 弗朗茨·韦尔弗（Franz Werfel, 1890—1945）奥地利作家。他的诗集《世界之友》在 12 月上旬出版了。
② 一家咖啡馆兼影戏院。
③ 布罗德。

一起在那里的。马克斯在布雷斯劳。我感觉自由自在，能够将每一个动作做到结束，我回答问题，也倾听别人说话，行为恰当，我还大声嚷嚷。还有一次我说了一句蠢话，它不是太重要，一会儿就被冲走了。与韦尔奇在回家的路上，也是在雨中；一路上不管水洼、风寒，对我来说这段路过去得那么快，就好像我们乘了车一般。分别的时候，倒使我们两人遗憾起来。

在我还是孩子的时候我就害怕，如果不是害怕，也是那么不舒服。如果我的父亲像他作为商人常常做的那样，说到关于"最后"或"月底"的事，因为我并不好奇，就算我也问一下，由于思想缓慢，不可能对回答进行迅速的整理，而且因为常常是一下子出现的微微活动着的好奇心已经通过提问和回答得到满足了，也就不再要求对事物的一种理解力，如此，"最后"的表达对我来说成了一个不痛快的秘密。要是好好地注意听，"月底"的表达为这个秘密让出了位置，即使从来也没有过这样强烈的意义。这个如此长期令人担心害怕的"最后"从来也没有被克服干净，这也是很糟的，因为它从来没有特殊的标志，也没有特别引人注意，就过去了——我发觉得太晚，因为它总是在大约三十天之后来到——，第一天就是这么幸运地来了，人们又开始谈论"最后"了，当然不是带着特殊的惊恐，但这在没有对其他不可理解的事情进行检验的情况下便被加入了它们的行列。

当我昨天中午去 W.① 那里，我听到了他妹妹的声音，她向我致意，但我没看见她本人，直到她柔弱的身影离开放在我前面的摇椅。

---

① 韦尔奇。

今天上午我的外甥受了割礼。一个罗圈腿的小个子男人，名叫奥斯特利兹①，他已经做过两千八百次切割包皮的手术，他做这件事非常熟练。那是一种复杂化了的手术，因为小男孩不是躺在床上，而是由他的祖父抱在怀里，做手术的人不是严肃认真、专心致志，而是必须要做祷告。首先，小男孩被包裹起来，不得动弹，只露出阴茎，然后放上一只打了洞的金属盘子，精确地算好切面，再用一把几乎是很平常的刀，类似吃鱼时用的餐刀，便开始切割起来。在场的人可以见到流血和鲜红的肉，这个割包皮的人用他那长钉子般的颤抖的手指快速地操作，不知从哪儿拉来一块像手套的手指一样的皮，盖在伤口上。不一会儿，一切都好了，男孩几乎没哭一声。这时，还有一次小小的祈祷。在祈祷的时候，割包皮的人喝着葡萄酒，同时用他还没有洗净血迹的手指蘸上一点儿葡萄酒点到孩子的嘴唇上。在场的人做着祈祷："他如今已经缔结了圣约，这样，他就应获得妥拉的知识，获得美满的婚姻，从事良好的职业。"

在今天正餐上最后一道甜点心时，我听到那个行割礼人的陪同在做祈祷，除了祖父及外祖父，所有在场的人都完全不理解，如梦般地或者说无聊地度过了这些时间。我看到了我面前的正处于一个明显的、不可忽略的过渡阶段的西欧犹太人的风习文化，这些直接被影响的人并不对此感到担心，而是作为适逢其时的过渡人挑起了托付给他们的担子。这种在其末日中完成的宗教仪式已经在它目前的执行中包含了一种如此无可争辩的纯粹历史的性质。看来，只耗费掉上午的那一段很短的时间是必要的，是为了引起在场者的历史兴趣，使他们知道关于早先古老的割礼仪式和在行割礼时半歌唱着的祈祷词。

---

① 布拉格犹太人社区的拉比。

勒维，我几乎每天晚上都让他等半个小时，他昨天告诉我：一些天来，在等待的时候我总是仰头朝您的窗户看去。开始我看到那里有灯光，如果我如平常一样，提前去了，这时我以为，您还有工作。后来，这灯光熄灭了，旁边的房间还有灯光，您是在吃晚饭；后来，您的房间里灯又亮了，您是在刷牙；然后灯灭了，您已经走到了楼梯上，可是后来灯又亮了。

12月25日。我通过勒维了解了有关华沙目前犹太人文学方面的知识，以及我通过自己部分观察了解的有关目前捷克文学方面的事情，这些都清楚地表明，文学工作的许多优势——心智的活动，在外部生活中常常是不活跃的，以及不断分解着的民族意识的统一结合；民族通过一种文学为自己在面对敌对的周围世界保持着骄傲和支持，书写一个民族的日记，写这种日记与写历史完全是两码事，作为它的结果，出现一种更快的、在诸多方面一直经受了考验的发展，详细记述广阔的公共生活中精神化的世界，牵制住那些不尽如人意的因素，这些因素只是在由于怠惰才产生危害的地方马上发生作用；通过发行刊物构成的、总是听命于整体的民众组合，将民族的注意力局限在他们自己的圈子里，并只在映照中吸收异邦的东西。对从事文学人物的尊敬，持续不断地唤醒正在成长的一代人去追求更高的目标，将文学中的事件采纳到政治的忧患中去；使父亲们与儿子们之间的对立改善，并有商讨的可能性；在一种虽然是痛苦的，却值得谅解的和畅所欲言的方式中去暴露民族的错误；培植一个活跃的，因此也是自觉的图书行业和对书的渴求——所有这一切效果通过一种文学就能够发挥出来。这种文学正在事实上还较为一般的范围里发展着，但由于缺少重要的天才，它才有着这种假相。这样一种文学的活跃甚至比天才济济的文学的活跃更为厉害，因为，这里没有作家，在作家的天才面前，至少有许多怀疑者不得不保持沉默，文学争论在最大程度上获得了一种真正的合理性。没有被天才突破的文学也因此没有表现出缺口，好让那些无关痛痒的东西可能出头。文学对专心致志的要求因而变得越来越紧迫。个别作家的独立性自然只是在民族的范围之内受到更好的保护。缺少令人拜服的民族楷模完全妨碍了那些没有能耐的人接近文学。但即使微弱的能耐也不足以让正要占统治地位的作家们不明朗的特色来影响，或者去引进外国文学的成果，或者去模仿已经引进的外国文学。这些，人们已经从这个例子中认识了，那就是在一个富有伟大天才的文学里，比如德国文学，那些最差的作家用他们的模仿固守本土不放。在上面提到的流派里，一种从个别来说是坏文学的创造力和令人喜悦的力量表现得特别有影响，如果以此开始去从文学历史的角度列出已故作家名单的话。他们不可否认的当时和当代的影响就这样地成了事实，竟使得它可以去替代他们的创作。人们谈的是后者，而指的却是前者；甚至阅读后者时看到的也是前者。但那些影响是不容忘记的，创作当然是影响不了记忆的，因而既没有忘记，也没有重新回忆。文学历史展现的是一个不可改变的值得信赖的整体，日常的鉴赏对它可能只有极少的危害。

一个小民族的记忆力并不比一个大民族的记忆力弱多少，因而它领悟这些现存的材料更为彻底。虽然专门从事文学史研究的人比较少，但文学是文学史的事情并不亚于是人民的事情，因此，即使不是完美无缺的，文学还是得到了可靠的保存。这种在一个小民族内部的民族意识对每一个个体提出的要求就是，每一个人必须不时地准备好去熟悉分摊到他身上的那部分文学，去承担它，去维护它，而且要不顾一切地去维护它，即使他并不熟悉也未去承担这部分。①

古代文献有许多解释，面对残缺不全的资料，要将这种解释向前推进，必须要有毅力，这种毅力只是由于担心人们也许会太轻而

---

① 原稿中本段以下的内容是在几页后续写的。

易举地将它推进到底,或者由于敬畏——人们会越过敬畏而达成妥协——受到压制。一切都以最真实的方式发生着,只是在一种成见中工作,这种成见永远消除不了,而且毫无倦意,并通过一只灵巧的手的抬举而散播开去。但最终,这种成见不仅阻碍了向前远望,也阻碍了深入理解,因此,所有这一切解释都成了泡影。

因为缺少与此有关联的人,与此有关联的文学事件也就被遗忘了。(某种个别事件被逼到低处,是为能从高处去观察它,或者将它举到高处,以便人们能够从上方它的侧面去判断它。错了。)如果这种个别事件也常常用冷静去周密思考的话,人们也还是达不到它的边界,这事件在这些边界处与那些类似的事件产生关联,人们最先到达的会是面对政治的边界。是的,人们甚至渴求更早地看见这条边界,要是它在那里出现的话,然而这些纠集在一起的边界常常是到处都能发现的。空间的狭小,还有对单一与千篇一律的顾虑,最后还有这样的考虑,即由于文学内在的独立性,使得它与政治的外在联系并无妨害,这些便导致了文学因而在内流传,并紧紧地抓住政治口号。

在文学上处理一个小题目,一般能找到欢乐。这种题目只可以那么大,一种小小的振奋便可能在这些题目旁消耗殆尽,而且还要准备对付论战的可能与保留。文学上思索出来的诲骂言词翻腾着,在较为强烈的气氛中翱翔。至于在伟大文学的范围内发生的事情,以及构成一个并非不可缺少的楼房的地下酒馆的东西,在这里就是在青天白日下发生的,这就使那里产生了一种短暂的合流,这里引来的至少是所有人的生与死的抉择。

关于小型文学特点的模式

在这里或那里,不管怎么说有着褒义的影响,这里在个别意义上来说甚至有更好的效果。

1. 活泼性
   a) 争论
   b) 流派
   c) 杂志
2. 轻松性
   a) 无原则性
   b) 小题目
   c) 象征的轻松形成
   d) 无用者的退却
3. 普及性
   a) 与政治的关系
   b) 文学史
   c) 对文学的信念，文学的立法由文学完成。

如果人们在各个环节里已经感受到这种有益快乐的生活，这就是难以改变的。

俄国割礼的风习。在整栋住宅里，所有的门上都挂着不少手掌大小、上面有犹太教神秘教义符号的牌子，是为了在分娩和行割礼之间的时间里保护母亲不受恶魔的侵害。这个时候恶魔对母亲和孩子可能特别危险，因为这时她的身体是完全敞开的，就是说为所有的恶魔打开了方便的入口，还因为如果孩子不缔结圣约，他就不能对抗恶魔。为使母亲一刻也不独自待着，要为她请一个女护理来抵抗恶魔，还可利用在生孩子后的除了星期五的七天内，让十个到十五个孩子，或者更多，在将近晚上的时候在助理教师的带领下先到母亲的床边，在那里背诵"听啊，以色列"①，然后给他们吃甜食。这些无辜的五岁至八岁的孩童最能挡住恶魔，能特别有效地抵

---

① 《申命记》第11章第13至21节和《民数记》第15章第37至41节发展而来的犹太祷词。

挡它们在黄昏时刻的活跃。星期五举办一个特殊的庆典，总而言之，在这一个星期里好多的招待宴席接连不断。在举行割礼的前一天，恶魔变得疯狂无比，因此在那个最后的夜里人们要通宵保持清醒，直到第二天早晨都要有人守在这位母亲的身边。常常要有超过百位的亲戚和朋友参加这样的割礼。在场的人中最有声望的人可以抱着孩子。行割礼的人干这件事情是不收钱的，这种人大部分是酒徒，因为像他这样忙的人是不能参加各种节日宴席的，因而只在下面喝一点儿烧酒。所以所有这些行割礼人的鼻子都是红的，并且嘴里散发出酒味。如规定的那样，这些行割礼的人在做完切割手术之后，还要用他们那张嘴吮吸小孩带血的阴茎，也就不太有胃口了。然后用木粉敷在阴茎上，大约三天后就渐渐痊愈了。

一种严肃的家庭生活，对犹太人，当然特别是对俄国的犹太人来说，并不是那么普遍和典型的，因为家庭生活毕竟也能在基督徒那里找到，对犹太人这种家庭生活有妨害的却是，女人是绝不能学习《塔木德》的，这样，当男人想和客人们谈论他们学习过的《塔木德》，也就是他生活中的主要事情的时候，女人们就会退进旁边的房间，哪怕她们不需要如此——因而犹太女人生活中的独特之处在于，她们常常是一有机会就聚集在一起，无论是祷告，或者是学习，或者是议论神事，或者绝大多数时候是议论宗教方面的庆典宴席，在这种宴席上也只是非常有节制地喝些烧酒。她们便严格地按规定彼此避离而去。

歌德用他作品的力量也许阻止了德意志语言的发展。如果说在这期间散文也常常与他疏远的话，那么，正如目前一样，它又终于带着较强烈的渴求回到他那里去了，而且本身也吸收了不少古老的、在歌德那里发现的，但与他并没有什么关系的短语，为的是欣赏这些短语的无限从属性的完美光彩。

我的名字在希伯来文里叫安舍尔，像我母亲外祖父的名字一样，他在我母亲的记忆里是一个非常虔诚的并有学问的人，有着长长的白胡子，他死的时候，我母亲才六岁。据她回忆，她是怎样紧紧抓住尸体的脚趾，同时苦苦地请求原谅可能对外祖父犯下的过错。她还回忆起外祖父的布满四壁的藏书。他每天在河里洗澡，冬天也一样。为了洗澡，他先在冰上凿一个洞，然后跳下去洗。我的外祖母早早死于伤寒。自她死后，外祖母的母亲变得郁郁寡欢，拒不进食，跟谁也不说话。有一次，那是她女儿死了一年之后，她出外散步，而且再也没有回来，后来人们从易北河捞出她的尸体。比母亲外祖父还要有学问的一个人就是母亲的曾外祖父，他在基督徒和犹太人中有着同样的威望。在一次大火中，由于他的虔诚而出现奇迹，火舌跳过了他家房屋，没有造成一点损害，而四周的房屋全烧成了一片废墟。他们有四个儿子，其中一个改信基督，并成了医生。除了母亲的外祖父，所有的儿子都去世了。外祖父有一个儿子，母亲叫他疯叔叔纳旦，还有一个女儿，就是我的外祖母。

　　对着窗户跑，穿过裂成碎片的木头和玻璃，用了所有的力量之后，虚弱地越过了窗下的墙。

　　12月26日。又睡得不好，已经是第三夜了。这样，我在一种需要帮助的状态中度过了三天的假期，在这三天里我想写点东西，它应该对我整年有所帮助。在圣诞节晚上和勒维朝着斯特恩宫①散步。昨天看《布吕马勒或华沙的珍珠》②，因为她坚贞不渝的爱情和忠诚，布吕马勒被作者在标题中用荣誉的称号"华沙的珍珠"称赞了。首先，齐西克夫人露出来的纤长而秀美的脖子就展露了她的脸型，克鲁格夫人在歌唱一种稳定起伏的旋律时，眼睛里闪动着晶

---

① 布拉格西边郊外公园的一座城堡，以文艺复兴风格建成一颗星的形状。
② 约瑟夫·拉泰纳的作品。

莹的泪珠，让观众都垂下头去。在我看来，它的意义远远超出了歌曲本身，超出了剧院，超出了全部观众的关心，当然也超出了我的想象力，观众们沉浸在这个旋律之中。目光透过后面的门帘进入演员的化妆室，正好落在克鲁格夫人身上，她站在那里，身穿白衬裙，短袖衬衫。我对观众的感受缺乏自信，因此竭力从内心深处掀起他们的热情。昨天我以潇洒大方又亲切的举止与T.小姐①及她的同伴交谈。这是我的良好性情在昨天，还有在星期六就已经感觉到的自由，尽管我从长远来看并不需要这么做，我仍然出于某种程度上对世界的顺从和一种傲慢的谦虚使用了一些表面上显得令人尴尬的语句和动作。我是独自与母亲在一起的，对此，我觉得轻松与美好；坚定地看着所有人。

在今天很容易作为古老事物去想象的一些事情的例子：乞讨的残疾人在通往林荫大道和郊游地方的路上，夜里没有照明的空间和过桥通行费②。

看了《诗与真》中那些地方的概要，这些地方用没有固定的特点给人留下一种特别强烈的、在本质上与原来被描绘的事物没有关联的、逼真的印象。例如激起对少年歌德的想象，他是怎样地好奇，穿得阔气，可爱、活泼地闯入所有熟悉的人家里，只是为了眼看和耳听那些应该看到和听到的一切。因为我现在正翻阅这本书，却没能找到这一些地方，这一切对我来说是清楚的，而且包含着一种不是偶然就能超越的逼真性。我必须等待着，直至我什么时候好好地读上一遍，然后在那些确切的地方做些停留。

当父亲针对同时代人，尤其是他的孩子们的幸福境遇而不停旁

---

① 艾尔莎·陶西格。
② 当时在布拉格，除了查理大桥，其他桥都要向行人征收过桥费。

敲侧击地讲述他年轻时代所忍受的苦难的时候,听起来真不是滋味。没有人否认,他冬天曾由于没有足够的衣服而让腿上的伤口裸露出来,他经常挨饿,他在十岁的时候就已经不得不在冬天的清晨推着小车穿过村子——只允许将这实实在在的事实与以后的实际事实作一比较,即我没有遭受过这一切的苦难,他对此是理解不了的,但绝不能得出这样的结论,认为我比他更为幸福,他不能因为那腿上的这些伤疤而感到自负。他每次一开始就认定并断言,我不能认识到他当时的苦难,因为我没有经历过同样的苦难,正因此我最终必须要无限地感激他。他要是不断地讲述他的青年时代和他的双亲,我会是多么喜欢地去倾听啊,可是这一切都要在吹嘘和吵骂的声调中去听着,那是痛苦的。他一再地把双手一拍并说道:"今天谁知道这个!孩子们知道什么!没有人受过这些罪!今天有一个孩子懂得这个吗?!"今天,又和来探望我们的尤丽叶姑姑①说了这些类似的话。她和父亲那边的所有亲戚一样也有着一张特大的脸盘,一双眼睛由于一种极其微小的干扰而放错了位置,或染上了颜色。她十岁时就出外帮人做饭,那个时候,她不得不顶着严寒穿着湿衣服在外奔走,腿上的皮肤开裂、衣服上结了一层冰霜,直到晚上上床才烘干。

12月27日。一个不应该有孩子的不幸的人将自己可怕地禁锢在自己的不幸中。哪儿也没有一个更新的希望,哪儿也没有得到幸运之星帮助的希望。他必须带着这种不幸去走自己的路,要是他的圈子兜完了,就得知足,并且不要继续纠缠这种不幸,而应该去试试,他遭受的这种不幸是不是在较长的一段路上因不同的身体与时间的情况会丢失,或竟至会带来好运。

---

① 尤丽叶·艾尔曼(Julie Ehrmann, 1855—1921),卡夫卡父亲的妹妹。

容我在这幅图景里阐述一下我在写作时有的这种错误感觉,一个人在两个地洞前面等待着一种幻象的出现,它只可以从靠右的那个洞里出来。但这个洞正好是在一个模糊不清的盖子下面,而从左边的洞里幻象一个接着一个升起,这些幻象企图把目光吸引到它们那里,最终毫不费力地用它们不断增长的身躯达到这个目的,这身躯最后甚至将真正的洞口遮盖住了,尽管人们十分想阻止这个行为。可是现在,如果人们不想离开这个地方——无论如何人们是不想这么做的——人们已经在依赖这些幻象了,但由于它们的短暂——它们的力量在纯粹的显现中消耗掉了——并不能使一个人满足,这种幻象如果出于虚弱而凝固的话,人们就会向上,向各个方向驱赶它们,只是为将其它的幻象引上来,因为一个幻象的持久的景象是无法忍受的,而且也因为存在着希望,在错误的幻象精疲力竭之后,真正的幻象终将来临。上面所说的图景是多么虚弱啊!一种没有关联的假设像一块厚板插在了实际的感觉和对此的描写之间。

12月28日。这种烦恼,是工厂给我带来的。当有人指定我下午将去那里工作的时候,我为什么就去了呢?现在没有人用强力逼迫我,但父亲是用斥责,卡尔用沉默和我的负罪意识来逼迫我。我对工厂一无所知,今天很早的时候,专门事务委员会来视察时,我就毫无用处地、像挨打似的闲站着。我对自己否认要去了解工厂企业所有部门的可能性。如果这通过对所有参与者啰唆提问和无休止纠缠而实现的话,那会达到什么呢?我知道,带着这种知识我会什么实际的事情也做不了,我只适合干些表面的业务,我的上司坦率的思想又给这表面的业务添上几笔,加点真正好成就的声誉。可是通过这种为工厂无意义耗费的努力,我会在另一个方面夺去我将下午的一些时间用在自己身上的可能性,这肯定会导致我存在的全部毁灭,我的存在本来就越来越受到限制了。

今天下午在一个出口处几步远的地方，我看见一些想象中的委员会成员，他们上午使我那么恐惧，现在正朝我走来，或者与我相遇。

12月29日。歌德作品里的那些生动的地方。第265页："因此我将我的朋友拉进森林。"

歌德，第307页："现在在这几小时里，我除了医学和自然历史之外根本没有听见其他的讲话，而且我的想象力被引到了一块完全别样的天地。"

由于无可辩驳的丰富回忆，力量在增长。一股独立的尾流①向我们的航船转向而去，随着效果的增加，我们力量的意识也在提高，这效果本身也不断在增强。

即使结束一篇小文章也有相当的困难，并非因为我们的感觉对它的结束要求是一团火，而是事实上一直到目前为止的内容并没能从自身产出一团火来。更为确切地说，这样的困难产生的原因在于，即便是最短的文章也要求作者的一种自我满足和一种自我遗失，从这种自我遗失中进入平日的空间，没有强有力的决断和外在的激励是困难的。这样的话，人们还不如在文章圆满结束，可以无声不语地溜走之前被不安驱使的时候溜掉哩，然后从外部直接用双手完成结尾，这双手不仅是在工作，而且还必须紧抓不放。

12月30日。我的模仿欲完全不是什么戏剧表演方面的事，对它来说首先缺少统一性。在其全部内涵中的粗野的东西，引人注目的性格特征，我是完全无力去模仿的，类似的尝试总使我失败，它

---

① 航行船只后面水面上形成的水流，也称航迹。

们违拗了我的天性。相反，我有着一种决然的冲动，去模仿粗野表明的细节，它催逼我去模仿某些人操纵散步的手杖的样子，他们双手的举止、手指的运动，我能不费劲地去做这些。但正是这毫不费力、这种模仿的饥渴使我远离了演员，因为这种不费力气的对立面在于，没有人注意到我是在模仿。只有我本人的满意的或常常是勉强的承认向我展示了这种成功。但远远超出这种外部模仿的还是内在的模仿，它常常是那样令人信服和强烈，在我的内心世界根本没有地方去观察和确认这种模仿，只有在回忆里我才发现它。但在这里这种模仿也是那么完美，并在一跳和一落的瞬息间取代了我自己，这种模仿在显然是能看得出的前提下，在舞台上也许是无法忍受的。不能让观众期望太多的极端的表演。如果一位演员按规定要打另一位演员，在一种感官的巨大冲击下激动起来，真的打起来了，另一位演员由于疼痛大叫起来，这时，观众必然变回常人，并急忙从中调解。但在这样的情况下很少发生的事情，却在这种不重要的情况下发生了无数次。坏演员的本质并不在于他模仿得微不足道，更确切地说，是由于他缺乏修养、经验和气质而模仿了错误的行为。但他本质的错误是，他没有遵守表演的界限而做了太过头的模仿。舞台要求于他们的那个朦胧的想象驱使他这么做，即使观众相信，这一位或那一位演员不怎么样，因为他干巴巴地闲站在那里，用手指尖玩弄着他口袋的边缘，不合礼仪地用手顶着臀部，偷偷地去倾听提词员的提示，不管怎么说，时间也许会彻底地变化，他却还是保持着一种内心不安的严肃，如此，这么一位突然出现在舞台上的演员不怎么样，因为他模仿得太过头了，哪怕他只是按他的意思去做这些。

12月31日。正因为他的能力是如此有限，他担心无法做成全部的事。如果他的能力并不是完全不行，他也不想暴露，在可能的情况下，以及他的意愿同时出现的时候，供他使用的技巧可能少得可怜，还不如他的全部能力哩。（自由的、不顾及正厅中央和后排座位里留心观察的人而进行着的、纯按感觉到的表演需要控制了的……）〔中断〕

早晨，我对写作的感觉是那样清新，但这时完全妨碍我的是我下午要为马克斯朗诵的设想。这也表明我对友谊是多么的无能，前提是，在这种意义里的友谊完全是可能的。因为一种不打断日常生活的友谊是不可想象的，如此，它的一堆表现不断地飘走，即便它的核心没有受到伤害地留下了。它从那没有受到伤害的核心里自然又重新发展出来，但因为这样一种发展需要时间，而且也不是每一种期待的发展都能成功，当然除个人情绪的变化外，它永远也不能在最后一次破裂的地方再接起来。由此，在从深处建立起来的友谊中，在每一次新的相遇之前肯定都要产生一种焦虑不安，它不一定会严重到被感觉出来，但它可能在某种程度上干扰说话交谈和行为举止。人们清醒地感到惊讶，特别是因为人们不明白这个原因或不堪相信这个原因。到这时，我应该怎样给马克斯朗诵，或者在写下后面这段话的时候，我一直在想，我将要给他朗诵这些东西。

此外烦扰我的是，我今天一早因此而翻阅着这本日记，看看我能给马克斯朗诵些什么。此刻，我在掂量这一点的时候，既没有感到迄今写下的东西特别有价值，也没有感到一定要直截了当地把它们扔掉。我的评价介于这两者之间，更接近于第一种看法，虽然我的身体虚弱，但我肯定不是按所写的东西的价值而认为自己精疲力尽了。我写好的这堆东西的内容还是将我从自己写作的源头引开，对以后的几小时来说几乎是不可挽回的了，因为注意力在同样的河道里在一定程度上顺流而下地消失了。

在我有时相信我在整个文科中学时代和早些时候思维特别敏锐，以及只是由于后来我的记忆力减弱导致今天再不能合理评价这一点的时候，我又一次认识到，我的糟糕的记忆力只是在阿谀我，我在思想上表现得非常懒惰，至少在那些本身无关紧要的、但后果严重的事情中是这样。如此，我自然是在回忆，我在文科中学读书的时候经常——那个时候我大概很容易疲乏——与贝尔格曼在一种要么是内心中发现的或者是模仿他的《塔木德》的方式去争论有关上帝和他的前景的问题，即使不很详尽。我当时很喜欢以在一本基督教杂志——我想是《基督教世界》①——里找到的主题为出发点。在这个主题里，一座钟和世界，制钟人和上帝互相面对面而立，制钟人的存在应该证明了上帝的存在。按照我的意见，我面对贝尔格曼时很巧妙地驳斥了这一点，虽然这辩驳理论在我心中并没有牢固地建立起来，而我必须要安静下来，为运用它而组织一番，就如玩一种耐心的游戏。这样的辩论是我们绕着市政厅塔楼走的时候进行的。因为我们两人曾在几年前互相回忆过这件事，所以我记得相当清楚。

但在我认为自己在这方面表现出色的时候——不同于那种对我要表现出色的期望，何况对于从事这种工作和因而产生效果的欢乐并不将我向这方面引导——，我只是由于没有足够强有力的思索才容忍自己总是穿着不怎么样的衣服来去走动，这些衣服是我双亲从个别的裁缝店那里交替为我缝制的，最早是一位在努斯勒②的裁缝做的。我当然注意到，我出外行走时穿得特别不好，这是很容易就能注意到的事，而且也会去注意那些路上穿得好的人，过了多少年我也没有想到要从我的衣着上去寻找我可怜外表的原因。因为当时我已经在预感中比在实际中更多地开始轻蔑自己，我深信，衣服就我而言只是接纳这个当初如木板僵直的、后来挂着皱褶的外貌而已。我根本不想穿新衣服，因为如果我的外表已经丑陋，我至少要让它感到舒适些，我也想避免将新服装的丑陋展示给这个已经习惯

---

① 一本新教杂志，首次出版于1887年。
② 位于布拉格东南部的一处郊区，于1922年并入布拉格，成为一个行政区。

了旧服装的世界。我长期以来坚持拒绝母亲常要让人为我做这类新衣服，她以成年人的双眼自然能看出这种新的与旧的衣服之间的区别，当我不得不在我双亲证实之下，以为没有什么会让我对外貌感兴趣的时候，这种拒绝从这方面来说又反过来对我产生了作用。

1912年

1月2日。因此，在我的姿态中，我也对不好的衣服屈服了，走在街上，佝着背，斜着肩，双手和双臂不知所措；我害怕照镜子，因为它会在一种我认为不可避免的丑陋中照出我来，而且这丑陋不可能全部按真实反映出来。我要是真有那样的外貌，我肯定会引起更大的震动。在星期日散步时，我忍受了母亲在我后背上温柔的推搡和许多太抽象的提醒和预言，我无法将这些跟我当时眼前的担忧挂起钩来，最主要的是，我缺少哪怕只是微微地为实际的未来预先操心一下的能力。我和我的思想停留在眼前的事物和它们目前的状况之中，不是出于细致彻底或过分坚守的兴趣，而是出于悲哀和恐惧，只要它们不引起思想上的软弱。出于悲哀，因为当下对我来说是那么可悲，我相信，在这个当下化作幸福之前，我是不可能离开它的。出于恐惧，因为我是多么害怕眼前迈出最小的步子啊，我认为在我轻蔑而幼稚可笑地出场的时候，我带着严肃的责任感去评判伟大的、具有男子气概的未来是不值得的。这个未来对我来说是多么地不可能出现啊。在我看来，每一个小小的前进就像是一种欺骗，而下一步是够不着的。

与真正的进步相比，我更容易承认奇迹，但我太冷淡，而听任奇迹和真正的进步在它们各自的范围内存在。因此我能够在入睡前长时间地想着，有一天我将作为一个富翁坐着四匹马拉的车子驶进犹太人的城市，下一个必须绝对服从的命令，解救一位被无理殴打的漂亮姑娘并坐着我的车子继续驶去，但并不受困于那种大概只有靠着不健康的性欲而生产的玩乐信念，并确信，我不会通过这一年的最终考试。要真是那样的话，我将不会在下一个年级里继续读下去，就算能够通过作弊而避免，我在高级中学毕业考试的时候也非栽不可。此外，在什么样的时刻无关紧要、我肯定会使由于我表面上循序渐进而昏昏欲睡的双亲大吃一惊，而且由于突然领悟到我闻所未闻的无能一下子也使世上其他人惊异不已。因为我从来只是将我的无能——只是极少将我薄弱的文学创作——看作是指向未来的路标，一种再三考虑未来的做法从来没有给我带来好处，它只是继续网织眼前的悲哀。如果我想的话，我虽然可以挺直身板走路，但它使我疲倦，而且我也不可能认识到，一种佝偻的姿态会在未来对我有什么伤害。如果我会有一个未来的话，那么，我的感觉是这样的，那就是所有的一切会自行走向正常。一种如此的原则不是因为它包含着对一种未来的信任——这种未来的存在当然是不可相信的——才被选择的，更为确切地说，它只是有着使我的生活轻松的目的。如此的走路、穿衣、洗漱、读书，主要是将自己关在家中，好像这使我花费最少的力气，好像不需要多少勇气。如果我超出了这个范围，这样，我只是走上了可笑的路途。

有一次，看来没有一件黑色的节日礼服可能是过不去了，特别是在是否要参加一门舞蹈课的问题上，我也面临着决断。那位来自努斯勒的裁缝被叫来商量裁剪这件衣服。像往常一样，遇到这样的事情我总是优柔寡断，我在这种情况下肯定害怕，由于一个详细的答复不仅会被拽进一种紧接着的不舒适的事态中去，而且更有甚者会被拽进更为糟糕的境况。所以我不想做黑色礼服，当有人在陌生人面前指出我没有黑色礼服而使我羞愧的时候，我容忍了别人让我穿燕尾服的建议，但我将燕尾服看作是一种可怕的革命。人们最后谈到了这点，但永远不能做出决定，最终我们统一在没有燕尾的晚礼服上了，由于它与一般的男式西服上装相似，至少使我能够接受。但当我听说，还要裁出西式西服马甲，而且还得穿一件上过浆的衬衫时，我几乎对我的力量变得有信心了，因为这样一种穿法必须拒绝。我不想要这种式样的西服上装，如果一定要的话，那就要一件用丝绸做衬垫的,而且是高高的扣紧的西服上装。这样一种西服式样使这位裁缝很不明白,但他说道,不管我所设想的这样一种西服是什么,那可能不是一种舞蹈礼服。好吧,就算它不是舞蹈礼服,我也根本不想跳舞。这件事也远没定下来,对此,我只想要做这件我描述过的西服上装。我一直以来总是羞愧地躲闪,没有说明、没有愿望地听任量体裁剪并试穿,裁缝因此在这件事上就更生惊疑了。由于母亲催逼,我别无他法,只有如此尴尬地与他一起穿过老城广场,去一家有旧衣服的橱窗,我在早些时候就已经看到过这样一件并不使人感到为难的西服上装展示在这个橱窗里,并认为对我是很合适的。但遗憾的是这件衣服已被拿出橱窗了,往商店里面怎么努力地看也找不到它了。我又不敢进到商店的里面,只是为看看那件西服上装。这样,我们又像之前那样意见不一地回来了。但对我来说,这件未来的西服上装由于这白跑的一趟已该诅咒,至少我要把这些翻来覆去争论的气恼变成借口,随便定做一件什么小玩意,并为这件西服上装敷衍几句,将这位裁缝打发走了,给我留下的是在母亲责备下的疲惫不堪,并永远地——这一切对我来说都是永远地发生了——与姑娘们、与衣着入时的举止和跳舞时的娱乐无缘了。我在这方面同时感到的快乐使我觉得痛苦,除此而外,我害怕在裁缝面前被取笑的景象。迄今,他的顾客里还没有一个这样的人哩。

1月3日。读了《新观察》里的许多文章。小说《赤裸的男人》[①] 开头,总的来说有点太乏清晰,但细节无从挑剔。霍普特曼的《加布里尔·席林的逃跑》。人的教养。不论好与坏均大有教益。

[①] 埃米尔·施特劳斯(Emil Strauss,1866—1960)发表于1922年的小说。

除夕。我打算下午给马克斯朗诵日记中的东西,我高兴地盼望着,却并未完成此事。我们的感觉并不一致,我预料这个下午在他身上会表现出精打细算的小气和匆忙,他几乎不是我的朋友,但不管怎么说还是那样远远地牵制着我,使得我在一再徒劳地翻阅本子的时候总看到他的一双眼睛,总是同样的页码在飞过,并觉得这种翻来翻去确实讨厌。从这种互相紧张的关系出发来共同工作,当然是不可能的。我们在互相对抗的情况下完成的《理查德和萨穆埃尔》的一页只是马克斯能量的一个证明,但它还是糟糕的。除夕在卡达①。不是那么坏,因为韦尔奇、基施和另一个人掺进了新鲜的血液。最终,我还是和马克斯重修旧好,当然只是在那个社交圈子里。在路边拥挤的人群里,我都没看他一眼,就握了他的手,并自豪地直接走回家中,紧紧地挟着我的三个笔记本,我的回忆里是这样。

火焰在巷子里一座新建筑前的一只坩埚四周像羊齿蕨一样往上蹿。

在我身上有一种对写作全力以赴的专心致志已经清晰可见了。当它在我的体内各组织中变得清晰的时候,身体明白了写作就是我生命的最有用的方向,一切都向那里拥挤而去,让所有的集中性的、吃喝的、哲学思考的、以及最多的便是音乐的欢乐的能力全都腾空了。我向着所有这些方向而逐渐消瘦了。这是必要的,因为从它的整体来说,我的全部力量是那么微不足道,它们只是聚集起来才差不多能够为写作的目的服务。我自然不是独立地和有意识地发现这个目标的,它本身就存在,但从根本上说来,现在只是受到办公室事务的阻碍。但不管怎么说,我不能为这些事情而伤心,即我

---

① 卡尔·卡达位于新德国剧院对面的餐厅,1910 年重新开张。

不能容忍情人，我几乎完全如理解音乐那样去理解爱情，而且不得不用表面的肤浅效果来欢娱自己。为欢庆除夕，在吃晚饭时，我吃了细卷雅葱和菠菜，喝了四分之一的克莱斯①，而且没能于星期日到马克斯那里参加他哲学文章的朗诵；所有这一切事物的平衡是显而易见的。我只有将办公室的事务从这个团体抛出去，只为开始我真正的生命，因为我的发展如今已经完成，以及就我能够看到的而言，我已经再没有什么可以去牺牲的了，在我真正的生命中，我的面孔最终会随着我工作的进展而在自然的法则中衰老。

一番交谈有时会突然改变话题，最初详细地谈论着内心最深处存在的担忧，然后，恰恰不是谈话本身的中断，自然也不是由于谈话本身发展需要，便讨论起他们将于什么时候、在什么地方下一次再见面，以及到那个时候必须考虑什么样的情况。如果这次谈话还以一次握手结束，这样，人们就会带着瞬间的对我们生活纯粹而牢固结构的信仰和敬意而各奔东西。

在一部自传里，在那些按事实来说应该用"有一次"的地方，却大量地用了"经常"两字，这是不可避免的。因为人们总是知道，回忆来自模糊，这模糊被"有一次"这个词炸得粉碎。而虽然有"经常"这个词，却也没有得到保护，但至少在写自传的人看来，这模糊得到了保存，并让他越过局部，而这些局部大概在他的生活中根本就没有存在过，却是对他的在回忆中即使靠预感也再接触不到的那些事情的一种补偿。

1月4日。只是因为我爱虚荣，我非常喜欢在我的妹妹面前朗诵（例如，我今天就因此读到太晚而没法写作）。不是我相信，我

―――――――――
① 一种果汁品牌。

会在朗诵中取得什么重要的东西，更确切地说，支配我的只是将我使劲逼近我所朗诵的好作品的欲望，如此，我和她们取得一致，并不是通过我的功劳，而是在于通过我的朗诵激起的，以及为无意义的地方而扰乱的妹妹们倾听着的注意力，因此我也在虚荣掩盖的效果这个原因之下参与这部作品本身产生的各种影响。所以，我在妹妹们面前朗读实际上也是值得赞赏的，我用一种我感觉到特别的准确性来充实某些重读的地方。因为后来，不仅仅是我，还有我的妹妹们，都极大地嘉奖了一番。

可是我如果在布罗德或者鲍姆或者其他人面前朗读的话，我的朗读会因为我需要称赞而肯定对他们每一个人绝无收益，即使他们每一个人对我其它的朗诵优点一无所知。就在这里，我看到听者坚持将我与朗读的内容分开，按照我的感觉，尽管得不到听众的支持，我是不可能将自己与朗读的内容全都联系起来而不变得可笑。我以声音围着必须要朗诵的句子飞翔，试图闯入某些地方，因为人们想要做到这一点，但也不是非要做到这点，因为别人根本不期待从我这里得到这些。那么，人们到底想什么呢？没有虚荣心，宁静而遥远地朗诵，如果需要我的热情的话，那我就得要热情起来，这个，我不可能做到，尽管我相信必须要忍受这些，并要对此感到满足。在别人的面前比在我的妹妹面前朗诵得糟糕，正表现出我这次应该是不对的虚荣之心。当我感觉到感情上受了伤害，如果有人在这朗诵的内容里有所指责的话，我会脸红，并想迅速地继续读下去，如果我已经一下子开始了朗读的话，就好像我要特别努力地没完没了地朗读下去，那是不自觉地在渴求。在长时间朗读的过程中，至少在我的内心将产生那种与朗读内容一致的爱虚荣的错误感觉，在这个时候我忘了，我永远也不会有足够的瞬间的力量。从我的感情出发，对全体清醒的听众施加影响，而在家中总是妹妹们在听，她们开始就会引发我的预料中的困惑。

1月5日。两天来我察觉存在于内心深处的冷淡和漠然,我想什么时候如此就什么时候如此。昨天晚上散步的时候,我觉得路上的每一个小小的嘈杂声响,每一束射向我的目光,每一幅橱窗里的照片,都比我重要。

单调。历史。①

如果有人晚上最终决定留在家中,他已经穿上家居服,在用餐之后,坐在灯下的桌旁,准备做那个工作或那个游戏,结束之后,习惯地去睡觉,如果外面的天气令人不快,它理所当然要把人留在家中了,要是他现在静静地在桌边坐得太久的话,一下子离开肯定不仅会引起父亲的不高兴,而且还会引起所有人的惊异;如果这个时候楼梯上也是一片黑暗,家里的大门是关着的,并且如果他这个时候不顾一切地在一种突然出现的不快的情绪中站起身来,换了衣服,马上穿上上街的衣服,宣称一定要出去一下,不一会儿也作一告别,就在这极快地发生的一切之后,他又快速地关上房门,以此来阻断大家对他离去的议论,他相信这或多或少留下了不愉快;当他在街上用四肢重新找回自己的时候,这四肢以特有的灵活在回报着这种没有料到的自由,这是他为它们创造的自由;如果他感觉到用这样一种决心在自己身上激起了所有决断的能力;如果他以比一般更为重大的意义去认识他有着比需要更多的力量,去轻易地引来并承受最快的变化,他独自泰然自若地在理解和宁静中、在这样的乐趣中成长着,那么,他在这个晚上如此彻底地走出他的家庭,就算更加一把劲以最遥远的旅行也没法达到这一点,而且他已经有了一个经历,他只能称这个经历是俄国式的,因为他认为对欧洲人来说,那是最孤独的境况;如果他在这个较深的夜里要去找一位朋

---

① 这一行内容在原稿中处于居中位置,似是以标题形式写就的,但在原稿下方有一条横线分隔符,因此可能不是下文的标题。也有译作"故事"的。

友，看看他到底怎么样了，那么这体验会更强烈。①

韦尔奇被邀请出席克鲁格夫人的义演。勒维头疼得厉害，看上去是一种严重头疼的毛病，倚在下面的街道旁等着我，绝望地用右手撑着额头，抵在一面房墙上。我向韦尔奇指着他，韦尔奇从长沙发上起来探出窗口去看。我相信这是第一次在我的生活中以这种轻松的方式从窗口去观看下面街道上的一件与我密切相关的事情。就其本身来说，我是从福尔摩斯那里了解到的这样的观察。

1月6日。昨天看法伊曼的《总督》。②我失去了对这些片断中犹太人特质的感知能力，因为它们太雷同了，而且变成一种为个别有力的爆发而引以为荣的悲叹。在最初的一些片断中，我可能想到要陷入到一种犹太味的东西中去，在这里面有着我身上的东西的起源，它会朝着我发展，并将因此而在我笨拙的犹太气质里启迪我，带领我继续走下去。可是并非如此，这源头在我听得越多的情况下竟离我而去。人自然是留下来了，而且我还要与他们交往。

克鲁格夫人义演，因此唱了几首新歌，还做了一些新的笑话的表演。可是只有在她刚上台唱歌时，我才对她有最强烈的印象，后来，我与她外貌的每个细小部分都处在最牢固的联系中，还有与她唱歌时伸展的手臂和打出声音来的手指，与她卷得紧紧密密的两鬓上的头发，与她那件平坦而雅洁的衬在坎肩里面的薄薄的衬衫，与她那片在享受笑话表演获得的效果时曾经噘起的下嘴唇（"你们听吧，我会所有的语言，但用意第绪语说"），与她那丰腴而可爱的双脚。这双脚穿着白色的长统袜，直至脚跟的后部被鞋挡住了。因

---

① 此段后以《突然去散步》为题收录在短篇集《观察》中。略有改动。
② 西格蒙德·法伊曼（Sigmund Feinmann, 1862—1909），意第绪语演员、剧作家。

为她昨天唱了新的歌曲，损害了她对我造成的主要影响，这影响在于，这里有一个人登台亮相，找出了一些笑话和歌曲，其气质和所有的力量将这些幽默的笑话和歌曲表演到最完美的境地。因为演出成功了，一切也就达到了；而且我们很高兴这个人经常来影响我们，当然——在这方面，大概所有的听众都与我一致——我们不会被那些总是不断重复的同样的歌曲所迷惑。我们会赞成把它作为集中注意力的辅助手段，正如大厅的灯光变暗一样，而从这位夫人的角度看，我们会从中认识到无所畏惧和自我意识，这些正是我们所寻找的。当新歌曲因此而出现的时候，它们并没有展示出克鲁格夫人什么新的东西来，因为过去的那些歌曲已经那么完美地完成了它们本身的使命，所以当这些歌曲要求作为歌曲被重视的时候，根本没有什么理由，当它们因此而使克鲁格夫人分心的时候，又同时表现出她本人在这些歌曲中并不感到舒服，部分是因为出了错，部分是因为过分夸张了脸部表情和各种动作，人们的心情不免变得恶劣起来，留下来的唯一由此得到的安慰，即对于她早先完美的表演，决不动摇的真实性，人们怎么也无法抹去对她的回忆，即使是在看到她目前形象的时候也并不受影响。

1月7日。遗憾齐西克夫人总是扮演只展现了她本质的精髓的角色，她总是演一些受到一次打击变得不幸、被嘲弄、受侮辱、在感情上受伤害的妇女和姑娘，但上帝并没有赐予她时间在自然的规则中发展她们的本性。在突然涌现的自然的力量面前，人们清楚地看到她能作出怎样的成就，她就用这种力量去表演那些角色，这些角色也只有在表演中才达到顶点，而在写成的剧本里则相反，由于他们要求的丰富性，仅仅是影射而已。——她的一个重要的如同颤栗的动作来自有些僵硬的、抽搐的臀部。她的小女儿好像就有一边完全僵硬的臀部。——如果演员们互相拥抱，他们都互相紧紧地按住对方的假发。

183

当我最近跟勒维上楼进到他的房间，他要给我读他写给华沙作家诺姆伯格①的信的时候，我们在楼梯的平台处碰到了齐西克夫妇。他们提着演《科尔·尼德莱》的服装道具，就像用棉纸包着的无酵饼似的，上楼朝他们房间走去。我们在那里待了一会儿。我手扶着栏杆，并费劲地说了几句话。她的大嘴巴离我那么近，以令人惊异的却是自然的形状动了几下。这种交谈由于我的过错而即将变得没有希望，因为我竭力仓促地表达了全部的爱和忠诚，我只是断定，剧团的事业不景气了，她全部的保留节目已经山穷水尽，他们不可能再长期留下了，布拉格犹太人对他们没有兴趣的表现是不可理喻的。我星期一——她请我——应该去看看《赛义德之夜》，尽管我已经看过。那么，我将又会听到她唱那首我特别喜爱的《以色列的创造者》了，就如她在我一次回忆过去的时候发现的那样。

"耶希瓦"② 就是犹太教法典的高等学府，在波兰和俄国，许多犹太人聚居区都坚持办这样的学校。花费并不太多，因为这些学校绝大多数都办在废弃不用的古老建筑里，除了学生的教室和寝室之外，便是也为教区服务的学校领导者和他助手的住所。学生不交学费，轮流在教区的居民家吃饭。尽管这种学校建立在最严格的信仰基础之上，但它们恰恰是背叛与进步的发源地，因为年轻人都从远处聚集到这里来，而且正是这些贫穷的、有能力的人才渴求离开家庭——因为这里管理并不太严格，年轻人在这里互相帮助，重要的学习部分在一起研讨，艰深的地方就互相解释——因为学生们来自的不同地方的虔诚信仰都是一致的，它不需要多加解说。同时，

---

① 赫什·多维德·诺姆伯格（Hersh Dovid Nomberg, 1876—1927），随笔作家、短篇小说家，波兰犹太人民党的共同创建人。
② 专注于教授和学习《塔木德》的犹太人学校。"耶希瓦"（Yeshivas）也是卡夫卡笔记中的一个关键词。

被压制的进步，视各种不同地方的情况而定，以各种极为不同的方式兴起与衰落。这么一来，这里总有那么多的话要说——此外，因为总是有这样或那样被禁止的进步文学落到个别人的手里，这些文字在耶希瓦里从各个方面汇集起来，并在这里发生影响。每一个占有这些文字的人不仅继续传递这些文章，而且还传递他自己的火焰——由于这些原因和它们紧接着产生的影响，在过去一段时期里从这学校里走出了不少进步诗人、政治家、新闻记者和学者。因此，一方面这些学校对有着严格信仰的人来说声誉一落千丈，另一方面越来越多的先期意识进步的年轻人不断拥向这些学校。

奥斯特罗的耶希瓦是一所著名的犹太教法典高等学府。奥斯特罗是个小地方，距华沙八个小时的火车路程。整个奥斯特罗本来只是一段非常短的环绕公路的区域，勒维说它的形状如一根手杖。当有一次一位伯爵坐着一辆四匹马拉的旅游车在奥斯特罗停留的时候，前面的两匹马和车子的尾部都已经不在奥斯特罗的土地上了。

勒维大约在十四岁时被家中的生活逼得无法忍受，便决定去奥斯特罗。当他在将近黄昏时离开克劳斯，正好父亲拍了一下他的肩膀，轻描淡写地跟他说，以后他将去看他，必须要和他谈谈。因为这里显然除了谴责，也没有什么可以期待的了。勒维直接离开克劳斯，不带行李，穿了一件较好的犹太人长袍。那是星期六的晚上，勒维带着他一直揣在身上的全部的钱来到火车站，乘上十点的列车去奥斯特罗，早晨七点左右就到那里了。他直接步行到耶希瓦，他到那里并没引起轰动，因为谁都可以进一所耶希瓦，并不需要通过什么特别的条件录取。引人注意的只是，他恰恰是在这个时间里——那是夏天——到这里上学，这是不常见的，还因为他穿了一件好的长袍。但别人不一会儿便习惯了，因为这些如此年轻的青年人很快就熟悉了，以一种我们无法明白的力量，他们通过他们犹太民族的特性互相紧紧地连在一起了。在学习中，他显得很出色，因为他从家里就带去了不少知识。他很愿意与陌生的青年人聊天，特别是当大家获悉他带的钞票，便都围上来建议他买这买那。有一个要卖给他"日票"的人使他感到特别惊讶。在"日票"上标着供穷大学生的免费午餐，它们所以能成为可出售的物品，因为教区里提供免费午餐的成员并不管受众的身份而只想做一件上帝喜欢的事情，至于谁坐到这里用午餐，对他们来说都一样。如果一个大学生特别机灵的话，他便可能成功地弄到一天两顿免费午餐。他完全能够承受这双倍的午餐，更何况这些午餐并不是那么丰盛，人们自然就可以吃了一家，再带着颇大的享受去吃第二家。往往也出现这样的情况，一天虽然挤满了两顿午餐，可是别的日子里却空空如也。尽管如此，人们自然还是会很高兴，如果能找到机会，有利可图地将这样一些额外的午餐卖掉。如果有一个像勒维那样的人在夏天来到的话，那么，这个时候免费午餐早已发放完了，那么这个人也只能通过用钱买的办法来得到这免费午餐，因为一开始许多免费午餐就均被那些投机者霸占了。

耶希瓦里的晚上是无法忍受的。所有的窗户虽然都开着，可是夜里很热，臭味和闷热一点儿也没有从房间里排出去。那些没有真正床位的大学生不脱衣服，他们就在他们最后坐的地方，和着汗湿的衣服躺倒在那里睡起觉来。到处都有跳蚤。到了早晨醒来，每个人都只是略略地用水沾湿一下手和脸，便又开始学习。他们绝大部分时间在一起学习，一般是两个人用一本书。辩论往往将更多的人连结成一个圈子。那位校长只是偶尔解释一下最难的地方。尽管勒维后来——他在奥斯特罗待了十天，但吃和睡都在旅馆——找到两个与他志趣相投的朋友（人们互相寻找不是那么容易的，因为一开始总是要小心翼翼地试探对方的思想品质和可信赖的程度），但他还是非常愿意再回家，因为他习惯于一种有规律的生活，而且在乡思的痛苦面前他也坚持不住了。

从大房间里传出玩牌的喧哗，后来是和平时一样的、从父亲那里传来的嘈杂声，就如他平时健康状态下的、没有什么连贯性的大声聊天。这些谈话只表现出一种不拘礼节吵闹的小小的紧张。姑娘们房间的门完全开着，里面睡着小费利克斯①。在另一边是我的房间，我睡在这里。考虑到我的年纪这房间的门是关着的。此外，那扇开着的门表明，家里的人还常常想看看费利克斯，而我与他们已经有着某种距离。

昨天在鲍姆那里。施特罗布尔②本要来的。鲍姆念了一篇小品文《关于民歌》，不怎么样。然后念了一章《命运的游戏与严肃》，很好。我显得冷淡，情绪很糟，得不出整体纯粹的印象。在雨中回家的路上，马克斯向我讲述目前《伊尔马·波拉克》③的计划。我无法承认我的状态，因为马克斯从来没有正确地意识到这点。我不得不因此而不坦率起来，这最终使我扫兴。我是那么易于伤感，使得我宁愿跟马克斯说话，如果他的面孔隐入了阴影，尽管这样我的面孔就会暴露在光亮之中，泄露我的内心，但后来这部小说神秘的结尾越过一切阻碍感动了我。在告别后回家的路上，我后悔于无法避免的虚伪而痛苦。我打算编一本有关我与马克斯关系的小册子。没有写下的内容在一个人的眼前闪烁，视觉上的偶然事件决定着全盘的评价。

我躺在长沙发上，在我两边的房间里有大声说话的声音，左边只有女人的声音，右边更多的是男人的声音。我有这样的印象，那是粗野的、黑人一般的、平静不下来的生物，他们不知道自己在说些什么，他们好像为使空气流动才说话，他们在讲话的时候抬起脸

---

① 卡夫卡的外甥。
② 卡尔·汉斯·施特罗布尔（Karl Hans Strobl, 1877—1946），作家、文学和戏剧评论家，当时在布尔诺担任财政官员。
③ 布罗德出版的作品中没有同名的书或主角，可能是后来改了名字，或者没有完成。

孔,并追随着他们说出来的话语。

对我来说,这个安静的下雨的星期日就这样过去了。我坐在卧室里,安静地待着,无法决心去写些什么,例如前天我也许已经想把我所有的一切精力倾注到这写作中去,而现在我好长一段时间目瞪口呆地凝视着手指。我相信,这个星期全受歌德影响了,这种影响的力量恰已耗尽,因此而变得无用了。

从罗森菲尔德[①]的一首描绘海上风暴的诗中摘出的句子:"灵魂上下扑腾,躯体在颤栗。"勒维在引用的时候,额头和鼻根部的皮肤在抽搐,就如人们以为只有手才会那样抽搐。遇到感人的地方,他欲让别人了解它们,他便越来越向我们靠近,或者更确切地说,他本人变得高大了,他的目光更亮了。他只是稍微地向前走动,眼睛睁得大大的,用无所事事的左手拽着紧扣的外衣,将摊开的大大的右手朝我们伸来。如果我们还没有理解的话,那我们也应该承认他受感动的情景,并向他说明这种被描写的不幸是可能的。

我得裸体站在画家阿舍尔[②]面前作圣塞巴斯蒂安[③]的模特儿。

如果我现在晚上回到我的亲戚那里去,因为我没有写出什么令我高兴的东西,我对他们比对我来说更为陌生、可鄙、无益。所有这一切都只是我的感觉(它不会被如此清楚的观察欺骗的),因为事实上他们大家都尊重我、爱护我。

1月24日。星期三。我如此长的时间没有写作,是由于下列原

[①] 莫里斯·罗森菲尔德(Morris Rosenfeld, 1862—1923),意第绪语诗人。
[②] 恩斯特·阿舍尔(Ernst Ascher, 1888—?),画家。
[③] 天主教圣徒,为弓箭所射死而殉教。

因：我跟我的上司生气，通过一封心平气和的信才将此事澄清；去工厂的次数越来越多；读派因的《德国犹太文学史》，有五百页，而且读得入了神，带着如此的透彻、迫切和欢乐，在读类似书籍时还从来没有过；现在我读弗罗默的《犹太性的有机体》；最后我与犹太演员们有许多事要做，为他们写了不少信件，我为犹太复国主义协会坚持征询波希米亚的犹太复国主义协会，是否需要剧团的客座演出，我写了必要的通告并让人复印出来①；我又一次看了《苏拉米特》，还看了一遍里希特的《赫尔采勒·梅吉歇斯》，出席了巴尔·科赫巴社团的民歌晚会，前天看施密特波恩②的《格莱辛伯爵》。

民歌晚会。纳坦·比恩鲍姆博士做演讲。东欧犹太人的习惯，在讲话停顿的地方，以"我尊敬的女士们和先生们"或只用"我尊敬的人们"来补充。讲话在开始时的重复使比恩鲍姆博士变得可笑起来。但我对勒维的认识让我相信，往往在一般东欧犹太人的讲话里出现的常用语，如"我多么伤心"或"这不是"或"这应该有好多要说的"，它们并不是用来掩饰自己的狼狈的，而是作为全新的源泉涌进对东欧犹太人的气质来说总是过于沉滞的言语的流动。在比恩鲍姆那里却不是这样。

1月26日。韦尔奇先生③的背部，整个大厅一片宁静，倾听着不怎么样的诗朗诵。——比恩鲍姆：他的发型将长头发显眼地从头上披盖到脖颈下面，脖子有时突然被头发暴露出来或自己显露出

---

① 这篇通告题为"犹太剧团"，刊登在1912年1月26日的《自卫》杂志上，这是一本布拉格的犹太复国主义周刊。
② 威尔海姆·施密特波恩（Wilhelm Schmidtbonn, 1876—1952），德国作家、剧作家。
③ 可能是卡夫卡的朋友韦尔奇的叔叔西奥多·韦尔奇（Theodor Weltsch, 1861—1922），律师、犹太人事务委员会成员。

来，都是那么笔直。大大弯曲的，并不太窄的，却是向着两翼显得宽而平的鼻子，这鼻子看上去首先由于跟大胡子形成的妙不可言的比例而给人以美的感觉。——歌唱家戈拉宁。平和的、甜蜜的、美妙的、倨傲而又显示宽容的、把脸转向一边或低往深处而长时坚持着的、皱起鼻子表现得有些尖锐的微笑，但这微笑也可能只属于嘴巴的技巧而已。①

1月31日。没有写什么。韦尔奇给我带来有关歌德的书籍，这些书引起了不能集中思想、什么地方也派不了用场的激动。计划写一篇文章《歌德惊人的实质》，害怕我现在为自己引来的晚上两个小时的散步。

2月4日。三天前看韦德金德②的《大地之神》。韦德金德和他妻子蒂利一同演出。她嗓音清晰而精确，有一张瘦削的弯月形的脸，在静静地站立时小腿向旁边支出去。这出戏清晰地留在人们的记忆中，让人们安静地、自信地走回家去。极为牢固地建立起来的东西与仍然陌生的东西矛盾着的印象。

当我去剧院时，我觉得舒服。我感觉我的内心如蜜一般甜，不断地一口一口地啜饮着。这种感觉在剧院里立即消逝了。顺便提一下前一次去剧院的晚上：由帕伦贝尔格演出《俄耳甫斯在冥府》③。演出那么糟糕，掌声与大笑声在我座位周围此起彼伏，使得我只好用这个办法来解脱，即在第二幕之后我便离去，把这一切喧嚣变成了寂静。

---

① 犹太民歌晚会由巴尔·科赫巴组织主办，于1912年1月18日在中央酒店大厅举行。晚会结束后，比恩鲍姆发表了题为"东欧犹太人的歌谣"的演讲，还有歌曲和诗朗诵表演。
② 弗兰克·韦德金德（Frank Wedekind，1864—1918），德国剧作家，德国表现主义戏剧的创始人，代表作有《春之觉醒》。
③ 俄耳甫斯是古希腊神话中的诗人和歌手。

前天为勒维的客座演出向特劳特瑙①写了善意的信。每读一次这封信便使我平静,并使我心意坚定,这信里非同寻常地说出了没有说出来的、有关我心中的所有善意。

我以贯注我全身的热忱来读关于歌德的书(歌德的谈话,学生时代,与歌德在一起的时光,歌德在法兰克福),而且这热忱妨碍我做任何的写作。

商人S.②,三十二岁,无宗教信仰,学哲学的,他对美好文学作品感兴趣的程度,也只局限于他写作涉及的部分。生得圆头圆脑,黑眼睛,显示活力的小胡子,紧实的脸颊,敦实的个子。几年来一直是从晚上九点学习到凌晨一点。出生于斯坦尼斯劳③,希伯来语和意第绪语专家。与一位只是由于非常圆的脸形而给人以愚笨印象的女子结婚。

两天来我冰冷地对待勒维。他问我是怎么一回事。我否认。

在剧院最高楼座于《大地之神》演出的幕间与陶西格小姐进行平静、谦和的谈话。人们要实现一次良好的交谈,必须认真地用手更为深入地、轻轻地、懒洋洋地推进要商谈的题目,然后将它举到令人吃惊的高度。否则人们就折断自己的手指,除了痛苦,便什么也不去想。

故事:晚间散步。发明快速步行。通往某处的美妙而黑暗的

---

① 捷克北部城市特鲁特诺夫的德语名称。
② 所罗门·施臭勒(Salomon Schmerler)是布拉格犹太人社群的活跃成员,因参加勒维的朗诵会与卡夫卡结识。
③ 今属乌克兰,当时属于奥匈帝国。

房间。

陶西格小姐讲述她新故事中的一个场景，在这个故事中有一位名声不好的姑娘进入缝纫学校。①这是给其他姑娘的印象。我以为，她们会同情那些能够清醒地感觉到在自己身上的那种走向坏名誉的能力和欲望，并因此同时能直接想象到那会意味着陷入一种什么样的不幸。

一个星期前泰尔哈伯博士在犹太人市政大厅做关于德国犹太人没落的演讲。这种没落是不可阻挡的了，因为首先：犹太人聚集在城市里，犹太人的乡村教区消失了。追逐利润使他们精疲力尽。婚姻只是为考虑供养新娘而体现出来。两个孩子的体系。其次：异族通婚。第三：洗礼。

滑稽的场景。当厄棱费尔教授②交叉起双手，互相挤压着，他变得越来越美。灯光下，他光秃的脑袋在一种飘忽的轮廓里为他从上方划出了一条界线。他的嗓音浑厚，就像在一种乐器上不时地调换音色，信赖地向着集会大众微笑，为着混合的种族说话。

2月5日。星期一。我由于劳累，也就放弃了读《诗与真》。我的外表是坚硬的，内心是冰冷的。当我今天去 F. 博士③那里的时候，尽管我们都慢慢地谨慎地走到一起，情况就好像我们如两只球撞到了一块，这一只将那一只撞回去了，而这一只本身也失去控制

---

① 艾尔莎·陶西格与马克斯·布罗德合写的一个短篇，后收入布罗德1913年在柏林出版的短篇小说集中。
② 克里斯蒂安·冯·厄棱费尔（Christian Freiherr von Ehrenfels, 1859—1932），查理大学的哲学教授，格式塔心理学的创始人。卡夫卡曾多次去听他的讲座，1913年还参加过他的研讨会。
③ 西格蒙德·弗莱施曼（Siegmund Fleischmann, 1878—1935），卡夫卡在保险局的同事。

地滚走了。我问他，他是不是累了。他不累。我为什么问？我是累了，我回答，并坐了下来。

昨天与勒维在咖啡城市，我又出现一次稍稍失去力气的状态。我对着一张报纸向下弯着身子，为了瞒过他。

歌德美丽的全身黑色剪影像。在看这个整体的剪影像时，也同时产生了一种令人厌恶的印象，因为这样一种阶段的超越是出于可能想象之外的，这个阶段只是拼凑出来的，外表看来是偶然的。笔直的姿态，下垂的手臂，细长的脖子，弯曲的双膝。

由于我的虚弱无力引起的急躁和悲哀，特别地靠着从来没有离开过我双眼的未来前景而苟延着，这未来就是那样为我准备的。那是些什么样的夜晚啊，散步、躺在床上和长沙发上的绝望（2月7日），我所面临的事情比我已经忍受了的还要糟得多！①

昨日在工厂。女工们穿着令她们难以忍受的肮脏不堪、松松垮垮的衣服，像是刚睡醒似的那样披头散发，她们目不转睛地盯着那不断发出噪声的传动装置，和分散的，虽然是自动的，但说不定什么时候就会停下来的机器，表情木然。她们好像不是人，没有人向她们打招呼，要是有人冲撞了她们，也不道歉一声，别人叫她们干什么，她们就干什么，她们干完活便又立即回到机器旁边。别人对她们颐指气使，她们俯首帖耳地干活。她们穿着衬裙站在那里，受着最小权力的任意摆布，她们甚至没有足够的从容和冷静，用目光和鞠躬去默默忍受和顺从这些权力。可是一到六点钟，她们便互相呼叫，将围在脖子上、缠在头发上的布解开，

---

① 最后一句话在原稿中与此段分开了。

用刷子刷去身上的灰土。她们在厂房里将这把刷子从这双手传到那双手,有的还不耐烦地喊叫,催促前一个加快速度。她们将衣裙从头顶拉下,然后将双手洗得要多干净有多干净——这样,她们终于成了妇女,尽管脸色苍白,牙齿不好,她们能够微笑,摇晃身体,人们再不可去冲撞她们,盯着她们或藐视她们。如果她们道一声晚安,别人就得为她们让路,靠到油迹斑斑的箱旁,将帽子拿在手中,有一位女子帮我们拿起冬大衣准备为我们穿上的时候,我们便不知如何承受了。

2月8日。歌德:我创作的兴致是无止尽的。

我变得越来越神经过敏、虚弱无力,而且失去了一大部分前些年我引以为骄傲的宁静。我今天收到鲍姆寄来的明信片,他在上面写道,他不能为东欧犹太人之夜做演讲了,我不得不相信,我得承担起这件事来,① 我完全被无法控制的痉挛裹胁了,小小的火焰是怎样沿着我身体的脉膊跳动的啊;我坐着,我的膝盖在桌下抽搐,我必须交替地压住双手。我要做一次好的演讲,这是肯定的,在这个晚上,上升到极端的不安自然要集中在我的身上,再不会有其他的不安的空间了,讲话径直从我的嘴里发出去,就像出自一根枪管。但可能发生的是,随后我便倒下,不管怎么说,都要太长时间恢复。身体是这么虚弱!甚至这些语句也是在这种虚弱影响的状况下写成的。

昨天晚上在鲍姆和勒维那里,我活跃起来了。最近勒维在鲍姆那里翻译了一个不怎么样的希伯来语故事《眼睛》。

---

① 这次聚会是卡夫卡和勒维组织的。起先鲍姆同意做开场演讲,之后又拒绝了,卡夫卡不得不自己来做这次演说,也就是《关于意第绪语的介绍性演讲》。

2月13日。我开始为勒维的朗诵会写讲稿。活动就在星期天，18日。我不会有更多的时间准备了，像在歌剧中一般在这里唱出一曲宣叙调。只是因为几天来一种不间断的激动逼迫着我，我只想在真正开始的半途撤回，为自己写下几句话，然后，稍稍地进行下去，将我放在公众之前。冷和热随着句子中字词的变换而在我身体里交替着，我梦见旋律一般的高潮和低落，我读歌德的句子，就好像用整个身体走遍了那些重读音节的地方。

2月25日。从今天起抓住日记！定时地写！不放弃！即使不能得到拯救，那么，我也想无论什么时刻都让它是值得的。这个晚上我在家中的桌旁显得完全冷漠淡然，右手放在我旁边正玩着牌的妹妹坐的椅子扶手上，左手无力地放在腿上。随着时间的流逝，我打算弄清楚我的不幸，但没有成功。

我在如此长的时间里什么也没有写，因为一九一二年二月十八日我在犹太人市政厅的礼堂里举办了一个勒维的演讲晚会。在这个晚会上，我做了一个小小的有关意第绪语的介绍性演讲。两个星期来，我一直生活在担心之中，因为我不能将这个演讲整理出个眉目来。在演讲前的晚上我竟突然成功了。

做演讲的准备：与巴尔·科赫巴社团磋商，① 编排节目顺序、入场券、排列座位号码、准备钢琴的钥匙（托因比大厅），加高讲台，以及钢琴演奏员、服装道具、门票销售、报纸报道、警方事务和宗教社群的审查。

我去了一些地方，跟一些人谈话，或者给一些人写信。大致是：与马克斯，与在我这里的施莫勒，与一开始承接然后拒绝举办这次演讲会的鲍姆，在为此定下这样一个晚上的过程中又与鲍姆重新商定，他第二天又打电报来推翻此事。与胡戈·赫尔曼博士和莱

---

① 卡夫卡请社团出面主办活动，并租用场地。

奥·赫尔曼①在阿尔科咖啡馆②，经常与罗伯特·韦尔奇③在他的住处，与 Bl. 博士④、H. 博士⑤、Fl. 博士⑥谈关于门票销售（白费精力），拜访 T. 小姐⑦，在阿菲克·耶胡达⑧的演讲（埃伦特罗伊拉比谈耶利米⑨和他的时代，在愉快的聚会过后做了个小小的不成功的关于勒维的讲话），在教师 W.⑩ 那里（然后在咖啡馆，再去散步，从十二点到一点，他站在我家门前活泼得像一只动物，不让我进去）。为了礼堂的事，去卡尔·B 博士⑪那里，两次去霍伊瓦格广场的 L.⑫ 家里，几次去奥托·彼克⑬那里，去银行，因为钢琴钥匙，出席托因比的报告会，去见 R. 先生和 St. 教师，⑭然后在 St. 教师的住处拿到钥匙，之后又送回去，因为讲台的事去见市政厅的勤杂工和仆人，因为付款事宜去市政厅文书处（两次），因为销售事宜在"铺好的桌子"展览会上见 Fr. 夫人。⑮写信：给 T. 小姐，给一位奥托·Kl⑯（没有用处），给《日报》（没有用处），给勒维（"我将不能做演讲，请您救我！"）。

---

① 两人是表兄弟，都是巴尔·科赫巴社团的主要成员。
② 当时青年文学爱好者的一个聚会场所。
③ 菲利克斯·韦尔奇的表亲，巴尔·科赫巴社团的主要成员之一。
④ 可能是阿图尔·布洛赫博士（Arthur Bloch），律师，也是当时布拉格犹太人社群的活跃分子。
⑤ 艾玛努埃尔·汉扎尔博士（1880—？），卡夫卡在保险局的同事。
⑥ 西格蒙德·弗莱施曼。
⑦ 艾尔莎·陶西格。
⑧ 1869 年成立于布拉格的组织，其目的是为"研习犹太教义和宗教仪式的进步"。
⑨ 犹太先知、祭司。
⑩ 埃米尔·魏斯。
⑪ 卡尔·本迪纳（Karl Bendiener），欧泰宗教事务委员会的成员。
⑫ 利博斯（Liebers）。
⑬ 奥托·彼克（Otto Pick，1887—1940），作家、翻译家，当时在银行工作。
⑭ 鲁比申克（Roubitschek）和斯蒂亚斯尼（Stiassny）。
⑮ 伊达·弗洛因德（Ida Freund，1868—1931），德国女性艺术家俱乐部的联合创始人之一。
⑯ 奥托·克莱因（Otto Klein）。

激动：由于演讲，一夜辗转反侧，热得睡不着。憎恨 B. 博士，害怕韦尔奇（他什么也不能卖）、阿菲克·耶胡达，在报纸上出现的报道情况不是如我们期待的那样，在办公室里心不在焉，讲台并未送到，票子卖得不多。票子的颜色使我感到生气。演讲必须中断，因为演奏钢琴的人将乐谱忘在克什尔的家中了，频繁的对勒维的冷漠，几乎是厌恶。

有益：为勒维感到的喜悦，并信任他，在我做演讲的时候出现的骄傲的、超凡的意识（冷漠地对着观众，缺乏训练妨碍我自由地做出令人兴奋的动作），强有力的声音，不费劲的记忆，赞赏，但首先是力量，用这种力量，我大声地、肯定地、坚决地、无可指责地、不可阻挡地、明察秋毫地、几乎是不屑一顾地压制了市议会的三个工作人员的无赖行为，没按他们要求的十二克朗给，而只给了六克朗，而且还俨然是一个了不起的主人。这时候表现出来的我所喜欢并信赖的力量，要能保持住该多好啊。（当时我的父母并不在场。）

其他：索菲因岛①上的赫尔德学会②。比厄③随着演讲开始便把手插进裤袋。那些随己意行动的人的那种在一切印象之下觉得满意的面孔。霍夫曼斯塔尔④用嗓子的假声朗诵。从紧贴在脑袋上的耳朵开始收集起来的形象。维森塔尔⑤。舞蹈中美丽的部分，例如在一种向后倒在地上的动作里显示自然的重量。

---

① 作为活动举办地的一个带花园和餐厅的小岛。
② 布拉格一群年轻人为促进人文精神的发展而成立的组织。他们推崇德国狂飙突进运动的代表人物赫尔德（Johann Gottfried von Herder, 1744—1803），视其为精神导师。
③ 奥斯卡·比厄（Oskar Bie, 1864—1938），犹太裔德国艺术史学家，曾任《新观察》的主编。
④ 胡戈·霍夫曼斯塔尔（Hugo von Hofmannsthal, 1874—1929），奥地利诗人、作家。
⑤ 格蕾特·维森塔尔（Grete Wiesenthal, 1885—1970），奥地利舞蹈家、编舞家和舞蹈教育家。

托因比大厅留下的印象。①

犹太复国主义的集会。布卢门菲尔德。犹太复国主义世界组织的秘书。

在我的自我思考中，从近一个时期来，一种新的增强着的力量出现了，我现在才刚刚认识到这种力量，因为上个星期我简直溶化在悲哀和无用之中了。

处在阿尔科咖啡馆里的年轻人当中，我有种交替变化的感觉。

2月26日。自信越来越多。心跳接近了愿望。煤气灯在我的上方咝咝作响。

我打开了家门，看看天气是不是能诱人去作一次散步。蓝天是不可否认的，但大片透过蓝光的灰色云块带着瓣膜状的弯曲边缘飘下，好像人们站在附近森林覆盖的山坡上就能观测到。尽管这样，街上还是有许许多多出来散步的人。小孩的车子由母亲的手牢牢地把握着。这里或那里有一辆马车停在人群中等待着，直至马匹拉上车要走时人们才离去。在这期间，驾车的人微微向前看着，安闲地抓着颤动的缰绳，什么小事都不忽略，对所有的事情都要掂量一会儿，在准确的刹那间给车子以最后的动力。即使空间如此之小，孩子们照跑不误。行走的姑娘们穿着轻便的衣服，帽子像邮票涂上颜色一样那么显眼，挽着年轻男子的手臂，在她们的喉咙里压低的旋律从她们双腿的舞步里表现出来了。有的全家人亲密地聚集在一起，有时也分散成了一列长长的队伍，这样，回过头去便一下子发

---

① 可能是指卡夫卡在2月15日参加的活动。

现后面伸出的手臂，示意的双手，昵称的呼喊，这就将丢失的成员联系住了。独处的男人们试图将自己禁锢得更紧，他们将双手插在口袋里。这是狭隘的愚蠢。起初，我站在住所大门的里边，然后倚着门，较为平静地在一旁看着。有衣服掠过我的身边，有一次我抓住了一条带子，它是一位姑娘的衣服后面的装饰，被手拉得逐渐滑落下来；当我有一次只是为了恭维而抚摸了一位姑娘的肩膀，跟上来的行人打了一下我的手指。我马上便将他拉到一扇闩上的门的后面，我的谴责是抬起双手，从眼角射出目光，向他走近一步，从他那里后退一步。我只是一推让他离去，他很高兴。从这时起我当然也常常将一些人叫到我这里来，用一根手指示意就足够了，或是一种迅速的、无论在什么地方也不犹疑的目光。

在一种毫不费劲就能入睡的状态中，我写了这篇毫无用处的、不成熟的东西。

今天我给勒维写信。我在这里给他写下了这些信，因为我希望用它们实现一些东西：

亲爱的朋友

2月27日。我没有时间将这些信写上两遍。

昨天晚上十点，我迈着悲哀的步子走下策尔特纳街。在赫斯帽子商店附近，有一个年轻男子在我侧前方三步之遥站立着，这情况也让我站住了。他取下帽子，然后向我跑来。起初我吃惊地后退，最先想到的是，他是不是想知道去火车站的路，但为什么要用这种方式？——后来，他状似亲密地向我走近，并从下面看着我的面孔，因为我个子较高；我以为他大概想要钱，或者还有更为麻烦的事情。我糊里糊涂的倾听与他糊里糊涂的讲话交织在一起了。"您是法学家，是吧？博士？我能不能请您在这个时候给我一个忠告？我现在有一件事，为此我需要一位律师。"出于小心、一般的怀疑和顾虑，外加担心出丑，我否认自己是法学家，但准备给他一个忠告，这是怎么一回事？他开始叙述，使我挺有兴趣；为了增加信任感，我要求他，还不如边走边跟我说，他愿意陪我，不对，倒不如说是我陪着他走，我并没有一定的路线。

他是一位不错的朗诵者，早先他远不如现在这样的好，现在他已经可以模仿凯因茨①，没人能分辨出来。人们会说，他只是在模仿，但他付出了许多自己的东西。他虽然个子小，但表情、记忆、台风，一切一切他都有。在服役期间，在外边的米洛韦茨军营里，他朗诵，一位同伴唱歌，他们消遣得很不错。那是一段美好的时光。他最爱朗诵德梅尔热情轻佻的诗歌，例如有关新娘的诗，它想象了新娘之夜的场景。②如果他朗诵了这首诗，它就特别给姑娘们留下一个深刻的印象。那是理所当然的。他的这本德梅尔诗集装帧得非常漂亮，包上了红色的皮面。（他用朝下移动的双手描绘着。）当然要点不在于一本书的装帧。除此而外，他非常喜欢朗诵里迪穆斯③。不，这完全不矛盾，他已经在这里起了调和的作用，在这个时候，他说些他突然想起的事情，他把观众当作了傻瓜。后来在他的节目里他还提到《普罗米修斯》。他这时对任何人都无恐惧之意，即便是莫伊西④，莫伊西喝酒，他不喝酒。最后他还喜欢朗诵斯威特·马登⑤，这是北方的一位新作家，很好。那是些诸如

---

① 约瑟夫·凯因茨（Josef Kainz, 1858—1910），演员，当时常在布拉格演出。
② 理查德·德梅尔（Richard Dehnmel, 1836—1920），德国诗人。这里提到的是《新娘的夜裤》。
③ 弗里茨·欧力文（Fritz Oliven, 1874—1956）的笔名，犹太裔律师、作家，擅长幽默写作。
④ 亚历山大·莫伊西（Alexander Moissi, 1880—1935），奥地利演员。
⑤ 奥里森·斯威特·马登（Orison Swett Marden, 1848—1924），美国作家。当时他的两部作品《意志与成功》《通往成功之路》已有德国译本。

此类的箴言诗和短小的格言。特别是那些有关拿破仑的很不错，但也有其他的有关别的大人物的。不，他还不能朗诵这些，他还没有学过这些，还没有完全读过，只有他婶婶近来给他朗诵过，而且这同样使他那么喜欢。

他想带着这个节目公开登台，并愿意为"妇女进步协会"① 献上一台朗诵晚会。本来他想先朗诵拉格洛夫②的《庄园的故事》，而且还为审查的目的借给协会会长杜莱格·沃德南斯基夫人看。她说，这个故事也许很不错，但太长，不适合朗诵。他翻阅了一下，确实太长，特别是因为在这计划好的朗诵晚会上还有他的兄弟要演奏钢琴。这位兄弟二十一岁，是一个很可爱的年轻艺术家，他在柏林的高等音乐学府学过两年（那已是四年前），但是完全堕落地回来了。堕落也许谈不上，但那位供他膳宿的女人迷恋上了他。他后来讲述到，他常常太累了，没法演奏，因为他必须要经常不断地在这个提供吃食的盒子上来回驰骋。

因为这个庄园故事不合适，人们于另外的节目上达成了一致：德梅尔、里迪穆斯、《普罗米修斯》和斯威特·马登。为了一开始就向杜莱格夫人展示，他到底是一个什么样的人，他给她带去一篇文章《生命的乐趣》的手稿，这是他今年夏天写好的。他是在避暑的时候写成的，白天速记，晚上修改、润色、誊清，本来没花太多的工夫，他终于成功了。他要将它借给我，如果我想看的话。这虽是有针对性地为大众而写的，但里面有很不错的思想，而且像人们所说，这是"贝塔姆特"③。（抬起下巴发出尖刻的大笑。）我自然可以在这里的电灯光下翻阅。（那是在要求青年人不要悲伤，是呀，我们有大自然，有自由，有歌德、席勒、莎士比亚，有鲜花、

---

① 全名为"促进妇女福利与教育协会"，为女性组织语言、速记和缝纫课程，以及各类讲座。
② 塞尔玛·拉格洛夫（Selma Lagerlöf, 1858—1940），瑞典女作家，1909年诺贝尔文学奖得主。
③ 奥地利语中"讨人喜欢"的意思。

昆虫，等等。）那时杜莱格夫人说，她现在正好没有时间去读它，但他可以将它借给她，她会在几天之后把它还给他。他已经产生了怀疑，并不想将它留下，他辩护地说些例如，"您看，杜莱格夫人，我为什么将它留下呢？这只是些平庸乏味的语言，那是写好了，可是——"一切都无济于事，他必须将它留下。这是星期五。

2月28日。星期天早晨洗漱的时候，他突然想起，他还没有读过《日报》。他打开报纸，一下子翻到了娱乐副刊的第一页。第一篇文章的标题映入他的眼帘——《孩童创作家》①，他读了前面几行——由于高兴而哭了起来。那是他的文章，从一个字一个字看，就是他写的文章。就是说报纸第一次登出他的文章，他跑到母亲那里说了这件事。太高兴了！这位老夫人，她患了糖尿病，父亲跟她离了婚，并打赢了这场官司，因此而感到自豪。一个儿子是演奏大师，现在另一个又成了作家！在开始的激动过后，他在思考这件事情了。这篇文章到底是怎样跑到这份报纸上的？没有他的同意？没有署作者的名字？也没有得到稿酬？这肯定是一种对信任的滥用，是一种欺骗。这个女人真是一个魔鬼。女人们没有灵魂，穆罕默德（经常重复地）说。人们很容易想象到，它是怎样成为剽窃作品的。这里有一篇好文章，哪里去马上弄到这样的一篇文章。于是这位杜夫人去《日报》社，和一位编辑坐在一起，两个人极度兴奋，而且着手改头换面。当然它必须要经过加工，因为第一，人们不能第一眼就看出这是剽窃的作品；第二，三十二页的文章对报纸来说是太多了。

我问，他是否想给我指出那些完全相同的地方，因为这些也许使我特别感兴趣，而且我只有在这之后才能为他的举止提出忠告。他就开始念他的文章，翻开另一处地方，浏览着，没找到，却终于

---

① 这篇文章刊登在1912年2月25日的《布拉格日报》娱乐副刊上。

说道，这一切均是抄袭的。例如报纸上这样说：孩子的灵魂是一片没有书写过的白纸，"没有书写过的白纸"在他的文章里也有。或者"被叫作"这个表达方式也是抄袭的，一般人怎么会用这个"被叫作"的词呢。但他无法对逐个的地方作比较。虽然所有地方均是抄袭的，但进行了遮掩，次序作了另外的安排，对内容做了压缩，而且还掺进了少量陌生的内容。

我大声地念出报纸上引人注目的段落。这在文章中出现了吗？没有。这个呢？没有。可这正是做了手脚的地方。在核心的部分，所有的，所有的内容全是抄袭的。可是证据，我担心，变得困难起来了。他可以证明这一点，要借助于一位机敏的律师，律师就是干这个的。（他企盼这种证明就如企盼一种全新的、与这件事完全分割开的任务一样，并且为他深信这个任务定会完成而感自豪。）

这是他的文章，人们从这一点上也能看得出，即它在两天里就印出来了。不然会延续六个星期，平常一部被采纳了的稿件送到印刷厂之前都要这么久。但这里当然需要加快速度，以免他来干预，为此两天的时间就够了。

此外，报纸上的文章叫《孩童创作家》。这跟他有着明显的关系，另外它也是一种讥刺。"孩童"指的就是他，因为人们过去叫他为"孩童"，是"愚蠢"的意思（他只是在服役期间确实是这样，他服役一年半），现在人们想以这个题目表明，他，一个孩童，完成了像这篇文章这样好的东西。他虽然证明了自己是创作家，但同时又是愚蠢的，因为他是那样地容易被欺骗。在第一段里说到的孩童是乡村的一位表妹，她目前住在他母亲身边。

但这种剽窃通过下面的情况特别令人信服地被证实了，这个情况当然是他经过较长时间考虑之后想起的：《孩童创作家》登在娱乐副刊的第一版上，第三版上却是某一位"菲尔德斯坦"的一个小故事。这个名字显然是假名。现在人们不必去读整个故事，浏览一下前几行人们马上就明白，这里的拉格洛夫是以一种厚颜无耻的手段模仿出来的。全部的故事将这种模仿表现得更为清楚。这意味着什么呢？这意味着，这位菲尔德斯坦，或者不管她叫什么，是杜莱格夫人创造出来的，她在她那里读过他带去的这个《庄园的故事》，她用这阅读的内容写成了那个故事。就是说这两个女人，一个在娱乐副刊的第一版上，另一个在第三版上利用了他。当然每一个人也都可以由自己驱使去阅读、去模仿拉格洛夫，但在这里他的影响是显而易见的。

　　星期一中午，银行一下班，他自然去了杜莱格夫人那里。她只将住房的门开了一条缝，显得十分害怕："可是，莱希曼先生，您为什么中午来呢？我丈夫正睡着觉哩。我现在不能让您进来。"——"杜莱格夫人，您一定得让我进去。这是一件重要的事情。"她看到我一脸严肃，便让我进去了。丈夫一定是不在家。在旁边的一个房间里我看见那张桌子上放着我的手稿，我马上思考起来。"杜莱格夫人，您拿我的手稿做了些什么。您没有得到我的允许将它交给了《日报》，您得到了多少稿酬？"她颤抖了，她什么也不知道，她一点儿也不明白它怎么会跑到了报纸上去的。"我要控告，杜莱格夫人。"我说，半开玩笑地，但确实是这样的，要让她注意到我真正的态度，而且我整个在那里的时间都在重复着这句话，"我要控告，杜莱格夫人"，为了让她记住，在告辞时我还站在门边说了多次。是啊，我非常理解她的恐惧。如果我将此事公诸于众或起诉她，那她会是不可想象的，她肯定会被"妇女进步协会"开除。

　　我从她那里直接去了《日报》，并让人叫编辑洛夫①出来。他走出来时脸色极度苍白，几乎不能举步了。尽管如此，我不想立即讲我的事，并想先试探他一下。我就问他："洛夫先生，您是犹太复国主义的成员吗？"（因为我知道他是犹太复国主义成员。）

---

① 胡戈·洛夫。

"不。"他说。我够明白的了，他肯定想在我面前伪装。现在我问到了我文章的事。又是不可靠的谈话。他什么也不知道，他跟娱乐副刊没有瓜葛，如果我愿意的话，他将叫来有关的编辑。"魏特曼先生，请来一下。"他叫道，并显出高兴的样子走了。魏特曼来了，脸色也一样苍白。我问："您是娱乐副刊的编辑？"他说："是。"我只说了句"我要控告"就走了。

在银行里我马上给《波希米亚》打电话。我想委托它将这个故事发表。电话没有正常接通。您知道为什么？《日报》编辑部就在中心邮局附近，这个时候，《日报》的人很容易随意地控制、阻截和接通所有的电话。事实上我在电话筒里不断听到不清晰的低声耳语，显然是《日报》编辑的声音。是的，他们为一种巨大的利益，不让这电话联系上。这时我听到（当然完全不清楚）其中一个人如何地说服接线员小姐不要接通这个电话。在同一个时候，另外的人却已经跟《波希米亚》联系上了，并想以此来阻止他们接受我的这个故事。"小姐，"我朝话筒里叫着，"要是您不立即接通电话，我要告到邮局经理那里。"银行的同事们在周围大笑，他们听见了我那么有力地与接线员小姐讲话。我的电话终于接通了。"请您叫一下基施编辑①。我有一件极重要的事要与《波希米亚》讲，它要是不接受的话，我就马上去另一家报纸。时间很紧。"因为基施不在，我挂了电话，什么也没透露。

晚上我去《波希米亚》，找到了基施编辑。我向他讲述了这个故事，但他不想发表。他说："《波希米亚》不能做这样的事，这也许是件轰动的丑闻，我们可能没有这个胆量，因为我们是依附于别人的。您将它交给一位律师，这是最好的办法。"

"当我从《波希米亚》出来，我就碰上了您，并向您请教办法。"

---

① 艾贡·埃尔温·基施直到1913年都在布拉格日报《波希米亚》工作。

"我劝您和平地解决此事。"

"我也想过了,这也许更好。是呀,她是一个女人。女人是没有灵魂的,穆罕默德说得对,求得谅解倒也是更人道、更为歌德风范。"

"当然。那您也别放弃那个朗诵晚会,不然它会失去这个机会的。"

"但我现在应该做什么呢?"

"您明天再去,并宣称,您这一次要承受这无意的结果了。"

"这很好。我会真的这么做的。"

"因此,您也一定不要放弃复仇。您索性在别的什么地方刊出这篇文章,然后将它配上一句美好的题词,送给杜莱格夫人。"

"这将是最好的惩罚。我要让它登在《德意志晚报》上。这报纸会接受我这篇文章的,那我就不担心了。我干脆不要稿酬。"

后来我们谈到他的表演天才。我认为,他应该再进修一下。"是的,您是正确的。但在什么地方?您大概知道,能在什么地方学习这些?"我说:"这难说,我不很精通这方面的事。"他说:"这没关系。我去问问基施。他是新闻记者,而且有不少关系。他已经善意地劝说过我。我会直截了当地给他打电话,省得他和我走许多路,从他那里我就什么都知道了。"

"对杜莱格夫人,您就那样去做,按我向您建议的那样?"

"是的,我只是忘了,您怎么建议我的?"我重复了我的建议。

"好吧,我会这样去做的。"他走进科尔索咖啡馆,我回家,带着与一个十足的蠢人交谈的经历,感到神清气爽。我几乎没有笑出声来,而是完完全全的清醒。

这是令人忧伤的、只有在商号招牌上用的"原"① 字。

---

① 如:托马斯公司原为海因茨公司。

3月2日。谁来向我证实这样的真实或可能性，即我只是由于我文学方面的使命而对别的方面都毫无兴趣，因而是冷酷无情的。

3月3日。二月二十八日在莫伊西那里。①违背本性的一幕。他好像安详地坐着，可能将交叉的双手搁在双膝之间，眼睛朝着随意放在他面前的那本书，向我们传来的声音却带着一种跑步人的喘息。

大厅的音响效果很好。每一句话说出后都很清楚，也没有回音，而且一切声响都会逐渐增大，好像邻近早就有其他交谈的声音留下余波，随着临时给他安置的设备渐渐增强，并将我们包围起来。——在这里人们可以观察到自己嗓音的潜能。正如这厅堂为莫伊西的声音起效一样，他的嗓音也在为我们的嗓音起效。非同寻常的艺术诀窍与给人的惊异之处在于，人们必须要往地面上看，自然人们永远不会做这些的：一开始就歌唱某些独特的诗句，例如："睡吧，米尔亚姆，我的孩子"，声音在旋律中四处乱窜；又迅速地发出《五月之歌》的音节，好像只是舌尖插在了诗句之间；十一月之风的分字法，是将"风"字挤压下去，并使它向上时再发出风嘘声。——要是人们朝大厅的天花板看一下，就会感到被诗句抬到了高处。

歌德的诗对朗诵者来说是不可企及的，因此，人们不可能竟会在朗诵的时候放掉一个错误，因为每一首诗都为一个主旨而作。——当他后来在加演一首莎士比亚的《雨颂》②而笔直站立起来的时候，产生了一种极大的效果：他丢开了书本，将手帕紧绷在手中，再揉压在一起，眼里放射出光芒。——面颊是圆圆的，面孔却是有棱有角。柔软的头发，不停地用柔软的手部动作去抚摸。人们读到有关于他的热烈的评论，在我们看来只有在第一次倾听的时

---

① 2月28日，莫伊西在鲁道夫音乐厅举行了一场朗诵会。
② 《第十二夜》中宫廷小丑唱的一支曲子。

候才对他有作用，后来他卷入其中，而且并不能唤起完美无缺的印象。

这种将书放在前面坐着朗诵的方式有点让人想起一种不动嘴唇的说话技巧，听起来声音好像是从腹部发出来的。这位看上去没有参与的艺术家像我们那样地坐着，我们在他下俯的面孔上有时几乎看不到嘴部的动作，他让诗句代替他在他头部的上方发声。——尽管有这么多的旋律可以倾听，嗓音的控制就好像水上的一叶轻舟，本来诗句的旋律是听不到的。——有些词语被声音溶解了，它们被处理得那么柔和，它们一跃而起，跟人的声音不再有什么关系，直至以后这个声音迫不得已发出任意一个尖锐的子音，将这个字送到尘世，到终止。

后来与奥特拉、陶西格小姐、鲍姆夫妇和彼克散步，走过伊丽莎白桥、码头、新城、拉德茨基咖啡馆、斯坦纳桥、卡尔巷。看起来我的兴致正浓，对我可没有什么太多能指责的了。

3月5日。这些气鼓鼓的医生！业务上固执，医疗上又那么无知，如果他们没有了那股业务上的固执，他们就像学校的年轻人那样站在病人的床前。我真想有力气去创立一个自然医疗协会。①K.医生②因为在我妹妹耳朵周围乱捅，造成了她耳鼓膜穿孔并转为中耳炎；女仆在生火炉时跌倒，医生极快地对着这位女仆作出诊断，说是由于吃坏了胃和充血而引起的，第二天她又摔倒了，而且还有高烧，医生将她从左翻到右，又从右翻到左，发现是狭心症，便迅速离去，为在下一时刻不让人指责他。他竟然敢说那是因为"这位女仆的下流行为引起强烈反应"的话，这倒是真的，他对那类人已

---

① 布罗德回忆卡夫卡对医学和药物的看法，称他对两者都不太信任，并信奉自然会让身体回复到平衡的状态。

② 克拉尔医生。

习以为常，他们的身体状况需要他的医术，并通过这医术显示出来，但他知道得并不多，只是由于这个乡下姑娘体格强壮而感到受了侮辱。

昨天在鲍姆那里。朗诵《魔鬼》。①总体上给人不友好的印象。带着再良好不过的情绪往上走到鲍姆家，到了楼上立刻情绪不佳，在孩子面前感到狼狈。

星期日。在"大陆"②与玩牌的人在一起。之前与克拉默看《新闻记者》，只看了一幕半。③在波尔茨那里看得出许多乐趣是被迫的，当然也产生一点儿真正的、温柔的乐趣来。在剧院前，在第二幕之后的休息时间里遇到陶西格小姐。我跑到更衣室，穿着飘扬的大衣回来，陪她回家。

3月8日。前天因为工厂的事受到指责。一个小时后躺在长沙发上想着从——窗户——跳出去。

昨天去了哈登④的演讲，谈的是戏剧，显然全是即兴的发言，我的情绪颇好，因此我并不像其他人那样觉得他的演讲空洞无物。开头就不错："在这个时刻，我们在这里为讨论戏剧聚集到一起来了，这个时候，在欧洲和其他世界各地的所有剧院里的幕布都拉开了，戏剧的场景在观众面前暴露无遗。"在他前面齐胸的高度，有一只白炽灯缚在一个架子上，可以活动，灯光照着他衬衫的前胸，就像照在内衣店的橱窗里。在讲演的过程中，这只白炽灯的转动，

---

① 鲍姆创作的一个未发表的一幕剧。
② 布拉格最大的咖啡厅，有四间单独的游乐室，为客人提供250种报纸，是当时说德语的中产阶级的聚会场所。
③ 德国作家古斯塔夫·弗莱格塔（Gustav Freytag，1816—1895）的喜剧作品。
④ 马克西米利安·哈登（Maximilian Harden，1861—1927），作家、记者。

使灯光不停地变化。他足尖在舞蹈，显得更为高大，就好像围绕着他的即兴才能使劲。系紧的裤子吊在腹股沟，穿一件像钉在木偶上的短短的礼服。几乎是努力装出来的严肃的面孔，有时候像一位老妇人，有时候像拿破仑。额头上泛起苍白的颜色，像戴上了假发那样。可能穿了紧身衣。

通读了一些旧稿。所有的力量都要用于去忍受这个。人们必须忍受这个不幸，要是人们在一种只有一气呵成才能成功的工作中被迫中断，这对我来说至今一直在发生着，又必定要在通读的时候，即使不像旧有的那般强烈，经历更多的这种不幸。

今日在游泳的时候，我相信自己已经感觉到了旧有的力量，它好像在长长的间歇里没有被使用过。

3月10日。星期日。他在伊塞尔山区①的一个小地方待了整整一个夏天，为了恢复肺部健康。在这里他引诱了一位姑娘。有时候得肺病的人会变成什么样啊？那位姑娘是他房东的女儿，她在劳动之余的晚上喜欢与他一起散步，有一次在短短的说服尝试之后，他不可理喻地将她推倒在河边的草地上，他占有了她，她当时由于害怕而瘫痪了似的躺在那里。之后，他不得不用手从河里取来水，将它洒在她脸上，只希望她醒过来。"小尤丽，啊，小尤丽。"他喊道，无数次地向她俯下身去。他准备为他的过错承担一切责任，努力地使自己变得可以去理解，他的处境是多么艰难啊！他不深思是看不到这一点的。这位躺在他面前的单纯的姑娘呼吸又正常了，只是由于恐惧和羞怯，还闭着双眼。他不会再有所顾忌——这个身强力壮的男子用足尖就能将这个姑娘踢到一边。她是虚弱的，微不足

---

① 巨人山脉西北处的一片山区，卡夫卡常去那里出差。

道的，在她身上发生的这件事到了明天还会有什么影响吗？每一个对这两个人作比较的人肯定不会如此决断，河流静静地在草地和田园之间延伸向远处的山里，阳光只是照耀着对岸的斜坡，最后的云块在纯净的傍晚的天空下匆匆飘走。

什么也没干，什么也没干。我用这种方式将自己变成了幽灵。即使并不投入，我也只是在"今后必须……"这个地方投入了，主要是在"倾洒"的地方。在对风景的描写里，我相信在一瞬间里看到一点儿准确的东西。

就这样从我这里，从所有人那里离去。隔壁房间里的嘈杂声。

3月11日。昨天无法忍受。为什么不是所有人都出席晚宴？这会多美啊。

朗诵家莱希曼那天和我们谈话之后就进了疯人院。

今日烧了许多旧的令人厌恶的草稿。

3月12日。在匆匆行驶的电车里，一个年轻人坐在一个角落，面颊挨着玻璃窗，左臂沿着扶手伸展。身穿一件敞开的、鼓鼓囊囊的外套，他用审视的目光朝着长时间空无人坐的长条凳上看去。他今日订婚，什么其他的事都不想。他感觉新郎的身份让人适宜，在这种感觉中有时候匆匆地朝着车子的顶板看上一眼。当售票员给他车票的时候，他在当啷响的硬币中很快找出一枚合适的钱币，眨眼间便搁在了售票员的手中，并伸出两根剪刀似的手指夹住了车票。他与电车之间没有确切的联系，如果不登平台、爬阶梯，他就出现在街道上，在步行的时候用同样的目光注视着他走的路，那也没有什么令人惊异的地方。

只有那件鼓鼓囊囊的外套被保留下来,所有其他的均是捏造。

3月16日。星期六。又高兴起来了。我控制住了自己,像飞落的球,人们在它飞落的时候抓住了它。明天,我今天开始一件较大的工作,这应该不是被迫的,而是随我的能力安排的。只要我能够做到,我不会放弃这个工作的。宁愿失眠,总比那样浑沌度日好。

卢塞纳小型歌舞剧院。一些年轻人每人都唱一支歌。如果人们感觉神清气爽并专注倾听,那么,倒不如说通过这样一种形式的演唱人们更会想起歌词在我们生活里带来的结果,远甚于有造诣的歌唱家的演唱。因为诗句的力量无论如何也不能由歌唱家去增强,诗句保持着它的独立性,并与甚至连漆皮皮靴也没有的歌唱家一起折磨我们。歌唱家的手并不想从膝盖处离去,如果它必须离去的话,那就更增加了它的不情愿,他尽可能迅速地倒向长凳,为是让人尽可能少地看到那许多他不得不为此做出的不熟练的小动作。

用照片明信片的方式表现春天里的爱情场景。使观众既感动又害羞的忠实的表演。——法蒂妮查。维也纳的女歌唱家。甜蜜而充满意味的笑,使人回忆起汉西[①]。一张面孔带着许多不重要的、绝大部分也是太刺眼的细节,一笑起来便凑到一起,因而也得到了弥补。当她站在舞台前沿并朝着无动于衷的观众大笑的时候,人们肯定会说那种对观众没有效果的优势应该属于她。——狄根[②]伴着飘忽的磷火、树枝、蝴蝶、纸火、骷髅跳着笨拙的舞蹈。——四位扭动腰肢的姑娘,其中一位特别漂亮,但没有一张节目单上有她的名

[①] 卡夫卡在1908年交往过的女子,名叫朱莉安娜·索科尔(Julianne Szokoll, 1886—?),在小酒馆当女服务生,"汉西"是她的昵称。
[②] 西娅·狄根(Thea Degen),一名香颂歌手。

字。她在观众大厅的最右侧。当她忙碌地甩动胳膊,她细长的双腿和柔嫩而可爱的脚踝处在极有感情的无声运动中,她不按速度跳,这时她的脸上表现出的是怎样的一种微笑啊!跟其他人扭曲的微笑形成了对照,她的脸和头发跟她瘦削的身材相比显得蓬勃饱满,她向着乐师们叫道"慢些",当然也是代表她的姐妹们。她们的舞蹈教师是一位年轻的、穿着引人注目的瘦削男子,他站在乐师们后边,用一只手指挥着节奏,乐师们不看他,跳舞的姑娘们也不看他,而他的目光是朝向观众厅的。他叫瓦尔内博尔德,是一个强而有力的男子汉,脾气火暴,容易激动。在他的动作里有时不乏诙谐,诙谐的力量抬高了他的情绪。在节目宣布之后,他是怎样地迈着大步赶快地朝钢琴走去的啊。

读了《随军画家的生活》。①满意地朗诵了福楼拜的作品。

有必要用感叹号来谈谈女舞蹈演员。因为人们就是那样地模仿她们的动作,因为人们还停留在那个旋律之中,思想还沉浸在享受中没被打断,因为后来的行动总是留在句子的结尾,并继续产生良好的效果。

3月17日。这些天我读了施托塞尔②的《朝霞》。

星期日马克斯的音乐会。我几乎是无意识地在倾听。从现在起我听音乐的时候不再感到无聊了。我想我也无法穿透这个以音乐在我周围形成的捉摸不透的圈子,如我早些时候徒劳无益所做的那样;我也在小心翼翼地不要越过这个圈子,这点我大约能做到,然而还是静静地停留在我的在狭隘中发展着并逐渐静止了的思想里,

---

① 德国画家阿尔布雷希特·亚当(Albrecht Adam, 1786—1862)的自传作品。
② 奥托·施托塞尔(Otto Stoessel, 1875—1936),作家、律师、剧作家。

受着干扰的自我观察并没能进入这个缓慢拥挤的人群。——(马克斯的)美丽的"魔圈"在有些地方好像打开了女歌唱家的心扉。

歌德,痛苦中的慰藉。无穷无尽的上帝赐予他心爱的子民所有的一切:所有的无穷无尽的欢乐,所有的无穷无尽的痛苦,所有的。——我在母亲面前表现出来的无能,面对陶西格小姐表现出来的无能,以及对"大陆"里和街上所有的人表现出来的无能。

星期一看闹剧《马姆采尔·尼托歇》①。一个法语词在一种悲哀的德语演出里产生的良好的效果。穿着显眼衣服的寄宿女学生在花园的铁栏杆后面张开胳膊跑动。——夜间的龙骑兵团的操练场。军官们在后面的军营大楼里一个要走上几级台阶才能到达的大厅里举行告别会。马姆采尔·尼托歇来了。由于爱情和鲁莽,她来参加这个告别会。这位姑娘会做出什么事来啊!早晨在女子学校,晚上为一位不能来的小歌剧女演员赶场,夜里在龙骑兵团的军营里。

今日下午因为痛苦的疲乏,在长沙发上度过。

3月18日。②只要别人需要,我就是明智的,我是时刻准备去死的,但不是因为我担心托付我要做的一切事情,而是因为这些事情我什么也没做,而且也不能指望在任何时候去做一点儿有关这方面的事。

3月22日。(我将前几天的日子写错了。)鲍姆在阅览大厅③

---

① 法国剧作家梅尔哈克(H. Meilhac, 1831—1897)和米勒(A. Millaud, 1836—1892)的作品。
② 这里卡夫卡写错了日期,根据他在下一篇日记里的说法,最早应为3月19日。
③ 指布拉格大学的"德语学生阅读和演讲大厅"。

朗诵。G. F.①，十九岁，下个星期结婚，深色的、无可指摘的瘦削面孔，圆拱形的鼻翼。一直以来她总是戴着猎人式的帽子，穿一身猎装。那种深绿色的光辉也映照在她的脸上。沿着面颊垂下来的一缕一缕的头发，好像与沿着面颊生长的新头发汇集到一起，总体如一束轻柔的长毛发的光泽洒在完全被黑暗遮蔽的脸上。她微微地将两肘的尖部支在椅子的扶手上。然后向瓦茨拉夫广场来一个热情洋溢的、轻松完成的结束的鞠躬。转过穿着粗糙、显得瘦削可怜的身体，直立着腰身。我看她的次数比我想象的还要少得多。

3月24日。昨天是星期日。克里斯蒂安·厄棱费尔的《星星新娘》。② ——在观看中失神，面对漫无头绪的生硬的关系，那三对熟悉的夫妇，却跟我有着良好的关系。——那位生病的军官在戏剧里出现。有病的躯体裹在绷紧的对健康有益并表现出果敢的制服里。

上午有着美好的情绪，在马克斯那里待了半个小时。

我母亲在隔壁房间里与L.夫妇③聊天。他们谈论虱子、跳蚤和鸡眼，（L.先生每个指头上有六个鸡眼。）人们容易看出，这样的谈话根本不会出现什么进展。这是一些又会被双方忘记的消息，而且现在已经没有责任感地在一种自我忘却的情况中进行着。但正是因为如此这般的交谈若没有使人入迷的内容是不堪想象的，这种交谈便展现出空空荡荡的空间，如果人们要想留在这里，那么，这空间里只能塞满了沉思或更美好的梦幻。

---

① 格蕾特（玛格丽特）·费舍尔（Margarethe Fischer，1842—1943）。
② 该剧于1912年3月23日在新德国剧院首演。
③ 莱本哈特夫妇（Lebenhart），布拉格犹太人社群的成员。

3月25日。隔壁房间里扫帚扫地毯的声音听起来像一阵阵急动的长裙曳地声。

3月26日。只是不要过高估计我写下的东西,那样,我就写不了那些想要去写的东西。

3月27日。星期一我在街上抓住一个男孩,他和别人将一只大球朝一位没有防备的、在他们前面走路的女仆身上抛去,这只球正好从姑娘的身后飞过。我怒不可遏地扼住他的脖子,把他推到一边,臭骂了他一顿,然后继续走路,但完全没去看那位姑娘。人们完全忘了自己凡世的存在,因为如此彻底地被愤怒充塞,并可以相信,人们有时候同样被更为美好的感情充塞得满满的。

3月28日。出自芳塔夫人的演讲《柏林印象》,格里尔帕策[1]根本不想参加一个聚会,因为他知道,他很要好的黑贝尔[2]也会去那里。"他将又要盘问我对上帝的看法,而如果我不知道说些什么的话,他会变得粗暴无礼。"——我固执的举动。

3月29日。在浴室的欢乐。——逐渐地看清楚。几个下午我都是与毛发度过的。

4月1日。一个星期以来,第一次在写作中几乎完全地失败了。为什么?我在上个星期经历了各种情绪,在它们的影响面前,仍然保持着写作;但我害怕写有关这方面的事。

4月3日。一天就这样过去了——上午办公室,下午工厂,现

---

[1] 弗朗茨·格里尔帕策(Franz Grillparzer, 1791—1872),奥地利剧作家。
[2] 弗里德里希·黑贝尔(Friedrich Hebbel, 1813—1863),德国剧作家。

在房间里时左时右的叫声,后来去接看《哈姆雷特》的妹妹——而我已经明白,我没有利用哪个瞬间去做点什么的能力了。

4月8日。耶稣复活节前的星期六。①彻底看清了他本人。他的能力的容量可能像一只小球。将最大的没落作为司空见惯的东西来承受,这样,这其中还会留下一点弹性。

渴求一下子沉沉睡去,却更加睡不着。超感觉的需求只是死亡的需求。

我今天在哈斯②面前说话是多么别扭呀,因为他称赞了马克斯和我的游记,为是至少因此而使我配得上这个没有切中游记实质的称赞,或为在哈斯可爱的谎言中继续这个游记骗得的或虚构的效果,我试图减轻他说谎的难度。

5月6日。十一点。一段时间以来第一次在写作上完全失败。有着一种被考验的男子的感觉。

不久前的梦:我与父亲在行驶着穿过柏林的电车里。无数有规律地直立的、被刷上两种颜色的、顶上钝秃磨损的栏木呈现出大都市的景象。除此而外,全是空空荡荡,但这些紧挨着的栏木都是那么高大。我们来到一扇大门前,不知不觉,我们下了车,穿过大门进去,在大门背后陡然升起一堵高墙,我父亲几乎是跳着舞般登墙而上,一双腿在这时飞了起来,他身轻如燕。这里面肯定也表现了某些冷酷无情,他一点儿也不帮助我,我只能极为吃力地爬着,我用上我全部的四肢,好多次又滑下来,又朝上爬,就好像在我身下

---

① 这个日期有误。1912年的复活节是4月6日。
② 威利·哈斯是赫尔德学会的联合创始人。

的墙变得越来越陡。同时令我难堪的是(墙)被人的粪尿覆盖着,使得我的胸部首当其冲地沾上了粪块。

我斜着脸看着这些,用手在上面抹了几下。当我终于到达上面,我的父亲已经从一座大楼里面走出来,他立即飞快地拥搂住我的脖子,吻我。他穿一件在回忆中我很熟悉的老式的短上装,里面精心衬垫得像沙发一样。"这个冯·莱登医生!①真是一位优秀的人物。"他不停地叫着。但他根本没有将他作为医生,而是作为值得结交的人来拜访。我有一点害怕,我也一定要去他那里,但没要求我去。在我后边的左侧,在一间严格用纯玻璃墙围着的房间里,我看见一个男子背对我坐着,看上去这个人是教授的秘书,我父亲事实上只是跟他谈话,而并没有跟那位教授本人交谈,但不知他用什么方式通过这位秘书了解了这位教授具体的长处,使得他无论从哪个方面对这位教授的评判都是那么有理有据,就好像他亲自和教授谈过话似的。

莱辛剧院:《群鼠》。②

给彼克的信,因为我没给他写过信。给马克斯寄明信片,出于对《阿诺尔德·比尔》③的兴奋。

5月9日。昨天晚上与彼克在咖啡馆。我是怎样地面对一切的不安紧抓住我的小说④,完全像一座纪念碑的形象,它朝着遥远的地方望去,并依附在岩石块上。

今天家里没有慰藉的夜晚。妹夫为工厂需要钱,父亲因为妹

---

① 柏林的肺科专家恩斯特·冯·莱登(Ernst von Leydon,1832—1910)。
② 霍普特曼的剧作,于1912年5月2日在新德国剧院演出,表演者来自柏林的莱辛剧院。
③ 马克斯·布罗德的小说。
④ 指卡夫卡的小说《失踪者》。

妹、因为商务和他的心脏而激动,我不幸的第二个妹妹,超越所有人的不幸的母亲,以及我为我的写作。

5月22日。昨天与马克斯一起度过美妙的夜晚。如果说我喜欢自己的话,那我更强烈地喜欢他。卢塞纳。拉歇尔德①的《拉莫特夫人》《一个春天早晨的梦》。那位快乐的胖女士坐在包厢里。那位野性十足的女士生有一只粗野的鼻子,一张满是灰尘的脸,一副从并非袒胸领口里挤出来的肩膀,被拽来拽去的后背,她穿一件简单的白点蓝衬衣,戴一只总让人看得见的击剑手套,因为她大多数时候将右手放在挨着她坐的快乐的母亲的右大腿上,或竖起指尖搭在上面。发辫在耳朵上方摆动,不是很干净的浅蓝色带子拖在脑后,前面的头发形成薄薄的却紧实的一束围盖住额头。那件大衣质地轻柔、暖和,皱褶颇多,她在售票窗口交涉时,大衣就那样随意地垂下。

5月23日。昨天:在我们后面,一名男子由于烦闷从椅子上跌下来。——拉歇尔德的比喻:那些喜欢太阳并向其他人要求欢乐的人就像是喝醉酒的人,他们夜里参加完婚礼出来,逼着朝他们走过来的人为不认识的新娘祝福干杯。

寄给韦尔奇的信,我对他提议用"你"② 相称。昨天因为工厂的事给阿尔弗雷德舅舅写了一封亲切的信。③前天给勒维写了信。

现在,晚上,由于无聊,我先后三次进浴室洗手。

---

① 法国女作家玛格丽特·瓦莱特的笔名(Marguerite Eymery, 1860—1953)。
② 德文中用"你"相称,表示关系亲近。
③ 这封信没有留存下来。卡夫卡可能就工厂的经营情况向他寻求帮助和建议。

一个小姑娘，甩着两条小辫子，露着脑袋，穿一件宽松的白点小红衫，光着腿和脚，一只手提着小篮子，另一只手提着小箱子，在国家剧院附近忐忑地横穿车行道。

《拉莫特夫人》中开始的背影表演是按照这个原则：业余演员的后背在同样的情况下要与一位好演员的后背一样的美丽。这些人多认真！

前几天大卫·特里奇①作关于在巴勒斯坦殖民化的精彩报告。

5月25日。疲软的速度，不足的血液。

5月27日。昨天是圣灵降临节，寒冷的天气，与马克斯和韦尔奇郊游，并不美好。晚上去咖啡馆，韦尔弗给我《从天堂来访》②。

尼克拉斯大街的一部分和整座桥上的行人都惊异地转向一条狂吠的犬，它正追逐着救护公司的一辆汽车跑。最终这条狗突然停止狂吠，转过身来，并表现出是一条寻常陌生狗的样子，它觉得追逐车辆没有什么特别意义了。

6月1日。什么也没写。

6月2日。几乎什么也没写。

---

① 大卫·特里奇（Davis Trietsch, 1870—1935），犹太复国主义运动领袖、作家，柏林犹太人出版社的联合创办人。
② 韦尔弗的剧作，不久前在赫尔德学会的刊物上发表了。

昨天索柯普博士在下院做关于美国的报告。①（内布拉斯加州的捷克人，在美国的所有官员都要经过选举，每一位必须属于三个党派——共和、民主、社会——中的一个。罗斯福的竞选集会，罗斯福用他手中的玻璃杯威胁一位提出异议的农场主，街头演说家身边带着一只小箱子作讲台。）然后春天的节日②，遇到保尔·基施，谈论他的博士论文《黑贝尔和捷克人》。

6月6日。星期四。基督圣体节。像在奔驰的两匹马中的一匹，由于奔跑而自顾自地低着脑袋，抖动着全部的鬃毛，然后竖起脑袋，这时看上去才恢复正常，又开始奔跑，而实际奔驰并没有中断过。

我正在读福楼拜的信："我的小说是我攀附着的岩石，我对世界上发生的事情什么也不知道。"——类似于我五月九日给自己记下的内容。

没有重量、没有骨头、没有身体，两个小时的时间走街穿巷，思考着我下午在写作时克服了什么。

6月7日。心情不好，今天什么也没写。明天没有时间。

7月6日，星期一③。开了一点儿头。还睡过头了一会儿。在这些完全陌生的人群里也感到孤单。

---

① 弗兰蒂泽克·索柯普（František Soukup, 1871—1939），捷克社会民主党议员、记者、作家。他主张捷克的自治权利，为无产阶级争取权益。1911年秋天，他前往美国做巡回演讲。
② 一年一度的布拉格德语社群慈善活动，是德语中产阶级的社交盛事。
③ 这期间卡夫卡先生是和布罗德一同去莱比锡和魏玛旅行（见1912年的旅游日记），之后又在哈尔茨山的荣博恩疗养院休养（7月7日至7月27日）。

7月9日。这么久了什么也没写。明天开始。不然,我又会进入一种逐渐膨胀、阻挡不了的不满境地,其实我已经处在这种境地了。神经过敏又犯了。但如果我能做些事情的话,那我就能在没有迷信的预防措施的情况下做这些事情。

魔鬼的发明。如果我们心中只有魔鬼的话,那不可能是一个,要不然我们就会安宁地、如和上帝在一起般和谐地、没有矛盾地、没有顾虑地、对我们的幕后操纵者毫不怀疑地生活在这个地球上。他的面孔不会使我们恐惧,因为作为魔鬼的表现,我们会在自身机敏的情况下,在看他的时候,也保持着足够的聪明,宁愿牺牲一只手,用它来遮掩住他的脸孔。如果只是唯一的魔鬼拥有了我们,静静地、不受干扰地全盘掌握我们整个的本性,而且保持着瞬间的有支配权的自由,那么,他也会有足够的力量,将我们一生的长度,如此高高地超越上帝的精神而保持在我们的体内,而且来回晃动我们,让我们看不到他的闪光,自然也不会感到不安。只是成群的魔鬼才能构成我们尘世的不幸。他们为什么不互相杀光,只剩下一个呢?或者他们为什么不隶属于一个伟大的魔鬼呢?这两者在魔鬼原则的意义上说,也许最为彻底地欺骗了我们。全部的魔鬼为我们拥有这种极大的细心究竟有什么用呢?如果缺乏统一性的话,魔鬼肯定远远要比上帝更关心一个人的毛发的脱落,这是理所当然的,因为毛发对魔鬼来说是真的掉了,对上帝却不是这样。如果我们有许多魔鬼的话,我们就无法进入安适的境地了。

8月7日。长时间的劳累。终于写信给马克斯说,我不能将余下的几篇誊写得清清楚楚,并不想强迫自己,因此将不出版此书[1]。

---

[1] 指1913年初出版的《观察》。1912年6月,马克斯·布罗德在莱比锡为卡夫卡和出版商罗沃尔特安排了一次会面。回来之后,卡夫卡就开始整理手稿。

8月8日。为暂时的满足写完了《揭穿一个骗子》,并为它用尽了正常精神状态中最后的气力。十二点,我怎么能睡觉呢?

8月9日。激动的夜晚。——昨天女仆在楼梯上跟那个小男孩说:"你抓住我的裙子!"

我朗诵《可怜的游吟诗人》①,若从灵感中流淌出来一样。——在这个故事里可以领悟到格里尔帕策的阳刚之气。如他敢于一切,又什么也不敢。因为只有真实的东西已经存在于他的心中,这种真实的东西本身将在矛盾的瞬间印象中、在决定性的时刻表明其作为真实的东西是正确的。稳稳地驾驭自己,缓慢的步子却什么也没耽误。如果必要的话,不是更早地,而是立即地作好准备,因为他早已看到一切都将来临。

8月10日。什么也没写。在工厂里,并在发动机车间里呼吸了两个小时的汽油味。在发动机前的车间领班和司炉充满了活力,发动机由于一种找不出来的原因而发动不起来。真是蹩脚的工厂!

8月11日。什么也没写,什么也没写。出版这本小书使我失去了多么多的时间啊,而且因为这本小书的出版,我在读旧日写的东西的时候又产生了多少有害的、可笑的自我意识啊。唯有这件事打扰了我的写作,然而在现实中我什么也没有实现,干扰是对此最好的证明。无论如何,我现在一定要在这本书出版之后阻止自己更多地参与杂志和评论,如果我不想自满于把指尖触向真实的事。我已经变得如何难以行动了啊!早些时候,我只要对眼前的倾向说上一句反对的话,我也已经向另一个方面飞去,现在我只是看着自己,我还保持着自己的样子。

---

① 格里尔帕策的一个短篇。

8月14日。写信给罗沃尔特。①

尊敬的罗沃尔特先生!

我在这里呈上您要看的小小的散文,它们可能已经够上一本书了。在我为这个目的编辑的时候,有时候要在我的责任心的慰藉和在您那些美好的书籍中有我这一本书的欲望之间作出选择。我当然不总是纯然地作出决定。但现在,我当然也许是幸运的,如果这事情仅仅使您满意到愿意将它付印的话。最终,即便有极丰富的经验和最大限度的理解,这当中有些不好的地方第一眼也是看不出来的。传布得最广的作家的个性就是,他们每一个人都用完全特殊的方法遮盖他的坏处。

您的忠诚的

8月15日。无所收益的一天。睡过了一天,狼狈不堪。在老城广场庆祝圣母节。男人用一种像是从地洞里传出来的声音,对F. B.②——在写上这个名字之前是怎样的一种窘态啊——想得很多。昨天看《波兰经济》③。——现在O.④背诵了歌德的诗。她是用一种真实的感觉去挑选的。《泪中的慰藉》《致洛特》《致维特》《致月亮》。

我又读了旧日记,而不是让这些东西远离我。我只是如我可能的那样无理智地活着。但三十一页文字的出版对所有的人来说都是

---

① 卡夫卡本想把这封信和《观察》的手稿一同寄给出版社,但在后来的打印版信件上,他又加上了"手稿会用另一封邮件寄去"的字样。手稿中的"罗沃尔特"还拼错了。
② 卡夫卡两天前认识的菲莉丝·鲍尔小姐(Felice Bauer, 1887—1960)。后文中也有用F. 作为缩写的,不再一一加注。
③ 马克斯·温特尔菲尔德(Max Winterfeld, 化名Jean Gilbert, 1879—1942)的一部轻歌剧的标题。
④ 奥特拉。

有责任的,①负有更多责任的当然是我的软弱,它听任这样的状态对我产生影响,我没有全身打颤,我坐在那里思考着,怎样尽可能冒犯地将这一切表达出来。但我那可怕的冷静打断了我的创造力,我好奇于我会怎样从这种状态中摆脱出来。我不让自己被人推搡,我对正确的路径也毫无所知,就是说,那会变得怎样呢?我这一大团身躯是在我这狭窄的路上拼命奔跑?——那么我至少能掉过头去。——我可是做到了这一点。

8月16日。在办公室、在家中什么消息都没有。就魏玛写了几页日记。

晚上,由于我不肯吃饭的事,我可怜的母亲在呜咽。

8月20日。两个小家伙,都穿蓝上衣,大些的上衣颜色较浅,另一个稍小的颜色较深些,每一个小家伙臂弯里都抱满了干草,越过我窗户前面的大学建筑场地,这场地部分长满了野草。他们拖着这些干草上了一个斜坡,整个景象看起来是那样惬意。

今日一早,看见一辆两侧有栅栏的空马车,前面是一匹高大的瘦马。它们都做了最大的努力向一个斜坡上爬着,拖延了好长时间,旁边的人看到了车马都倾斜得厉害。那匹马微微抬起前腿,朝一旁向上伸着脑袋。上面是车夫的鞭子。

如果罗沃尔特将稿子寄回,我又会将一切束之高阁,就好像这事情不曾发生一样,这么一来,我只能像早先一样那么不幸了。

---

① 指卡夫卡委托布罗德寄给罗沃尔特的手稿。

F. B. 小姐。当我八月十三日到布罗德那里,她坐在桌边,就像一个女仆出现在我面前。我也根本没有好奇地想知道她是谁,而是马上对她感到满意。她的空洞表情明显地衬着一张骨头突出的脸庞。她露出脖子,披着短上衣,看上去像是家里穿的便装,尽管她完全不像她后来表现的那样。(我对她有点儿陌生感,是因为我走到离她身体太近的地方。当然,我现在陷入了怎样的一种处境呀,对所有一切好的东西从整体来说都是陌生的,此外,我还不信任这些东西。如果今天在马克斯这里得到的那些文学方面的信息不很使我分神的话,我还想写写有关这个布伦克尔特[1]的故事。它不一定要很长,但一定会击中我的内心。)几乎摔坏了的鼻子,金色的、有点僵硬而没有吸引力的头发,硬挺的下巴。在我正要坐下的时候,我第一次较为仔细地看着她,当我坐下时,我已经有了一个不可动摇的评判。她如何……〔中断〕

8月21日。不停地读伦茨[2],我从他那里——我当时就是如此的情况——唤醒了意识。

不满意的景象是一条街道,因为每一个人都要从他所在的那块地方抬起脚来离去。

8月30日。整段时间没做什么事。从西班牙来的舅舅来访。[3] 上星期六韦尔弗在阿尔科朗诵《生活之歌》和《牺牲》。真是一个非凡的人!但我看着他的眼睛,一晚上我都没避开过他的目光。

我要被动摇一下都很困难,但还是不安。当我今天下午躺在床

---

[1] 一篇残稿的主角,后来又在9月23日的日记里出现过。
[2] 雅各布·米歇尔·莱茵霍尔德·伦茨(Jakob Michael Reinhold Lenz, 1751—1792),狂飙突进运动时期的著名作家。
[3] 阿尔弗雷德·勒维。

上，有人将钥匙插入门锁中迅速转动的时候，我一瞬间觉得这些门锁在整个身体上，就如在一个化装舞会，在短暂的间隔里，一会这儿一会那儿地有一门锁被打开或被锁上了。

《镜》杂志①对当今的爱情和自我们祖父母一代以来爱情的变化举办了民意测验。一位女演员②回答：人们从来没有像今天这般如此美好地相爱过。

在倾听了韦尔弗的朗诵之后，我怎样地被击碎和被振奋了呀！好像我后来简直是粗野地、也竟没有偏差地躺倒在 L.③ 家的聚会上。

这个月里上司不在，本来是可以很好地利用一下的，可是不用自我辩解（将书寄给罗沃尔特，脓肿，舅舅的来访），我将这个月的时间闲混掉了，睡过去了。今日下午我还以梦般的借口在床上舒展了三个小时。

9月4日。来自西班牙的舅舅。他的上衣款式。他对周围产生的影响。他性格特征的细节。——他轻盈地走过前面的房间走进厕所。同时对有人的搭话并没给予回答。——如果人们不去评判一种逐渐进行的转变，而去评判引人注目的许多瞬间，那就会一天天变得温和起来。

9月5日。我问他：人们应该怎样将这些联系起来呢？如你最近说的，你不满意，如人们一再看到的那样（而且，我想，这就如

---

① 一本法国杂志。原是《小巴黎人》的周末增刊。
② 法国女演员露易丝·西尔万（Louise Silvain, 1874—1930）。
③ 可能是卡夫卡母亲家的一次聚会。

同那种适应所特有的生硬所表明的），你在所有的事情中都能适应。他回答道，好像这在我的记忆里溶解了，"在单一的情况下我是满意的，在整体上还远远不行。我常在一座小小的法国式膳宿公寓里吃晚饭，那里显得高雅，而且价格昂贵。例如一个双人间包吃住，每天要付五十法郎。比如我就坐在法国使馆秘书与西班牙炮兵将军之间，在我对面坐着一位海军部的高级官员和某一位伯爵。我对这些人都很熟悉，我向他们大家致意，坐在自己的位置上，不说一句话，因为我正陷入了自己的情绪里，直到我再一次告别致意。然后我独自一人走上街，我真的看不出来，这个晚上应该做什么用。我走回家中，遗憾自己没有结婚。当然这个想法一下子又消失了，要么是我的这个念头已经过去，要么是它自己消散了，但有时候它又出现了。"

9月8日。星期日上午。昨天给席勒博士①寄信。

下午，母亲在旁边房间的一群女人中间与孩子们玩耍，是怎样地大声嚷嚷并将我赶出房间的啊。不要哭！不要哭！等等。这是他的！这是他的！等等。两个大家伙！等等。他不要这个！……啊呀！啊呀！……你觉得在维也纳怎么样，多尔菲？那里好玩吗？……我请您只要看看他那双手。

9月11日。大前天晚上与乌蒂茨在一起。

一个梦：我待在一个由长方石块砌成的伸展到海里的突出的地方。某一个人或更多的人和我在一起，而我的意识是那样强烈，使得我几乎无法了解他们，只知道我是在跟他们讲话了。我能忆起的只是一位在身旁坐着的人抬起的膝盖。一开始我根本不知道我究竟

---

① 卡夫卡在荣博恩疗养院结识的人。

在什么地方,直到一次偶然站起身来,我才看到我的左边和我右后侧是广阔的、清澈的大海,海上有许多排列整齐的战舰。右边是纽约,我们是在纽约港。天空是灰白色的,但总体来说还是明亮的。我转过身,自由地享受着从各方面来的空气,在我的那片地方走来走去,为能看到全部的景色。对着纽约,目光稍稍转向深处,对着大海,目光便抬向高处。这时我也注意到,水在我们身旁激起高高的波浪,一种极为繁忙的国际往来在这大海上进行着,在记忆里我觉得,长长的树干代替了我们的木筏,这些木头扎在一起成为一个巨大的圆捆,在航行时总是以横截面按波浪的高度或多或少地露出水面,同时也按其长度在水中滚动。我坐着,将双脚收到身边;因为兴奋而颤动,因为惬意而简直要把自己埋进了大地。我说道:这真的要比在巴黎林荫大道上的人来人往还要有意思。

9月12日。晚上L.博士[①]在我们家。又是一位要去巴勒斯坦的人。他在实习期满前一年参加了律师职务的考试,并带着一千两百克朗(两个星期)前往巴勒斯坦,原是想在巴勒斯坦政府机构找一个位置。所有这些去巴勒斯坦的人(B.博士、K.博士)[②] 都垂下了眼皮,感觉被听众弄得眼花缭乱,伸出手指在桌上移来移去,变化着声音,发出软弱的微笑,并保持着带点儿嘲弄的笑意。——K.博士叙述了他的学生是大国沙文主义者,嘴上不停地挂着马加比[③],并想成为像他们那样的人。

我发现,我是这么喜欢并善意地给席勒博士写信哩,因为B.

---

① 勒夫(Löw)。
② 卡夫卡的同学胡戈·贝尔格曼和维克托·凯尔纳(Viktor Kellner, 1887—1970)。
③ 指马加比王朝。公元前167年,犹太祭司玛他提亚(Mattathias)领导犹太人对抗塞琉古王朝,后犹大·马加比(Judah Maccabee)继承父志并夺回耶路撒冷的第二圣殿。其家族成员继续斗争,建立了马加比王朝。

小姐①在布雷斯劳待过，这当然已经是两星期之前的事。她的气味却还留在空气中，早些时候，我曾多次想通过席勒博士给她送去鲜花。

9月15日。我的妹妹瓦莉订婚。

> 由于虚弱的
> 缘故
> 我们用新的力量
> 攀登，
> 神秘的主
> 在等待，
> 直至孩子们
> 精疲力竭。

兄弟姐妹之间的爱——父母之间的爱的重复。

独特的自传作家的预感。

让这部天才的作品在我们的周围烧灼出来的那个洞穴是将它的星星之光放进去的好地方，因而那激励是从这天才中来的激励，是普遍存在的激励，是不仅仅驱使人们去模仿的激励。

9月18日。办公室里H.②昨日的故事。敲石头的人在公路上向他苦苦求得一只青蛙，死死地抓住它的脚，然后咬了三口，首先

---

① 菲莉丝·鲍尔。
② 海因里希·胡巴莱克（Heinrich Hubalek, 1866—1939），可能是卡夫卡的"打字员"。

将那颗小脑袋,其次将它的躯干,最终将它的四足全部吞下。要将有着顽强生命力的猫打死:最好是用关门的方法挤压它的脖子,拉扯它的尾巴。——他厌恶那些有害的虫子。在服兵役的时候,有一天夜里他鼻子有点儿痒痒,他在睡梦中将手抓过去,并一下子将一个什么玩意儿捏碎了,后来才发现那个玩意儿就是臭虫,一整天,他身上都散发着这臭虫的味儿。

有四个人共享了一份烤制得相当出色的猫肉,但只有三人明白他们吃的是什么。吃过之后,这三人开始发出喵喵的叫声,但第四个人不愿相信,直至别人将血淋淋的猫皮拿给他看,他才相信,可是没能来得及跑出去,就全吐出来了,而且大病了两个星期。

敲石头的人除了面包,别的什么也不吃,其他就是偶尔得到些水果或者活物,除了烧酒,别的什么也不喝。他睡在砖场的仓库里。有一次在黄昏的时候,这位 H. 在田野里遇上一个人。"站住,"这个人开口说,"要不——"H. 开玩笑地站住了。"把你的香烟给我。"这家伙继续说。H. 给了他一支烟。"再给我一支!"——"噢,你还要一支?"H. 问他,为防不测,握住了左手的多节手杖准备着,同时用右手往他脸上扇了一巴掌,打得他手上的香烟也掉了。这个家伙又胆小又虚弱,一溜烟地跑了。酒鬼都是这样。

昨天与 L. 博士在 B. 那里。——关于雷布·多维德尔的歌曲。雷布·多维德尔是瓦西科夫人,今天去塔尔内。在瓦西科夫与塔尔内之间的一个城市他漫不经心地唱着,在瓦西科夫流着泪唱,到了塔尔内又愉快地唱起歌来了。

9 月 19 日。P.[①] 监察员讲述他十三岁时,口袋里放了七十枚十

---

① 波科尔尼(Pokorny)。

字币,由一位同学陪同出外旅行的事情。当他们晚上来到一家旅馆时,那里正有人在狂欢,那是为市长退役归来举行的庆祝会,他脚边的地上已经放了五十多只空了的啤酒瓶。到处弥漫着烟斗的烟雾,发出啤酒的味儿。两个年轻人站在墙边,喝得醉醺醺的市长在军队里的回忆让他到处都想建立起按部就班的情形,他走向这两个小伙子,并威胁说他们是逃兵,让人强制将他们送回家,不管小伙子如何解释,他仍坚持己见。年轻人怕得浑身打颤,掏出了他们身上的学生证明,并说出 mensa 这个拉丁词的格位变化,一位半醉的老师直瞧着,并没有去帮忙。他们没有得到对他们命运的明确决断,便被迫一起喝酒,他们倒挺满意,白白地喝了如此多的好啤酒,这是他们用自己所拥有的几个钱绝不可能得到的赐予。他们喝得肚子鼓鼓的,直到深夜,最后一批客人离去,他们就被安排睡在一间空气不流通的房间里,身子下面铺的是一层薄薄的稻草,睡得完全像主人一般。只是到了凌晨四点钟,一个身材高大的女仆拿着扫帚走来,声称没有时间了,如果他们不自动离开,就要将他们扫进晨雾里去。这个房间被稍稍清扫后,有人将两大罐满满的咖啡放到桌上,当他们用调羹在咖啡中搅动时,咖啡表面时不时地出现大块暗色的、浑圆的东西。他们以为,这些东西待一会儿就能弄清楚的,便胃口不错地喝了起来。在喝到一半的时候,暗色的东西让他们害怕起来,他们便求教于女仆。他们这时才发现,这黑色的玩意儿原来是鹅血,是前一天吃东西时剩在罐子里的,有人在早晨还没睡醒的状态中一下子将咖啡倒在了罐子里。这两个小伙子立即跑出去,将全部的东西一滴不剩地吐出来了。后来他们被叫到教士的面前,教士从宗教方面做了短时间的检验之后,断定他们是两个好小伙子,让女厨师给他们端来一盆汤,随之用宗教的祝福与他们告别。作为由神职人员领导的中学住宿学生,他们几乎在所有他们去过的教区里都能喝到这样的汤,受到这样的款待。

9月20日。昨天给勒维和陶西格小姐写信，今天给 B. 小姐和马克斯写信。

9月23日。《判决》这个故事是我在二十二日夜至二十三日，即从晚上十点至早晨六点，一口气写成的。由于长时间坐着的缘故，我几乎无法将僵直的腿从桌子下面抽出来。当故事情节在我面前展开的时候，当我在一处水域中前进的时候，我正处于极度的辛劳与欢乐之中。在这个夜里，我好多次地忍受着背部自身的沉重。好像一切都说出来了，像是为一切、为最陌生的突如其来的想法准备的一场大火，在这大火中它们消逝，又再生。窗外逐渐变蓝，一辆马车驶过，有两个男子过桥而去。两点的时候我最后一次朝钟看去，当女仆第一次穿过前厅的时候，我正写下最后一句。熄灯，同时天已亮了。微微地觉得心痛。半夜消失了的疲倦。颤栗地踏入妹妹们的房间。朗诵。之前在女仆面前说"我一直写到现在"并伸展着全身。没有动过的床铺就好像是刚刚搬进来似的。我确凿无疑地相信，随着这部小说的写作，我正处在写作糟糕的低谷之中。只有如此，只有在这样一种关系中，用如此彻底将身体与心灵公之于众的方法，才能写出东西来。上午躺在床上，不停地睁着眼睛，还有许多在写作的时候一起出现的感情受，比如欢乐，我已为马克斯的《阿尔卡迪亚》① 有了一些美好的设想，当然还想到弗洛伊德，在一处地方想到《阿诺尔德·比尔》②，另一处想到瓦塞尔曼③，还有一处想到韦尔弗的《里辛》④，自然也想到我的《城市世界》。

古斯塔夫·布伦克尔特是一位有着规律习性的简朴之人。他不

---

① 布罗德在 1913 年编撰的一本文学合集。
② 这部小说在 1912 年 5 月出版。
③ 雅各布·瓦塞尔曼（Jakob Wassermann，1873—1934），德国作家。
④ 这篇文章与卡夫卡的《巨大的噪声》一同出现在当年 10 月的赫尔德学会刊物上。

爱没有必要的浪费，对那些嗜好如此浪费之人有着毫不动摇的评判。尽管他是一个单身男子，他还是觉得自己有资格在他熟悉的人的婚姻大事中说出一些决定性的话语，但有些人对他说话的合理性也许只表示了怀疑，他对他们也就不怎么样了。他不习惯于迂回地说出他的意见，也不强留那些不愿倾听意见的人，他的意见正好不适合这些人。到处都有欣赏他的人，他们认同他，他们容忍他，最后还有那些不想知道有关他的一切的人。只要人们好好地去观察一下，那么，每一个人，就连最微不足道的人也一样，都会构成一个转动到这里和那里的圈子的中心，在古斯塔夫·布伦克尔特这样一个本质上特别喜欢与人结交的人身上怎么会是另一种样子呢？

在第三十五个年头，他生命的最后一年，他与一对姓斯特朗的年轻夫妇来往特别频繁。对那位用夫人的钱开了家家具店的斯特朗先生来说，结识布伦克尔特有着各种不同的好处。因为布伦克尔特在够上结婚年龄的年轻人中有着一大群他认识的人，他们或早或晚一定会想着为自己弄一套新式家具，而且出于习惯来说，他们也不会忽略布伦克尔特的忠告的。"我牢牢地把他们攥在手里。"布伦克尔特总习惯这样说。

9月25日。我用强力克制自己去写作。我在床上辗转反侧。我感到头部充血，毫无作用地流过。这是怎样的损害啊！昨天在鲍姆那里朗诵，在鲍姆家中还有我的妹妹、玛尔塔、带着两个儿子（一个服一年志愿役的军人）的布洛赫博士夫人。在将近结束的时候，我的手不由自主地、诚实地在脸前挥动，我的眼里噙着泪水。这个故事的无可怀疑性被证实了。——今天晚上我把自己从写作中拉走。国家剧院里架设起电影摄影机。[1]包厢。O. 小

---

[1] 当晚播放了一系列短片。有科学内容的短片，也有后文提到的但泽和纪念特奥多尔·克尔纳（Theodor Körner, 1791—1813）诞辰的短片。

姐①，有一次神职人员追逐她。她回到家，吓得通身都被冷汗湿透。但泽。克尔纳的一生。一群马。那匹白马。火药的烟雾。吕佐夫的猛烈追击。②

---

① 可能是格蕾特·奥普拉特卡（Grete Oplatka）。她和卡大卡的妹妹奥特拉都是犹太女性与少女俱乐部的活跃成员。
② 克尔纳的一首广为传诵的诗歌。后由舒伯特谱曲。

1913 年

2月11日。 核校《判决》的时候，我写下了目前能想到的这个故事里我所清楚的一切关系。这是必要的，因为这个故事就像是真正的从我身上生出来的满身污秽黏浊的孩子，只有我能用手伸进这个躯体，也唯独我才有这样的兴致：

这位朋友是父亲与儿子之间的联系，他是他们之间最大的共同点。格奥尔格独自坐在窗边，狂喜地在这共同点里不断翻搅，他相信父亲就包含于自身之中，他将一些短促的悲哀的沉思以外都看作是安宁的。现在，故事的发展表明，从这个共同点，从这位朋友身上，父亲抽身出来，并作为对立面在格奥尔格面前出现了。通过其他较小的共同点，那就是通过对母亲的爱和依恋，通过对她的忠诚的回忆，通过父亲本来为商务获得的那些顾客，这位父亲的形象也得到了增强。格奥尔格什么也没有；新娘，在故事中只是通过与这位朋友的关系，也就是与这个共同点的关系而存在着。正因为新婚典礼还没举行，她不能踏进这个维系着父亲和儿子的血缘的圈子里，一下子便被父亲赶走了。这个共同点全堆积在父亲的周围。格奥尔格只觉得它是陌生的东西，独立变化的东西，从没有足够地受他维护的东西，是带有俄国革命影响的东西，只是因为他除了看向这位父亲的目光之外，自己什么也没有。这个判决如此强烈地影响着他，这个判决使他完全脱离于这位父亲了。

格奥尔格这个名字包含的字母如此之多，就像弗朗茨。在本德曼这个名字里，"曼"只是为故事中所有还未知的可能性而给"本德"采取的一种加强的做法。"本德"的字母数量像"卡夫卡"一样多，元音 e 如在"卡夫卡"中同样位置重复的元音 a。

"弗里达"的字母数也如"菲莉丝"一样多，它们有着同样开头的首字母，勃兰登菲尔德开头的字母与鲍尔开头的字母一样，而且与"菲尔德"这个字在意思上也有某种程度的关系。甚至对柏林的想法大约也有影响①，对勃兰登堡的回忆大概也有作用。

2月12日。我在描写这位在异邦他乡朋友的时候，多次地想到了施托伊尔。②现在，大约在写完这个故事之后的三个月，我偶然与他走到一起，他向我说起，他在三个月前已经订婚了。

昨日我在韦尔奇那里朗读了这个故事之后，这位老韦尔奇③出去了，过一会儿他又回来了，他特别夸赞故事中那些形象的描绘。他伸展着一只手说道："我看到这位父亲就在我的面前。"同时他目不转睛地盯着那张他在朗读时坐过而现在空了的沙发椅。

妹妹说："那就是我们的住房。"我对此吃惊不小，她怎么误解了故事里的安排，并对她说："这样的话，父亲只能住在厕所里了。"

2月28日。恩斯特·利曼在一个下雨的秋天早晨因商务出差来到君士坦丁堡，按他的习惯——他已经第十次踏上这趟旅途了——暂不管自己有什么别的事情，先驱车穿过空寂的街道，直去旅馆，按惯例在旅馆里舒适地住下来。天气几乎变凉了，毛毛细雨钻进了车里，他讨厌这个坏天气。在今年的全部商务差旅中，这样的坏天气一直追逐着他，他将车窗摇至高处，倚向一个角落，欲在之后大约一刻钟的路程中睡上一觉。可是因为这段路正好通往商业区，他无法享受宁静，沿街商贩的叫喊声，载重车辆的车轮滚动

---

① "鲍尔"（Bauer）在德语中意为农民，"菲尔德"（Feld）意为田地。
② 奥托·施托伊尔（Otto Steuer, 1881—？），卡夫卡的中学同学。
③ 海因里希·韦尔奇（Heinrich Weltsch, 1856—1936），菲利克斯·韦尔奇的父亲。

声，还有其他的、不仔细琢磨不知从哪儿出来的嘈杂声，例如一群人的鼓掌声，这些声音肯定会干扰他熟睡的。

在他到达目的地的时候，等待他的是一个令人不快的意外。利曼在旅途中大概读到过在伊斯坦布尔最近发生的那场大火，他习惯住的金斯顿饭店几乎完全被烧成了平地。这位车夫当然清楚这件事，可是他完全不在乎这位乘客，完成了乘客的委托，默默地将利曼送到了饭店失火后的现场。这时车夫平静地从驾驶座上下来，如果利曼不拍一下他的肩膀的话，他就会把利曼的箱子卸下来了，车夫后来自然不再去管箱子的事，但他的行动显得那么缓慢，好像没有睡醒似的，又好像不是利曼不让他那么做的，而是他自己改变了主意。饭店的底层部分保存下来了，由于上面均有板条相隔，还可将就住人。一则用土耳其文和法文写成的通知上说，饭店将会在短期内重建得比过去更美、更现代化。这些说法的唯一表现是三个临时工在工作，他们用铲子和锄头朝一边堆积瓦砾和垃圾，再用一个小手推车将它们运走。

不难看出，在这个废墟里住着一部分由于饭店被烧毁而没有了工作的饭店人员。当利曼乘的车子停下来的时候，一位穿着黑色小礼服、系着一条鲜艳红色领带的先生立即小跑着走了出来，向这位闷闷不乐的利曼叙述当时失火的情况，利曼倾听着。这位先生在说话的同时，手指卷绕着他长而稀的胡子的末端，只是在向利曼指出火势从哪里开始，它是怎么蔓延，最终又是怎么整体爆发的时候，他的手指才离开一下胡子。利曼在他讲述这整个过程的时候，目光几乎没有离开过地面，他的手也没离开过车门的把手。他正想招呼车夫说出他该去的另一个饭店的名字时，这位穿小礼服的男子举臂请求他不要去别的饭店，让他就在这个饭店里坚持住下去，在这里他会像过去一样满意的。这当然只是一种虚妄的说法，而且没有人能够记起利曼是这里的老客人。利曼在朝门里和窗里看的时候，也再没有认出这里的一个男的或女的服务员，如此，他作为一个珍爱自己习惯的人问道，他目前究竟应该怎么坚持留在这座已烧毁的饭店里。现在他知道了——对于这种无理要求他忍不住露出了微笑——为饭店里的早先的客人，当然只是为这些客人，都准备了私人住宅中漂亮的房间，利曼只需下令，他就能立刻被带去那里，住房就在附近，他不会浪费时间，作为补偿，房费也很便宜，而且在饮食方面按维也纳食谱，在服务方面比早先在某些方面还不足的金斯顿饭店可能更好、更细致。

"谢谢，"利曼说，同时进了车子，"我在君士坦丁堡只呆五天，在这段时间里我不会去住一家私人住宅的。不，我要去一家饭店。但如果我明年再来，您的饭店又修建好了的话，我当然在您这里下榻。请原谅！"利曼正欲关上车门，门的把手这时却已被饭店的人抓住了。"先生！"这个人恳求地说着，并朝着车上的利曼看去。

"开车！"利曼叫道，匆匆关门，给车夫下令，"去皇家饭店。"可是，不知是车夫没有理解他的意思，或者是车夫在等待着关车门，不管怎么说，他坐在驾驶座上像一座雕塑。饭店的那个人却还是紧紧抓住车门，他甚至还激动地招呼一个同事快过来，让他来帮忙。他特别想招来随便哪一位姑娘，嘴里不停地叫着："菲妮！快来，菲妮！菲妮到底到哪里去了？"站在窗口和门里的人都朝里看去，他们此起彼伏地叫着，人们看得见他们在窗里边跑过去，大家都在找菲妮。

利曼本来是可以用力将挡着他车子去路的、而且显然只有在饥饿的时候才能表现出如此勇气的这个人推离门边的——这个人也明白这一点，因此怎么也不敢朝利曼看——可是利曼在他的旅途中经历的倒霉事已经够多的了，他不会不知道，在这陌生的地方，不管自己怎么有理，也要避免把事情闹大，那是何等重要。因此他又一次心平气和地下了车，暂时丢开那个使劲抓住门的人，不假思索地走向车夫，向车夫重复了自己的要求，又一次向他强调了迅速离开这里的命令,然后走向车门旁边的那个人,抓住那个人的手,看上去用的是一般的握力,但在关节处暗暗地用了那么大的力量压着那只手,使得那个叫喊"菲妮"的人几乎跳起来,并随即松开了抓住车门把手的手指,这叫声同时也是这个人感到疼痛的结果与爆发。

"她已经来了!她已经来了!"这是从各个窗户发出的叫声。那是一位大笑着的姑娘,双手还贴在刚刚做好的发型上,半侧着脑袋,从房子里出来跑向这辆车子。"快!到车里去!雨下大了,"她嚷道,同时抓住利曼的肩膀,将自己的脸孔紧挨着他的脸孔。"我叫菲妮。"接着她轻声地说,并将双手沿着他的肩膀抚摸。

"是呀,他们对我倒真是不坏,"利曼自己嘟哝着,微笑地看了一下这位姑娘,"遗憾的是,我不再是年轻人了,我不能陷进这不稳定的冒险里。""这肯定是一个错误,小姐,"他说着就转身走向车子,"我既没请您来,我也不想与您一起离开。"他又从车上补充道:"您不要再费心了。"

可是菲妮的一只脚已经踏上车子的踏板,两臂交叉在胸前说道:"您为什么不让我为您介绍一处住所呢?"他受够了在这里所受的纠缠,向外朝她躬身道:"请您不要再用无济于事的问题阻拦我了!我去饭店,到此为止吧。请您把脚从踏板上移开,不然您会有危险的。车夫,开车!"——"停住!"可是姑娘叫道,并马上认真起来,想跃进车里。利曼摇着头站起来,用他敦实的身体堵住整个车门。这位姑娘又用头又用膝盖地想把他推开,车子开始在劣质的弹簧上摇荡起来,利曼无法稳住自己。"您究竟为什么不带上我呢?您究竟为什么不带着我走呢?"姑娘不断地重复着这句话。

利曼肯定不用对她施加暴力就能成功地将这位自然是有力气的姑娘挤走,如果不是那位穿小礼服的男子用一种跳跃的步子赶过来从后面支撑住菲妮的话。那位穿小礼服的男子被菲妮替代了下来之后,他好像一直保持着安静,这时他看到菲妮摇摇欲坠,才忍不住使劲地将这位姑娘托进车里。不管怎么说,利曼毕竟是出于委婉的自我保护。这位姑娘感觉到了这种支持之后,她还真的挤进了车里,将同时被人从外面关上的车门拉紧,自言自语似的说"现在总算成了",便先是约略地整理了一下她的短上衣,然后较为彻底地理了一下她的发型。"这真是没见过。"利曼说道,便坐在自己的座位上,与他相对而坐的就是这位姑娘了。①

5月2日。继续写日记变得十分必要了。我不稳定的脑袋,F.,在办公室里精力的衰退,身体上的无能,这些妨碍了写作,而内心却需要它。

妹夫②明天要前往乔尔特基夫③进行军事训练,瓦莉走在妹夫后面,从我们的门出去了。值得注意的是,存在于这种"跟在他身后"的婚姻制度的认可,表明她对这种安排归根结底是接受下来了。

关于园丁女儿前天在工作中打断了我的事情。④我,想通过工作来治愈神经衰弱的这个我,只好听她说了,这位小姐的哥哥在两个月前二十八岁的时候受到了忧郁的侵袭,服毒自尽了。他名叫扬,本来是园丁,是老德沃斯基的有希望的接班人,而且已经是花园的所有者了。在夏季他还是相当不错的,尽管他有着隐居者的性格,但他至少必须与顾客打交道。到冬天就不一样了,他将自己完全封闭起来。他的恋人是一位女公务员——尤尔德妮丝——一位同类,忧郁型的姑娘。他们常常一起去公墓。

---

① 卡夫卡在1913年3月1日写给菲莉丝·鲍尔的信中提到这个写作片段,两天后他中断了记录。1913年之后的日记写在了另一个笔记本上。直到1914年2月16日,他才又开始使用这个笔记本。
② 约瑟夫·波拉克(Josef Pollak,1882—1942),瓦莉的丈夫。
③ 现属乌克兰,当时属于奥匈帝国。
④ 卡夫卡从1913年4月初开始在空闲的下午到园丁德沃斯基的花园里工作。

身型巨大的梅纳塞在做意第绪语戏剧表演。不管怎么说,在他身上有点儿魔术般的东西在与音乐的共鸣中通过它的活动抓住了我。我已经忘记了它。

我今天跟母亲说,我要在圣灵降临节去柏林,并笨拙地大笑起来。"你为什么大笑?"母亲说。(在一些其他的说明中,其中包括"是要考验一下,与谁去永结连理",但我否认这一切,便用诸如此类的解释"没什么"等等。)"出于尴尬。"我说,而且很高兴在这件事情里终于说出了一点儿真实的东西。

昨天见到了 B. 女士①,她安详、满足、率真、清澈,尽管近几年她完成了向老年妇女的过渡,那种当时已经显得累赘的丰腴竟一下子达到了索然无味的肥胖的边缘,而且在下巴处——只要往下巴处稍稍看上一眼——汗毛丛生,稠密的地方已经长成胡须了。

5月3日。我内在的存在出现可怕的不稳定状态。

我是怎样地解开坎肩,向 B. 先生展示我身上的斑疹,我是怎样示意他去旁边的房间。

丈夫被一根木桩——人们不知道这木桩来自何处——从后面击中,打倒,刺穿。他躺在地上,抬起头,伸展双臂,哀哀叫唤。后来,他也已经能摇摇晃晃地站起来一会儿。他除了怎么被击中之外,什么也说不出来,他指着那个大约的方位,按他的看法,木桩是从那个方向来的。这种不停的同样的说法已经使妻子厌倦了,尤其是丈夫又一再地朝另一个方向指去。

---

① 卡夫卡过去的家庭女教师露易丝·贝莉。

5月4日。不断地设想有一把长长的切熏肉的刀，它能最快地、有着自动规律地从一旁向我插进来，切割下十分薄的切片，在迅速切割的时候，这些横断片几乎卷起来飞走了。

在一个清晨，街道的远近左右还空空荡荡。在一条主街上，一个还赤着脚、只穿着睡衣睡裤的男子打开了一家出租公寓的大门。他紧抓住两扇门，作着深呼吸。"你这不幸，你这该死的不幸。"他说着，目光好像先沿着大街平静地扫去，然后越过一座一座的房子。

绝望就是从这里生发出来的。没有地方接纳。

5月24日。与彼克散步。
自负，因为我认为《司炉》是那么好。①晚上我在双亲面前朗诵了它，在极为违心倾听着的父亲面前朗诵的时候，没有一个比我更好的批评家了。在显然难以达到的深处之前，有许多浅显的地方。

6月5日。一般的文学作品内在的优越性，来自于还活着的作者和跟在其作品后面的作者。这是过时的真正含义。

勒维，穿越边界的故事。②

6月21日。从所有的方面来看，我承受着这样的恐惧。在医生那里的检查，当他顷刻间向我压迫的时候，我感到身体空虚不堪。他在我的身体里轻蔑而无可辩驳地发表空洞的讲话。

---

① 这天卡夫卡收到了库尔特·沃尔夫出版社寄来的首版《司炉》的样书。
② 这时勒维又回到了布拉格。6月2日，卡夫卡为他筹划了一次朗诵会。

在我的脑袋里有着庞大的世界，但如何解放我自己和解放它，而不撕成碎片呢？宁愿上千次地撕成碎片，也不要将它阻拦或埋葬在我的体内，我就是为此而生存在这里的，这我完全清楚。

一个大个子男人穿一件拖到脚面的大衣，在一个春寒料峭的早晨，将近五点钟的时候，他用拳头擂击一间小茅屋的门，这茅屋坐落在光秃的山丘附近。他每用拳头擂击一下之后，便附耳倾听一下，茅屋里静悄悄的。

7月1日。宁愿没有意识的孤独。只是面对着我自己。大概在里瓦①会这样。

大前天与《大战船》的作者魏斯②在一起。他是犹太医生，一种典型的最贴近西欧犹太人的类型，人们因此马上感到他是那么平易近人。基督徒的优点，他们在交往中会不断拥有并享受那种亲近的感觉，比如信基督教的捷克人在一群信基督教的捷克人中。

一对新婚旅行的夫妇从赛克塞饭店走出来。那是下午。将明信片扔进邮筒。压皱的衣服，软弱无力的步履，混沌的、不冷不热的下午。第一眼看去很少显露性格的面孔。

伏尔加河畔雅罗斯拉夫尔的罗曼诺夫王朝三百周年庆典的画面。沙皇、公主闷闷不乐地站在太阳光里，只有一位柔媚、纤弱、不很年轻的女子靠着太阳伞，目光微微向前探视。皇位继承人靠在那个身材魁梧的光头哥萨克的手臂上。——另一幅画面上，在远

---

① 卡夫卡计划于9月前往意大利北边的里瓦度假。
② 恩斯特·魏斯（Ernst Weiß, 1882—1940），奥地利犹太小说家、剧作家。1933年流亡法国，德国占领巴黎时自杀。

处,早已走过的男子们在行军礼致敬。①

海报上的百万富翁。影片《金子的奴隶》。简直把他实录下来了。安详、缓慢、目标清晰的动作,必要时加快些步伐。手臂的颤动。富有、养尊处优,昏昏欲睡,但他是怎样地像一个仆人般地跳起来,审视着森林小酒馆那间关押他的房间的啊!

7月2日。为一位二十三岁的玛丽·亚伯拉罕的诉讼报道而啜泣。她因为贫苦和饥饿将她的快九个月的孩子芭芭拉勒死,用的是一条男人的领带。她曾用它作袜带,后来解开用它勒死了孩子。千篇一律的故事。

我用火在我妹妹的浴室表演一幅滑稽的如电影摄像机的图像。我为什么永远不能面对陌生人做这个呢?

我也许永远不会与一个和我在同一座城市里生活了一年之久的姑娘结婚。

7月3日。通过结婚拓宽和提高生存的能力。这是说教箴言,但我几乎感知到了它的意义。

如果我说些什么,它便会马上并永久地失去重要性;如果我将它写下来,它也总会失去,但有时候又获得一种新的重要性。

一条穿了小金珠的链子围在一个褐色的脖子上。

---

① 这段描述的可能是卡夫卡看到的新闻影片。

7月19日。四个拿武器的男子从一所房子里出来。每人身前都持着一根垂直的长戟。有一个男子时时转过脸去看那人是否已经来到,他们站在这里就是因为这个人的缘故。这是个清晨,街道上还空无一人。

你们到底想要什么?来吧!——我们不想这样,别管我们。

内部的耗费是为此作出的!音乐从咖啡馆里传出来,如此地进入一个人的耳朵。艾尔莎·B[①]所说的一次投石的距离变得清晰了。

一个女人坐在纺纱用的绕线杆旁,一名男子用一把插在剑鞘里的剑(他将剑鞘随意地拿在手中)把门顶开了。

男子:他来过这里!
女子:谁?你们想干什么?
男子:盗马贼。他躲在这里。不要否认!他晃动着剑。
女子:举起绕线杆自卫。没有人来这里。别缠我!

7月20日。下方的河面上浮着几艘船,渔翁甩起钓竿,那是一个阴霾的日子。有几个小伙子交叉着双腿倚在码头栏杆旁。

当人们站起身来举起香槟酒杯欢送他们离去的时候,天色已经昏暗了,双亲与一些参加婚礼的客人一直陪到他们上车。

7月21日。不要绝望。对你不感到绝望也不要绝望。如果一切

[①] 布罗德的新婚妻子,即前文中多次提到的陶西格小姐。

看似已经完结，到头来还会有新的力量出现的，这就是说，你还活着。这力量如果没有出现的话，那这里一切就完结了，而且是彻底地完结了。

我不能睡觉。只有梦，没有睡。今天我在梦中发明了一种为坡度较大的公园用的新交通工具。人拿一根树枝，不用太粗壮，将它斜撑在地上，另一端抓在手里，尽量轻轻地像坐在女式马鞍上一样坐在上面，然后整根树枝就会自然向坡下滑行。因为人坐在树枝上，便一起跟随着行动起来，在加足速度的滑行中，人坐在富有弹性的木头上惬意地摇晃。这里当然也有一种利用树枝朝上坡行进的可能性。这主要的优点，除了整个装置简单之外，还在于这根树枝如它本身一样，匀细、灵活、可放下、可举起、可随意地穿过任何地方，包括那些一个人独力难以通过的地方。

我的脖子套上了绳索，被拖拽着穿过一座房子底楼的窗户，而且好像是被一个毫不留心的人肆无忌惮地往上拉，穿过了所有的屋顶、家具、房墙和阁楼，浑身流着血，全身被撕碎了，直至屋顶上出现那副空空的套索，刚刚在冲破屋顶瓦片时它将我的残余部分也丢弃了。

特别的思考方法。感觉上的渗透。一切都是作为思想去感受的，即使是在最不确定的状况中。（陀思妥耶夫斯基。）①

这是内心的一组滑轮。一只小钩子向前推进，任何地方都是隐蔽的，人们第一眼几乎看不出来，而整个机械已在运转。屈从于一种抓不住的力量，就如时钟屈从时间那样，时而这里，时而那里，

---

① 卡夫卡可能在读陀氏的长篇小说《少年》。据布罗德回忆，他对这部作品评价很高。

发出喀嚓声，所有的链条一个挨着一个地按它既定的节奏发出声响。

收集了所有赞成和反对我结婚的说法：

1. 没有能力独自忍受生活，大约不是没有能力生活，完全相反，我可能根本不懂得与另一个人一起生活，我没有能力独自应付我自己生活的冲击，我本人的各种要求，时间与年纪不饶人，模糊不清的写作冲动，失眠，接近于神经错乱的状态——我是没有能力独自去承担这一切的。也许，我当然要补充。与 F. 结合会给我的生存以更多的抵抗力。

2. 一切都让我去做立即的思考。每一个笑话就登在滑稽的小报上，回忆福楼拜和格里尔帕策，看到我双亲为夜间准备放在床上的长睡衣，马克斯的婚姻①。昨天我妹妹说："所有（我们熟悉的）结了婚的人都是幸福的，我不理解。"这种说法也让我思考，我又害怕了。

3. 我必须常常独自一人。我所取得的就只是一种独处的成就。

4. 所有那些与文学无关的事，我都仇视，交谈使我感到无聊（即使这交谈与文学有关），拜访也使我感到无聊，我的亲戚的痛苦和欢乐使我感到无聊，直透心灵深处。交谈夺取了我思考的一切，重要性、严肃和真实。

5. 害怕结合、害怕流逝。以后我永远不再是独自一人了。

6. 我在我的妹妹们面前与在其他一些人面前相比，常常完全是换了一个人，过去尤其如此。无所畏惧、袒露无遗、坚强有力、令人吃惊、容易激动，这些也只有在我写作的时候才表现出来。如果我有妻子作为媒介，让我在所有人面前也能这样该多好啊！那

---

① 马克斯和艾尔莎于 1913 年 2 月 2 日结婚。

么，这不就夺去我的写作了吗？这绝对不成，这绝对不成！

7. 大概会有那么一天，我也许能真的放弃我的职位。结婚，那就是永远不可能的了。

在我们的班级里——阿马利恩高级文理中学的五年级班里，有个小伙子叫弗里德里希·古斯，我们大家都非常讨厌他。如果我们早进教室，并看到他坐在炉子旁他自己的位置上，我们几乎无法理解，他怎么能一下子振作起来再来学校。但我说得不够确切。我们不仅讨厌他，我们讨厌所有的人。我们是一种可怕的集合。有一次，农村学校的督察来校听课——那是一节地理课，教授描绘着，将眼睛转向黑板或窗户，像所有我们的教授，描绘着莫雷阿半岛……〔中断〕

这是开学的日子，将近晚上的时刻。高级文理中学的教授们正坐在会议室里，研究着学生的名单，旁边放着新的班级名录，还讲述他们假期旅游的事。

我这可怜的人！

对马只有着着实实地抽上一鞭子，慢慢给它一个踢马刺，然后一下子将之抽出，现在再用所有的力气将之刺进肉里。

是怎样的灾难啊！

我们疯了？我们在夜晚跑步穿过花园，还摇动着树枝。

我驾着一艘船驶进一个小小的天然港湾。

249

在我中学学习期间,我有时习惯于去拜访某位约瑟夫·马克,他是我去世的父亲的一位朋友。当我中学毕业的时候——……〔中断〕

胡戈·赛弗尔特上中学期间习惯于有时拜访一位名叫约瑟夫·基曼的老单身汉,他跟胡戈死去的父亲很要好。当胡戈出乎意料地马上到国外去接替一个职位而离开家乡一些年的时候,这种拜访便突然中断了。当他后来又回国的时候,他虽打算去拜访这位老人,可是找不出机会来。也许这样一种拜访对于他改变了的看法来说并不适合,尽管如此,他还是常常穿过基曼住的街道。是呀,尽管他有好几次看见他倚在窗旁,大概他也被他瞧见了,总之,他疏忽了这种拜访。

什么都没干,什么都没干,什么都没干。虚弱。自我毁灭,一束地狱的火焰的尖部穿透了地面。

7月23日。和菲利克斯在罗斯托克①。女人们炸裂般的性欲。她们天生的不纯洁性。与那个小伦莘的游戏对我来说是没有意义的。看一眼一位肥胖的女人,她蜷缩在一张藤椅里,将一只脚明显地向后移,随便地在缝制着什么东西,并跟一位老妇人——也许是一位老处女,从嘴巴的一边看去她的假牙总是显得特别大——聊天。怀孕的女人,精力充沛并机智。她的后部划分成平坦的两面,好像经过认真琢磨似的。在小露台上的生活。正如我完全冷冰冰地将这个小姑娘抱在怀里一样,完全不为这冷冰冰的寒意而不快。在"寂静的山谷"里攀登。

---

① 距离布拉格12公里处的一个郊游小镇。

透过商店打开的门看，一位白铁工匠不断地用铁锤敲击着，多么幼稚地坐着工作。

罗斯科夫的《魔鬼的历史》：在现在的加勒比人那里。"在夜里工作的人"被尊为世界的创造者。

8月13日。现在大概一切都完了，我昨日的信是最后一封。这许是绝对正确的。我将遭受什么样的痛苦，她将遭受什么样的痛苦——这与可能产生的共同的痛苦是不能同日而语的，我要慢慢集中自己的精力，她要结婚，这是活着的人的唯一出路。我们两人不可能为我们俩打开一条穿往山崖的路，我们为此哭泣并苦恼了一年，这就足够了。她将从我这些最后的信里看出这一点来。如果不是这样，那我一定会和她结婚的。因为我太软弱了，我无力反对她那关于我们共同幸福的看法，而且不能不完成她认为可以完成的一些事情，只要这事与我有关。

昨天晚上站在星空之下的观景台上。

8月14日。遇上了相反的情况。收到三封信。我无法抵御那最后的一封信。我爱她，竭尽所能地，但爱情在恐惧和自谴中被扼杀而埋葬了。

从《判决》中得出的结论正适合我的情况。我要将这个故事间接地归功于她了。格奥尔格就是毁灭在新娘的手中的。

性交是对在一起幸福的惩罚。尽可能禁欲地生活，比一个单身男子还要禁欲，这对我来说是忍受婚姻的唯一可能。可是她呢？

尽管如此，我们，我和F.，也许完全是平等的，也许我们有相同的未来和可能性，我也许不准备结婚，我已经慢慢地将她的命运推进了死胡同，但这便使我担负起不可逃避的、而且并非无法估量的义务。某一种人际关系的秘密法则在这里起作用了。

给双亲写信①使我很为难，尤其是因为在特别不利的状态中写出来的想法好长时间不愿被改变。今天我却是暂且成功了，至少在里面不存在不真实的东西，而且对双亲来说也是可以阅读，可以理解的。

8月15日。在床上的痛苦直至早晨，从窗户里跳出去是我看到唯一的解决办法。母亲来到床前，问我是不是寄走了那封信②，问里面是不是我原来写的内容。我说，那也许是原来的内容，不过更为尖锐。她说，她不理解我。我回答，她当然不理解我，而且大概还不只是在这件事情上。后来她问我，我是不是要给阿尔弗雷德舅舅写信，他理应得到我写给他的信。我问，他从何说起应该得到我的信。他发了电报，他写了信，他对你也很不错。"这些只是表面的东西，"我说，"他对我来说非常陌生，他完全误解了我，他不知道，我想的是什么和需要的是什么，我跟他毫无关系。"——"那就是说没有人理解你了，"母亲说，"看来我对你来说也是陌生的，父亲也是。那就是我们大家都只是想到对你有害的方面。"——"当然，你们大家对我都是陌生的，有的只是血缘的亲近，但它没有表现出来。当然你们不是想到对我有害的方面。"

通过这一点和一些其他的自我观察，我被引到这样的看法中去了，在我变得越来越明显的坚定和深信不疑之中存在着不少可能性，那就是我能不顾一切而在婚姻中生存下来，而且这婚姻甚至会

---

① 卡夫卡写给菲莉丝父母的信，没有留存下来。
② 即前文提到的卡夫卡写给菲莉丝父母的信。

导向一种对我的情绪大有裨益的发展。不管怎么说，这是一种信念，从某种程度上说，我已经在窗棂上抓住了这个信念。

我将和所有的人隔绝开来，直至失去意识。和所有的人为敌，不跟任何人交谈。

有着一双神秘、目光严肃的眼睛的男子，他肩膀上搭着一堆旧大衣。

雷奥波尔德·S. 一名高大强壮的男子，笨拙、拖沓的动作，松松垮垮的、多皱褶的、黑白方格的衣服，急匆匆走进右边门里的大房间，击着双手，并叫道：菲莉丝！菲莉丝！

一刻也不等待呼喊的结果，他便急匆匆地走向当中的门，他又呼喊着"菲莉丝"，并将这道门打开。

菲莉丝·S. 通过左边的门出现，在门边站住，一位穿着围裙的四十岁的女人：我在这里，雷奥。你最近怎么变得神经质了？你究竟想干什么？

雷奥波尔德猛地一下转过身去，然后停住，并咬了一下嘴唇：啊，在这里！你过来呀！他走向长沙发。

菲莉丝无动于衷：快说！你想干什么？我要去厨房了。

雷奥波尔德坐在长沙发上：甭提厨房了！过来呀！我要跟你说些重要的事情，很值得的。你来呀！

菲莉丝慢慢地走去，将围裙的挂带往上拉一拉：说吧，究竟什么事那么重要？如果你把我当傻瓜，我会生气的，我是认真的。在他面前站住。

雷奥波尔德：那你坐下嘛！

菲莉丝：如果我不想坐呢？

雷奥波尔德：那我就不跟你说了，我一定要你挨近我。

253

菲莉丝：我已经坐下了。

8月21日。我今天得到克尔恺郭尔的《审判之书》①。如我知道的，他的情况与我的情况尽管有本质的区别，但非常类似，至少他处在这个世界的同一边。我得到了他像一个朋友的肯定。我给那位父亲草拟了下面的信②，如果我有力气的话，我想明天将它寄出去。

"您延长了对我请求的答复，这是完全可以理解的，每一位父亲面对每一位求婚者都会这么做的，这当然根本不是引起这封信的原因，最多是让我怀有更大的希望，以为您会去冷静地评价这封信。但我写这封信是出自这样的恐惧，即您的延长回复或您的考虑有着更多的普遍的理由，似乎也是必然的，那不是出自我第一封信中那个能够暴露我的唯一的地方。那么，也就是那个说到有关我不能忍受职务的事。

您大概略过了这句话，但您这就不应该了。您应该做的是，更为加倍地询问清楚，然后我就得给您下面的清楚而简短的回答。我的职务令我不能忍受，因为它与我的唯一的渴求、我唯一的志业——那就是文学——是相矛盾的。因为我除了文学，什么也不是，也不可能是别的什么，如此，我的职务永远也不可能将我拉到它那边，但它大概能将我完全摧毁，我已离此不远了。最糟糕的神经过敏状态无休止地控制着我，今年围绕着我的和您女儿未来的担心和烦恼彻底地表明我已失去抵抗能力。您可能要问，我为什么没放弃这个职务，而且为什么不试图靠文学的工作养活自己哩——我没有那种能力。我只能对此作出这种可怜的回答，我对此没有力量，如果我全面掌握了我的状况，我自然将会迅速毁灭的，倒不如

---

① 索伦·克尔恺郭尔（Soren Aabye Kierkegaard, 1813—1855年），丹麦哲学家。本书是他1833年至1855年的日记选集，1905年被译成德语。
② 给菲莉丝父亲的信。

在这个职务中毁灭算了。

　　现在您将我置于您的女儿面前，她是一位健康、活泼、自然、强壮的姑娘。不论多少次，我也在大约五百多封信中重复了这一点，她都用一种自然是无力说服我的"不"来慰藉我——而真相仍然是，她肯定会随我一起变得不幸，我对此是能够预见的。我不仅通过我自己的外部状况，而且更多的是通过自己的本性表现来判断，我是一个封闭的、沉默寡言的、不爱交际的、怨天尤人的人，但并不能将这些说成是对我而言的不幸，因为那只是我的目标的反射。从我在家中的生活方式至少可以得出这些结论来。现在，我生活在家庭里，生活在最好的、最可爱的人当中，却比一个陌生人还要陌生。在近几年里，我每天和母亲说话平均不到二十个字，与父亲，在某些时候顶多只是互换几句问候的话。与我的那些已经结了婚的妹妹和妹夫们，我根本不说什么，倒并不是跟他们生气。这里的原因很简单，就是跟他们实在是没有多少话要说。所有那些不是文学的东西都令我无聊，我仇视那些东西，是因为它们打扰我、妨碍我，哪怕只是些假想的事。对于家庭生活来说，我缺乏任何想象，除了在最佳情况下作为观察者的想象。我没有亲戚间的感情，我在拜访中看到的简直就是针对我的幸灾乐祸。

　　一段婚姻也许不能够改变我，同样，我的职务也不能够改变我。"

　　8月30日。我在什么地方找得到拯救？到底会有多少的不真实一起被冲上岸来，对此我毫无所知。如果真正的结合像真正的告别一样，同样是由那些不真实交织起来的，那么我一定是做对了。在我自己的身上，没有人与人之间的关系，就没有看得见的欺骗。有限的圈子是纯洁的。

　　10月14日。这条小街的一边砌起一座教堂公墓的墙，在另一边砌起一座带有阳台的矮房子。这座房子里住着退休的官员弗里德里希·蒙克和他的妹妹伊丽莎白。

一群马冲出围篱。

两个朋友早晨骑马出游。

"魔鬼，把我从这神经错乱的境地中拯救出来！"一位年老的商人叫道。晚上由于疲倦躺倒在长沙发上，现在到了深夜只好用尽全力艰难地爬起身来。有人重重地敲着门。"进来，进来，外面的都进来！"他叫道。

10月15日。我大概又拦住了自己，我大概又悄悄地跑了一段近路，又克制住了我在孤独中的绝望。但头仍在痛，失眠在继续。眼下的存在只是为了斗争，或者不如说我没有选择。①

在里瓦②的停留对我来说具有极大的重要性。我第一次理解了一位信奉基督的姑娘③，而且几乎完全生活在受她影响的圈子里。我没有能力为这段记忆写下一些有影响的东西。只是为了自持，我的虚弱更想为我保持住一个迟钝、清晰、空洞的脑袋，只要那些杂乱无章的东西被挤到边上去。但这种状况对我来说是更好的，而不只是缓慢地、隐隐约约地逼近，此外，要让这种逼近加快到来，也许必须要一把早先将我击碎的榔头。

---

① 菲莉丝和卡夫卡之间的危机加剧了。他自1913年9月20日起中断了与她的通信。
② 1913年9月6日，卡夫卡前往维也纳做商务旅行，之后又到意大利去了一段时间，大约待到10月12日。
③ 卡夫卡在里瓦爱上了一个十八岁的瑞士女子，在之后的日记中称她为W.或G.W.。

给恩斯特·魏斯写信的尝试失败。昨天在床上的时候,这封信在我的脑子里已经呼之欲出了。

坐在一辆电车的角落,将大衣披在身上。

G. 教授①正在里瓦旅游。他有一只使人忆起死亡的德意志-波希米亚的鼻子,一副涨红鼓起的面颊配上一张没有血色的瘦削的脸,周围是金黄色的胡须。他很能吃喝,大口吞下热汤,舔着咬下未剥皮的半截香肠,认真地啜饮温热的啤酒,鼻子周围冒着汗珠。这是一种通过最贪欲的目光和嗅觉都无法尽述的令人作呕的举止。

这房子已经锁上了。在三楼的两扇窗户里还亮着灯,还有五楼的一扇窗户里也有灯光。一辆车子停在楼房的前面。一个年轻的男子出现在五楼的窗户旁,他打开窗户,并朝下面的街道看去,外面月光如银。

那是一个很晚的夜里,这位大学生完全没有了继续工作的兴趣,何况这也根本没有必要了,因为他在最近几个星期里确实取得了很大的进步。他大概可以小歇一下,限制一下夜间的工作。他合上了书籍和笔记本,整理一下桌子上所有的东西,并想脱衣服去睡觉。但他突然朝窗户外面看去,当他发现了那满月的光辉时,突然产生了这样的想法,在这个美丽的秋夜再去做一次小小的散步,可能的话,再到什么地方弄杯黑咖啡来振奋一下。他关了灯,拿起帽子,打开朝厨房去的门。一般来说,这对他完全无所谓,那就是他必须要穿过厨房外出,不过这种不舒适却使他的房间房租非常便宜。可是有时候,如果厨房有特别的嘈杂声,或者,像今天晚上,

---

① 约瑟夫·格林瓦尔德(Josef Grünwald),布拉格大学的数学教授。

已经很晚了还想外出，那倒是令人讨厌的。

没有慰藉。今日下午半睡半醒着。痛苦最终必定要使我的脑袋爆炸了，而且两边的太阳穴也是如此。我在这种想象中所看到的，其实是一个射击的伤口，围绕着这口子的是撅起的有着锐利棱角的边缘，就如一只被蛮力敲裂的金属罐。

忘不了克鲁泡特金！①

10月20日。早晨有想象不出的悲哀。晚上读雅各布松的《雅各布松事件》。②唤醒这种力量去生活，做出自己的决定，带着兴致把脚落在准确的地方。他坐在自己的体内，就像一位熟练的划船运动员坐在自己的船上，或者是任何一只船上。我想给他写信。

我没写信，却去散步了，所有接受了的感情通过我遇到哈斯之后与他的谈话而消失了。女人们使我激动，现在我在家里读《变形记》，觉得它并不怎么样。我大概是无望的了，今日早晨的悲哀又来，我无力再对抗它，它夺取了我的每一个希望。我甚至没有兴趣去写一篇日记，大约是因为这里面缺的东西已经太多，大约是因为我看来必定而且始终只能描写一半的情节，大约是因为写作本身就为我的悲哀作出了贡献。

我很想写童话，（我为什么如此地仇视这个字？）W. 可能喜欢的童话，有一次在吃饭的时候，她将童话放在桌下，休息时阅读，当她发现疗养院的大夫已经在她的身后站了一会儿并盯着她看的时候，她的脸红得可怕。有时候，实际是她叙述时持续的激动，

---

① 彼得·阿列克谢耶维奇·克鲁泡特金（Pyotr Alexeyevich Kropotkin, 1842—1921），俄国无政府主义者，他的回忆录是卡夫卡爱读的一本书。
② 西格弗里德·雅各布松（Siegfried Jacobsohn, 1881—1926），犹太裔德国记者、作家、杂志发行人。《雅各布松事件》是他的回忆录。

（我害怕，像我注意到的，在自我回忆时那种简直是肉体上表现出来的劳累、痛苦，在这痛苦之中，思绪空荡的空间慢慢地开启，或者说，也只是刚刚有点儿拱起。）一切都在抵御成为被写成了的东西。要是我知道，她的戒律在里面起作用，对她的事情不要提起分毫（我是在努力地、几乎是不用费力地遵守了这一点），那我也许会满意的，但这不是什么别的，而是无能。此外，我对此有什么看法呢？我今天晚上在一段长距离的路上考虑了这些，因为与W.的结识，我失去了与这位俄国女人的欢乐，原本她也许会让我夜里进入她的房间，这并非是不可能的，她的房间与我的房间斜错着。我晚上与W.的交往是这样的，我用一种敲击的语言敲击我的房顶，我的房间位于她的下面，听她的回答，然后将身子探出窗外，向她问候；有时从她那里得到祝福，有时去抓一根挂下来的带子；有时我坐在窗框上约一个小时，听上面她每走一步的脚步声，将每一个偶然的敲击错误地理解为互通的信号，倾听她的咳嗽，听她入睡前的歌唱。

10月21日。丢失的一天。访问林霍弗尔工厂①。厄棱费尔的讨论会。在韦尔奇那里，下午用餐，散步，现在十点钟在这里。我不停地想着那只黑甲虫②，却写不了。

在渔村的一个小港口，一只小船整装待发。穿一条束脚灯笼裤的男子在监工。两个老水手正扛着麻袋和箱子径直走向栈桥，那里有一个大个子的男子，双腿叉开，接过所有的东西，再将这些东西交给从黑洞洞的船内向他伸出来的不知是哪个人的双手。在占据了港口一隅大方石上半躺着的五个男子，朝着各个方向吹着他们烟斗里冒出的烟。穿束脚灯笼裤的男子时不时地朝他们走去，说上几句

---

① 位于布拉格近郊生产铁路和工厂设备的工厂。
② 指《变形记》。

话，并敲敲他们的膝盖。他们通常从一块石头背后提出一个酒壶，它是放在那里的阴凉处保存着的，一杯浑浊的红色葡萄酒在这几个人的手中传递着。

10月22日。太晚了，悲伤和爱情的甜蜜。在船上任由她含笑地注视着，这是最美的事。只是一直有死的愿望，而还在坚持，单单这本身就是爱。

昨日的观察。对我来说最适合的处境是：倾听两个人的一次谈话，这两个人在讨论一件跟他们关系密切的事，而我对这件事有的只是极为遥远的同情，除此而外，这同情完全是无私的。

10月26日。全家人围坐着吃晚饭。透过没有窗帘的窗户，我看到了热带的夜晚。

"我究竟是谁？"我训斥我自己。我从长沙发上站起来，我本来躺在那上面将膝盖抬得高高的，后来又直起身子坐着。从楼梯间直接通往我房间的门开了，一个低着头、带着审视目光的年轻男子走了进来。在这个狭窄的房间里可能容许的情况下，他围绕着长沙发走了一条弧形的路线，在窗户旁边角落的黑暗处站住了。我想看一看，这究竟是怎么一回事，我走过去，并抓住这个人的手臂。这是一个活人。他微笑地向上——比我个子小点——朝我看着，漫不经心地打招呼，并说"您只管审查我吧"，这样的漫不经心也许应该使我相信了。尽管如此，我仍是从前面抓住他的马甲，又从后面抓住他的上衣，使劲地抖动他的身体。他那根好看的金黄色表链突然引起我的注意，我抓住它，并将它硬扯了下来，固定它的那个纽扣孔被撕裂了。他忍受着，垂首只是看着那被扯坏的地方，无可奈何地紧紧抓住已经撕裂了的孔眼里的马甲纽扣。"你干什么？"

他终于说话了,并让我看他的马甲。"不许说话!"我威胁地说。

我开始在房间里兜圈子,先是步行,再是小跑,最后疾奔,每当我经过这个人的身边,我总要向他举起拳头。他根本不朝我看,而是只顾整理他的马甲。我感到非常自在,我的呼吸变得异乎寻常,我的胸膛在衣服里只感觉到一种巨人般升起的阻碍。

已经好几个月了,一位年轻的簿记员威廉·门茨一直想与那位姑娘讲几句话,在早晨去办公室途中一条很长的街道上,有时在这个地方或那个地方,有规律似的总碰得上她。他已经满足于这种只是停留在企图上的做法——他很少有决心去面对女人们,何况是在时机上不利的早晨,要与一个匆忙赶路的姑娘说话——这巧事却发生了,他在一个晚上——那是在圣诞节期间——看见了那位姑娘在不远的地方走路。"小姐。"他开口了。她转过脸,认出了这位总是在早晨遇到的男子,她并没停下,只是将目光稍稍在他身上停留了一下,因为门茨再也没有讲什么话,她就又接着往前走去。他们走在一条被照得通亮的街道上,人群如潮。在不引起人注意的情况下,门茨可以非常近地跟在她的身后。在这个关键的时刻,门茨想不到能说几句什么适当的话,但他也不想就这么陌生地面对这位姑娘,因为他要将某种如此严肃地开了头的气氛继续下去。在这样的情况下,他竟敢于去拉扯姑娘上衣的下摆,这位姑娘容忍了这种举动,就好像什么也没有发生似的。

11月6日。这突如其来的信心是从哪里来的?让它一直留下吧!我竟能够像一个还算正派的人那样进出所有的门。我只是不知道,我是不是想这么做。

我们不想告诉双亲有关这方面的任何事情,我们每天晚上九点后都聚在一起,我和两个表兄弟,在一处公墓的铁栏旁,那个地方有一处小小的高地,可以好好地眺望一番。

公墓铁栏的左边是一块大大的长满青草的空旷的广场。

11月17日。梦。在一条上坡的路上，大约是在坡道的中段，主要是在可通行车辆的道上，从下边看，由左边开始，那里是垃圾或是变得坚硬的泥土，它们向右边的方向由于脱落而变得越来越低凹，左边却高得像一个篱笆的栅栏那样立在那里。我走在右边，这里的路毫无阻碍，我看见一个骑着一辆三轮车的男子从下面向我驶来，好像是直接对着障碍冲去似的。这位男子像是一个没有眼睛的人，至少他的两只眼睛看上去像两个模糊不清的洞穴。三轮车行驶不稳，显得松松垮垮、摇摇晃晃，却没有发出噪声，几乎是过分沉寂、过分轻飘了。我在最后的一刹抓住了这个人，让他停下来，就好像他是这辆车子的把手似的，并把他引向我刚才通过的缺口。这个时候他朝我倒下，我一下子变得高大无比，将他保持在那个身不由己的姿势中。就在这个时候，这辆车子开始像没有主人似的倒退着开动起来。尽管是缓慢的，但也把我拉走了。我们驶过一辆两侧有栏杆的马车，边上拥挤着好多人，他们都穿着深色的衣服，在这些人中有一个年轻的开路者，他戴着一顶浅灰色卷边的帽子。我从好远的地方便已经看清了这位年轻人，我期待从他那里得到帮助，他却回避地走开了，而且挤进了人群。后来，在这辆马车的后面有一个人朝我走来——三轮车继续不停地滑行，我不得不交叉着双腿深蹲下去——那个人帮了我的忙，但我已经记不起他来，我只知道一点，那是一个值得信赖的人，他现在像是隐蔽在一块绷得很紧的黑色布料后面，我应该尊重他的这种隐蔽举动。

11月18日。我又将要写作了，但在这个时候我对我的写作有着多么多的怀疑呀。从根本上来说我是一个没有能力的、无知的人，这种人，如果不是被迫的话，他不会有任何自己的贡献，而且几乎察觉不到这种压力；他也许进了学校，也许刚好能蹲在一座狗舍里，如果有人将饲料放在了他的面前，他就跳出来，如果他将饲料吞食完了，他就又跳回去。

在一个被太阳晒得炽热的院场上，两只狗从相反的方向迎头跑向对方。

我为给 Bl. 小姐①的信的开头苦恼着。

11 月 19 日。 读日记使我感动。是我现在一点儿也没有安全感的缘故？一切对我来说都是虚构。别人的每一个评论，每一次偶然的目光相遇，即使是已经遗忘了的事情，完全无足轻重的事情，都会在我的内心掀翻一切。每当我只感觉到生活暴力的时候，我就越是感到不安全。我感到毫无意义的空虚。我真的像一只夜间在山区迷失的羔羊，或者像一只跟在这只羔羊后面跑的羔羊，是那样的无望，而且也没有力气去悲痛了。

我有意穿过有妓女来往的街道。从她们身边走过令我感到诱惑，那种与一个妓女同行的可能性是遥远的，但毕竟是存在的。这是下流的行为吗？但我不知道什么更好的做法了，这样的溜达在我看来基本是无辜的，几乎不会使我后悔。我只喜欢胖胖的、穿着旧式的但在一定程度上因挂着不同饰物的衣服而显得华丽且年纪较大的女子，有一个女人大概已经认出了我。我今日下午碰到过她，她没有穿那种职业的服装，没有戴帽子，头发还紧贴在头上，工作服式的上装像厨娘的衣服，随意挎着一只包，大约是去洗衣妇那里。也许没有人能从她那里发现某些诱人的地方，只有我。我们相互间匆匆地看了几眼。现在天色已晚，这个时候天气也变冷了，我看她穿一件贴身的黄褐色大衣，站在窄窄的、从采尔特纳街拐弯的街道

---

① 菲莉丝的朋友格蕾特·布洛赫（Grete Bloch，1892—1944）。后文不再特别加注。

另一边，那里有林荫路。我向她回望了两次，她也接过我的目光，可是我后来还是离她而去。

没有把握的感觉自然来自对 F. 的想法。

11月20日。去了电影院。流了眼泪。看了电影《洛洛特》。那位善良的牧师。那辆小自行车。双亲的和解。没有节制的消遣。先是悲剧电影《船坞里的不幸》，然后是开心的《最终孤零零》。我感到完全的空虚，毫无意义，驶过的电车都有着更多的活生生的意义。

11月21日。梦：法国某政府部门，四个男子围坐在一张桌旁举行一个讨论会。我回忆起坐在右边的那个男子，从侧面看，他有一张扁平的脸，泛黄的皮肤，一只奇长而笔直的鹰钩鼻子（由于脸孔扁平，鼻峰特别明显），黑而浓密的小胡子在嘴上形成一个拱形。

可怜的观察当然又是来自一种虚构，它最下部的末端不知飘荡在空洞的什么地方。当我从写字桌上将墨水瓶拿到起居室，我感到了自己身上不知哪里来的一种坚定性，如此就像一座大楼的棱角在雾中呈现，不一会儿又消失了。我并不觉得自己无望了，在我的心中有什么东西在等待着，它是不依赖于人的，当然也不依赖于 F.。如现在，如果我从这儿离去，那就像一个人一下子跑到田野去了。

这个预言，这种循例而作，这种注定了的恐惧是可笑的。这就是那些当然只存在于想象中的虚构，在这样的想象中唯有那些虚构在统治着，只是这些虚构总是在差不多到达活生生表面的时候，却一下子被淹没了。谁要是有魔术般的手的话，他就会将它藏到机械里去，那么，上千把的刀也不能将它粉碎和驱散。

我追逐着虚构。我来到一个房间里，并发现它们在一个角落闪着白光而交错地移动着。

11月24日。前天晚上在马克斯那里，他变得越来越陌生了，对我来说，他已是经常如此，现在我对他也是这样了。昨天晚上我索性躺上床了。

将近早晨时的梦：我坐在疗养院花园里的长桌旁，那里甚至已是桌子上首，这样竟使我在梦里看见了自己的后背。那是一个阴沉的日子，我肯定已做过了一次郊游，我在一辆汽车里，汽车在斜坡上向前行驶，不久便到达目的地。有人正要将饭菜端到桌上，这时候我看见一个女侍者，一位年轻、柔媚的姑娘，迈着十分轻松或者说十分摇晃的步子，穿一件秋天树叶颜色的衣服，穿过作为疗养院建筑前部的圆柱大厅，下着台阶朝花园这里走来。我还不知道她想干什么，但指向我自己做出询问的样子，并欲弄清我是不是她要找的人。她确实给我带来一封信。我想，这不可能是我等待的那封信，那是一封很薄的信，信封上是陌生的、浅淡而不稳定的书法。我打开信，掏出一大沓薄薄的写满了字的纸，当然所有纸上写的均是陌生的字迹。我开始读信，一页一页地翻阅，并认识到，这肯定是一封十分重要的信，显然是 F. 的最小的妹妹写的①。我带着强烈的渴求开始念起来，这个时候，坐在我右边的人，我不知道是男的还是女的，好像是一个孩子，目光越过我的手臂朝着我的信看来。我叫起来："别看！"餐桌周围神经质的人们开始颤抖起来，我似

---

① 菲莉丝的小妹托妮·鲍尔（Toni Bauer, 1892—1919）。

乎造成了一种不幸。我试着很快用几句话来请求大家原谅，以马上能再继续去读这封信。我又俯下身看我的信，这个时候我注定要醒了，好像是被我自己的叫声弄醒的。我在清醒的意识里强制自己再入梦境，这种情境真的又展现出来了，我还很快地读了信上的两三行模糊不清的字，对于这些字我什么也没记住，同时在继续的睡眠里也失去了这个梦。

一位年纪大、长得魁梧的商人正上楼去他的住处，他膝部弯曲，举步维艰，他的手并不是在抓住楼梯的栏杆，而是在使劲地压住它。在房门前，在有铁栅栏的玻璃门前，如往常一样，他正欲从裤袋里掏出钥匙串，这时，他注意到在一个阴暗的角落里站着一位年轻人，这年轻人正向他鞠躬。

"您是谁？您要干什么？"商人问，还因为爬楼梯累了而呻吟着。"您是商人梅斯纳吗？"年轻人问。"是。"商人回答。

"那我就告诉您一个消息，我是谁，在这里本来是不重要的，因为我本人完全没有参与此事，我只是个传递消息的人。尽管如此，我还是介绍一下自己，我叫凯特，是一个大学生。"

"噢。"梅斯纳说着思考了一小会儿。"那么，有什么消息？"他后来问道。

"我们还是到房间里说这些好，"大学生说，"这是一件并不能在楼梯上了结的事。"

"我好像不知道，我注定要得到这样一个消息。"梅斯纳说，同时向旁边看了一下地板。

"这是可能的。"大学生说。

"还有，"梅斯纳说，"现在是夜里十一点多了，没有人会在这里听我们说话的。"

"不，"大学生回答，"我不可能在这里说的。"

"可是我，"梅斯纳说，"在深夜里不接待客人。"同时他那么用力地将钥匙捅进锁孔里，使得钥匙串上另外的一些钥匙不停发出叮当的响声。

"我从八点开始就在这里等了，我等了三个小时。"大学生说。

"这只能证明，这个消息对您是重要的，而我不需要什么消息。每一个对我来说可以不听的消息就是收益。我并不好奇，您还是走吧，走吧。"他抓住这位大学生的薄薄的大衣，并推开一段小小的距离。然后他稍微地启开房门，从房间里涌出一股强烈的暖气进入走道。"那是不是一条商业的消息？"他又问道，他已经站到了打开的门里。

"这也不能在这里说。"大学生说。

"那我只能跟您说晚安了。"梅斯纳说着，走进自己的房间，用钥匙关上了门，拧开床上的电灯，在装着不少利口酒的小壁橱旁倒了一杯酒，一口喝完，还咂舌作声，并开始脱衣服。正当他靠着高高的枕头，想读一份报纸的时候，他好像听见有人轻轻地敲着门。他将报纸放到被子上，交叉着双臂倾听着。真的又有敲门的声音，而且非常非常轻，声音简直就出自门的下端。"真是一个纠缠不休的猴子。"梅斯纳大笑。当敲门声停止，他又将报纸拿到跟前。可是过一会儿敲门声更响了，而且是直接朝门上敲击发出的砰砰声。好像是孩子的游戏，敲击点分散在整扇门的各个部位，就这样不断敲击着，一会儿是敲击在门下部木头上发出沉闷的声音，一会儿是敲击在门上部玻璃上发出清脆的声音。"我一定得起来了，"梅斯纳摇着脑袋想，"我没法给门房打电话，因为电话机在那一边的前屋里，也许我得叫醒房东到那里去。除了亲手将这个年轻人推下楼梯之外，没有什么别的办法。"他拉了一下头上的毡帽，卷起被子，撑开双手，将自己挪至床边，一双脚缓慢地踩在地上，并穿上内衬软垫的高帮室内鞋。"啊，现在，"他想，咬着上嘴唇，死死地盯着门，"现在又静下来了。但我必须要它彻底地安静。"他自言自语着，并从一个架子上取下一根带有牛角把手的手杖，他抓住手杖的中央,朝门走去。

"外面还有人吗?"他站在锁着的门边问。

"有,"有人回答道,"请您为我开下门。"——"我开了。"梅斯纳说,开了门,手持手杖出现在门前。

"不要打我!"大学生警告地说,并向后退了一步。

"那就滚吧!"梅斯纳说着,用食指指着楼梯的方向。"可我不能走。"大学生说着,一边出人意料地跑向梅斯纳……〔中断〕

11月27日。我必须停下来,而不是直接被摆脱。我并不感到会有失去自我的危险,我感到的是自己的孤立无援,像个局外人似的。但那种最微不足道的写作给予我的坚定感也是不容置疑的,而且是不可思议的。我昨天在散步的时候用目光通观着一切!

打开了大门的女房东的孩子,裹着一块旧的女士头巾,有着一张苍白、呆板且肉乎乎的脸。这孩子就这样在夜里由女房东带到大门口。

女房东的长卷毛狗坐在下面一级台阶上,倾听着我从五楼开始的踩踏声,当我走近它的身边,它就看着我,当我继续走下去,它的目光就追随着我。有一种得到信赖的舒适感,因为它并不觉得我可怕,并将我包括在这座房子及其响动声里。①

图像:船上的年轻人在经过赤道时的洗礼。水手们在闲荡。向着各个方向和高处延伸的船为他们提供在各处坐下的机会。悬在船梯上的那些大个子水手用有力的圆肩膀一步一步地挤向船体,看着下面的奇景。②

---

① 1913年11月,卡夫卡一家搬了家。
② 这段描述的可能是卡夫卡在电影中看到的一幕。

12月4日。长大成人，但年纪轻轻便死去，或者甚至于自杀，这从外部看来是可怕的。在彻底的、也许在继续发展的范围里有着某种意义的迷惘中离去，没有希望或只带着唯一的希望，这番生命中的出现在最终衡量时将被视为不曾发生过的事情。我现在也许就是处在这种境遇里。死亡无非就是把这一种无奉献给那一种无，但这对感觉来说也许是不可能的，因为人们怎么能够有意识地只是把自己当作一种无奉献给那种无呢？这种无不仅是一种空无所有的无，而且也是一种汹涌澎湃的无，它的虚无只是在它的不可理解里存在。

男人们的圈子，他们分别是主人和仆人。有着劳动锻炼出来的闪烁着生动光辉的面孔。那位主人坐着，仆人将吃食放在盘子上送给他。在两人之间再没有更大的差别，再没有其他更为有价值的差别了，例如，由于无数的情况交汇，一个生活在伦敦的英国人与一个其时独自在暴风雨中驾着船在海上航行的拉普兰人之间的差别。当然仆人可以——这也只是可能——成为主人，但这个问题，也许可能得到解答，在这里却不成为问题，因为这涉及对瞬间关系的瞬间评价。

被每一个人，当然包括最好交往和最顺从的人，有时候即使只是依从某种感觉去怀疑的人类的统一性，也在完美的、不断发现总体的与单独的人类发展的共同性中，从另一个方面向每一个人做出展示，或者说看上去本身在展示。即使是在个体最封闭的感觉里。

对愚蠢的恐惧。在每一种径直追求的、将所有其他事情忘得一干二净的感觉中去看这种愚蠢。那么，什么是不愚蠢呢？不愚蠢就是，在门坎前入口的一旁若乞丐似的站着，腐烂，倒下。但 P. 和

O. 是令人作呕的傻瓜。①世上肯定有愚蠢的行为，这种愚蠢行为比它的体现者更为厉害。这些小傻瓜在他们各种愚蠢行为中互相表现出的紧张神态大概就是令人作呕的地方。但基督在法利赛人②看来不是处在同样的情况中吗？

神奇的、完全充满矛盾的想象，有一个人，比如他在夜里三点死去，旋即在晨曦将至的时刻进入了一个更高形态的生命。在看得见的人类与所有其他东西之间存在着怎样的不相容啊！从一种秘密中接着出现的总是一种怎样更大的秘密呀！在最初的瞬间，人类的算术家就被弄得精疲力尽，人们本来必定就是害怕走出房屋的。

12月5日。我是怎样对我的母亲发怒的呀！我只要开始跟她谈话，就已经发怒了，几乎喊叫起来。

O. 也感到痛苦起来了，而我却不相信她正痛苦着，不相信她会感到痛苦，这与我的理解相悖；我不相信这一点，为的是不必站在她一边，我也许做不到，因为我也对她发火了。

我看F.是表面的，至少有时候这样，只是一些数不清的个别细节。因此，她的形象同时是那么清晰、单纯、本真、轮廓清晰又几近透明。

12月8日。魏斯小说中的架构。消除它的力量，做这件事的义务。我几乎要否认经验。我要安静，一步一步地，或者奔跑，但不是料想到的蝗虫的飞跃。

---

① 指他的妹妹奥特拉和未来的妹夫约瑟夫·大卫（Josef David, 1891—1962），昵称佩珀（Pepo），后者是一个信奉天主教的捷克人。
② 伪善者。

12月9日。魏斯的《大战船》。当故事的情节展开时,效果减弱。世界被战胜了,我们睁大眼睛旁观。因此,我们可以静静地转过身去,并继续活下去。

憎恨积极的自我观察。心灵的解释,诸如:我昨天曾是如此,因此之故,我今天是如此,因而就这样。这是不真实的,不是因为这样和不是因为这样,因而也就不是如此和如此。静静地忍受,不要鲁莽,像人们所必须地那样生活,不要奴性十足地四处奔跑。

我在灌木林里睡着了。一阵响声将我惊醒,我发现我的手里有一本书,我早先读过这本书。我扔下它,跳了起来。那时刚刚是午后,我所在的小小的高地前面,延展着一大片低处的平地,有村庄、水塘和高高的芦苇似的灌木丛。我将双手放在臀部,用眼睛看清了一切,并同时谛听着那种响声。

12月10日。人不可能不想到那些发现。

部门主管①有一副笑逐颜开的、年轻的、奸猾的、松弛的面孔,我在他那里还从没有看到过这副面孔,只是今天在那一瞬间,当我给他朗读局长②的一篇文章时,偶然抬头看他一眼才注意到。这时,他突然耸起肩膀,将右手插进裤袋,好像成了另外一个人。

注意并判断所有的事态是永远不可能的,这些所有的事态影响到瞬间的情绪,甚至在情绪中发生作用,最终也在判断中发生作用,因此,说昨天我感觉坚强,今天我却绝望了,这是错误的。这

---

① 欧根·普弗尔。
② 罗伯特·马施纳。

样的区别只是证明，人们情愿让自己受影响，并尽量地与自己隔绝，躲藏在偏见和幻想的后面，过一种做作的生活。就像一个人有时待在小酒馆的一个角落，一小杯烧酒便足以将其掩藏，只是与自己一个，与喧闹虚伪、无法证实的想象和梦境交谈。

将近半夜，一个身穿暗灰色修身方格大衣的年轻人正走下通过那间小歌剧厅的楼梯，他衣服上还稍稍沾有几片雪花。他在售票桌边付了款，桌子后面半睡半醒的小姐被吓了一跳，并用黑色的大眼睛直视着他，他站了一小会儿，俯看一下那个在他脚下还有三级台阶的厅堂。

几乎每天晚上，我都去国家火车站，今天，因为下雨，我在大厅那里来来回回走了半个小时。那个小伙子不断地吃着从自动售货机取出的甜食。他将手伸进口袋，从口袋里抓出一把零钱，漫不经心地扔进投币口，吃东西的时候，还读着上面的说明文字，吃的东西掉下几块，他将它们从肮脏的地上拣起来，又直接放进嘴里。——那位安静地靠着窗口咀嚼着什么的男子与一位妇人、一位亲戚在亲密地交谈。

12月11日。在托因比大厅①读了《米夏埃尔·科尔哈斯》②的开头部分，完完全全、彻头彻尾的不成功。选择得不好，朗诵得不好，最终是在文章里毫无意义地游来游去。典范的听众。第一排是非常年轻的小伙子。有一位不停地将帽子小心翼翼地扔在地上，然后又小心翼翼地捡起来，想以此来打发他无辜的无聊。因为他个子太小，无法从座席上做这件事，他总是要少许地从坐椅上滑下

---

① 犹太人托因比大厅是一个慈善组织，经常组织晚间讲座活动，不收门票，观众多为贫民。
② 德国作家克莱斯特的一部中篇小说。

来。朗读的人显得粗野、糟糕、不仔细、无法理解。下午的时候我已在要朗读的欲望面前颤抖了，几乎不能闭上嘴巴。

真的不需要推击，只是拉回最后使用在我身上的力量，而我便进入了将我撕成碎片的绝望。当我今天设想我在朗诵的时候一定要保持镇静时，我问自己，这将是一种什么样的镇静呢？它基于什么会是有道理的呢？而我只能说，那只是一种出自它本身缘故的镇静，一种不可理解的恩赐，否则什么也不是。

12月12日。早上，在相对程度上我是非常清爽地起床了。

昨天在回家的路上，那位身穿灰色衣服的小伙子在一群小伙子旁边并排奔跑，捶击自己的大腿，且另一只手抓住另一个小伙子，并发出喊叫声——颇随口的样子，我无法忘记这情景："今天真是太棒了。"①

我带着这种清爽，今天按照稍许改变了的日程安排，在大约六点走向街道。可笑的观察，我什么时候才会根除这个哩。

我刚刚在镜子里仔细地察看我自己，对我来说，这番对面孔——当然只是在我身后，依赖晚上的照明和光源，本来也只有耳朵边缘的绒毛被照出来——细致的观察，要比我现在对自己的认识更好。一副清晰的、明显是有教养的、几乎轮廓漂亮的面孔。黑色的毛发，眉毛和眼窝像从其余的期待着的部分里透出的生命。目光仍然炯炯有神，没有憔悴的痕迹，但这目光也并不单纯，更确切地说，有力得令人难以置信，但它只是在观察，因为我正在观察自

---

① 原文为捷克语。

己,并想让自己害怕。

12月13日。昨日长时间没有入睡。F.。终于有了这个计划,而我因此睡得并不安稳,我请魏斯带一封给她的信到办公室,在这封信里什么也没多写,只是一定要得到她的消息或者有关她的消息,因此派出了魏斯,好让他给我写有关她情况的信。此际,魏斯坐在她的写字桌边,直到她读完这封信,魏斯弯了一下腰,因为他没受到别的委托,而且也几乎不可能得到答复便走了。

公务员协会的讨论晚会。我主持了这个会议。滑稽的自尊心的源泉。我开场白的这句话:"我不得不带着这个讨论会开始了的遗憾来主持今天晚上的讨论会。"就是说我没有及时知道这个会议,因此没有准备。

12月14日。贝尔曼①的朗诵会。没有什么,但是带着一种感染性的自我满足感去朗诵的。姑娘似的面孔有点甲状腺肿大。几乎在说出每一个句子之前,面孔上肌肉的抽缩都是一样的。就像打喷嚏的情况。一段有关圣诞市集的诗节出现在今天日报上他的文章里。

先生,为您的小家伙们买下它吧,
好让他们大笑而不流出眼泪。

引用了萧伯纳的话:"我是一个坐得太久、胆怯的市民。"

在办公室里写了给 F. 的信。

---

① 著名的新闻记者理查德·阿诺德·贝尔曼(Richard Arnold Bermann, 1883—1939),化名阿诺德·霍尔里格尔。

当我上午在去办公室的路上遇到从讨论会出来的与 F. 长得相似的姑娘的时候，我吃了一惊，在瞬息之间，我不知道这位姑娘是谁，而只注意到，她虽然与 F. 相似，却并不是 F.。可是除此而外，还有更多与 F. 有联系的东西，也就是让我在讨论会上看到她后更多想到 F. 的那种联系。

现在读到陀思妥耶夫斯基的这个地方，使我忆起我的《不幸》。①

12 月 15 日。给魏斯博士和阿尔弗雷德舅舅的信。没接到电报。

读了《我们 1870/71 的年轻人》。②带着压抑的叹息又读到了胜利的和鼓舞人心的场面。安安静静地做父亲，安安静静地与他儿子交谈。然后他可不必把玩具小锤放在心脏的位置。

"你已经给舅舅写信了吗？"母亲问我，一如我早就怀着恶意等待着似的。她也早就害怕地观察着我。基于种种原因，她第一是不敢问我，第二是不敢在父亲面前问我，最终还是担心地问了，因为她看到我正想出去。当我从后面走过她的坐椅的时候，她目光离开纸牌朝上看了一下，用一种早已消失的、不管怎样在这个瞬间又重新出现的温柔，将面孔转向我，并问了这个问题，目光只是朝上一瞥而过，还胆怯地微笑了一下。就在提这个问题的时候，还没有得到任何答复，她已经感到受了屈辱。

---

① 收录在《沉思》里的一个短篇。这里指的是《卡拉马佐夫兄弟》的第九章《魔鬼》。
② 赫尔曼·沙夫斯坦出版社 1913 年的出版物。

12月16日。"炽天使狂喜得如雷般的喊叫。"①

我坐在韦尔奇那里的摇椅上,谈论关于我们生活的杂乱无章,他总还是怀着某种信心("人们一定要想到那个不可能的东西"),我却没有这种信心,我看着我的手指,处在我内在空无的代理人的感觉之中。这种空无是独一无二的,却也并不过分。

12月17日。给 W. 的委托信。② "正朝外溢,可只是一只放在冷炉子上面的锅。"

贝尔格曼的演讲《摩西和当代》。纯粹的印象。——不管怎么说我与此毫无干系。在自由与奴役之间交叉着实实在在的可怕的路,没有引向下段的距离,而且已经走过的那一段距离也马上消失了。这样的路有无数条,或者只有一条,人们不能对此下断语,因为无法一目了然。我就在那个地方,我不能离去。我不会抱怨自己。我的痛苦并不过分,因为我遭受的痛苦并不是互相关联着的,它不是聚积在一起的,至少我暂时感觉不到这一点,我巨大的痛苦远远地处在那种我大约应得的痛苦之下。

一个男子的侧面剪影,这个男子半举起手臂,用各种姿势举着手臂向着浓密的雾走了进去。

在犹太教中产生了美好而有力的分离。人们有了位置,人们更好地看到自己,也更好地评判自己。

---

① 这句话出自《卡拉马佐夫兄弟》。
② 魏斯。应该指的是前文中委托他去见菲莉丝的事。这封信没有留存下来。

我累了,我去睡觉。事情在那里大概是定好的了。①做了许多与此有关的梦。

Bl. 虚假的信。

12 月 19 日。F. 的信。美丽的早晨。感觉到血的温热。

12 月 20 日。没有信。
一副平和面孔的效果,一次平静讲话的作用,特别是一个陌生的、还没有被看透的人的面孔和讲话。从一个人的嘴巴里发出了上帝的声音。

一个老人于一个冬天的晚上在浓雾中穿过街道,外面是刺骨的寒冷,街道上空无一人。没有人从他身边走过,只是有时他看到远处雾稀的地方站着一位身材高大的警察,或者一位穿着皮衣或戴着头巾的女人。没有什么是他关心的,他只是想去拜访一位朋友,他已经好长时间没去这位朋友那里了,这位朋友现在正让一位女仆来接他。

当商人梅斯纳房间的房门发出轻轻的叩击声时,已经是子夜后好长时间了。他总是在将近早晨的时候入睡,现在肯定醒不了了,直到他醒来都习惯于腹部朝下趴在床上,把脸埋在枕头里,伸展着胳膊,将双手交叠在头上。这时,他立即听到了敲门声。"是谁?"他问道。一阵听不懂的嘟哝,回答的声音比敲门的声音还轻。"门是开着的。"他说,并拧开了电灯。一个身材瘦小、戴着大头巾的柔弱女人进来了。

---

① 指魏斯去拜访菲莉丝的事。

1914年

1月2日。与魏斯博士愉快地度过了许多时间。

1月4日。我们在沙子里挖出了一个长方形的洞,很舒服地待在里面。夜晚我们一起缩在了洞的中间,父亲用树干作架,并在上面扔一些灌木枝条,遮盖住这个洞。在风暴和野兽面前,尽可能让我们是安全的。当这些木头下面变得彻底黑暗的时候,我们常常战战兢兢地叫着"爸爸",可是父亲一直没有出现。后来我们从缝隙中看到了他的脚,他滑行到我们的面前,轻轻地拍拍我们每一个人,当我们感觉到他的手,我们感到了慰藉,后来我们就一起入睡了。除了双亲,我们是五个男孩和三个女孩,在这个长方形的洞里,我们觉得太狭窄了。但如果我们在夜里不互相挨得这样近的话,我们会害怕的。

1月5日。下午。歌德的父亲在昏沉中死去。[①]在他最后生病的时间里,歌德正写着《在陶里斯的伊菲涅亚》。

"把这个婆娘弄回家去,她喝醉了。"不知哪一位宫廷官员向歌德指着克里斯典娜说道。

那位像他母亲一样酗酒的奥古斯特总是放荡地与女人们混在一起。

父亲出于社交的考虑,指定这位不讨人喜欢的奥蒂莉为他的妻子。

沃尔夫是外交家和作家。

瓦尔特是音乐家,没能通过考试。成月地退隐在有小花园的房子里；沙皇皇后想看他时：

"请告诉皇后，我不是野兽。"

"我的健康与其说是铁，还不如说是铅。"

沃尔夫浅陋的没有成绩的文字工作。

顶楼房间里的老人聚会。八十岁的奥蒂莉，五十岁的沃尔夫，以及年老的朋友们。

在如此极端的状况下，他们才注意到，他们每个人从自身来说都无可挽救地失落了，只有在观察别人和统治着他们以及所有人的法则的时候才能得到慰藉。沃尔夫从外表看是怎样随和呀，让他四处移动，鼓励他，勇气十足，工作起来井然有序——他的内心却又是怎样地克制和无法撼动啊。

为什么楚科奇人②不从他们可怕的土地上迁徙出来呢？跟他们现今的生活相比，跟他们目前的愿望相比，他们也许在什么地方都会生活得更好。但他们不能这么做，所有一切可能的事情已经发生了，只有那些发生的事情是可能的。

一位来自较大邻城的葡萄酒商人在 F. 小城建了一个小酒馆。他在环形广场上的一所房子里租了一间拱顶地窖，墙上画了东方风味的装饰画，屋内安置了几乎已经不能再用的长毛绒制品的家具。

1月6日。狄尔泰：《体验与诗》。③对人类的爱，对由人类造就的所有形式的最高敬意，到最合适的观察位置上的一种静悄悄的

---

① 卡夫卡在阅读《歌德家中的悲剧》。
② 西伯利亚东北部的民族。
③ 威廉·狄尔泰（Wilhelm Dilthey，1833—1911），德国哲学家、历史学家、心理学家、社会学家。这部著作是整体心理学文学理论的代表性著作之一。

后退。路德年轻时的文字,"来自一个看不见世界的强大影子,为谋杀和血腥所吸引,进入到这看得见的世界"。——帕斯卡尔。①

为 A.② 给其岳母的信。L. 吻了那位男老师。

1月8日。凡特尔朗诵。《金首》③:"他撂倒敌人就像撂倒一只桶。"

不安定、枯燥、安逸,一切都将在这里面消逝。

我与犹太人有什么是共同的呢?我几乎都没有一点儿与自己是共同的东西,我应该完全静静地为我能呼吸、能在一个角落里待着而感到满意。

描述难以解释的感觉。A.:自从这事情发生以来,看到女人就使我痛苦,但这大概不是性的激动,也不是纯粹的悲哀,它只是使我难受。在我对丽丝尔有信心之前,也是这样的情况。

1月12日。昨日:奥蒂莉不正当的恋爱关系、年轻的英国人。——托尔斯泰的订婚,一个温柔、暴躁、压抑、充满预感的年轻人留下的清晰印象。身穿深色和深蓝色衣裳,很漂亮。

---

① 布莱塞·帕斯卡尔(Blaise Pascal, 1623—1662),法国数学家、物理学家、哲学家。
② 阿尔伯特·安岑巴赫(Albert Anzenbacher, 1885—1916),卡夫卡的同事。后文中的 L.(丽丝尔)是他的未婚妻,A. 认为她背叛了自己。
③ 布拉格作家里奥·凡特尔(Leo Fantl)。《金首》是法国剧作家克洛岱尔(Paul Claudel, 1868—1955)的作品,由凡特尔的朋友、翻译家黑格纳译成德语。

在咖啡馆里的姑娘。紧身的裙子，白色的、宽松的、镶皮毛的丝绸上衣，裸露的脖子，出自同样丝绸料子、戴在头上极为合适的灰色帽子，她有一张在呼吸时永远运动着的、饱满的、大笑的面孔，友好的双眼当然显得有点儿矫揉造作。在想到 F. 时我的面孔变得热起来。

回家的路，清澈的夜，在我心中只有对模糊的清晰的意识，这意识走得那么远，有着无遮无拦不断延伸着的极大的清晰度。

尼可莱，《关于当代文学的通讯》。①

对我来说有着各种各样的可能性，但这些可能性是被压在什么样的石头下面啊？

飞快地前行，在马上——

青年时代的无意义。恐惧青年时代，恐惧无意义，恐惧不近人情的生活无意义的出现。

忒尔赫姆："他具有那种心灵生活的自由灵活，这种灵活性在变换的生活环境里总是通过全新的方面令人吃惊不已，就像真正诗人的创造所具有的那种灵活性。"②

1月19日。在办公室的恐惧随着自我意识而交替变化着，否则会更有信心的。对《变形记》大为反感。不可读的结尾。不完美几

---

① 德国文学家莱辛创办的刊物，尼可莱也为其供稿。
② 引自狄尔泰的《体验与诗》。

乎直至根本。如果我当时未受商务旅行打扰的话，它会变得更好的。①

1月23日。高级督察 B.② 叙述一个与他友好相处过的退役上校，他大开着窗户睡觉："在夜里是很舒服的，只是到了早晨我不得不除去放在窗边的无靠背沙发上的积雪，然后才开始刮胡子，这就不怎么舒服了。"

图尔海姆伯爵夫人的回忆录：
母亲："拉辛尤其适合她温柔的举止。我常常听说，她是如何地向上帝祈祷，愿上帝让他永远安宁。"

肯定的是，他（舒沃罗夫）在俄国驻维也纳大使拉索莫夫斯基伯爵设的盛大宴会上像一个非常贪吃的人猛吃着桌上的佳肴，根本不等别人动刀叉。他要是吃饱了，站起身来便走，让客人们单独待着。
按一幅版画描绘的一位柔弱、坚定、迂腐的老人。

"这对你是不一定的。"母亲糟糕的安慰。最坏的是，我在这个瞬间几乎不需要更好的安慰。在这件事里我受了伤，而且还在受着伤害，但有规律的、鲜有变化的、过去几天还算忙碌的生活紧拉着我（办公室里有关"经营"的工作③，A. 对他未婚妻的忧心，奥特拉的犹太复国主义，姑娘们在朗诵萨尔滕及希尔德克劳特作品时的享受④，朗读图尔海姆的回忆录，给魏斯和勒维的信，校对

---

① 1912年11月25日至26日，卡夫卡因前往克拉佐出差而中断了写作。
② 巴特尔（Bartl）是保险局上诉部门的主管。
③ 可能是上一年的工作报告。
④ 费利克斯·萨尔滕（Felix Salten, 1869—1947），奥地利小说家、剧作家、记者。约瑟夫·希尔德克劳特（Joseph Schildkraut, 1896—1964），奥地利演员。两人都参加了1914年1月21日由巴尔·科赫巴协会组织的节日晚会。

《变形记》),并给我某种程度的坚定和希望。

1月24日。拿破仑时代:节日庆典是怎样地接连发生啊,所有的人都那么匆忙地"享受短暂和平时期的欢乐"。"另一方面,女人们在这似箭的光阴中给这些欢乐施加着她们的影响,她们真不想丢失这些时间,那个时期的爱情在较高的热情和更大的献身中表演出来了。"——"在今天,一个软弱的时刻再也找不到什么托辞了。"①

没有精力给 Bl. 小姐写上几行字,已经有两封信没有回复了,今天收到第三封信。我对什么都理解得不正确,我虽然意志坚定,但觉思想空乏。最近,当我又一次在固定的时刻走出电梯时,我突然想起,我的生活,随着它的时日越来越深地朝着细微末节里千篇一律地发展,跟惩罚性的作业十分相似,被惩罚的学生必须要按他的错误十倍、百倍地写下常常是同样的,至少是重复的、没有意义的句子,不过在我这里所说的惩罚就是:"能忍受几遍就几遍吧。"

A. 不能安静下来。尽管他对我信任,他想从我这里得到建议,我在谈话中获悉的总只是那些最坏的细节,同时我总不得不尽量压下那突然的惊愕,也不得不产生这样的感觉,他要不是将我对这种可怕陈述的无动于衷看作是冷漠,就是将它看作极大的安慰。这也就是我的本意。我知道的接吻这件事的情况如下,部分是通过几个星期分开的讲述:一位老师吻了她——她在他的房间里——他多次地吻她——她按时来到他的房间里,因为她为 A. 的母亲做了一件手工活,而教师那里的灯光很好——她听任老师吻她——他早先就向她表达过爱情——她还是不顾一切地与他一起散步——想送

---

① 阅读回忆录时的笔记。

他一个圣诞礼物——她有一次写道,我遇到了一点儿不舒服的事,但什么也没留下。

A. 以下面的方式盘问了她:那是怎么一回事?我想非常清楚地知道这件事。他只是吻你吗?是经常这样吗?去哪儿了?他没有压在你身上吗?他触摸你了吗?他想脱你的衣服了吗?

回答:我坐在长沙发上正做着手工活,他坐在桌子的另一边。后来他走过来,在我旁边坐下,并吻我,我推开他,退到沙发的靠垫上,并把头埋在垫子上。除了接吻什么也没发生。

在提问的时候她曾说:"你是在想什么呀?我是一个姑娘。"

现在我突然想起,我给魏斯博士的信是这样写的,他完全可以让 F. 看这封信。如果他今天做了这件事,并因此而推迟了他的回信,会怎样呢?

1 月 26 日。我无法将图尔海姆的回忆录读下去,它也构成过我最近时日的快乐。给 Bl. 小姐的信现在在路上了。这种事是怎样地纠缠着我,并使我忧心忡忡啊。双亲在同一张桌子上打牌。

双亲和他们长大成人的孩子们,一个儿子和一个女儿,星期日坐在桌边。母亲正好站起来,用长柄勺在大肚形汤罐里舀汤,分给每个人,突然整张桌子抬高,桌布飘起,平放着的手都滑了下来,汤带着肉丸子流到了父亲的腿上。

现在我几乎骂起了母亲,因为她将艾莉的《凶恶的无辜》①藏了起来,本来我昨天就想将它交给艾莉的。"给我放下这些书!否则我什么也没有了。"我真的怒不可遏地讲了这些话。

---

① 奥斯卡·鲍姆的小说。

图尔海姆父亲去世："紧接着走进来的医生们发现脉搏太弱，留给病人活命的时辰更为少了。我的上帝，他们谈论的是我的父亲——只有几个小时残喘的时间，然后他就得死去。"

1月28日。关于卢尔德奇迹①的演讲。自由思想的医生，有活力、强壮的全副牙齿，极为欢乐地从嘴里滚滚流出的话语："现在，德国的彻底与真诚结成一条战线来对抗异族的江湖医生，是时候了。"《卢尔德信使报》的叫卖人。"今天晚上的治愈是确凿无疑的了！"——讨论："我是一个简单的邮政官员，其他什么也不是。"——"世界饭店"。——在出门的时候想起F.，产生了没完没了的悲哀。通过思考逐渐感到了安慰。

寄出给Bl.的信。魏斯的《大战船》。

在较长一段时间之前，一位用纸牌占卜的女人告诉A.的妹妹，她的哥哥订婚了，而且他的未婚妻欺骗了他。他当时愤怒地撇开了这样的说法。我说："为什么只是当时？就是今天这也错了，就像当时一样，她可是没有欺骗过你。"他说："不是吧，她没有欺骗过吗？"

2月2日。A.的女友给未婚妻写的妓女式的信。"如果我们把一切都看得那么严重，就像当时，忏悔的说教把我们束缚在它的影响之下。""你为什么在布拉格那么克制，与其在大的方面宣泄，还不如在小的方面宣泄。"我突然有了好的主意，根据我的想法解释成对未婚妻有利的样子。

昨日A.在施卢克瑙②。整天同她坐在房间里，不停地询问她，

---

① 法国地名。据传那里曾有圣母显灵，泉水治好过许多病人。
② 北波希米亚的一个地方。

手里拿着装有全部信件的包（这是他唯一的提包）。他没有获得什么新的讯息，在离开前的一个小时他问："接吻的时候熄灯了吗？"他获悉了使他感到失去慰藉的新消息，那就是W. 在（第二次）接吻的时候熄了灯。W. 在桌子的一边画画，L. 坐在另一边（在W. 的房间里，晚上十一点）朗读《阿斯摩斯·赛姆佩尔》①。这个时候W. 站起来，向柜子走去，为取什么东西（L. 觉得是一个圆规，A. 认为是一只避孕套），然后灯就突然地熄了，他用吻来突然袭击她，她对着长沙发跌下去，他抓住她的肩膀，同时说着："吻我吧！"

L. 在另一种情况下说："W. 非常笨拙。"另一次说："我没吻他。"又有一次说："我以为是躺在你的怀里。"

A. 说道："我必须要搞清楚"（他想让她去医生那里检查），"如果我以后在新婚之夜获悉她撒了谎会怎样呢？她大概只是因为他使用了避孕套而显得冷静吧。"

卢尔德：攻击奇迹的信仰，也就是攻击宗教。他也许可以用同样的权利到处反对宗教、宗教仪式的游行，反对忏悔，反对肮脏的行为，因为这不能证实，祈祷是否有所帮助。卡尔斯巴德②比起卢尔德来是一个更大的骗局，而卢尔德有其优势，人们会由于内心最深处的信仰而去。这跟在手术、注射、用药方面的固执看法是怎样的关系呢？

可是司空见惯的是：为重病的流浪者而设的大医院；不干净的浸礼堂；等待专列的担架；医生委员会；山上巨大十字架的炽热灯光；教皇每年征收三百万。神父带着圣体显示匣走过，一个女子从她的尸架上叫起来："我没有病！"她的骨结核病仍然没

---

① 奥托·恩斯特的小说。
② 波希米亚的城市名，在德国东南部，以矿泉疗养著名。

有变化。

门开了一条缝。一把左轮手枪显现出来,还有一只伸直的手臂。①

图尔海姆Ⅱ 35,28,37:没有比爱情更甜蜜的东西了,没有比卖弄风情更有趣的事情了;45,48:犹太人。

2月10日。散步后的十一点。比往常都清醒。为什么?
1. 马克斯说,我是平静的。
2. 菲利克斯将要结婚(跟他生过气)。
3. 如果 F. 还是不要我的话,我就独自呆着。
4. X. 夫人②的邀请,我考虑着,将怎样向她自我介绍。

我偶然地走上与平时方向相反的那条路,那就是凯滕斯特格③、城堡区、查理大桥。今天从相反的方向走,我觉得轻松了一些,否则我真的要跌倒在这条路上了。

2月11日。粗粗读了一遍狄尔泰书里写到歌德的一章,狂热的印象,丢开它,人们为什么不能将自己点着,在烈火中毁灭。或者是追随而去,即使人们没有听说什么戒律。他坐在空空荡荡的房间中央的沙发椅上,看着镶木地板。听那在山中的狭路上大叫"前进"的声音,从岩壁之间的所有支路上听到几个人在大叫,并看着他们显露出来。

---

① 可能是对电影中场景的描述。
② 泰恩夫人(Klara Thein, 1884—1974),布拉格犹太复国主义人士。卡夫卡于 1913 年 9 月 8 日在维也纳与她结识。
③ 一座人行桥。

2月13日。昨天在 X. 夫人那里。安详而有力,有一种无可指摘、贯穿全身的、透彻的、用目光、双手和双脚训练有素的力量。坦诚、直率的目光。我的记忆里总浮现着她那顶难看、硕大、庄重、用鸵鸟毛作饰物的文艺复兴时期风格的帽子,要是我不认识她本人的话,我会厌恶她的。当她匆匆地欲达到一个叙述目的的时候,就会把皮手笼压在身体上,并发出一阵颤动。A 和 B 是她的孩子。①

在目光中,在叙述时的忘我中,在完全的投入中,在这小巧而有生命力的身体中,还有在生硬而低沉的声音中,常使人想到 W.②。谈到美丽的衣服和帽子,在她的身上却看不到这些样式。

目光越过窗户眺望河流,在交谈中的许多地方,我全说得不好,表现出毫无意义的目光。对她说的东西我一窍不通,翻来覆去地作着简单的说明,尽管她并未显出疲倦,而我必须看到,她是怎样在倾听的啊,下意识地抚摩着那个小孩子。

梦:在柏林,穿过街道,朝她家走去,平静幸福的意识,我虽然还没去过她的家,但我很容易就能去那里,而且将一定会去那里。我看着这条两旁有房子的街道,在一座白色房屋旁写着这样的字,大概是"北方豪华大厅"(昨日在报纸上读到过),不过梦里加上了"柏林 W"。我问一位和蔼可亲的红鼻子老警察,这位警察穿一种公仆的制服,我得到了十分详尽的答复。他甚至为我指示了远处一个小草坪设施的扶手栏杆,如果我从旁边走过去的话,为安全的缘故,我可以扶着这栏杆,然后便是一些涉及电车、地铁等等的忠告。我不能再听下去了,我大概知道,我低估了这段距离,便害怕地发问:"这大约有半个小时的路程?"可是这位老者答道:"我到那里只要六分钟。"多么令人高兴!不知姓名的人、一个影

---

① 两个孩子叫诺拉(Nora)和米尔娅姆(Mirjam)。
② 可能是卡夫卡在里瓦旅行时遇到的那个女孩。

子、一个同伴总是在陪伴着我，我不知道那个人是谁。我真的没有时间转过身去，向一旁转过身去。

我在柏林随便地住在一家供膳食的公寓里，房间很小，在这所公寓里住的好像全是年轻的波兰犹太人。我打翻了一杯水。有一个人不停地在打字机旁打着字，有人向他请求什么，他连头也不回。没搞到柏林的地图。我不停地看一个人手中的一本书，类似于地形图。又一再地发现，里面是另一些内容，是柏林学校的名录，一份税收统计表或是一些诸如此类的东西。我本来不想相信这个，但那个人毫不怀疑地微笑着向我证实了这一点。

2月14日。比如，如果我自杀，即便显然是F.最近的态度所诱使，别人也自然完全是没有责任的。我自己在半睡半醒的状态中已经设想过一次这样的场景，它许是这样发生的，如果我在预先看到结果的情况下，将这封信放在口袋里，来到她的住处，作为求婚者被拒绝，我就将这封信放到桌上，走向阳台，被从各处赶来的人抓住，我挣脱了，这个时候一只一只的手不得不停止了动作，我就会越过阳台的栏杆。在这封信里写着，我虽然由于F.的缘故跳下去，但对我来说即使她接受求婚也不会有什么实质性的变化。我是属于下面的，我没有别的补偿。F.是恰好证实了我的命运的女人，我没有她无法生活，我不得不跳下去，可是我也许——F.知道这一点——也没有能力与她一起生活。为什么不就此利用今天的夜晚呢？我已经感觉到了今天家长之夜①的演讲者出现在我面前，他们谈论生活和生活条件的创造——可是我抱着这样的想象，完全缠绕在生活里了。我不会做这件事，我完全是冰冷的，我是悲哀的，围着脖子的衬衣压迫着我，我真该死，我在雾霭中大口喘息。

---

① 犹太复国运动文化委员会举行的活动，邀请家长谈论"犹太儿童和青少年的教育"。

289

2月15日。对我来说，这个星期六和星期日在回首时显得多么长啊。我昨天下午去剪了头发，然后给 Bl. 写信，再后来到马克斯那里待了一会儿，那是新住宅①。坐在 L. W.② 旁边的家长之夜，然后去鲍姆那里（在电车里遇到克雷齐希③），归途中马克斯埋怨我沉默不语。然后，自杀的狂想；后来妹妹们从家长之夜归来，无力报告哪怕是最微小的事情。直到十点上床，睡不着，痛苦，还是痛苦。没有信，这里没有，办公室也没有，给 Bl. 的信投到弗兰茨—约瑟夫—铁路站，下午 G.④ 在伏尔塔瓦河边散步，在他的住处朗诵，值得注意的是母亲在吃奶油面包和摊摆纸牌，独自转悠了两个小时，决定星期五去柏林，遇见科尔⑤，和妹夫、妹妹们在家，然后在韦尔奇那里谈论订婚（J. K. 吹灭的蜡烛⑥），然后在家中试图用沉默来从母亲那里引出同情和帮助。现在妹妹叙说俱乐部晚会，时针已经指在十一点三刻上了。

为慰藉激动的母亲，我在韦尔奇那里说道："是呀，我通过这次婚姻也失去了菲利克斯。一个已经结了婚的朋友就不是朋友了。"菲利克斯没说什么，自然也不能说什么，他甚至连想也没想过要说什么。

这个笔记本以 F. 开始，它使我在1913年5月2日头脑不安宁，我也可以以这个开始结束这个本子，如果我用一个更为糟糕的字眼

---

① 马克斯和艾尔莎结婚后搬到了布拉格市中心的公寓。
② 丽莎·韦尔奇。
③ 约瑟夫·克雷齐希（Josef Krätzig, 1874—？），卡夫卡在保险局的同事。
④ 汉斯·葛尔克（Hans Gerke, 1895—1968），捷克作家，当时他还是高级文理中学的一名学生。
⑤ 弗兰蒂泽克·科尔（František Kohl, 1887—1930），捷克作家、历史学家。当时是国家博物馆的图书管理员，后来成了捷克国家剧院的戏剧顾问。
⑥ 约拿·基施（Jonas Kisch）是保和艾贡·基施的祖父，据说他在类似的订婚时，因嫁妆不够丰厚而吹灭了蜡烛。

来代替"不安宁"的话。

2月16日。①无所收益的一天。我唯一的欢乐就是昨天建立起来的对较好睡眠的希望。

我像平常一样,结束工作之后晚上回家,这个时候,我觉得有人在窥视我,有人从盖因茨梅尔住宅的全部三扇窗户里向我热情地打招呼,我想上去。

2月22日。尽管我也许没有睡好,脑袋的左上方由于不安而疼痛,但还是可以建立一块较大的整体安静的地方,在这里我可以将一切忘掉,而只去体会我的好。

2月23日。我动身了。②穆齐尔③的信,使我高兴,也使我悲哀,因为我什么也没有。

一个年轻人骑一匹漂亮的马从一座别墅的大门出来。

外婆死的时候,只有那位护士偶然在她身边。护士说,外婆在临近死亡的一刹那曾从枕头上微微抬起身,给人的印象是她好像在找谁,尔后,她便安静地躺回去,死了。

---

① 在1913年2月28日的利曼故事中断后,卡夫卡在1913年5月2日重新开始写日记,并使用了一个新的笔记本(第八本笔记本)。他把1914年2月16日至8月15日的日记写在了前一个笔记本(第七本笔记本)1913年2月28日之后的页面上。
② 1913年末,卡夫卡向菲莉丝求婚,她犹豫不决,直到1914年2月9日才给他回了一封短信,之后数周没有音信,因此卡夫卡决定去一趟柏林与她面谈。
③ 罗伯特·穆齐尔(Robert Musil, 1880—1942),奥地利小说家,代表作《没有个性的人》。

毫无疑问，我处在一种完全被包围着的阻滞中，当然，我还没有完全与这阻滞融为一体，但我注意到了眼前它间或的松动，而且它可能被破开。现在有两个办法，要么结婚，要么去柏林，后者比较稳妥，前者直接说来更为诱惑。①

我潜入水底，马上觉得自己找到了头绪。一小群浮上去的东西漂过去，并在绿色中消失了。在水的喧嚣中钟形物被推来荡去。——虚假的。

3月9日。伦塞走了几步，穿过半暗的走道，打开餐厅那扇裱糊的小门，几乎没看一眼就向着吵吵嚷嚷的人们说道："请你们稍稍安静些，我有一位客人。我请你们体谅。"当他又返回他的房间，并听到无所变化的喧闹的时候，他停了一会儿，想再次走过去，却又改变了主意，仍旧回到自己的房间。在窗户旁边站着一位大约十八岁的青年，朝下面的院子看去。"已经安静多了。"当伦塞进来的时候，他说道，并对伦塞抬起了他的长鼻子和一双深陷的眼睛。"根本没有安静多少，"伦塞说，喝了一口放在桌上瓶里的啤酒，"在这里你甭想安静。不过小伙子，你必须要习惯这些。"②

我累了，我一定要通过睡觉来恢复一下，不然的话，我在哪一方面也没有希望了。要维持自我，需要多少的艰辛啊！竖立一座纪念碑都不用花费如此多的力气。

一般的论证：在 F. 身上我已感到迷茫。

---

① 卡夫卡考虑了两种做法，和菲莉丝结婚后住在布拉格，或者搬到柏林去当个全职作家。
② 后来卡夫卡又曾多次尝试继续这个故事。

伦塞是一位大学生，正坐在自己面向院子的小房间里学习。女佣来通报，一个年轻人要找伦塞。伦塞问，他叫什么名字？女佣不知道。

我在这里忘不了F.，因此也不会结婚。这完全肯定了吗？

是啊，我能对此作出判断，我将近三十一岁，认识F.几乎有两年了，肯定已经有了一个大致的印象。但除此而外，我在这里的生活方式是这样的一种使我已经无法忘却的生活方式，即使F.对我没有如此的意义。我所在的地方，我生活中的单调、规律、懒散和依赖性注定要把我牢牢地与这里连在一起。此外，我有一种比平时更多追求舒适和偏好依赖的生活习性，导致一切危害之事因此而变本加厉。我也终于衰老了，要做诸多的改变越来越难。从这所有的一切里，我却看到了一个巨大的不幸，这个不幸也许是旷日持久、无可指望的了；如果我真的忍受了这些的话，我也许要在薪金的梯子上和年月的时辰里艰难地跋涉，而且会变得越来越悲伤、越来越孤独。

可是你想要过的不就是这样的一种生活吗？

我要是结了婚的话，公职人员的生活对我来说也许会是不错的。它也许在面对社交、妻子、写作各个方面给我提供一个良好的后盾，不要求太多的牺牲，不用在另一个方面退化为懒散和依赖，因为，作为结了婚的男人，我也许不害怕这些了。但作为单身男子，我不可能到最后都这样地生活。

可是你本可以结婚的呀？

那时我不可能结婚，我身内的一切都起来反叛，尽管我一直非常地爱F.。可是主要考虑到我的写作，是写作阻止了我，因为我认为写作会由于婚姻而受到损害，我想我是做对了。可是由于单身汉的生活方式，它已经在我如今的这种生活里面毁灭了。我已经有一年之久没写什么东西了，我可能也将继续写不了什么，在脑袋里我

293

什么也没有，只除了那唯一的思想，而这一思想已将我咬碎，我当时已经无法衡量这一切。另外，在我的至少是由于这种生活方式养成的依赖性中，我对一切事情都迟疑不决，没法从一开始就把事情干好，在这里也是这个样子。

你为什么放弃所有得到 F. 的希望呢？

我已经尝试了忍受所有的屈辱。在蒂尔加滕的时候，我曾经说过："说'是'呀，哪怕你认为你对我的感情还够不上一种婚姻的感情，我对你的爱却是深得足够弥补这种不足了，而且也强烈得足以将一切承担在自己身上。" F. 看上去是由于我的性格而感到不安，在很长一段时间的通信中，我引起了她对我这种性格的惧怕。我说："我爱你，足以使我放掉可能会烦扰你的一切。我会成为另一个人的。"即使在我们关系最亲密的时候，我已经常常有这样的预感，而且通过一些小事情，常常产生这样有理由的恐惧，F. 并不非常爱我，不是用所有的她能够付出的那种爱的力量，像我现在可以承认的一样，因为一切都必须要弄明白。如今，F. 也意识到了这一点，当然不是没有我的协助。我几乎担心，F. 甚至在我前两次的访问之后就对我怀有某种厌恶，尽管我们表面还是亲切友好，互相以你相称，挽着胳膊行走。作为最后对她的回忆，我得到的是她做出的全是敌意的怪脸，当时我在她家的走廊上并没有满足于吻她的手套，而是拉下手套吻了她的手。如今她对我的两封信还没有作出回答，尽管答应过要保持准时的遥远的通信，她只是通过电报答应写信，但这种承诺并没有得到实践。是呀，她甚至对我的母亲也没有作过一次回复。毫无怀疑，通信许是已经没有指望了。

这些本来都是应该永远不说的。从 F. 来看，好像你过去的态度也是没有指望的？

这有点不一样。我一直承认，我对她的爱是坦然的，表面上最后的分手好像是在夏天，即便那样也没有保持残酷的沉默。我的这种态度是有理由的，如果不同意，这种理由当然可以讨论。F. 有的只是完全没有足够的爱的理由。不管怎么说，我也许可以等待，那是没错的。但我不能抱着双倍的失望去等待啊：一方面看着F.不断地在我面前远去，此外，自己又陷入越来越严重的无能境地，不管怎样也无法拯救自己。这也许是我能允许自己去作尝试的最大的冒险行动。不论或者是因为这也许最适合我身上藏着的极为强大的恶劣的力量。"人们永远不能知道究竟发生了什么事情。"这不是面对不堪忍受的目前处境的论据。

那么你现在想干什么？

从布拉格离去。面对这种我遇到的最强烈的人为伤害，用我现在拥有的最强有力的手段来应对它。

放弃职务？

是的，从上述的意义来说，职务是不堪忍受之事的一部分。这份保障、为生活的继续所做的打算、丰润的收入、无需完全集中所有的力量——这些只是让我作为单身男子什么也干不了的事情，是变成烦恼的事情。

你现在想做什么？

我可以一下子回答所有这样的问题，我如此说道：我没有什么可以拿来冒险的，每一天和每一点最微不足道的成绩都是一种礼物，我所做的一切事情都会是好的。但我也可以更清楚地回答：作为奥地利的法学者，从严格的意义上说，我又完全不算是法学者，我没有对我来说所需要的未来；我也许能够在这个职位上取得最好的东西，在我的地位上我已经拥有它了，但我可以不需要它。另外，对这种本身完全不可能的情况来说，即我想从已经具有的法学知识中获取点什么，只有两个城市要考虑的：布拉格和维也纳，前者，我必须从这里离去；后者，我仇恨这个城市，而且我在这个城市里肯定不会幸福，因为我去那里的时候必定已经深信它的必然性。那么，我不宜待在奥地利，而且因为我没有语言的天才，要做体力的和商务的工作恐怕也很糟糕，至少先去德国，从那里去柏林，那里有维持生活的最大的可能性。

在那里，我也可以在新闻工作中最好地、最直接地利用我的写作能力，并能得到一份对我来说差不多的相应收入。我会不会进而有能力做一些赋有灵感的写作，对此，我现在也无法肯定地说出个所以然来。但我相信我肯定知道这一点，我会从在柏林的这种独立的、自由的处境里（不论从另外的角度看是多么地艰难）获得我现在还有能力驾驭的唯一幸福的感觉。

但你是爱讲究的。

不，我需要一个房间和素淡的膳食，别的几乎什么也不要。

你不是由于 F. 的缘故才去的吧？

不，我选择柏林只是出于上述的原因，当然由于 F. 的缘故我爱那里，是由于围绕着 F. 展开的想象的缘故，这是我所不能左右的。也可能我将在柏林与 F. 见面，如果说这个会面将帮助我从我的血液中将 F. 排除出去，那就更好了，那么这又是柏林的另一个优点。

你身体好吗？

不，心脏、睡眠、消化都不好。

一间租赁的小房间，晨曦的时刻，杂乱无章。

大学生躺在床上，面壁而卧。有敲门声。又静下来。敲门声越来越剧烈。大学生恐惧地坐起来，朝门看去：进来。

女佣，柔弱的姑娘：早上好。

大学生：您要干什么？现在是夜里呀。

女佣：请原谅。一位先生找您。

大学生：找我？（停顿）胡扯！他在什么地方？

女佣：他在厨房里等着。

大学生：他是什么样子的？

女佣微笑：噢，还是个小伙子，他不是很帅，我相信，他是犹太人。

大学生：他要在夜里到我这里来？还有，我不需要您对我的客人评头论足，您听见了吧。让他进来。快些。

大学生塞满了放在床边沙发椅上的烟斗，并点燃吸了起来。

克莱佩站在门口看着大学生，大学生眼睛对着房间的天花板，安详地微微朝前吐着烟。（小而笔直的，有点儿歪斜的长尖鼻子，脸部皮肤颜色很深，深陷的眼睛，长长的手臂。）

大学生：要多长时间？请到床这边来，请说您想做什么。您是谁？想干什么？快！快！

克莱佩慢慢地走到床边，并欲在走路的时候用手势来解释什么事情。在说话的时候，他借助于伸长脖子和眉毛的动作来表述：我也是来自乌尔芬豪森。

大学生：原来如此？好，很好。您为什么不待在那里呢？

克莱佩：请您想一想！那是我们两人的故乡城市，多美啊，可那是一处可怜的巢穴。

3月15日。在陀思妥耶夫斯基的棺材后面，大学生们想负起他的枷锁。他死于工人住宅区，一座租赁公寓的五楼。①

有一次在冬天早晨将近五点钟的时候，还没穿好衣服的女佣来通报，对这位大学生说来了一位客人。"什么？究竟怎么回事？"这位大学生还睡眼惺忪地问，这个时候已经有一个年轻人持着从女佣那里借来的蜡烛进来了，他一只手举起点亮的蜡烛，为的是更清楚地看到这位大学生，另一只手拿着帽子，几乎垂到了地上，他的手臂还真长。

---

① 这则日记是卡夫卡读了茨威格的文章《陀思妥耶夫斯基：悲剧人生》之后的感悟。

除了期待，什么也没有了，永远的孤立无援。

3月17日。在房间里坐在双亲的身边，两个小时的时间都在翻杂志，有时只是粗略地看看，基本上只是在等待，直到十点钟我能躺到床上去睡觉为止。

3月27日。一般而言是在没有多少不同的情况下度过时光。

哈斯匆匆向船走去，跑过码头栈桥，登上甲板，坐在一个角落，双手捂住面孔，从现在起他再不用顾虑任何人了。船上钟声响起来了，许多人从他身边跑过，远远地，好像在船的另一端，一个人在大声地唱歌。

船员将要收起跳板，这个时候有一辆小黑车正向这里驶来，车夫在老远处大叫，肯定是用了九牛二虎之力才使那匹受惊的马停了下来，一位年轻人从车上跳下，吻了一下一位白胡子的老先生，老先生在车顶之下弯着身体，年轻人提着一只小手提箱跑着步上了马上就要离岸的船。

大约是夜里三点，但那是在夏天，天色已经半亮了。这个时候，在冯·格鲁申霍夫先生的马厩里，他的五匹马，法莫斯、格拉萨弗、图尔内门托、罗西纳和布拉班特都醒了。由于夜里闷热，马厩的门只是半开着，两个看马人背靠在稻草上睡着了，苍蝇不时地在他们张开的嘴巴上方飞来飞去，毫无障碍。格拉萨弗就趾高气扬地站在两个看马人的上方，俯视着这两个人的面孔，并准备好在他们稍有惊醒迹象的时候用蹄子踹他们。其他四匹马就在此时轻松地跳跃两下，便一匹接一匹地离开了马厩，最后格拉萨弗去追它们。

安娜透过玻璃门看到房客的房间里黑乎乎的，她走了进去，扭开电灯开关，为夜晚整理一下床铺。可是大学生半躺半坐在长沙发上，并朝她微笑。她请求原谅，并想走出去。但大学生客气地说，她可以留下，并不要管他。她留下，干她的工作，并不时地从旁边朝大学生投去目光。

4月5日。如果可能的话，便去柏林，成为独立的人，一天一天地生活，有时也挨饿，但可以让他的全部力量涌现出来，而不必在这里惜力，或更确切地说，将自己变为一无所有！如果F.想这样的话，也许会帮助我！

4月8日。昨天显得无力，一个字也写不出来，今天并没有好转。谁能拯救我？在我的内心深处的喧扰，几乎看不到。我像是一座活的格状结构，是一扇固定着的、却又要倒下的栅栏。

今日与韦尔弗在咖啡馆。从咖啡馆桌旁的远处看，他外貌怎样呢？蜷缩着身体，半躺地坐在木椅上，从侧影看美丽的面孔压在自己的身体上，由于丰满（不至于是肥胖）而几乎上气不接下气，对周围一切完全不闻不问，顽皮而又无懈可击。挂着的眼镜由于它的不一致性而为人们追踪那副面孔柔美的轮廓线条提供了方便。

5月6日。看来双亲已经为F.和我找到了一所美好的住宅，① 我毫无收益地将整整一个美好的下午东游西荡掉了。他们是不是在一种由他们悉心照料的幸福生活之后还会将我放进坟墓。

一个名叫冯·格里塞瑙的贵族先生有一个车夫叫约瑟夫，大概没有其他的雇主能容忍这样一个车夫的了。这车夫住在底层一间挨着门房的房间里，因为肥胖和喘息而无法攀登楼梯。他唯一的事情

---

① 当时菲莉丝同意在9月结婚，卡夫卡一家为此做了准备。

299

就是驾马车,但也只是在特殊的时候,比方说有高贵的客人,才动用他,否则他就整天、整个星期地躺在一张靠窗户的沙发床上,用他那双小小的、深陷在脂肪里的、眨巴极快的眼睛从窗口看着那些树木……〔中断〕

车夫约瑟夫躺在长沙发上,他起来只是为从一张小桌上取一块夹有鲱鱼的奶油面包,然后又回到沙发上去,迟缓地啃着面包。他那两只又大又圆的鼻孔艰难地呼吸着,有时候为了获取足够的空气,他不得不暂停咀嚼,将嘴巴张开。他那硕大的肚皮在单薄多褶的深蓝色衣服下面不断颤悠。

窗子是开着的,通过窗子可看到一棵金合欢和一块空场地。那是一扇楼房底层的矮窗,约瑟夫可以在他的长沙发上透过窗户看到一切,别人也可以从外面看见他。这当然令人尴尬,但他必须住在这么低的地方,至少这半年以来,由于他的脂肪增加得十分厉害,他再也不能爬楼梯了。当他得到这间挨着门的房间的时候,他热泪盈眶地吻了雇主冯·格里塞瑙先生的双手,还紧紧握住了这双手,但现在他认识到这个房间的缺陷了——永远地被监视,与令人不快的看门人的邻居关系,大门口车道与场地上的喧闹,与其他雇工遥远的距离,以及因此而出现的陌生与冷落——他现在从根本上认识到了这所有的缺陷,事实上他也打算要向主人提出请求迁回他早先住的房间。特别自从主人订婚以来,那么多新雇来的小伙子无所事事地站在那里有什么用呢?他们真的可以背着他这位卓有功绩的、又是那么独特的人上下楼梯的呀。

订婚庆典。宴会结束,客人们从桌边站起来,所有的窗户打开了,那是六月的一个美好温暖的晚上。新娘被女友和要好的熟人包围着,其他人分成一小群一小群地呆在一起,不时地发出阵阵笑声。新郎独自一人倚在阳台的进口处,向外面观望。

过了一些时间，新娘的母亲看见了他，向他走去，并说道："你就这样独自站在这里？你不去奥尔加那里？你们吵架了？"——"不，"新郎回答，"我们没有吵过架。"——"既然这样，"这位夫人说道，"那就到你的新娘那里去！你的举止已经显得令人注目了。"

纯是公式化的东西太可怕了。

这位女房东是一位柔弱的寡妇，穿一身黑色的衣服，裙子垂直往下落，她站在这座空住宅中一间较中央的房间里。四周完全静悄悄，钟也不发出声响，街道上也寂静无声，这个女人有意选择了这么安静的街道，因为她想有好的房客，那些要求安静的人，他们是最好的房客。

5月27日。母亲与妹妹在柏林。[①]晚上我将与父亲独自呆在一起。我相信，他害怕上楼来。我应该和他玩牌吗？（我觉得这些"K"难看，[②] 它们几乎令我作呕，我却要写写它们，它们很能反映我的性格特征呢。）当我触摸F.的时候，父亲会怎样表示呢？

在一个秋日的下午，那匹白马第一次出现在A城的一条并不很热闹的大街上。它从一家的过道走出来，在这家的院子里有一家运输公司占着一个大面积的仓库，所以经常有驾车的牲口进出，有时也有单独一匹马从房子的走道出来，因此，这匹白马就不引人注目了，但它不属于运输公司的马匹。在大门前用绳索在紧紧捆扎一包货物的工人发现了这匹马，他从工作中抬起头来看着，并朝院子里望去，瞧瞧会不会有车夫跟上来。可是没有人出现，这匹马几乎还

[①] 两人于5月底前往柏林，卡夫卡和菲莉丝在6月1日正式订婚。
[②] 卡夫卡书写中的"K"带有特殊的弧度。

没有踏上人行道，它已经用两只有力的后腿站立起来，在石子路上打出了几点火星，一瞬间几乎摔倒，但它马上控制住了，然后不快也不慢地沿着这个黄昏时刻几乎完全空荡了的大街小跑而去。那位工人还在咒骂那个他认为有所疏忽的车夫，向着院子里喊叫了几个名字，倒是出来了几个人，可是当他们马上认出这是一匹他们没有见过的马的时候，他们只是稍稍露出惊异神色，并排地停立在大门口了。只是过了一小会儿，有几个人明白过来，他们向着这匹马跑了一段路，可是怎么也看不到这匹马的脸，便又立即回来了。

这匹马此时已经毫无阻碍地跑到城外的大路上了。这匹非同一般的独自奔跑的马倒是更好地适应了这条大街的生活。它那不快的步子并没惊吓任何人，它也从没离开过车行道，也从没离开过规定的马路边；如果因为一辆横穿马路的大车过来而必须要停下的话，它就乖乖地停下；如果小心翼翼的车夫驾住它的笼头，它倒可能不会那么俯首帖耳地听话的。不管怎么说，这当然是一种令人注目的景象，这里和那里不时有人停下微笑地观看这匹马。一辆驶过的啤酒车上的一位车夫开玩笑地用鞭子抽了这匹马一下，它虽然受惊，朝上踢了一下前腿，但并没有加快步伐。

一位警察正好看到了这个情况，便走向这匹马，而这匹马在这一瞬间正想朝另一个方向跑去，警察抓住了它的缰绳（这匹马虽然没有非常强壮的体格，但还是作为载重马匹套着笼头的），并十分温和地说道："停一下，你究竟要朝哪儿跑？"他紧紧地牵着它，在车行道那里停了一会儿，他想，主人一定会马上跟上这匹跑丢的马的。

有意思，却不令人信服，血流稀薄，离心脏太远。我脑海里还有美好的场景，但是打住了。昨天入睡前，这匹白马第二次出现在我面前。我有这样的印象，好像这匹马是从我转向墙壁的脑袋里出来的，好像越过我身体离去，并从床上跳下，后来就消失不见了。

可惜，这后者通过上面的开头是不容辩驳的了。

如果我一点儿也没弄错的话，我离得越来越近。那就好像在某一片森林空地有着心灵上的斗争。我进入森林，什么也没找到，出于虚弱，马上又钻出来，常常是当我离开森林的时候，我听到，或者我自认为听见了每次斗争时武器的叮当之声，斗士的目光可能穿过森林的阴暗之处在寻找我，但我知道的只是那么少，而且是些关于他们的虚幻的东西。

倾盆大雨。你面向大雨而立，让铁般的雨束穿透你的身体，在欲冲走你的水中滑行，但要坚持住，这样坚持地等待着那不知何时突然涌来的阳光。

女房东扔掉裙子，匆急地穿过所有的房间。她是一位高大冷漠的女人，她突出的下颚令男房客们吓了一跳。他们跑下楼梯，她从窗户里盯着他们，他们在跑的时候设法遮着自己的脸。有一次来了一位小个子房客，一个结实矮小的年轻人，他总是将双手放在衣服的口袋里。这大概是他的习惯，但也可能是他想掩饰那双手的颤抖。

"年轻人，"这女人说话了，将下颚朝前抬起，"您想在这里住？"

"是的。"年轻人说，头往上抽搐了一下。

"您在这里会很舒服的。"女人说，将他引往一把靠背椅子。在这个时候她注意到，他裤子上有一个斑点，她在他的旁边跪了下去，并开始用指甲去清除这个污斑。"您是一个不爱干净的家伙。"女人说。

"那是一块老脏斑。"

"那么，您也正是一个老不爱干净的家伙。"

303

"拿开您的手。"他突然说,并真的推开了那只手。"您这双手是多么可怕呀,"之后他说道,抓住她的手翻转过来,"上面全是黑的,下面是苍白的,但也是够黑的,"——他深入到她宽大的袖子里——"您的手臂上甚至还长了一些毛。"

"您把我弄痒痒了。"她说。

"因为我喜欢您。我不懂,别人为什么要说您是丑陋的?别人就是这么说的。但我现在看到,这完全是不正确的。"

他立起身来,在房间里走来走去。她还跪在那里,看着自己的手。

不知出于什么原因,这使他变得更疯狂了,他跳了过去,又拿起了她的手。

"啊,这样一个女人,"然后他说道,并轻轻掠了一下她长而瘦削的面颊,"住在这里,直截了当地说,也许会给我带来欢乐,但必须要便宜。您不可接纳别的房客,您必须对我忠诚。我比您年轻得多,因此我可以要求忠诚。您必须要好好做饭。我习惯于吃好东西,我从来不戒掉我的这些习惯。"

你们这些猪继续跳你们的舞吧,我要为此做点什么呢?

但这比我在去年所写的一切更为真实。这大概与放松关节有关。我将可以再写作的。

一个星期来,我隔壁房间的邻居每天晚上来与我搏斗。我不认识他,而且到现在也没和他说过话。我们只是交换了一些喊叫,人们并不能称之为"谈话"。随着"好吧"这个口头语便开始了争斗,有时候,一个人抓住另一个人,口中骂着"流氓","现在"伴随着闪电般的一击,"停止"意味着结束,但他还要继续争斗一小会儿。在绝大多数情况下,他甚至还从门口处一下子跳回到房间里，并推我一下使我跌倒。然后他从自己房间里隔着墙壁向我呼喊晚安。如果我想彻底结束这种交往的话，那我必须要解租我的房间，因为锁门是无济于事的。有一次我把门锁住了，因为我要看书，但我的邻居用斧头将门一劈为二。他只要一下子抓住了个什么东西，就绝对难以放弃了，而我也险些被这把斧头弄伤。

我知道怎么让自己适应这种情况。因为他总是在一定的时间来，在这个时候，我就做些轻松的、如必要的话立即可以中断的工作。比如，整理一下箱子，或者写点什么，或者读一本无关紧要的书。我必须作如此的安排，当他一出现在门口，我就得将一切放在一边，马上关上箱子，搁下笔，抛开书。他就是想斗一斗，别的就什么也没有了。我要是感到有力的话，我就稍稍地刺激刺激他，先是装着试图回避他。我从桌下钻过去，将椅子扔到他的脚前，我从远处向他眨眼睛，与一个陌生的人开着如此完全一厢情愿的玩笑，这些自然是不体面的。但在大多数情况下，我们的身体一碰在一起便打了起来。显然，他是一个大学生，学习了一整天，想在晚上睡觉之前再做些快速的运动。如此，他从这里找到了一个合适的对手，如果人们不顾及运气转换的话，我大概是我们两者中较为强大与灵活者。但他是个毅力比较持久的人。

5月28日。我后天去柏林。①虽然失眠、头痛和忧虑，与从前相比，我大概还是处于一种较好的状态。

有一次他带来一位姑娘。我正向她致意，并没朝他看，他跳起来冲向我，使劲将我抬到高处。"我抗议。"我喊道，并举起手。"别说话。"他悄悄地朝我的耳朵说道。我发现，他是无论如何也要在姑娘面前取胜，让自己风光一下。

---

① 卡夫卡在5月30日前往柏林。当天是五旬节。

我因此叫嚷起来，将脑袋转向姑娘说道："他跟我说'别说话'。"

"噢，下流的家伙。"这人轻轻地叹息道，并在我身上用完了所有的力气。他还是把我拖向长沙发，将我放平，跪在我的背上，等待着缓过气来，他说："他躺在这里了。"

我想说："他应该再试一下。"但刚说出第一个字，他就那么用力地将我的面孔压在枕头上，我不得不沉默了。"那么现在，"姑娘说话了，她坐在我的桌旁，看到了那里放着的刚开了头的一封信，"我们还不走吗？他正开始写一封信。"

"我们要是走了，他也不会继续写。你来一下，不妨抓一下大腿，他颤抖得像一头有病的牲口。"——"我说，让他去吧，过来。"这个家伙很不情愿地从我身上爬下来。我原可以现在就痛打他一顿，因为我已经休息过了，而为了将我压在底下，他已经绷紧了全身的肌肉。他颤抖着，却以为我也在颤抖，而且他甚至仍然不断在颤抖。我可让他占了上风，因为这位姑娘在场。

"您大概对这场争斗已经得出您的判断了吧？"我朝这位姑娘说道，并微微一躬身子从他身边走过，坐到自己桌边，继续写那封信。"究竟是谁在颤抖？"在我还没有开始写字的时候，我反问道，并且抓着笔僵直地举在空中，来证明我没有发抖。当我已经在写的时候，他们到了门口，我向他们短促地喊了声再见，用脚稍稍踢蹬了一下，至少是对我自己表示一下送行，这也许是这两个人应得的。

5月29日。明天去柏林。那是一种我所感觉到的神经质的，或者是真正的、可靠的聚合的力量？那许是怎样的呢？要是人们一下子得到了写作的知识，就没有什么不能击中的，没有什么会沉没的，但也只有很少一些东西在极高处能显得突出，这是不是正确的呢？那也许是和F.婚姻的曙色？这是离奇的、对我来说当然是在回忆中并不陌生的状况。

和彼克长时间地站在大门前。只是在想,我怎样才能马上走开,因为我晚饭要吃的草莓上面已为我准备好了。我现在所写的有关他的一切事情,是一种卑劣的行为,因为我不让他看到任何有关的描写,或者,我满足于他没看到它。但如果我与他一起走的话,我对他的本性有一种共同的犯罪感,这样的话,我所说的有关他的事,同样也就是与我有关的,即使人们去掉那些存在于这样一种注解中矫揉造作的成分。

我在筹划。我独自发呆地看着,为不使眼睛离开我正看进去的那个幻想万花筒的幻想窥视孔。我将善意的和自私的企图搅个透混,那善意的企图在彩色中变得模糊了,它因此而转到了那毫无遮掩的自私上去了。我邀请天和地参加我的计划,但我忘不了那些从每一条旁边的街道里出来并能够暂时更好地利用我这些计划的小人物。当然,这仅仅是刚开始,我在这里还处在悲痛中,但在我的后面已经驶来我计划的巨车,车上的第一个小平台移到我的脚下,裸体的姑娘们就像站在来自各个较好国家的狂欢节车上,将我倒退着拉上阶梯,我飘忽着,因为姑娘们也飘忽着,我抬起手示意安静。玫瑰花的枝条就在我的旁边,香火缭绕,月桂花环放了下来,人们把花撒在我面前和我的头顶上,两个像是方石块做成的号手吹着喇叭,小小的人民排列在领队的后面一群一群地奔过来,空旷的、闪闪发光的、划分整齐的露天场地变阴暗了,场地充满了活力,挤满了人群。我感觉到了人类努力的极限,出自自己的冲动和突然出现的灵敏,我在我的高度上施展着一个许多年前我就欣赏的柔术技艺,我慢慢地向后弯下身子——天正要开裂,欲为我而出的显露提供空间,可是它又不动了——将头和上身穿过我的两腿之间,渐渐地又作为直立的人再生。那曾经是给予人的最后的升华?这好像是这样的,因为我已经从所有深处的、巨大的躺在我身下大地的大门看到长角的小鬼纷纷上拥，超过了所有人，它们脚下的一切都从中间破碎了，它们的小尾巴将一切擦拭得干干净净，已经有五十个魔鬼的尾巴擦过了我的脸，地面变软，我先是一只脚，然后是另一只脚下陷了，姑娘们的叫声追着我至深处，我垂直地下沉到这深处，通过一个坑道，它的直径正好是我身体的宽度，却是深不见底。这种永无止境的状况并不诱使人去做出特殊的成就，我所做的一切也许是小事一桩，我毫无意义地掉落下去，而且这是最好的事情。

陀思妥耶夫斯基给哥哥的信，谈关于监狱中的生活。①

6月6日。从柏林回来了，② 束缚得像一个罪犯。要是有人用真的链条将我拴在一隅，将警察叫到我的面前，只是通过这种方法让我在一旁看着，这也许还不是最糟糕的事。然而这是我的订婚，所有的人都尽力地将我引向生活，却达不到目的，便只好容忍我原本的模样。至少F.是所有人当中的一个，当然完全有正当的权利，因为她遭受了极大的痛苦。对别人来说只是现象，对她来说却是威胁。

我们在家中一刻也不能忍受。我们知道，也许有人要找我们，但即使是晚上，我们也要离去。我们的城市被山丘包围，我们在这些山丘上攀登着。如果我们朝下跑，从一棵树摇荡到另一棵树的时候，我们便使所有的树都抖动起来。

晚上商店关门前不久在店里的样子：双手插在裤袋里，稍稍弓着身子，从穿窿的深处越过敞开的大门向广场看去。围着柜台后面的那些职员无精打采的动作，他们没有力气地捆着一捆东西，无意

---

① 可能是陀氏1854年2月22日写给米哈伊尔的信。
② 卡夫卡是6月2日回到布拉格的。

识地打扫一些盒子上的灰土，一层一层地往上堆着废包装纸。

一个熟人来与我交谈，我简直要躺倒在他身上，我是那么沉重。他提出下面的看法：有些人说这个，而我却说了与这个相反的那个。他列举了他看法的理由，我摇晃着。我双手放在裤子口袋里，就仿佛它们是掉进去的，却是那么松弛，好像我不得不将口袋轻轻翻起，双手又很快地掉了出来似的。

我关了商店的门。职员们，陌生的人，各自手里拿着帽子散去。那是六月的一个晚上，虽已八点钟了，天色还亮。我没有兴趣散步，我从没有兴趣去散步，但也不想回家。当我的最后一个学徒转过街角的时候，我就坐在关了门的商店前面的地上。

一个熟人和他年轻的夫人路过这里，看见我坐在地上。"看，是谁坐在这里啊？"他说。他们站住了，这个男子微微地推我一下，尽管我一开始就在静静地看着他。

"我的天，您到底为什么这般地坐在这里？"这位年轻的夫人问。

"我要经营我的商店，"我说，"进行得并不特别坏，即使有不足之处，我也能完全履行我的义务。但我承担不了那么多的操心，我不能控制那些职员，我不会与顾客们交谈。我甚至明天就不想再开这个商店了，这所有的一切都好好考虑过了。"我看到这位男子怎样地试着安慰他的夫人，他将她的手放在他的两手之间。

"那好呀，"他说，"您想放弃您的商店？您不是第一个做这件事的人。我们也"——他朝他夫人看去——"将比您还不犹豫地放弃我们的商店，一旦我们的财产足够我们需要的话——但愿马上实现。商店带给我们的愉悦像给您的一样少得可怜，这个您可以相信我们。但您为什么坐在地上呢？"

"我应该去哪里呢？"我说。我当然知道他们为什么问我。那是他们感觉到的同情、惊异、还有尴尬，但我是完完全全没有能力再去帮助他们呀。

那已经是子夜后的时刻了。我坐在自己的房间里写一封信，我非常重视这封信，因为我希望通过这封信在国外得到一个好职位。这封信是写给一位熟人的，在十年未见之后，现在偶然通过一个共同的朋友又联系上了，我想在唤回往昔的同时让他理解到，我在故乡的一切是怎样地逼迫着我，我是如何地没有其他广泛的良好关系，我把最大的希望寄托在他的身上。

市政厅官员布鲁德尔在晚上将近九点的时候才从他的官邸回家，天色已经完全黑了。他的妻子正紧抱着女儿在大门前等着他。"事情怎么样？"她问。"很不好，"布鲁德尔说，"先到屋里，等一会儿我全告诉你。"布鲁德尔几乎还没踏进家中，便锁上了大门。"女佣在哪里？"他问。"在厨房。"妻子说。"那好，走！"在宽大、低矮的卧室里落地灯亮了，他们都坐好，布鲁德尔说："事情是这样的，我们的人全在撤退。在鲁姆多夫附近的战斗，如我从市政府传递的准确消息中看出的一样，完全对我们不利。绝大多数部队已经离开城市。现在还保着密，是为了不使城市笼罩在漫无边际的恐惧之中。我以为这并不是完全明智的，也许更好的是坦率地讲出真情。但我的职责要求我沉默。当然告诉你真情，是没有人能阻止我的。另外，大家也能猜到真情，人们会到处注意到这一点。所有的房子能关得紧紧的，凡是能藏的东西全藏起来了。"

一些市政厅的官员站在议会厅一扇窗户的石头护墙旁边，看着下面的广场。部队后卫正在那里等待着撤走的命令。那是些年轻高大、面颊红红的小伙子，他们一个个紧紧地抓着来回走动的马的缰绳。他们的前面是两个骑着马的军官在缓慢地走来走去。很明显，他们是在等待一个消息。他们不时地派出骑兵，这些骑兵以最快的速度消失在广场的一条陡斜的上坡支路上，可是到现在没有一个回来。

官员布鲁德尔走向窗户边的一群人，他是一个虽还年轻、但长满络腮胡子的男子。因为他的级别较高，并且由于他的才能，他有着特殊的威仪，所以全体人员都礼貌地欠了一下身子，让他站到护墙的前面。"这就是结局，"他目不转睛地盯着广场说道，"啊，这太显而易见了。"

"就是说您相信了，议员先生，"一位高傲自大的年轻人说道，尽管看到布鲁德尔走来了，但他丝毫也没挪动位置，而且仍像现在这般近地站立在布鲁德尔身旁，使得他们无法互相看到对方的面孔，"那您就相信，这场战斗是失败了？"

"完全肯定，这是不容置疑的。私下里说，我们打得糟透了。我们必须要为过去的各种罪过忏悔。现在自然是没有时间说这些，现在应该是每人为自己担心。是的，我们正面临彻底的解体，今天晚上客人可能就要在这里出现。大概他们连到晚上都等不及，而是半个小时之后就会来到这里。"

村子里的诱惑①

6月11日。一个夏日傍晚，我来到一个从未到过的村子。我注意到这里的道路宽敞、开阔。人们到处可见农家院落前面高大的古树。那时正是一场雨后的景象，空气清新，所有一切对我来说都是那么舒适。我试图通过向站在大门前的人们致意来表达我的这种惬意，我表现得虽然有点拘谨，人们却也友善地回敬我。我想，要是

---

① 卡夫卡于1914年夏天写的小说中，有两篇抄录在他的日记本里，除本篇外，还有后面的《回忆卡尔达铁路》。《村子里的诱惑》这篇故事成为1922年长篇小说《城堡》的写作准备。原本收录在第九个笔记本里。此日期为布罗德标注的版本。在费舍尔出版社2022年出版的三卷本注释版中，该篇日期为6月21日。

我找到一个旅馆，在这里过夜该多美啊。

在我正从一家院落高高的被绿色植物覆盖的围墙旁边走过的时候，这墙里的一扇小门启开了，有三个人探头朝外张望，一会儿又消失了，最后门又关上了。"真奇怪。"我向着一旁说道，好像我有一个同伴似的。啊，真的有一个身材高大的男子站在我的旁边，就像是要让我尴尬似的，这个男子没戴帽子，没穿外套，穿一件编织的黑色马甲，吸着烟斗。我马上克制住自己，装出我早就知道他在我旁边的样子说道："这门！您也看见了，这小门怎么自己开的呀？"

"是呀，"这个人说道，"可是这为什么会是奇怪的呢？他们是佃户的孩子们，他们听到您的脚步声，并要看看是谁这样晚了还在这里走路。"

"这倒是一种简明的解释，"我微笑着说，"对于一个陌生人来说，一切看来都是奇怪的，我谢谢您。"我继续走下去。但这个人跟着我。我本来对此并不感到惊异，这个人要走的可能是同一条路，可是这不是理由，我们为什么一前一后地走着，而不是并排地走呢？

我转过身子说话了："这条路通往乡村旅馆，对吗？"

这个人站住了说："我们这里没有乡村旅馆，或更为确切地说，我们有一个乡村旅馆，可是住不了人。它是属于乡镇的，因为没有人谋求这个旅馆，在多年之前乡镇就已经将它给了一个年老的残疾人，乡镇为这位残疾人操心至今。这个残疾人现在和他的老婆管理着这个旅馆，虽然如此，可是人们几乎无法路过它的门口，因为从那里散发出来的是极浓烈的恶臭味。旅馆的房间脏得要命，人们会在里面滑倒。真是一个可怜的客栈，是村子的耻辱，是乡镇的耻辱。"

我有兴致与这个人对抗一下，他的外貌吸引着我这样做，这张基本上是瘦削的面孔有着泛黄的、皮革似的、微微浮肿的面颊和在颌骨运动之后穿过整个面孔的模糊的黑色皱纹。"这样,"我说道,并不继续表现出我对这种情况的惊奇,然后接着说道,"那,我还得去那里住宿,因为我已经决定在这里过夜。"

"那当然,"这个人匆急地说道,"但去旅馆您得从这里走。"他给我指了我来的那个方向。"您一直走到下一个路口,然后向右拐弯。那时您马上会看到一个旅馆的牌子,那里就是。"

我感谢他的回答,便又从他的身边走过,现在他特别仔细地盯着我看。对此,即使他可能只是给我指了一个错误的方向,我当然也无法抵挡,但我不会让他令我感到困惑,无论他现在逼我从他身边走过,还是他如此迅速而明显地放弃有关旅馆的警告。也许还会有别的什么人向我指出那个旅馆是脏兮兮的,那么我也只能在这肮脏的环境里睡觉,如果只是为了满足我的执拗的话。此外,我也没有更多别的选择,这时天色已晚,乡村的路都被雨水泡软了,那条通往另一个村庄的路还长着哩。

我已经将这个男子甩在了身后,我不想再去顾及他了,这个时候,我听到了一个女子跟这个男子说话的声音。我转过身去。在一片法国梧桐树下,从黑暗里走出一个身型高大而笔直的女人来。她的裙子闪着黄褐色的光彩,在头上和肩上披着一块黑色的网眼布。"已经到家了,"她对这位男子说,"你干吗不进来?"

"我已经来了,"他说,"只是再等一小会儿,我只是还想在旁边看看,这个人在这里到底想干什么。他是个陌生人。他根本没有必要在这里打转。你看看。"

他谈论着我,就好像我是聋子,或者是我听不懂他的语言。不过,他说什么,我当然不会过多地将它放在心上,但我自然也不会觉得舒服,要是他在这个村子里散播任何有关我的谣言的话。因此,我向这个女子传过话去:"我在这里找旅馆,没有别的事。您的丈夫没有权利用这种方式谈论我,而且给您带去的有关我的看法大概是错误的。"

但这个女子根本不看我,而是朝她的丈夫走去,我倒是认准了,那个人是她的丈夫,一种如此直截了当的不言而喻的关系存在于他们之间——她将一只手放在丈夫的肩上说道:"如果您要什么的话,那您跟我的丈夫说好了,不用跟我说。"

"我根本不想要什么,"我说,并对这种态度感到厌恶,"我跟您没关系,您也不用为我操心。这是我唯一的请求。"在黑暗中我还能看到这个女子头部颤动了一下,她双眼的神情却看不见了。显然她想回答什么,但她的丈夫出声了:"别说了!"她就不再吭声了。

现在对我来说这个相遇的场面看来是完全结束了。我转过身,想继续走自己的路,这个时候,有人在叫"先生"。这声音好像是对我而呼的,在开始的瞬间,我一点儿也不知道,这个声音是从哪里来的,但后来我看见在我的上方,院落的墙头上,坐着一个年轻男子,晃动着双腿,交叉着双膝,漫不经心地朝我说话:"我现在听明白了,您是要在村子里过夜。除了这里的院子之外,您在哪个地方也找不到一个所需要的住宿的地方。"

"在院子里?"我问道,而且是无意识地,我后来对此感到愤怒,我疑惑地看着那对夫妇,他们还互相靠着站在那里观察着我。

"是这样的。"他说道,在他的回答里跟在他全部的举止中一样,都是傲慢。

"这里有床铺出租吗?"我再次问道,为了有把握,也为了将这个人推到出租人的角色上。

"有,"他说话的时候已经把目光从我身上稍稍移开,"这里有床铺让给过夜的人,但不是每个人,而只是我们愿意为之提供住处的那个人。"

"我接受,"我说,"我当然为床铺付钱,就像在旅馆一样。"

"请,"那个人说,他早已不看我了,"我们不会占你们这些人的便宜的。"

他坐在上面俨然像个主人，我站在下面像个小仆人，我非常有兴致，要向他扔去一粒石子，让他在上面显得更活跃一些。我当然并没有这么做，我说："那就请您给我把门打开。"

"门并没关着。"他说。

"门没有关着。"我低声地重复着，几乎还不清楚怎么一回事，我便打开门进去了。刚一进去，我偶然再看向院墙上面，那个年轻男子已不见了，他显然不在乎院墙的高度而跳了下去，可能与那对夫妇商谈去了。他们可能在讨论，对我这样一个年轻人来说，会发生什么样的事情，我身上的现款刚刚超过三个古尔登①，其他的除了那件放在背包里的衬衫和裤袋里的左轮手枪外，什么也没有了。此外，这些人从外表看并不像要偷某个人的东西。他们到底能要我干什么呢？

那是一座平常的没经整修的农家大院的花园，坚固的石头围墙比想象的长得多，在高高的青草里挺立着错落有致的、已开过花的樱桃树。人们看到了远处的那座农舍，一座在平地上延伸的建筑。天色已经很黑了，我是一个姗姗来迟的客人；要不是那个在墙上的年轻男子不管用什么方法说了谎，我可能会处在一种不舒适的境遇里。在去那座农舍的路上，我没遇到任何人，但离房子前面还有几步的时候，我通过洞开的门看到第一个房间里有两个身材高大的老人，丈夫和妻子，并排着，面朝着门；从一个盆子里吃着一种什么糊状的东西。在黑暗中我区别不出更为清楚的东西来。只是那丈夫的衣服上有的地方闪着金色的光芒，那大概是钮扣，或者也许是表链。

我先没跨过门槛，在致意后才说话："我正在这里寻找过夜的地方，一位坐在您院墙上的年轻人告诉我，说我可以在这个院子里付钱过夜。"这两个老人将调羹放在糊状的食物里，在长木凳上向

---

① 德国旧钱币名。

后靠了靠,并沉默地看着我。他们的态度并不显得非常好客。我因此补充道:"我希望我打听来的情况是对的,我不是随随便便来打扰二位的。"我说这些话的声音很高,因为这两位老人有可能重听。

"请您走近点。"过了一小会儿丈夫说道。

只是因为他这么大的年纪,我才顺从了他,否则我自然要坚持到他清楚回答我的明确的问题。不管怎么说,我在进门的时候说了:"接纳我要是对你们哪怕是有些许困难的话,也请你们坦率地说出来,我是绝不固执的。我就去旅馆,这对我来说是无所谓的。"

"他说那么多话。"妻子轻声说道。

这只能意味着侮辱,这么说,对我的彬彬有礼,他们只是用侮辱作答,可是那是一位老太婆,我不能反击呀!也许正是这种不反抗导致了这位老太婆那个不用回击的意见在我身上的作用大大多于它应得的效果。我感觉不管怎样这个指责总有些道理,倒不是因为我说得太多,因为我确实只是说了必要的话,而是出自于其他的、完全为达到我的生存的原因。我不再说什么了,坚持不回答,在近处黑暗的角落我看见一条长凳,便走过去,坐下来。

两个老人又开始吃上了,一位姑娘从旁边的房间里出来,将一支点亮的蜡烛放在桌上。现在比刚才看得见的东西更少了,所有的东西全浓缩在黑暗中了。只有小小的烛光在微微俯下的老人头上跳动。几个孩子从花园跑进来,一个孩子跌倒了好一会儿,并大哭起来,别的孩子在奔跑中停了下来,在房间里分散地站着,老头说道:"孩子们,睡觉去吧。"

他们马上聚到了一起,那个哭着的孩子只是还在抽泣,一个小家伙拽了拽我的外衣,好像他认为,我也应该与他们一起走,说实在的我也是想睡觉去了,我便站了起来,作为一个大人走在这些孩子中间,这些孩子大声而一致地道着晚安,便默默地走出了房间。这位友好的小家伙牵着我的手,使我在黑暗中轻松多了。我们倒是很快地走到了一处阶梯,攀登而上,到了阁楼里。透过开着的小天窗,正好可以看到狭窄的残月,在天窗之下行进挺有意思——我的脑袋几乎可以伸到天窗外面去——还能呼吸到柔和清凉的空气。在挨着一面墙的地板上铺着稻草,那里的地方足够我睡觉的了。孩子们——两个男孩、三个女孩——大笑着脱衣服。我和衣躺倒在稻草上,我是在陌生的人群中啊,我没有权利要求留在这里的啊。我支着膀子向孩子们看了一小会儿,他们都半光着身子在一个角落玩耍。后来,我感觉很累,便将头枕在我的背包上,伸展手臂,还稍稍地瞥了一下屋梁,就入睡了。在开始入睡之际,我自认还听到一个孩子的呼喊声:"注意,他来了!"然后是孩子们向着自己睡觉地方的急速小跑声传进我已经逐渐消失的知觉里。

我当然只是睡了极短的时间,因为当我醒来的时候。月光几乎毫无改变地通过天窗照在地板上同样的地方。我不知道为什么醒了,因为我没做梦,睡得很死。这个时候,大约在我旁边齐耳朵高度的地方,我发现一只很小的卷毛狗,一只让某些人讨厌的哈巴狗,脑袋颇大,被鬈曲的毛遮盖得严严实实,一双眼睛和一张嘴巴就像是用什么没有生命的角状物质制成的装饰品松散地镶嵌在这个脑袋上。这样一种大城市豢养的狗怎么会来到农村里的?是什么驱使它在屋子里转悠的?它为什么停在我的耳朵旁边?我发出呼噜呼噜的声音让它离去,它大概是孩子们的玩物,只是迷误地来到我的身边了。它害怕我嘘它,可是并不离开,只是转过身去,用弯曲的小腿立在那里,跟它的大脑袋相比,它的躯体显得特别瘦小。因为它安静地待着,我便又想睡了,但我无法睡了,我正要闭眼之时,便看到狗在空中摇晃并瞪着眼睛。这是无法忍受的,我不能让这畜生留在我身旁,我站起身来,将它抱在手臂上,准备将它放出去,但这个一直没有动静的畜生开始反抗了,并企图用爪子抓我。但我得抓住它的小爪子,那自然是很容易的,我一只手就能抓住所有的四只小爪子。

"啊,我的小狗!"我朝着下面激动得鬃毛都颤抖起来的小脑袋说道,便带着它一起走到黑暗中去找门。现在我才注意到,这只小狗显得多安静,它不狂吠,也不发出刺耳的声音,我只是感觉到血液在它身上通过所有的血管在搏动。走了几步之后——由于这只狗的打扰而使我不小心——我碰撞到一个睡着的孩子,令我很不高兴。现在这顶楼的房间里也相当黑了,只有很少的光线透过天窗。这个孩子呻吟起来,我静静地站立了一会儿,连足尖也没移动一下,我保持住这种不动的姿态,只是为了不继续弄醒这孩子。可是太晚了,我已经看到四周的孩子突然穿上白衬衣起来了,就像是互相约定了一般,就像听到了一声命令,但这不是我的责任,我只是弄醒了一个孩子,这种弄醒也完全不叫唤醒,而只是一种小小的干扰,一个孩子在熟睡的时候根本不会把它当一回事的。可是,他们现在都醒了。"你们想干什么,孩子们,"我发问了,"继续睡觉啊。"

"您刚刚拿着什么东西?"一个小家伙说道,所有五个孩子在我身边转悠着寻找。

"是的,"我说,我没有必要掩盖什么,如果这些孩子想将这个畜生弄到外面去,那就更好了。"我要将这只狗弄到外面去,它不让我睡觉,你们知道它是谁的吗。"

"是克鲁斯特尔太太的。"至少我相信,从他们混乱的、不清楚的、睡眼蒙眬的、不是针对我的而只是互相叫喊的声音中听出是这样说的。

"那谁是克鲁斯特尔太太呢?"我问,但我从这些激动的孩子们那里再也得不到回答。有一个孩子从我的手臂上取走了这只狗,它现在变得十分安静,这个孩子急忙带着它走开了,所有的孩子都追去。

我不想独自待在这里,现在我也毫无睡意了,我虽然犹豫了一会儿,在我看来,我好像过多地参与这座住宅的事务了,而在这座房子里没有人对我表示很大的信任，最终我却还是跟着孩子跑了，我听到他们就在我前面摸索着走路的声音，因为是在完全的黑暗中，何况还是在陌生的路上，我常常跌跌撞撞，有一次甚至很重地把头撞在墙上了。我们又进入了我开始见到过那两位老人的房间里，现在这里已经空无一人，通过那扇还一直开着的门，我看到花园里如水的月光。"到外面去，"我自言自语，"夜是温暖而明亮的，我可以继续行进，或者也可以在露天里过夜。在这里跟着孩子们跑真没意思。"可是我还在继续地跑，我还有帽子、手杖和背包放在阁楼的地上哩。可是孩子们是怎么跑的呀！就像我清楚地看到的那样，他们蹦跳着跑了两下，飘动的衬衣就飞过了那间月光照耀的房间，我突然想到，我的的确确该感谢这座房子里缺少的待客热情，因而我将孩子们惊醒了，在这座房子里转着圈子跑，自己不去睡觉，而搞得整座房子都在响（孩子们光脚的脚步声在我沉重的靴子声里几乎是听不到的），甚至还不知道，作为这一切的后果还会发生什么样的事情。

  突然亮起了灯光。在我们前面开着的房间里，有几扇窗户大大地开着，在一张桌旁坐着一位娇柔的妇人，她正在旁边一盏大落地灯的灯光下写着东西。"孩子们！"她惊异地叫起来，她还没有看见我，我站在门前的阴影里。孩子们将狗放到桌上，他们大概很喜欢这位夫人，他们不停地想办法看到她的眼睛，一个小姑娘抓住她的手，并抚摸着，她任她去抚摸，几乎没加注意。那只狗立在她面前的信纸上，刚刚她在写着什么的，并朝她伸出颤动的小舌头，就在灯罩的前面，我看得很清楚。孩子们正请求留下来，想用甜言蜜语获得这位夫人的同意。夫人犹豫不定，站起身来，伸了伸手臂，指了指一张床和坚硬的地板。孩子们有点儿不满意，试探着躺在他们刚刚站立过的地面上；一瞬间，一切都静悄悄的了。这位夫人双手交叉在腹前，微笑地看着地上的孩子们。不时地有一个孩子抬起脑袋，当他看到别的孩子也躺着的时候，他就又躺了下去。

一天夜里，我从办公室回家，比平时晚了一点——有个熟人在大门口把我拦住，耽搁了很长时间——打开房门时，我还沉浸在刚才那段有关社会地位的对话的思绪里，把大衣挂到衣钩上，准备走到洗手台那里去，这时我听到了短促、陌生的呼吸声。我抬眼望去，发觉在摆放在角落深处的炉子一般高的地方，在半明半暗中有个活的东西。闪着黄光的眼睛盯着我看，那张看不分明的脸下面，炉子的两处边沿上搁着两只又大又圆的乳房，整个生物看起来完全像是由柔软的白肉组成的，又粗又长的黄色尾巴垂挂在炉子上，尾巴的末端在瓷砖缝隙处扫来扫去。

　　我做的第一件事就是迈着大步，并且深深地低下头去——愚蠢！愚蠢！我像祷告一样重复着——朝通向女房东住所的那扇门走去。后来我才意识到，我没敲门就进去了……〔中断〕

　　那是子夜时分，五个男子抓住我，第六个人越过他们，也举手来抓我。"放开。"我嚷道，并转着圈子，六个人全倒下了。我感觉掌握了一种法则，在做最后的努力时知道了，这种法则会有成就的。我看到，那些男人举着手臂逃回去，我看透了，他们一定会在最后一刻一起向我扑过来，我转身朝着家里的大门——我紧挨着门前站着——打开完全自动并以极快速度弹开的门锁，逃上黑暗的楼梯。

　　在上面最高一层，我的母亲手拿一支蜡烛站在敞开的卧室门里。"当心，当心，"我在下一层一边叫一边走上来，"他们在追我。"

　　"谁啊？是谁啊？"我母亲问道，"到底是谁敢追你，我的孩子。"

　　"六个男人。"我上气不接下气地说。

　　"你认识他们？"母亲问。

　　"不，是不认识的人。"我说。

"他们看上去是什么样子的？"

"我几乎没有看清他们，一个是络腮大胡子，一个手指上戴着好大的戒指，一个系着一条红色的腰带，一个裤子的膝盖处撕破了，一个只睁着一只眼睛，最后一个呲着牙。"

"现在别再想这些了，"母亲说，"进你的房间去，躺下睡吧，我铺好床了。"母亲，这位老年妇女，已经不受任何活物攻击了，在那张不自觉地重复着八十年愚蠢的嘴巴周围透出一种狡黠的表情。"现在睡觉？"我叫道……〔中断〕

6月12日。库宾。①发黄的脸色，平平的头顶上还有少许的头发，眼睛里时时放射着激励的光芒。

沃尔夫斯凯尔②，半盲，视网膜脱离，一定要防止跌倒或碰撞，否则的话，眼睛的晶体就会掉落下来，以后一切就都完了。在读书的时候一定要把书放在紧靠眼睛的地方，从眼角处去捕捉字母。曾与梅尔希奥尔·莱希特③在印度待过，得过痢疾，他什么都吃，在街上看到的每种布满尘土的水果，他都往嘴里送。

在罗马尼亚的一个地方，P.将一具女尸的一条银质贞操腰带弄断，并把那些挖出女尸的工人推到一边，向他们解释道，他在这里看到一件宝贵的小东西，他想拿走作纪念，以此来使工人们放心，他将腰带锯开，从骨架上扯下。要是他在乡村的教堂发现一本珍贵的《圣经》，或一幅图像，或一页乐谱，他想占有它们，那么，他想要什么，他就将它们从书里、从墙上、从圣坛上扯下，作为回敬，放下两个赫勒④，便觉安慰了。——对胖女人的偏爱。他为占

---

① 这里提到的应是库宾和帕辛格1911年秋天到布拉格的事情。卡夫卡描述的是过去他跟两人对话中的细节。
② 卡尔·沃尔夫斯凯尔（Karl Wolfskehl, 1869—1948），犹太裔诗人、作家，库宾的朋友。
③ 梅尔希奥尔·莱希特（Melchior Lechter, 1865—1937），画家、版画家。
④ 旧时的银币名。

有过的每一个女人都拍过照片。他向每个来访者展示这堆照片。他坐在沙发的一角,来访者坐在另一角,和他的距离颇远。P. 根本不用朝那边看去,便总能知道,别人已经看到哪一张照片了,并为此作出他的说明:这是个老寡妇,这是两个匈牙利的女仆,等等。——关于库宾:"是啊,库宾大师,您正是在腾升的时候,如果这样继续下去的话,在十年、二十年之后,您会获得如巴罗斯①的地位的。"

陀思妥耶夫斯基给一位女画家的信。②

社会生活在圈子里进行着,唯有尝过痛苦滋味的人才互相理解。他们根据他们痛苦的性质组成一个圈子,并互相支持。他们沿着他们圈子的内部边缘轻声滑动,互相谦让,或在拥挤中互相轻柔地推移。每一个人都劝说另一个人,希望反过来对自己也产生影响,或者,后来便出现热烈的场面,都直接地享受着这种反射过来的影响。每一个人都只有他自己的痛苦所给予的经验,尽管这样,人们还是在这些同病相怜者中听到闻所未闻的各种各样的经验交流。"你是这样的,"一个人跟另一个人说道,"不用埋怨,感谢上帝,你是这样的,如果你不是这样的话,那你也许会陷进这种或那种不幸中,遭到这种或那种侮辱。"那么,这个人是从哪儿知道这个的?这种说法表明,他跟诉说的那个人一样,也是属于同一个圈子,他需要的安慰也是同一种类的。在相同的圈子里,人们知道的事情也总是相同的,那里没有安慰者超过被安慰者的一种思想情绪。他们的交谈因而只是想象力的总结,是一个人对另一个人的愿望的汇流。有时候,一个人朝地上看,另一个人则盯着飞鸟,他们

---

① 这里讽刺 P. 无知地将名画家阿尔弗雷德·库宾与当时黄色书插图作者马尔吉斯·巴罗斯作比。
② 陀氏于 1880 年 4 月 11 日写给叶卡捷琳娜·费奥多萝夫娜·尤恩格(Yekaterina Fyodorovna Yunge)的信。

的交往就是在这样不同的情况里进行的。有时候，他们统一在信仰之中，两个人头挨着头地向高处无限的远处望去。只有当他们共同低下脑袋，相同的锤子落在他们的身上，他们对他们处境的认识才会是显而易见的了。

6月14日。我迈着安详的步伐，就在同一时刻，我的脑袋发颤，一条稍稍掠过头顶的树枝让我极不愉快。我感到宁静，在我内心怀着对其他人的信赖，但无论如何还是到了错误的终点。

6月19日。最近几天颇兴奋。由W.博士①传给我的安宁。他为我承担烦恼。今天当我四点钟从深睡中醒来的时候，它们一早便侵袭了我。彼斯特科剧场②。吕温斯坦③。现在，索伊卡④粗野刺激的小说。恐惧。确信F.的必要性。

奥特拉和我，我们多么愤怒地反对人与人之间的关系啊。

双亲的坟墓，里面也埋葬着儿子⑤（波拉克，商业大学士）。

6月25日。从很早的早晨到现在的黄昏时刻，我在自己的房间里走来走去。窗户是开着的，那是一个温暖的日子。狭窄街道的喧闹声不断地钻进来，在我转圈子的时候，通过观察，我已经熟悉了房间里的每件小东西。我的目光扫视了所有的墙壁，我探究了地毯

---

① 恩斯特·魏斯博士。后文不再特别加注。
② 布拉格市郊的一家剧院，以其创办者扬·彼斯特科（Jan Pištěk）命名。
③ 尤根·吕温斯坦（Eugen Löwenstein，1877—1961），布拉格的一名文艺资助者、作家和书评人。
④ 奥托·索伊卡（Otto Soyka，1882—1955），奥地利作家、记者，擅长通俗小说写作。
⑤ 这里也预言了卡夫卡后来葬在他双亲的墓地。

的式样和它时光的痕迹，直到最后的分岔。我好多次用手一拃一拃地量了中央的桌子。我常常呲着牙对着我女房东过世丈夫的画像。将近晚上，我走向窗户，坐在低低的窗台上。这个时候，我第一次从一个位置静静观察看房间的内部和上面的天花板。终于，如果我没有弄错的话，这个那么多次被我震动的房间终于开始颤动起来了。这开始于用少许石膏装饰围绕的白色天花板的边缘。不大的灰浆块脱落，不时地以有分量的一击，偶然般地落在地上。我伸出手去，也有几块落在我手上，我也不用紧张地转身，就将它们从头顶上扔到街道上去。这上面的断裂处还没有牵连到一大片，但人们至少已经可以随意地想象造型。可是我放弃了这样的游戏，现在一种青紫色开始混进白色之中，它正是从天花板由白色驻足的，而且完全泛着白光的中央出发的，上面那可怜的电灯就镶嵌在这中央的地方。彩色，或者是一种光线，不断在撞击中涌向现在正在变暗的边缘。人们根本就不再注意那个像是在一个非常细心运用的工具压力下脱落的灰浆。

  这个时候，黄的、金黄的色彩从旁边涌进这种紫的颜色里。但房间的天花板根本没有显现出五彩缤纷，彩色只是以某种方式使天花板变得透明，好像在它的上面有东西在晃动，想穿透下来，人们几乎已经看到了那里的这种活动的影子，一只手臂伸了出来，一把银剑正来回地挥动。那是针对我的，这毫无疑问；这种将使我自由的现象正酝酿着。我跳上桌子，以作好一切准备，我扯下电灯和黄铜杆，将它们抛在地上，然后跳下来，将桌子从房间中央推到墙边。凡是要掉下来的东西都可以静静地在地毯上安顿下来，并向我发出必要的信号。我几乎还没做完这些事情，天花板就真的裂开了。从很高的地方，我没有精确地估算过这高度，在半暗的光线中慢慢地降下一个天使，披青紫色布袍，系着金丝绒束带，有一对白色的闪着丝光的翅膀，举起的手臂伸展着宝剑，举得平直。"啊，一位天使！"我在想，"他整天地在我上方飞翔，而我对此毫无信仰，也居然对此毫无所知。现在他要跟我说话了。"我垂下目光。但当我再抬起目光时，天使虽然还在那里，而且挂在天花板下颇低的地方，天花板又合上了，可是不再是生动的天使，而只是一个船体的水上部分涂了彩色的木头造型，就好像在水手的酒吧里一样挂在天花板上，其他什么也没有了。剑柄的装饰是为放蜡烛并接住流下的蜡烛油用的。我已经扯下了电灯，我不想待在黑暗里，那里还有一支蜡烛，这样，我便登上一张椅子，将这支蜡烛放进剑柄装饰里，点亮蜡烛，然后在天使微弱的光照下一直坐到深夜。

6月20日。赫勒劳。莱比锡，与彼克在一起。[1]我的表现可怕极了。既不能提问，也不能回答，更不能活动，只是干瞪着眼睛。一个为舰队协会[2]招揽生意的男子，正吃着香肠的胖胖的托马斯夫妇，我们住在他们家，是普雷舍尔将我们引到那里的[3]，托马斯夫人，赫格纳[4]，方特尔和夫人[5]，阿德勒、夫人和孩子阿内莉丝[6]，K.博士夫人，P.小姐[7]，方特尔夫人的妹妹，K.[8]，门德尔松[9]（兄弟的孩子、高山花园、甲虫幼虫、松针浴），森林旅馆，"纳图拉"[10]，沃尔夫，哈斯[11]，在阿德勒的花园朗诵《纳西塞斯》，参观

---

[1] 卡夫卡在6月27日至29日和友人一同前往赫勒劳等地旅行，参加文化聚会。
[2] 成立于1898年的德国舰队协会，旨在引起公众对海军及相关政策的兴趣和重视。
[3] 普雷舍尔（Prescher）是森林旅馆的老板。因酒店客满，卡夫卡和朋友借住到了文理中学教师托马斯家。
[4] 雅各布·赫格纳（Jakob Hegner, 1882—1962)，赫勒劳出版社的创始人。
[5] 布拉格作家利奥·方特尔（Leo Fantl, 1885—1944）和他的妻子格蕾特。
[6] 保尔·阿德勒（Paul Adler, 1878—1946)，捷克作家、记者和翻译家。
[7] 波拉克小姐。
[8] 可能是布拉格作家理查德·卡茨（Richard Katz, 1888—1968）。
[9] 铁匠艺术格奥尔格·门德尔松（Georg Mendelssohn, 1886—1955)。
[10] 德累斯顿的一家素食餐厅。
[11] 卡夫卡的出版商库尔特·沃尔夫（Kurt Wolff, 1887—1963）和威利·哈斯。

达尔克罗策之家①，晚上在森林旅馆、莱比锡的书展——可怕伴着可怕。

没成功的：没找到"纳图拉"，跑遍了斯特罗弗大街，乘错了去赫勒劳的电车，在森林旅馆没有房间；我忘了让 E.② 在那里给我打电话，因此转回去了；再没有遇到方特尔；在日内瓦的达尔克罗策；③ 第二天很晚才到森林旅馆（F. 徒劳地打了电话）；决定不去柏林，而是去莱比锡；没有意义的旅途；乘错了火车；沃尔夫正前往柏林；拉斯克-许勒④占着韦尔弗；参观展览会⑤没意思；最终结束时在"阿尔科"毫无意义地对彼克提起一个有关旧时的过错。

7月1日。太累了。

7月5日。一定要承受并造成这样的痛苦！

7月23日。在饭店里的法庭。⑥搭乘马车的旅途。F. 的面孔。她把双手插进头发梳理，打着哈欠。她突然振奋地站起来，说起想好了的、长时深藏的、怀有敌意的话语。在返回的路上与 Bl. 小姐同行。饭店里的房间，对面墙上反射过来的热气。热气还来自拱形的石头墙，它围住了向深处走向的房间窗户，另外还有下午的太

---

① 埃米尔·雅克-达尔克罗策（Émile Jaques-Dalcroze, 1865—1950），瑞士作曲家，音乐教育家，曾在赫勒劳住了四年（1910—1914），并在此地办了一家音乐学校。
② 埃尔娜·鲍尔（Erna Bauer, 1886—1972），菲莉丝的姐姐。
③ 达尔克罗策1914年回到日内瓦后开办了一家新的的音乐学校。
④ 埃尔莎·拉斯克-许勒（Else Lasker-Schüler, 1876—1945），德国诗人，表现主义文学的先驱人物。
⑤ 国际图书与平面设计展。
⑥ 1914年7月11日，卡夫卡前往柏林，并于次日和菲莉丝解除了婚约。当天在饭店里，除了菲莉丝和她姐姐埃尔娜，还有格蕾特·布洛赫在场。之后他前往吕贝克等地旅行，直到7月26日返回布拉格。

阳。机敏的服务生几乎全是东欧犹太人。院子里的嘈杂状况，就像是在一家工厂里一样。难闻的气味。臭虫。艰难地下决心将它碾碎。房间的女仆惊讶道：哪儿也没有臭虫啊，只是有一次一位客人在走廊里发现了一只。

　　在双亲那里。母亲偶尔落泪。我诉说着教训。父亲从各个方面正确地理解了这些。他是因为我的缘故专程从马尔莫乘夜车赶来，只穿件衬衣坐着。他们承认我正确的观点，没什么可说的，或者没有太多的可以反对我的意见。简直完全是无辜的。Bl. 小姐表面上的过错。

　　晚上在椴树荫下独自坐在一张椅子上。腹部的疼痛。悲伤的查票员。面对众多的人，将票证放在手里翻来翻去，只有接到款后才将票证给出去。动作看上去是慢吞吞的，但他管理这一摊子事十分准确，在这样的持续工作中人们无法跑来跑去，他肯定想将好多人记在脑子里。在观察这些人的时候，我总这样想：他怎么进入这个职务的？他得到多少钱？他明天会在哪里？他到老年时会怎样呢？他住在哪里？睡觉之前他将胳膊伸在哪个角落？我也能干这事情吗？我的心情会是怎么样？所有一切都处于腹部的疼痛之下。可怕的、沉重的痛苦之夜，可是对它几乎没有记忆。

　　在贝尔弗德尔饭店，在斯特拉劳桥旁，与 E. 在一起。她还希望有一个美好的结局，或表现出她希望会有。喝了葡萄酒。她眼睛里含着泪水。船向格林瑙、向施魏尔陶启航。许多人。音乐。E. 安慰我，而我并不悲伤，这就是说，我只为自己悲哀，而这里面并无慰藉。她送我《哥特式房间》①，给我讲述许多事情（我什么也不知道），特别是她在公司里怎样面对一个年长的、恶毒的白发女同事并成功的。她最想要离开柏林，她想自己有一番事业。她喜欢安静。她在塞布尼茨②的时候，常常是整个星期天都睡觉。她也

---

① 瑞典作家斯特林堡的小说。
② 德国皮尔纳城与捷克交界处的城镇。

能高高兴兴地玩。——对岸的海军建筑。在那里她兄弟已经租了一套房子。

双亲和婶婶为什么向我作如此的示意？为什么 F. 坐在饭店里一动不动，尽管一切都已明朗？她为什么给我打电话："等着你，但我一定要在星期二出差。"期待我去成就？也许没有什么是比较自然的。没有什么（被走到窗边的魏斯博士打断）……〔中断〕①

7月27日。第二天再没去双亲那里。只是让骑车人送去告别的信。信的内容是不诚实的、卖弄的。"不要对我留下坏的印象。"像是刑场上的讲话。

两次在斯特拉劳岸边的游泳学校。许多犹太人。淡青色的面孔，强壮的体魄，粗野的奔跑。晚上在阿斯卡尼饭店的花园里，吃了米布丁和一只桃子。一个喝着葡萄酒的人瞧着我，看我怎样试着用刀子切这只小而不熟的桃子。我没有切成功，在那个老头的目光中，我害羞了，干脆不切桃子而翻阅起《飞叶周刊》②，翻了十次。我在等着，他是不是不想转过身去了。最终，我使尽浑身力气，不顾他的观察，用嘴巴去啃那只完全没有汁水的昂贵的桃子。在我旁边的凉亭里有一位身材高大的先生，他什么也不关心，只是在专注地挑选烤肉和冰桶里的葡萄酒。最后他点燃了一支颇大的雪茄，我越过《飞叶周刊》在观察他。

离开雷尔特火车站。③只穿衬衣的瑞典人。那位健壮的姑娘手臂上戴了许多银镯。夜里在布痕转车。吕贝克。可怕的许岑豪斯饭店。过分凌乱的墙面，床单下全是要洗的脏物，没人管理的房屋，一个小跑堂是唯一可以使唤的人。出于对房间的恐惧，我还是走向花园，坐在那里，旁边放一瓶哈尔茨的碳酸矿泉水。对面是一个喝

---

① 卡夫卡在7月27日回到布拉格后才续写了有关旅行的记录。
② 一本幽默插画周刊。
③ 柏林往汉堡的火车起点站。

啤酒的驼背人和一个抽着烟的瘦削的、没有血色的年轻人。我竟然睡着了，可是马上被太阳照醒了，太阳光透过大窗户直接照在我的脸上。窗户向着铁道路基，不停地传来列车的隆隆声。在迁到特拉维河旁的帝王饭店后，这才得到解脱，也感到舒适。

驶向特拉维明德。浴场——家庭浴场。河滨的景致。下午埋在沙中，赤裸裸的双脚，显得有伤风化。在我旁边的那个人像是美国人。从所有的膳宿公寓和饭店前面走过，却没去吃午饭。在疗养院的林荫下坐着，倾听用餐时的音乐。

沿着吕贝克城墙的小路散步，一位悲伤孤独的男子坐在一条长凳上。运动场上的勃勃生机。寂静的广场，所有的门前都有人待在阶梯上和石头上。从窗户向外看到的早晨。从一艘帆船上卸下木头。W. 博士站在火车站旁边。不断出现与勒维相似的地方。由于格莱申多夫而没有了作决断的能力。在汉萨农场用餐。"脸红的少女"。①采购晚餐。和格莱申多夫通电话。驶往马里恩利斯特。一个穿雨衣戴帽子的青年男子神秘地消失，在从瓦格尔罗埃塞到马里恩利斯特的车里又神秘地出现。

7月28日。留下的绝望的第一个印象，荒僻的地方、可怜的房屋、没有果品和蔬菜的糟糕的吃食、W. 和 H.② 之间的争吵。决定第二天离去。改期通告。又留下了。朗诵《袭击》，我没有能力去倾听、去共同享受、去评判。W. 讲话中即兴的内容，这对我来说是无法达到的。那个在花园中央写东西的男子，有一张胖胖的脸，一双黑色的眼睛，一头油光可鉴的向后梳理的头发。呆滞的目光，或左或右地眨着眼睛。孩子们像苍蝇一样不感兴趣地围坐在他的桌边。——我无力去思考、观察、确定、回忆、讲话、共同经历，这

---

① 一种甜品。
② 魏斯和他的女友拉赫尔·桑扎拉（Rahel Sanzara, 1841—1936），他叫她汉希（Hansi）。

种无能为力变得越来越厉害，我僵化、呆滞，我必须承认这一点。我的无能为力在办公室中表现得甚至更为严重。我如果不在一种工作中拯救自己的话，我是毫无希望的了。到那时我会清楚地知道这个吗？我在人前害怕得躲藏起来，不是因为我要静静地生活，而是想安静地走向毁灭。我想着我们，我和 E. 从电车到雷尔特火车站的那段距离。没有人说话，我脑子里没有别的，我只是想，对我来说每一步就是获取。而 E. 对我有偏爱，甚至不可理解地相信我，尽管她在法庭上见过我，我甚至有时感觉到这种信任对我的影响，自然不用完全去相信这种感觉。几个月来，我面对人群第一次感觉到我内在的生机，是面对着车厢里的那位瑞士女郎，那是从柏林返回的路上。她使我想起 G. W.①，有一次她甚至叫道：孩子们！——她头疼，那是血液在折磨着她。丑陋的、不事保养的小小的躯体，从巴黎一家百货商店买来便宜的劣质衣服，脸上的雀斑。一双小脚，尽管身体小而笨拙，却并未完全失去控制，圆而结实的两腮，生动的、永远闪亮的目光。

住在我隔壁的那对犹太夫妇是一对年轻人，这两人腼腆而谦逊，女的长了一个鹰钩鼻，身体瘦削，男的有点斜视，脸色苍白，显得敦实、肥胖，夜里还有点咳嗽。他们走路常常是一前一后。他们房间里那张床显得破烂。

一对丹麦夫妇，男的穿一件规规矩矩的西服上装，女的皮肤被太阳晒成棕褐色，面孔显得瘦弱而粗糙，常常沉默寡语，有时候他们并排而坐，两副面孔歪斜着就像并列地排在有凹凸花纹的石头上。

那位漂亮的年轻人还颇无礼，不断地在吸香烟，放肆地、挑衅地、惊慕地、揶揄地、鄙视地看着 H.，所有这些都包含在一束目光里。有时候他根本不去注意她，一句话不说地向她要香烟。不一

----
① 卡夫卡在里瓦旅行时遇到的女子。

会儿他又从远处敬她一支。他穿着一条撕破的裤子。如果有人想要痛揍他一顿的话,他就必须在今年夏天这么做,到明年夏天,他就要自己去揍人了。他抓住所有的女仆,抚摸她们的手臂,但并不屈就,也不发窘,而是像一位少尉,考虑到他在某些方面的暂时幼稚的表现,他可能现在比以后更有胆量。他在吃一种蛹的时候是如何使劲地用刀砍它的脑袋啊!

四人舞。四对夫妇,在大厅的灯光下听留声机,当每一组曲放完之后,就有一个舞者赶快走向留声机,放进一张新唱片。这节奏对先生们所行之舞步特别合适,轻松、严肃。那位欢乐的人,面色红润的人、社交界的名人,他那件隆起的硬挺的衬衫使他那挺起的宽阔胸膛显得更高——那位表情漠然者,肤色苍白,凌驾于所有人之上,与所有的人都戏谑打趣;大腹便便;透亮的轻飘飘的衬衫;各种不同的语言;阅读《未来》①——甲状腺肿大、气喘吁吁的家庭里体型庞大的父亲,人们从他们沉重的呼吸和孩子般的肚子认得出这样的家庭;他和他的妻子(和她跳舞的时候,他显出了骑士的风度)有意识地坐在孩子的桌边,他和全家人当然是最强有力地占据了这张桌子。这位是无可指责的、爱干净的、值得信赖的,在纯然的一本正经、谦逊和男子气概面前,他的面孔几乎透出了愠怒。他演奏钢琴。这个巨人般的德国人,四四方方的脸上留着伤疤,他的厚厚的嘴唇在说话的时候是那样温和地重叠在一起。他的妻子有一张北欧人线条硬朗与友好的面孔,有意显示娇美的步履,故意地摆动那沉甸甸的臀部。从吕贝克来的女人有着一双闪光的眼睛。三个孩子中,有一个名叫乔治,有点像没有目标的蝴蝶落在了完全陌生的人群里。然后他用幼稚可笑的话语问一些没头没脑的问题。例如我们坐下,校改《争斗》②。他突然出现,理所当然地、深信不疑地、大声地提问,问其他的孩子跑去哪儿了。——这位动作僵硬

---

① 一本周刊。
② 魏斯的一部小说,于1916年在柏林出版。

的老先生，他的外貌看上去就像那些上了年纪的高贵北方人长的长脑袋一样。如果这里周围不再有美丽年轻的长脑袋出现的话，那就说明衰退了，让人认不出来了。

7月29日。有两个朋友：一个是淡黄色头发，长得像理查德·施特劳斯，微笑、克制、机敏；另一个是深色头发，穿得整洁，温柔而坚毅，过于灵活，说话有咝咝的声音。两个人都会享受，不断地饮葡萄酒、咖啡、啤酒、烧酒，还不停地吸烟，他们的房间在我的对面，堆满了法文书籍，多数是在晴好的天气里在发出霉味的写字间里写东西。

约瑟夫·K.是一位富商的儿子，有一天晚上他和他的父亲大吵了一场之后——父亲谴责了他那种乌七八糟的生活，并要求他立即停止那种生活——没有一定的目标，只是在完全不稳定的情绪中带着疲乏进入商会的房子。这房子四周没有建筑，就在港口附近。门房向他深深地鞠了一躬，约瑟夫没有致意，匆匆地看了门房一眼。"这些不会说话的下属做得出别人需要他们做的一切，"他想，"我想，他是在用不相宜的目光观察我，他的确是这样做的。"他又一次没有致意地转向这位门房；这位门房却把脑袋转向街道，仰视那被云遮盖住的天空。

我完全无计可施。还在一瞬之前，我还明白应该去做什么事情的。上司伸长一只手臂将我推到公司的门口。在两张斜面桌子后边站着我的同事们，所谓的朋友们，他们将可怖的面孔埋在黑暗中以遮掩脸上的表情。

"出去，"上司叫起来，"窃贼！出去！我说出去！""这不是真实的，"我叫了一百次，"我没有偷东西！这是一个误会，或是一个诬陷！请您不要碰我！我要控告您！还有法庭嘛！我不走，我像一个儿子为您服务了五年,现在我却被当作窃贼对待。我没有偷过东西,天呀,您听着,我没偷过东西。"

"没什么好说的,"上司说,"您走吧!"我们已经来到玻璃门旁,一个学徒抢先跑去匆急地打开玻璃门,当然在这条偏远的马路上这种钻心的声响使我更为接近了这些事实,我站在门旁,将两条手臂搁在身后,屏住呼吸,尽量安静地说道:"我要拿我的帽子。"

"帽子您可以拿。"上司说,走回几步,从正在斜面桌前晃动的店伙计格拉斯曼那里取来帽子,并想将帽子扔给我,但用劲过头,这顶帽子从我身旁一直飞到车行道上。

"这顶帽子现在属于您了。"我说,并外出走上街道。这时,我没了主意。我是偷了,我从收款箱里拿了一张五古登的钞票,为的是晚上能与索菲去剧院,可是她根本不想去剧院。其实三天后就要发薪了,然后我也许就有了自己的钞票,而我却荒唐地犯了这种偷窃行为,而且是在光天化日之下。在账房的玻璃窗旁,窗后就坐着上司,他正盯着我哩。"小偷!"他叫起来,并从账房跳出来。"我没偷。"这是我的第一句话,但我的手里拿着五古登的钞票,钱箱是打开着的。

有关旅游的笔记记在另一个本子里了。①开始了一些失败的工作,但我不松懈,尽管失眠、头痛、整体上无能为力,那是我在我的体内为此聚积起来的最后生命力量。我做了观察,我不是为了安静的生活,而是为了能安静地死去才躲避着人。如今我却要进行自卫了,趁我上司不在的时候,我有一个月的时间。

7月30日。我由于在别人的商店里做事弄得精疲力尽,于是自

---

① 这里指的是1916年7月23日至26日的内容。原本记在另一个笔记本(第九本笔记本)里。直到7月30日的内容都在那个本子里。

已开了一家小文具店。因为我只是小本经营，我不得不用现金支付一切……〔中断〕

我寻求建议，我并不固执。如果我静静地用抽搐变形的面孔和热得发亮的两颊笑着看某一个不了解此事而给我出点儿主意的人，那也不是固执。那是紧张、准备接受，那是缺乏固执的病态表现而已。

"进步"保险公司的主管对他手下的雇员总是极为不满。如今是每一个主管都对他的属下不满意，职员们与主管们的差别太大了，以致仅仅通过主管方面的指示和职员方面的服从这种差别是无法保持平衡了。只有双方的仇恨维系着这种平衡，并让整个企业趋于完善。

"进步"保险公司的主管鲍茨看着这个站在他写字桌前面、要在这个公司谋求一个工作位置的人，当然有时也读着这个人放在他面前桌子上的几张纸上的文件内容。

"您的个子很高呀，"他说，"这看得出来，但您拿手的是什么？在我们这里干活的人不只是要能贴邮票，要干更多的事，但他们恰恰不必去干这些事，因为这些事情在我们这里都已经自动化了。在我们这里的工作人员一半是管理者，他们必须做那些极端负责的工作，您感觉能胜任吗？您有一个特别的脑袋，您的前额长得多么靠后，多么独特。您的最后一份职业究竟是什么呢？怎么？您一年来没有工作？为什么呢？因为肺炎？是这样？那么，这是很不受欢迎的，怎么？我们只能要健康的人。在您被录用前，您一定要到医生那里检查一下。您已经康复了？是这样？当然，这是可能的。您讲话大声一点！您的嗫声弄得我很烦躁。这里，我也看出，您已经结婚了，有四个孩子，而一年来您没有工作。好吧，喂！您妻子是洗衣服的吗？是这样。那么，好吧。既然您已经在这里待着，您马上去医生那里检查一下，这里的人会领您去的。但您不能得出结论，认为您已被录用了，即使医生作出的鉴定是有利的。完全不是。不管怎么说，您会得到一份书面通知。为坦诚故，我想即刻告诉您：您并不使我完全满意。我们需要的完全是另一种工作人员。不过，不管怎么说，您得去检查身体。您请走吧，请走吧。在这里请求是没有用的。我没有权利恩赐什么。您想干任何工作。这当然。每个人都想这样。这并不是特别的优点。这只表明，您对自己的评价是如何的低呀。现在我说最后一次：您走吧，您别缠得我太久。说得确实不少了。"

鲍茨不得不用手敲桌子，让人将这个男子带出经理房间。

7月31日。我没有时间。①全面征兵开始了。K. 和 P. 被召集了。②现在我得到了独处的报偿。这毕竟还不是一种报偿，独处只带来惩罚。不管怎么说，我很少受所有的痛苦感染，而且比早先更为坚决。下午我将一定要待在工厂里，我将不住在家中，因为 E. 带着两个孩子迁居到我们这里来了。③但我必定要不顾这一切地写作，无论如何都要写，这是我维持自我的斗争。

8月1日。陪 K. 到火车站④。亲戚围在办公室里。想要乘车到瓦莉那里去。

8月2日。德国向俄国宣战。——下午去游泳学校。

---

① 一战爆发了。
② 卡夫卡的两个妹夫。
③ 卡夫卡的妹妹艾莉带着两个孩子回了娘家。卡夫卡因"不适合"服兵役而没有被征召入伍，他先是住到了瓦莉家中，9月起又搬到了艾莉在郊区的公寓。
④ 卡尔·赫尔曼。

335

8月3日。独自待在我妹妹的住所。这住所的位置比我的房间还深,在旁边的一条巷子里,因此,邻居家大声说话的声音就像在下面的门前,还有吹口哨的声音。除此而外,倒是个十全十美的幽静所在。没有渴求的已婚少妇开门。本来在一个月里我就应该结了婚的。一句痛苦的话:你怎么想它的,你就怎么拥有。我痛苦地紧紧贴着墙边站着,恐惧地低下目光,看着挤压的手,带着一种将旧的忘掉的新的痛苦认出了自己扭曲的抓住你的那只手,它用一种力量,一种为美好的工作从未有过的力量。我抬起头,又感觉到了第一次的痛苦,又垂下目光,就这样不停地上上下下。

8月4日。在我为自己租下这处住宅的时候,我与房东签署了可能是一份文件的东西,这文件上说,我有责任交出两年或甚至六年的租金。现在他根据这个协议提出了这个要求。①我的态度表现出来的是愚蠢,或者说是普遍的、已成定局的顺从。滑进河里。这种下滑对我来说真是如愿以偿,因为它使我想到了"被推下去"。

8月6日。炮兵经过护城河街。鲜花,神圣的欢呼。可怕的、没有表情的、惊愕的、神情专注的、黑色的和有双黑色眼睛的面孔。

我没有恢复,反而更加失常了。一只空空的容器,还完整却已经成了碎片,或者说,已经是碎片,却还保持着完整。充满谎言、仇恨和嫉妒。充满无能、愚蠢、迟钝。充满懒惰、脆弱、无助。三十一岁的年纪。我看见奥特拉的图画上两个农场主。年轻有朝气的人,他们知道一点儿知识,并有足够的力量,在那些必然会进行某种反抗的人中运用这一点。——一个遛着美丽的马匹,另一个躺在草地上,在一般不动的、绝对值得信任的面孔上,将舌头伸在两

---

① 这间公寓本是卡夫卡为结婚准备的。如今他取消了婚约,因而面临违约问题。

唇之间做游戏。

我在自己身上发现的无非是狭隘、优柔寡断，对好战者的嫉妒、仇恨，我以不可抑制的热情愿这些人得到所有坏的报应。

从文学角度来看，我的命运很简单。为描绘我梦一般的内心生活的意识而将所有别的东西逼到了次要的位置，并且它们以一种可怕的方式变得枯萎，而且是不断地枯萎。那个时候，什么别的东西都不能使我感到满意。但如今我的力量对于那样的描绘是完全无法估量的，它也许已经永远地消失了，它也许再一次地降临到我身上，我的生活状态对它来说当然是不利的。我就是这样地摇摆着，不停地飞向山尖，但几乎没有一刻能将我留在上面。其他人也在摇摆，却是在下面的地段，还具有更为强大的力量；他们如果跌下来，同类的人扶住了他们，这些同类人为了这个目的走到他们的身旁。而我在上面摇晃着，遗憾的不是死亡，却留下死亡永恒的痛苦。

爱国游行。市长讲话。然后消失，然后出现，德语的呼喊："我们亲爱的君主万岁，万岁！"我带着凶狠的目光站在一旁。这种游行是一种令人反感的伴随着战争而来的现象之一。由犹太商界人士发起，一会儿是德国的，一会儿是捷克的，虽然自己承认了这些，但从来没能像现在如此大声地叫出来。他们当然也拉来一些人，他们组织得不错。照例每晚重复，明天星期日会有两次。

8月7日。即使人们没有哪怕是最微不足道的成为独特自我的能力，但他对待每一个人仍按自己的方法。"从宾茨来的 L."① 将手杖伸到我这里，为是引人注意，却吓了我一跳。

---

① 卡夫卡从没去过宾茨，这段话可能出自他看过的一张鲍尔家去宾茨的照片。

在游泳学校迈着坚实的步伐。

昨天和今天写了四页,困难地向超越琐碎小事进伐。

这位非凡的斯特林堡,这样的愤怒,这些在抗争中赢得的篇页。

从对面酒店里传出的合唱。——我正走向窗户,睡觉看来是不可能的了。全部的合唱声音通过开着的玻璃门传来。以一个姑娘的声音定调。那是纯真的爱情歌曲。我渴望来一位警察,他正好来了,他在门前站了一小会儿,侧耳倾听。然后叫道:"老板!"姑娘的声音:"阿达尔伯特①。"一个穿裤子和衬衫的男子从一个角落跳出来。"把门关上!谁要听这嘈杂的声音?""噢,请,噢,请!"老板说,做出柔顺迎合的动作,就好像与一位女子打交道,先关上身后的门,然后开开这门溜出来,又关上。警察(他的行为,特别是他的冲冲怒气,不可理解,因为唱歌的声音并不干扰他,而只有给他无聊的职务增加一些甜蜜的味道)走了。歌唱者们也失去了唱歌的兴致。

8月11日。想象我留在巴黎,和舅舅紧挨着,手臂挽着手臂,一起走过巴黎。②

8月12日。完全没有睡觉。下午三个小时没睡着,昏昏沉沉地躺在长沙发上,到了夜里,情况类似,但这并不能阻碍我。

8月15日。一些天来我在写作③,我想坚持下去。我今天可没有像两年前那样,完全躲进避风港,钻进工作里去。我时时有一个想法,我的有规律的、空空荡荡的、疯狂的单身汉生活是有其道理

---

① 原文为捷克语。
② 这是卡夫卡对1910年10月和1911年9月到巴黎和舅舅见面的回忆。
③ 指小说《诉讼》。

的。我可以又一次和自己对话，这样，我就不会呆呆地凝视那个完全虚无的境界。对我来说，只是在这条路上才有了一种改善的可能。

回忆卡尔达铁路①

在我的生命中有一段时间——距今已有多年——我在俄国内地的一段不长的铁道上有过一个职务。我还从来没有在那样孤零零的地方待过。出于各种与此不相关的原因，我那个时候正在寻找这样一个地方，越使我感到荒僻，对我来说就越觉得可爱，就是现在我也无怨无悔。在最初的时间里，我只是缺少忙碌。

这小段铁路一开始大概是出于某种经济目的而铺设的，但是资金不足，施工停顿下来，暂时不能通往下一个比较大的地方卡尔达，那里离我们这里驱车要五个白天的路程，这段铁路正好在一个荒僻地带的小居民区停住了，从这个地方还需要整整一天的路程才能到达卡尔达。这段铁路当然最终要延伸到卡尔达，但时间难以估计，如今也只好无利可获地躺在那里了，因为它的全盘计划完全不适用，乡村需要公路，而不是铁路，现在这段铁路还存在着，其实有没有它完全无所谓，每天来去的两趟列车装载着轻便车就可以运输的货物，旅客嘛，也只是夏季里的几个农业工人。但有人并不想让这段铁路完全停下来，因为他们总希望通过这段铁路的运营为扩建吸引资本。以我看来，这种希望并不是那种很有希望的希望，还不如说是绝望和懒惰。只要手头还有物资和煤，这段铁路就运行着，几个工人得到的工资既没规律，而且还在减少，好像那是对他们的恩赐，不然就是在等待彻底的崩溃。

我被录用在这段铁路上，住在一间木头棚屋里，这座木屋还是

---

① 这个标题是卡夫卡后来起的，原稿中没有标明。其中有六页内容写在其他纸页上。

在铺设这段铁路时留下的,它同时还兼作车站房子用。木屋里只有一个房间,里面为我放了一张木板床——还有一张桌子,可能为了写字用的。桌子上方安装了一部电话机。当我春天到这里的时候,一趟列车很早就经过了这个站——不久就改变了——而且有时会发生这样的事,某一位乘客来到本站,而我正在睡觉。这位乘客自然不会待在露天里——直到夏季过半这里的夜还是很凉的——而是来敲门。我拔开门闩,我们常常是用聊天来度过整段时间。我坐在木板床上,我的客人蹲在地上,或者我让他泡茶,然后我们两个人在友善的默契中同饮。所有这些农村的人都是非常容易相处的。此外,我发现,我并不很适应忍受这种完全的孤独,但同时我也不得不跟自己说,我强加给自己的这种孤独,在不长的时间之后已经开始驱散了过去的烦恼。我特别感觉到,这是一种对不幸的巨大的考验力量,它能持续地控制一个处在孤寂中的人。孤独比任何一切都更强有力,并驱使一个人再次回到人群中去。当然人们又会试图寻找另外的、表面上少些痛苦的、实际上还是完全陌生的道路。

我在那里结识的人比我想象的还多。自然不是有规律的来往。与我有关的五个村子中,每个村子不单单是距离本站,就是距离别的村子,也有几个小时的路程。让我离开车站太远我还真没有那个胆子,如果我不想丢掉这个职务的话,至少在最初的时间里我也完全不想这么干。我也不能亲自去这些村子,只有依赖旅客或不在乎走远路的人代我去作拜访了。在第一个月里,这些人就已经来过了,但不管他们怎么友好,还是能让人容易看出来,他们的到来,大约只是为和我做买卖,再说,他们也完全不隐藏他们的目的。他们带来各种各样的货物,一般在我有钱的情况下,我先是几乎不加考虑,什么都买,这些人,特别是那几个人,极受我的欢迎。后来我当然限制了这样购买的做法,此外,还因为我认为我发现了这种购买方法在他们看来是鄙薄的。除此而外,我还从火车上得到生活必需品,不过这些物品很不好,而且比农民带来的东西贵得多。

我本来打算开辟一座小菜园，买一头奶牛，用这种做法来尽量使自己不依赖大家。我也带来了开辟花园的工具和种子，这里的土地极多，未经耕耘的土地非常平坦地延伸在我木屋的四周，极目所至，没有一点儿高凸的地面。可是我身体太弱，没有能力去平整这些土地。那是一处难以垦凿的土地，到了春天地面还冻结得板板实实的，即使我用那把新的锐利的锄头也凿不下去，无论怎么在这块土地里下种，都是毫无希望的了。我在干这些工作的时候多次感到绝望。我整日躺在木板床上，甚至连列车开来了，我也不出去。我只是将脑袋伸出正好在木板床上方的小窗外，表示我病了。后来由三个男子组成的列车工作人员进到我屋里想取点暖，但他们并没有找到许多暖热，因为我尽可能避免用旧的、容易发生爆炸的铁炉子。我宁愿裹着一件暖和的旧大衣躺着，并用各种各样的毛皮盖在上面，这些毛皮也是我先后从农民那里买来的。"你常常生病，"他们跟我说，"你是个病秧子。你再也不会从这里离开了。"他们说这个大约并不是要让我悲哀，而是他们在努力地尽可能说出真情。他们说这些话的时候眼里发出奇特的直愣愣的目光。

一个月里一次，但总是说不定在什么时候，一位督察来这里检查我的备忘记事簿，从我这里拿走收进的钞票——但并不总是如此——付给我工资。他的来到总是在前一天由那些在前一站放他下车的人通知的。那些人认为这事先通知是他们能够向我表示的较大的善举，尽管我每天在一切方面不消说是井井有条的。对此倒是不必花什么力气。但是督察进到站里总是带着一种神情，好像他这一次一定要揭开我管理上的不善之处。他总是用膝盖撞开我木屋的门，同时凝视着我，几乎还没有打开我的记事簿，就找到了一个错误，我在他的面前再算一次向他证明，不是我而是他犯了一个错误，这就得要花去长长的时间。他对我的进款总是不满，然后他啪的一声合上记事簿，又是目光锐利地看着我。"我们一定要停掉这段铁路了。"他每次都这样说。"这样的事会来的。"我通常这么回答。

在完成修正之后，我们的关系有了改变。我总是准备了烈酒，并尽可能地弄来些精美的食品，我们在一起饮酒，他用还过得去的嗓子唱歌，但总是两支歌，一支是悲哀的，开始是："小孩子，你到哪里去，在森林里？"第二支歌是欢乐的，是这样开始的："快活的年轻人，我属于你们！"——我得到我部分的工资，要是我能将他带到这样的情绪里。但只是在开始进行这样聊天的时候，我看得出他带有某种目的，不久我们就变得完全一致了，用污秽的语言谩骂主管部门，我便得到了他在我耳边悄声说出的有关他想为我获取职位的许诺，最终我们抱成一团，一起倒在了木板床上，我们的拥抱常常是十个小时也不分开。第二天他又作为我的上司离去。我站在列车前面，向他敬礼，他通常在登车的时候将身子转向我，并说道："噢，我可爱的朋友，一个月后我们又要见面了。你知道，前途对你来说意味着什么。"我还看见他用力转向我的肿胀的面孔，所有的部分，两边的面颊、鼻子、嘴唇，都在这张脸上突现出来。

这是每个月里绝无仅有的一次大变动，在这变动中，我可以任性妄为；还有一点儿烈酒糊里糊涂地留下来了，当督察走了之后、我马上将它一饮而尽，在它咕噜咕噜地进入我的喉咙的时候，我还听到了列车离去的信号声。在这样的一夜之后，我渴得吓人；这就像在我的身体内有着第二个人，他从嘴巴里伸出脑袋和脖子，喊叫着要喝点什么。督察被照顾得很好，他在车上总是喝着带在身边的应有尽有的饮料，而我只靠着残存的一点儿什么。

后来，我居然在这整整的一个月里什么也不饮用，我也不抽烟了，我干自己的工作，别的什么都不想做。就如已说过的一样，没有那么多的工作，但我做这些工作是彻底的。例如我的责任是每天在这个站一公里范围的轨道打扫卫生和检查情况。而我并不按规定，常常走得很远，走到正好不能看见这个站头那么远的地方。在晴朗的天气里，这距离还可能达到五公里左右，这里的土地完全是平坦的。要是我走到在我的眼前木屋在远处只是闪烁的影子那么远的地方，我会由于眼睛的错觉而有时候看到许多黑点向着木屋移动。那是一大帮人，全是部队，有时候却是真的来了一个人，我便挥着锄头跑完这整段的长距离的路，回到木屋。

将近晚上，我工作完毕，最终回到我的木屋。在这段时间里一般来说没有人来看我，因为夜里走回村子的路是很不安全的，这一带有各种各样的流氓、恶棍出没，但他们不是本地人，他们出没无常，常常走了又回来。我看见过那一帮子人，这个孤寂的车站吸引着他们，他们不是那么危险，但人们必须要认真地与他们周旋。

也就只有这些人会在这个长长的昏暗时辰里来骚扰我。否则的话，我就躺在木板床上，不想过去，不想铁路，也不想下一趟列车要在晚上十到十一点之间经过本站，简而言之，我什么也不想。有时候我看一份旧报纸，那是火车上有人扔给我的，这里也许有令我感兴趣的来自卡尔达的丑闻故事，但孤立地从某些日期的报纸来看，我就不可能理解这些故事了。除此而外，在每一份报纸上都有一部小说的连载，这部小说叫：《指挥官的复仇》。我有一次梦见了这位指挥官，他身边总是带着一把匕首，在某种特殊情况下，他甚至将匕首置于牙齿之间。其余的内容，我就不去多读了，因为天色马上就黑了，煤油和蜡烛都贵得令人难以负担。我一个月从铁路当局那里只得到半升的煤油，这个月还没过完，这煤油早已经在晚上为列车点燃半个小时的信号灯而用完。可是这种灯也完全是没有必要的，后来我在有月光的夜里就不再去点燃这盏信号灯了。我正确地预计到，夏天过后煤油会是很急需的，因此我在木屋里的一个角落挖了一个槽，在槽里放了一个用沥青将缝隙涂塞好的小啤酒桶，将每个月节省下来的煤油倒进去。然后全部用稻草盖好，谁也看不出里面有什么东西。木棚里的煤油味越浓，我越觉得满意；因为那是一只用旧了的有裂纹的木板做成的桶,它吸饱了煤油,所以发出如此浓烈的煤油气味。后来,我将这只桶小心翼翼地挖到木屋外面去了,因为督察有一次在我面前拿着一盒蜡制火柴,当我想要的时候,他将这盒火柴一根接一根地点着了抛向空中。我们两个人,还有煤油,都处在万分的危险之中,我掐住他的脖子,直到他放下所有的火柴,我总算挽救了一切。

我在空闲的时间里常常考虑冬天里怎么照管自己。如果我在这温暖的季节里就已经感到寒冷——如这里人说的,现在天气比许多年前温暖多了——那到了冬天对我来说会非常糟糕的。我攒积煤油只是一时兴起,我其实真该理智地为冬天收集各种各样的东西;公司不会特别地关注我,这当然是毫无疑问的,但我太无忧无虑了,或者更为确切地说,我不是无忧无虑,但我太少重视自己,以致我肯定不想在这方面做出许多努力。现在在这个温暖的季节里我还过得去,便任其保持原样,并不想再继续干些什么事情。

把我带至这个车站的诱惑之一,曾是狩猎的旷野风光。有人跟我说过,这里是一个特别的蛮荒所在,而且我已经为自己弄到一支枪,如果我积蓄了一点钱,我就想将那支枪转寄过来。现在看来,这里并没有狩猎野兽的痕迹,只有狼和熊可能会在这里出没,在最初几个月里,我既没看见狼,也没看到熊,除此而外,这里倒是有奇特的大老鼠,这一点我却是马上能观察到,它们是如何地成群结队,就像随风而来,穿越过这里的草原。我为之兴奋的野兽却是没有。这里的人并没跟我说错,野兽出没的地方是有,只是离这里有三天路程的距离——我没有想到,在这一百多公里远的无人居住的土地上的情况会是不可靠的。不管怎么说,我暂时还不需要那支枪,便可以将这些钱用在别的方面。为了冬天,我无论如何一定要筹措一支枪,我为此按时将钱放在一边。对于有时候侵袭我的食物的大老鼠,我那把长刀就足够了。

在开始的时候,我对一切还是新奇的,我有一次戳住了一只这样的大老鼠,将它举在我面前齐眼高度的墙上。要是你将它置于齐眼的高度,你就会仔细地看清这只小动物;要是你弯着身子朝地上去看它,你得到的有关它们的想象便会是错误的、不完全的。这些老鼠身上最引人注目的地方是爪子,爪子大而稍有点凹进去,最末端是尖的,它们很适合在墓穴里生活。置于我面前墙上的老鼠在发颤,在这最后的颤抖中,它一反活泼的本性,绷紧了爪子,爪子像是一只小手,在向着一个人伸去。

一般来说,这种小动物很少令我烦恼,只是在夜里,它们有时将我吵醒,那是因为它们在坚硬的地上跑动的时候发出啪啪声,然后穿过木屋,这时,我便坐起身来,可能点上一支小蜡烛,这样,我能看见某个地方的木柱下的一个小洞中,一只老鼠从外部伸进去的爪子正拼命工作着哩。这种工作完全是无效的,因为它要为自己挖一个足够大的洞,必须要干上一整夜,而一当天色稍有点亮的时候,它就逃之夭夭了,尽管它工作得像一个知道自己目的的工人。它努力地工作,虽然只有很难注意到的微粒在它的爪子下飞起,但没有成果的话,它大概永远不会动用那爪子的。我常常在夜里凝神注视,直至在注视中产生的规律和寂静让我困倦。后来我连吹熄蜡烛的力气都没有了,烛光便继续照着那只在工作的老鼠。

有一次在一个温暖的夜里,当我又一次听见这双爪子的工作的时候,我小心地、摸黑地走出,想亲自去看看这动物。它带有尖嘴的头部深深地垂着,几乎伸在两个前腿之间;只是为尽可能地紧紧挨近木头,并尽可能深地将爪子伸到木头下面。人们也许可以相信,有人在木屋里死死地抓住那两只爪子,并欲将它整个身子拽进去,这一切都是那么紧张。这一切也可一下子解决,即将这小动物打死。在完全清醒的时候,我不能容忍我唯一占有的木屋遭到袭击。

为对付老鼠保住木屋,我用稻草和麻絮填塞了所有的洞穴,每天早晨向地面审视一圈。我也曾想将木屋里至今还是用脚踩实了的泥土地的地面铺上木板，这对冬天来说也可能有好处。最近的村子里的一位农民，名叫叶考茨，他早已答应为我带来好用的烘干的木板，我也常常为这允诺而招待他。他也从来不是过好长时间才来，而是每隔两个星期来一次，有时还托列车上的人送来包裹，却一直没把木板带来。他对此有各种不同的托辞，最多的是他本人年纪太大了，不能拖拽这么重的东西，他的儿子将会把这些木板带来，但现在他儿子正忙着农活。按他的说法，叶考茨已经远远超过七十岁了，如今看上去也是那么个样子，但还是一位身材高大、体格颇壮的男子。除此而外，他还改变托辞，有一次他谈到要弄到像我需要的那么长的木板有不少困难。我并不催逼他，我并不一定需要这些木板，本来也是叶考茨自己让我有铺地板这个想法的，大概这种铺设也并没有什么好处，一句话，我可以平心静气地倾听这个老头的谎言。我与他见面的致意用语总是："啊，木板，叶考茨！"他马上便用含混的言语开始了抱歉，我叫他督察、上尉或电报员，他不只答应我下一次带来木板，而且要他儿子和几个邻居来帮忙将我的整栋木屋摧毁，代之建成一座坚固的房子。我聆听得那么久，直到我感到疲倦并将他推出去为止。但为了取得原谅，他在刚走到门口的时候，便举起自称虚弱的手臂，其实他完全可以用这双手臂弄死一个成年男子。我知道，他为什么不拿来木板，他是在想，如果冬天临近，我会急需木板，到时价钱就高多了，此外，只要木板没拿来。他本人对我来说就会有较大的价值。他当然不是笨蛋，并知道我看出了他内心的想法，但在这件事里面，我看出来了也不加利用，他看到了他的优势，他便保持住这样的优势。

我——我服务工作的第一个季度将近结束之际——真的生病的时候，我为木屋对付那些小动物和保护自己过冬所做的一切准备不得不停了下来。我至今有多年没有生过任何病，哪怕是最轻微的不适也没有过，这一次我却病了。开始表现为一种厉害的咳嗽。从车站向内陆走大约两个小时距离的地方有一条小溪，我总是从这里打上一桶水，装上手推车运回，作为我的储备用水。我还常常在这里洗澡，咳嗽就是因此得的。染上的咳嗽极为厉害，我在咳嗽的时候都必须佝偻着身子，我相信，我如果不佝偻着身体，拿出所有的力量来，我是敌不住这咳嗽的。我想，列车上的人员会对这种咳嗽大吃一惊的，但他们熟悉这种咳嗽，他们称它为狼咳。自此之后，我开始从这咳嗽里听出了狼的嚎叫。我坐在木屋前的小凳子上，狼嚎般地迎接列车，又狼嚎般地等着列车离去。夜里，我不是躺着而是跪在木板床上，将面孔挤压在皮毛里，至少让自己听不到狼嚎之声。我紧张地等待着，直到任何一根重要的血管爆裂而结束一切。但这样的事情怎么也没发生，甚至没过多少天，咳嗽便不见了，是一种茶医好了这种咳嗽，那位火车司机答应给我带这种茶来，但他向我解释，我必须在咳嗽开始后第八天才饮用这种茶，否则它就没有效。第八天他真的带来了这种茶，据我回忆，好像除了列车人员，还有乘客，两个年轻农民，来到我的木屋，因为在喝茶之后听到第一声咳嗽就会带来好的预兆。我才喝第一口茶，竟抑制不住地咳到了在场人的脸上，但之后真的马上就感到轻松，在后来的两天里这种咳嗽虽然已经减弱些了，但我还在发烧，而且不退。

这发烧使我十分疲倦。我失去了所有的抵抗力。还不时地发生这些情况，即在我的额头上突然地出汗，我全身颤抖，倒在了我所在的地方，直等到知觉再恢复过来，我感觉很清楚，我不但没有好转，反而更坏了，对我来说很有必要乘车去卡尔达，我要在那里住些日子，直到我的情况有所好转。

8月21日。今天的感觉是最强烈的，带着如此的希望开始，又被全部的三个故事抛回来。①这个俄国的故事只能在写过《诉讼》之后再动笔。在这个可笑的、显然只是依靠机械幻想的希望里，我

---

① 指的是《回忆卡尔达铁路》（后文中的"俄国的故事"）《诉讼》和《失踪者》。

又开始了《诉讼》。——这不是完全没用的。

8月29日。一章的结束没有成功,我几乎没法继续另外一个已很不错的章节,或者,不如说我完全肯定自己没法再写出那么美好的章节,当时,我也许在夜里成功了。我不会离开自己的,我完全是独自一人。

8月30日。寒冷与空荡。我对我能力的极限太了解了,如果我不是完全受制于它的话,这种极限无疑只是狭窄的。而且我相信我在受制于它的情况下,也只是被牵进这种狭窄的极限,然而我并没感觉到,因为我自己处在这极限之中。不管怎么说,在这个极限里还是有生存的空间,对此,我大概会利用这种极限,直至鄙夷的程度。

夜里一点四十五分。对面一个孩子在哭泣。在同一个房间里,一个男子突然说起话来,那么近,就好像他在我的窗户前面。"我宁愿跳出窗户,也比长期地听着好。"他还发出了有点儿神经质的低沉的吼叫,女人只是默默用咝咝的声音,把孩子再次带入睡境。

9月1日。在完全绝望的情况下,写了几乎不到两页。我今天倒退得非常厉害,尽管我睡得不错。但我知道,我不能屈从,如果我想越过已经被我剩余的生活方式所遏制的写作最内在的痛苦而进入较大的、大概正等待着我的自由的话。旧有的迟钝还没有彻底离我而去,如我注意到的那样,心中的冷意大约将永远不会离开我。我对屈辱无所畏惧,这可能同样意味着失去希望和给予希望。

9月13日。又是几乎不到两页。起先我想,是对于奥地利失败的悲哀和对未来的恐惧(对我来说基本上是一种可笑的,同时也是不光彩的恐惧）从整体上阻碍我写作。其实不是这个，只是一种迟钝的状况，它常常出现，也必然常常被克服掉。对于悲哀本身，在写作之外是有足够时间的。与战争紧密联系的思想处在从各个方面都吞噬我的那种痛苦之中，这情况类似于由于F.引起的旧烦恼。我没有能力承受烦恼，而我大概生来就要在烦恼中毁灭。如果我变得极为虚弱的话——而这肯定不会延续很久——大概最微不足道的烦恼就足以使我分崩离析。在这种展望里，我自然也能找到尽可能长地推延不幸的可能性。我虽然运用了一种当时在某种程度上还只是未变弱本性的所有力量去稍稍针对一下由于F.而产生的烦恼，但我当时只是在开始的阶段得到了写作的巨大帮助，我现在再也不愿意让人从我这里夺走它了。

10月7日。为了使这部小说①往前进展，我休了一个星期的假期。直至今日——此刻是星期三夜里，星期一我的假期结束——没有成功。我写得不多，而且内容贫乏。其实在上个星期我就已经处在下坡路了，但这会变得如此之糟糕，是我未能预料的。难道这三天已经宣告我不值得过没有办公室的生活吗？

10月15日。十四天，好好的工作，部分地完全理解我的处境。——今天星期四（我的假期星期一结束，我继续休了一个星期的假期）。Bl.小姐的信。我不知道，由此开始的是什么，我知道，那是那么肯定的，即我独自一人生活（我要独身多久，那是完全不肯定的哩），我也不知道，我是不是爱F.（在她的凝视中，我想到的是我的厌恶，她跳舞时所特有的那种严肃、低垂的目光，或者她在"阿斯卡尼饭店"刚刚离开时用手伸向鼻子和头发里的情形，以及无数次完全陌生的时刻），但尽管如此，那无限的诱惑仍旧出现，

---

① 指《诉讼》。

我整个晚上都在与这封信捉迷藏，工作停了下来，尽管我（正处于痛苦的头疼之中，我有这样的毛病已经整整一星期了）感觉到对它是有能力处理的。我还是从记忆中写下了这封信，我把它写给 Bl. 小姐：

  那是一次特殊的巧合，格蕾特小姐，我今天刚刚收到您的信。我不想提其中的巧合之处，这只涉及我和我今天夜里大约三点光景躺到床上的时候所进行的思考。（自杀，给马克斯的信里写了许多委托。）

  您的信使我非常吃惊。我吃惊的不是您给我写信。您为什么不应该给我写信呢？您虽然写道，我仇恨您，但那不是真实的。如果您被所有的人仇恨，我也不仇恨您，并不仅仅因为我没有权利这样做。您虽然在'阿斯卡尼饭店'作为法官坐在我的上方，这对您来说，对我，对所有的人来说是令人厌恶的——但这只是从表面看来是这样，实际上我是坐在您的位置上，而且直至今日我还是在那个地方。

  您完全把 F. 估计错了，我不是为诱出细节说这个的。我不可能想出细节来——而我的想象力已经在这个圈子里转了很多次，所以我信赖它——我说，我不可能想出细节来，这细节也许能使我相信，您并没有看错。您所暗示的这一点，是完全不可能的，这使我不幸地想到，F. 是由于某种不可理解的原因而自己误会了，但这也是不可能的。

  我总是将您的同情看作是真实的，而且对自己本人来说是毫无顾忌的。就是写最后这封信，对您来说也是不容易的。我为此衷心感谢您。

  为此该做什么呢？这封信看上去是坚定的，但只是因为我怕难为情，因为我认为对此没有责任，因为我害怕让步，大约不是因为我没有想到有这回事，我甚至没有想要其他的什么。如果她不回信的话，这对我们大家来说也许是最好的，但是她会回信的，而且我会等待着她的回信。

……①假期的第……天。夜里两点半，几乎什么也没有……读过，感到并不怎么样。两类不同的……失败。办公室和……走向毁灭的工厂的……就在我面前。但我……没有了克制。我最强有力的依靠是……方式想到 F．，尽管我在昨天的信里拒绝了任何一种接触的尝试。我现在和 F．没有任何实际联系地（除了还和 E．通信）相安无事地生活着。做梦梦见 F．，就像梦见一个死人，好像她永远不会再活过来，而现在，因为我有了一个向她接近的可能性，她又成了整体的中心。她也许打扰了我的工作，当我在最近想到她的时候，她却是怎样地像一个较为陌生的人出现在我的面前啊，这时我只有对自己说，这种完全特别的陌生是有其道理的，F．比其他的人向我走得更近，或者甚至是别人使她向我走得这么近的。

稍稍浏览了这本日记，得到了一种如此安排生活的预感。

10 月 21 日。四天来几乎没写什么东西，总是只花一个小时，只写几行字，但睡得较好，因而几乎没有了头疼的毛病。没有得到 Bl．的回答，明日是最后的可能。

10 月 25 日。写作几乎完全停了。写下的东西看来不是什么独创的东西，而是过去佳作的投射。Bl．的回答来了，因为这个答复让我完全狐疑不决。思想那么卑劣，我根本不能将它写下来。昨日的悲哀。当奥特拉跟着我走向楼梯，讲述一张风景明信片的时候，……并想得到我的任意的回答。我能说什么呢？由于悲哀，我

---

① 有几页被撕……下面是某些不全部分。

完全无能为力……我只有用肩膀作出表示……彼克的故事①，除却个别的优点，W.……今日报纸上的福克斯的诗。

11月1日。昨日好长时间之后继续写了颇为不错的一段，今日却又几乎没写什么，自假期开始以来的十四天几乎全付之东流了。

今天是星期日，有部分时间是美好的。在考泰克的绿草地上读陀思妥耶夫斯基的抗辩文字。②城堡和军团司令部的警卫。图恩宫殿里的喷泉。——整天的自鸣得意。现在却是工作上的失灵，甚至不算是失灵，我看出走向任务和完成它的道路，我可能不得不去冲破某种薄薄的障碍，可是无法做到。——纠缠于对F.的想念。

11月3日。下午给E.的信，通读了彼克《盲目的客人》的故事，并记下修改处，读了一点儿斯特林堡的东西，然后并没睡觉，八点半到家里，十点返回。出于对已经开始出现的头疼的恐惧，而且也因为我夜里睡得很少，再也不做什么工作，部分还因为我害怕，把昨日写好的一处可以忍受的地方毁坏。自八月以来，我什么也没写的第四个日子。罪过是这些信，我要试试完全不写信，或只写极短的信。我现在是多么地有偏见，又怎样地辗转反侧啊！昨日晚上出现极其幸福的状况，在我读了几行雅姆③的东西后，我本来与他没有什么瓜葛，可是他的法语给了我那么强烈的影响，说的是到一位友善的诗人那里所作的一次拜访。

11月4日。P.④回来，大叫大嚷，非常激动，无法控制。鼹鼠

---

① 可能是下文提到的《盲目的客人》。
② 妮娜·霍夫曼（Nina Hoffmann）写的有关陀氏生平的研究著作。
③ 弗朗西斯·雅姆（Francis Jammes，1868—1938），法国旧教派诗人。
④ 约瑟夫·波拉克，瓦莉的丈夫，卡夫卡的妹夫，从前线回来。

的故事，鼹鼠在地下面的壕沟里钻洞，他将它看作是从那儿离开的上天的指示。他几乎还没离开，一颗子弹击中一个士兵，这个士兵正朝他那里爬过来，一下子倒在了鼹鼠的身上。——他的长官。有人清清楚楚地看见，他是如何被捕的。第二天别人在森林里找到了他，但他身上已一丝不挂，是被刺刀刺穿的。他大概身上带着钱，有人想搜身把钱拿走，但他像"所有的军官"一样，不愿意让人碰他。——当P.从火车站回来的路上遇见他的长官（过去他是极端地、可笑地尊敬他）的时候，他是怎样穿得笔挺、洒了香水、挂着观剧用的望远镜去剧场的呀，他愤怒、激动得几乎哭了。一个月之后，他自己得到这位长官送给他的一张票，也这样风光了一次。他去看《背信弃义的艾克哈特》①，是一出喜剧。——有一次在萨彼哈侯爵的宫殿里睡着了，有一次就近在正交火的奥地利炮兵连前面，他当时正在那里的后备队。有一次在一间农民的小屋里，里面有两张床，分左右两边，都靠着墙，均有两个妇女睡着，一个小姑娘睡在炉子后边，八个士兵睡在地板上。——对士兵的惩罚。被绑在一棵树上，直到面无血色。

11月12日。双亲期待着孩子们的感谢（甚至还有这样的双亲，他们要求得到这种感谢）就像是放高利贷者，他们很喜欢拿资本去冒险，只要他们有利可得。

11月24日。昨日在图赫马赫街，那里向加里西亚难民发放床单和衣服。②马克斯、布罗德太太③、卡伊姆·纳格尔先生④在一起，纳格尔先生通达、忍耐、友善、认真、健谈、诙谐，值得信

---

① 德国演员、剧作家汉斯·施图姆（Hans Sturm, 1874—1933）的一部剧作。
② 由于加里西亚的战争，大量东欧犹太难民拥入布拉格。布拉格的犹太人社区组织了一个救助委员会。
③ 马克斯·布罗德的母亲。
④ 救助难民委员会的主席。

赖。这些人在他们的圈子里把事情做得十分完满，人们认为，在世界的整个圈子里，他们也一定会成功的，但这恰恰也属于他们的完美境界，他们跳不出他们的圈子。

从塔尔诺①来的聪明、活泼、自傲而低调的卡内吉塞尔太太，她只想要两床毯子，而且要好看的，但她只得了——尽管有马克斯帮助——旧的、脏的毯子，而那些新的好毯子放在一间分隔开的房间里，这间屋子里所有的好东西都是为较为体面的人保留的。因为她用这些东西只要两天，她的床上用品不久将从维也纳运来，所以别人不想给她好的东西，而且还因为霍乱传染的危险，用过的物品不可以再收回的缘故。

卢斯蒂格太太带着许多大大小小的孩子和一个调皮捣蛋、自信机敏的小妹妹。她花了很长时间寻找孩子的衣服，直到布罗德太太向她叫喊起来："您现在把这个拿走吧，要么您什么也别拿了。"但卢斯蒂格太太回答的叫喊声更高，最后还用一个粗野的、动作颇大的手势嚷道："做善事要比所有这些破抹布有价值多了。"

11月25日。空无的绝望，无法振作，只是在满足于痛苦的时候我才能停下。

11月30日。我不能写下去了。我已经处在极限的边缘，在它的前面，我大概又应该成年地坐着，也许之后开始一个新的、又是没有结束就搁在那里的故事。这样的命运追逐着我，我又变得冰冷、无聊，只有对彻底宁静的那种衰老的爱还留着，就像某一种完全与人分离了的动物，我已经又摇晃着脖子，并欲试一试，在这个间歇期里再次得到F.。我也真的要做这样的尝试，如果在我面前出现的厌恶感觉不妨碍我那么做的话。

---

① 波兰东南部的一座城市，当时属于奥匈帝国，被俄军占领。

12月2日。下午和马克斯及彼克在韦尔弗那里。朗诵了《在流放地》，不是完全不满意，除了最终找出的那些明显不过的不可抹去的错误。韦尔弗〔朗读〕诗和《埃斯特尔，波斯女王》的两幕①，这两幕使人神往，但我很容易被弄糊涂。马克斯对这剧本并不完全满意，他提出的比较和分析搅乱了我，这样，我就无法从整体去抓住记忆中的这个剧本，就像在倾听的时候，我受到了震撼。这令人想到说意第绪语的演员。W. 的美丽的姐妹们也在，最大的依在椅旁，常常从旁边对着镜子看，这一切全部映射到我的眼睛里去了，她用一根手指轻轻地指着别在她上装中央的胸针。那上装是一件领口很低的深蓝色女上装，上面还配了不少薄纱。重复地叙述剧院中的一个场面：在上演《阴谋与爱情》②的时候，那些军官们好多次互相间大声叫嚷这句话："施佩克巴赫表演了"，他们指的是靠在一个包厢墙边的军官。

在和韦尔弗见面之前就得出了这一天的结论：继续工作下去。令人沮丧的是，今天是不可能的，因为我累了，而且头疼，上午在办公室就已经有头疼的征兆了。不管失眠和办公室的情况，一定要继续写下去，这一定要成为可能。

今夜的梦。在威廉大帝的皇宫里。美妙的风景。一间房间，就好像在普鲁士大帝弗里德里希·威廉一世的"吸烟俱乐部"里面。与马蒂尔德·塞拉奥会面。③可惜全部都忘记了。

12月5日。一封 E.④ 的信，谈她家里的情况。如果说我把自

---

① 韦尔弗未完成的戏剧诗。
② 席勒的剧作。
③ 马蒂尔德·塞拉奥（Matilde Serao, 1856—1927），意大利作家、记者。
④ 埃尔娜。

己理解为这个家庭的毁灭者的话，那么，我对这个家庭的关系就有了一致的感觉。这是唯一合理的、能顺利克服一切惊愕的解释，这也是目前从我的角度出发和这个家庭存在着的唯一联系。因为从感情上说，我与他们是完全分隔的，当然也许并不比和整个世界分隔得更加彻底。（在黑暗的冬夜里，一根无用的木棒浅浅地插在大平原边缘的一块挖掘得颇深的田野里，这木棒上面覆盖着雪和霜，这就是我在这个关系中存在的意象。）只是这毁灭在起着作用。是我使 F. 不幸的，是我削弱了她们现在那么急需的抵抗力，是我促使了父亲的死亡①，是我使 F. 和 E. 疏离，最终也是我使 E. 变得不幸，从各方面的预兆来看，这样的不幸还会发展下去。在这样的情况面前我是紧张的，而且我是注定要为此推波助澜的。我绞尽脑汁给她写了最后一封信，她认为这封信是平静的；它"散发出如此多的平静"，她是这样表达的。在这种情况下自然不排除，她是出于纤柔的感情，出于珍惜，出于对我的忧虑，才这么说的。我在这整件事之内受到了足够的惩罚，我对这个家庭的立场就已经是足够的惩罚了。我还忍受了这样诸如此类的情况，我从没有从这当中恢复过来（我的睡眠、我的记忆、我的思维力、我的抵抗最微小烦恼的能力，都无可救药地减弱了。令人惊奇的是，这似乎就像是受了长年牢狱之苦后的那种同样的后果），但眼前我通过与这个家庭的关系遭受的痛苦少多了，不管怎么说，要比 F. 或者 E. 少多了。不过还有些痛苦存在于这之中，即我现在应该和 E. 做一次圣诞旅行，而 F. 大约却要留在柏林。

12月8日。长时间以来昨日第一次处于毫不怀疑能写出良好作品的状态之中，可是只写了母亲章节的第一页。②因为我已经几乎两夜没有入睡，因为在早晨就已经出现了头痛，还因为我对来临的

---

① 菲莉丝的父亲于1914年11月5日死于心脏病发。
② 《诉讼》中未完成的"看望母亲途中"的一章。

白天有着极大的恐惧。我又看到了所有写出来的不连续的片断和不是在夜里绝大部分的时间里（或甚而至于整夜）写出来的东西均是质量较差的，由于我的生活境遇，我肯定只能写出这种质量较差的东西来。

12月9日。和芝加哥来的E. K.①在一起。他几乎是令人感动的。他描绘了他安逸的生活。从上午八点到下午五点半待在邮购商品公司的房子里。在针织品部门审查发寄的情况。每星期十五美元。十四天的休假，其中一个星期带薪，五年之后，全部的十四天休假都有工薪。有一段时间，针织品部门里事情不多，他就在自行车部门临时帮忙。每天售出三百辆自行车。一个批发公司里有一万个职员。只用发寄商品价目表的方法来招揽顾客。美国人喜欢更换工作，夏季他们根本不想工作，但他不喜欢更换工作，他看不到这样做的好处，在这个时候人们就失去了时间和金钱。他到现在只干过两份工作，每份工作干了五年，如果他回去的话——他的假期没有限定的日子——，他还将进入同样的工作，别人可能一直需要他，当然也可以不需要他。他绝大多数晚上待在家中，和熟人玩玩牌，聚会一下，有时候花上一个小时去电影院消遣，夏日里出外散步，星期天到湖上游览。他在结婚这件事上小心翼翼，尽管他已经是三十四岁的年纪了。因为美国的女人结婚常常只是为了离婚，这对她们来说很方便，对男人来说却是要付出很高代价的。

12月13日。我没有去写作——我只写了一页（传说的注释）——却念了写完的章节，并感到它们中有的部分是不错的。我总有这样的意识，每一种满意的和幸运的感觉，例如特别是我对于

---

① 艾米尔·卡夫卡（Emil Kafka, 1881—1963），卡夫卡的堂兄，1904年移民美国。

传说这个部分的感觉，是一定要付出代价的，虽然，永不得休息，这种代价肯定要在以后付出的。

不久前在菲利克斯那里。回家的路上我跟马克斯说，在痛苦不是太大的前提下，我躺在将死之人的床上会非常满意的。我忘了补充，并且后来故意地忽略了这一点，即我写的最好的东西都是基于能够在这种情况中满意地死去。在所有这些好的、以及极为令人信服的地方，总是牵涉到某人死了，他感到非常艰难，在这里面对他来说存在着一种不公正，至少是一种严酷，而对读者来说，至少是我的看法，这是令人感动的。但对这个相信躺在临死之人床上能够满意的我来说，如此的描绘暗地里是一种游戏，我是乐于在死者死去的过程中死去，因而以打小算盘的方法利用读者集中于死亡的注意力。与读者相比，我的理解要清楚得多，从读者角度来说，我认为，他会在临死之人的床上发出怨诉，而我的怨诉因此而尽可能地完全了，也不像真的怨诉那样突然地中断，而是有一个美而纯的过程。这就像我当着母亲不停埋怨我尝受到的痛苦那样，但这痛苦并不像埋怨本身让人相信的那么大。在母亲面前我毕竟不需要像在读者面前那么多的艺术铺张啊。

12月14日。工作可怜地向前爬行，大概是在它最重要的地方，在那里，多么需要一个进展良好的夜晚。

下午在鲍姆那里。他在给一个戴眼镜的脸色苍白的小姑娘上钢琴课。①小男孩②静静地坐在厨房的半暗处，漫不经心地拿着某个分辨不出的东西在玩耍，给人以很惬意的印象。特别是那位大个子女仆在一个桶式容器里洗东西时手部的动作。

---

① 奥斯卡·鲍姆以当钢琴老师为生。
② 鲍姆的儿子里奥。

塞尔维亚的失败，没有意义的指挥。

12月19日。昨天几乎是在毫无知觉的情况下写了《乡村教师》，但我害怕写到超过一点三刻的时间。这害怕是有道理的，我几乎根本不睡觉，大约只是做了三个短暂的梦，然后在办公室里处于相应的状态。昨天因为工厂的事而受到父亲谴责："你把我牵进去了。"然后回家，静静地写了三个小时，意识到我的责任是不容置疑的，即使没有如父亲所说的那么大。今日，星期六，我没去吃晚饭，部分是由于害怕父亲，部分是为了充分利用夜里的时间工作，但我只写了一页，而且不是非常好的一页。

每一部中篇小说的开头都是可笑的。这个新的、还没有完善的、到处都感觉得到的有机整体的组织能够在世界上成熟的组织里存在下来，看来是没有希望的，它就像每个成熟了的组织一样，都在努力地封闭自己。诚然人们这时忘记了，如果中篇小说是合情合理的，它本身就承担着它那完善的组织，即使它还没有完全展开；因此，在一部中篇小说开始之前，在这方面就产生绝望是没有道理的，同样父母肯定会在婴儿的面前绝望，因为他们没想到过他们会生出这可怜的、特别可笑的小生命。诚然，人们从来不知道，是否人们感觉到的绝望是合理的绝望，或者是没有道理的绝望。但这种考虑可以产生某种程度的坚持，缺乏这种经验已经对我有过损害。

12月20日。马克斯对陀思妥耶夫斯基的异议，他让太多的精神病患者出场了。这是完全错误的，那些人不是精神病患者。对疾病的刻画无非是一种描述人物性格的手段，而且也是一种非常细致和非常有用的手段。例如，人们肯定在背地不断地以最大的固执去说一个人，说他头脑简单，是个白痴，如果他本身就包含着陀思妥耶夫斯基的本影，他简直就达到了他最佳的效果。他的性格的描绘在这方面大约就有了如朋友中辱骂语言的意义。如果他们说"你是个笨蛋"的话，他们指的并不是，这另一个人就是一个不折不扣的笨蛋，他们自己因为这种友情而受到屈辱，而绝大部分是因为，如果这不只是诙谐的话，那它自然是一种没完没了的愿望的混合。那么，例如这位卡拉马佐夫的父亲根本不是傻瓜，而是一个非常聪明的、几乎与伊凡势均力敌的、当然的凶恶之人，而且不管怎么说，要比诸如他的被叙述者视为无可争议的表弟或在他面前如此崇高的地主外甥聪明得多。

12月23日。读了几页赫尔岑的《伦敦的雾》①，根本不知所云，却是走出了那位完全无意识的人，坚定、自我折磨、自我克制，而又万念俱灰。

12月26日。与马克斯夫妇在库滕贝格。我是怎样计划这自由的四天时光的呀，我考虑了究竟有多少时间能正确地运用，可是现在大概是失算了。今天晚上几乎什么也没写，大概再也不能将《乡村教师》继续下去了，我最近曾为它工作过一个星期，我要是能有三个无事的夜晚去润色它，除去表面的错误，或许已经写完了，而现在它尽管还几乎处在开始的状况，但它本身已经有着两个不可治愈的错误，此外也是没有活力的。——新的白天时间分配从现在开始！更好地利用时间！为在这里找到解脱，我就在这里埋怨？解脱不会从这个本子里出现的，如果我身在床上的话，它就会来到了，它会使我仰面朝上，使我躺得舒舒服服、轻轻松松，泛着蓝白，别的解脱是不会出现的了。

---

① 俄国哲学家、作家亚历山大·伊万诺维奇·赫尔岑（Alexander Herzen，1812—1870），这里提到的是他回忆录中的一章。

在库滕贝格莫拉维茨饭店，喝得醉醺醺的仆从，上面的光照笼罩着的小庭院。那位士兵模糊的身影倚靠在庭院楼房二楼的扶栏。提供给我的房间，窗户朝向一条昏暗的没有窗子的走廊。红色的长沙发，幽幽的烛光。雅各的教堂，虔诚的士兵，姑娘们合唱的嗓音。

12月27日。一位商人深受不幸之迫害。他承受这不幸已久，但最终他认为他再也不能忍受这种不幸了，便去一位懂法律的专家那里讨教。他求他出点子，并想知道，他应该做什么来击退这不幸，或者使自己有能力去忍受这不幸。这位法律专家一直在翻阅自己面前放着的文件，并专心研究着。他接待每个来请求他出主意的人，总习惯用这样的话，"我正读到有关你的情况"，这时他用手指指着他面前书页的一处地方。这位商人对这个习惯有所耳闻，但并不喜欢这个习惯。这位法律专家虽然借此马上说出了帮助请求人的可能，而且使这个人摆脱被一种在暗中起作用的、向谁也无法倾诉的、不为任何人同情的痛苦袭击的恐惧，但这种断言的不可信程度却是太大了，它甚至曾使这位商人早先就不想到这位法律专家这里来。现在他还在他那里踌躇不前，停立在打开的门口。

12月31日。从八月以来一直在写，整体来说不少，而且也不坏，但无论是数量还是质量，我的能力都一直没有到极限，如我所应当的，特别是因为从所有的预兆来看（失眠、头疼、心衰），我的能力不会延续太久。我写了下列没有完成的东西：《诉讼》《回忆卡尔达铁路》《乡村教师》《助理检察官》[1] 和一些较小篇幅的开头。完成的一些东西只是：《在流放地》和一章《失踪者》，这两种是在十四天的假期里写完的。我不知道，我为什么要作出这一概览来，这对我来说完全不合适！

---

[1] 卡夫卡去世后发现的一篇残稿。

1915 年

1月4日。我有极大的兴致开始一个新的故事,并不屈服于它。一切都是无益的。如果我不能通过好多的夜去追逐这些故事的话,它们就四散逃去,然后消失,现在的这个《助理检察官》就是这样。明天我去工厂,P. 去报到以后,①我必须每天下午去,因而一切都停下了。对工厂的想法就是我延续的赎罪日。

1月6日。我暂时放弃《乡村教师》和《助理检察官》,但也几乎没有能力继续《诉讼》。想着来自伦贝格的小姐。②任何一种幸运的承诺,好似对一种永恒生命的希望。从某一种距离来看,这些希望就停留在那里,人们却不敢靠近。

1月17日。昨天第一次在工厂口授信件。没有价值的工作(一个小时),但不是没有满足。在可怕的下午之前,头疼不断,使我不得不用手不停地抚摸自己的脑袋(在阿尔科咖啡馆的状况)。躺在家中长沙发上,心口疼痛。

读奥特拉给 E. 的信。我真的压制过她,而且是肆无忌惮地,出于漫不经心和无能为力。在这方面,F. 是正确的。所幸奥特拉是如此有力,使她独自在一个陌生城市里立即从我的影响里恢复过来。她有多少与人交往的能力因为我的过错而没有得到发挥啊。她写道,她在柏林感觉到不幸。不是真的!

看得出,我完全没有充分利用八月以来的时间。利用下午多睡以继续工作到深夜的不断尝试是毫无意义的，因为在最初的十四天之后，我已经能够发现，我的神经不允许我凌晨一点之后去睡觉，过后我根本无法入睡，第二天白天便会变得无法忍受，而且是我自己在毁灭自己。我下午躺的时间太长，而夜里工作起来极少超过一点，但最早总是在十一点左右开始。这是错误的。我必须于八点或九点开始，夜里当然是最好的时间（休假！），但它对我来说却是不可得的。

星期六我将要看到 F.。如果她不爱我，我活该。我相信今天我认识到了，在一切方面，因而也在写作中，我的极限是多么窄小啊。要是人们对他的极限的认识是非常强烈的话，那他肯定要爆炸的。大约就是奥特拉的信让我意识到了这一点。在最近的时间里我是非常自得的，我对 F. 有许多为我辩护的异议和自己的看法。遗憾的是，我没有时间将它们写下来，今天我也许做不了这件事。

斯特林堡《黑色的旗帜》。关于来自远处的影响：你一定感觉到了，其他人是怎样地反对你的举止，而他们并不表现出这种反对来。你在孤寂中感觉到一种安宁的自在，而你对此却莫名其妙，为什么？在遥远的地方有一个人想到你的友善，友善地谈论着你。

1月18日。在工厂里以同样的方式无益地工作到六点半，读啊，口授啊，听别人说啊，写东西啊。之后便是同样毫无意义的满足。头疼，睡眠不好。没有能力去干较长时间的精力集中的工作。在户外的时间也太少。尽管如此，我还是开始了一个新的故事，我害怕毁坏那些旧的故事。现在我面前组列着四五个故事，就像在演

---

① 保尔·赫尔曼在卡尔·赫尔曼入伍后负责工厂的运作，如今他也要入伍了。
② 加里西亚难民范妮·赖斯（Fanny Reiss）。她和姐妹们都在布罗德授课的学校里读书。

出开始的时候，立在马戏团老板舒曼前面的那些马匹。

1月19日。如果我一定要去工厂的话，我就什么也不能写。我相信，这是我现在感觉到在写作时的一种特别没有能力的表现，就像我在"忠利"① 工作时那样没有能力。尽管我的内心是那么地不感兴趣，只要可能的话，直接地迫近谋生的生活便会夺取我任何的纵览能力，就好像我走在山隘的一条狭路上，在那里我还要低下我的脑袋。例如，今天在报纸上登着关于瑞典官方表明的态度，按这个态度，不管三国部队的威胁，中立一定要得到保护。在结束的地方说道：三国部队将在斯德哥尔摩遇到极大阻力。今天，它到底是怎么样了，我几乎完全听之任之。三天前我也许从心底里感觉到，一个斯德哥尔摩的幽灵在这里说话，"三国部队的威胁""中立""相关瑞典官方"，只是在空气中捏成的一个形象，人们只能用眼睛享受而永远不能用手指触摸到。

我跟两个朋友约好星期日作一次郊游，可是我完全没有想到我睡过了聚会的时间。我的那些朋友知道我从来是遵守时间的，对此吃惊非小，他们来到我的住处，站立了一段时间，然后登梯而上，敲我的门。我吓了一跳，便从床上爬起，什么也不顾，专心一致地尽快作些准备。当我后来完全穿好衣服踏出门的时候，我的朋友们表现出了明显的恐惧，并在我面前往后退。"你的脑袋后面是什么东西？"他们叫起来。我在醒来之后就已经感觉到有个什么东西在妨碍着我将头仰到后面去，我立即用手摸向这个障碍物。正当我在脑袋后面抓住一把剑的剑柄的时候，这些朋友们喊道："小心，别伤着你！"朋友们走近来审视着我，把我领到房间里衣柜的镜子前面，脱去我上身的衣服。一把带着十字形把柄的旧而长的骑士宝剑

---

① 保险公司名。卡夫卡最初工作的地方（1907年10月至1908年7月）。

插在我的背部，只露出剑柄，竟然有这等事，剑刃不可思议地插在皮和肉之间，却没有造成伤害。而且在脖子处插入的地方也毫无伤痕，朋友们证实，那里的确连一点儿血迹都没有。当朋友们登上椅子，慢慢地、一毫米一毫米地将这把剑朝外抽出来的时候，并没有血跟着流出来，而且脖子上原来裂开的地方吻合得连裂缝的痕迹也都没有了。"这是你的剑。"朋友们大笑道，并把剑送给我。我用双手掂量着这把剑，那是一件贵重的武器，十字军东征的人可能用过这把剑。古代骑士们在梦中四处奔跑，不负责任地舞剑，将剑戳进无辜的入睡者身体里，谁能忍受得住哩！只是因为他们的武器最初大概是在活人的身上滑落的，而且还因为忠实的朋友们站在了门后，并敲门做好了帮助的准备，所以才没有导致严重的伤害。

1月20日。写作结束。它什么时候再召唤我呢？我在怎样糟糕的状况下与F.会面啊！随着写作的放弃，马上便出现思想上的迟钝，在自己无力为会面做准备的同时，我也几乎未能摆脱上个星期对此的重要想法。但愿我仅此一次地在这里享受可设想的收益：改善睡眠。

《黑色的旗帜》。我在读的时候，感觉是多么不好，我是怎样怀着恶意和多病的体质观察的啊。看来我是不能深入到世界去了，我只能安静地躺着、接受着，在我的内心，被接受的东西展开着，然后静静地前行。

1月24日。和F.在博登巴赫。①我相信，我们永远也不可能结合，我既不敢对她，也不敢在关键时刻对自己说出这一点来。如

---

① 菲莉丝和卡夫卡于1915年1月23日至24日在此地见面。这里是布拉格到德累斯顿火车路线上的一个站点。

此，我又毫无意义地用话来敷衍她，每一天都使我变老，变得僵化。如果我试图去领会她一方面感到痛苦，一方面又安详、快活的时候，我旧有的头疼就又出现了。我们互相间不该再通过许多书信让彼此烦恼，最好，把这次的会面作为某种偶然的事情而忽略过去；或者我也许相信，我将在这里使自己自由起来，靠写作生活，去国外或别的什么地方，同时在那里和F.一起悄悄地生活？是呀，我们也就完全感觉不到有什么改变。每个人都悄悄地对自己说出这一点，另一个人会毫不动摇、毫无同情之心。我绝对不会从我幻想的生活的要求中退让一步，它只是为我的写作而设计的。她对着所有默默无言的请求毫不动容，她想要的是一般的生活，舒适的住宅，对工厂的兴趣，丰富的吃食，从晚上十一点开始的睡眠，有供暖的房间，她将我三个月来走快一个半小时的时钟校正到分秒不差。她坚持得很对，也许还要继续正确地坚持下去，当我向招待说"您拿过报纸来，等到那个人念完"的时候，① 如果她指责我，她是正确的，而当她说到预想的住宅布置方面的"个人特色"（让人听起来无非就是嘎吱嘎吱的声音）时，我什么也纠正不了。她说我的两个妹妹是"乏味"的，她根本不询问最小的妹妹，她对我的写作几乎避而不谈，漠不关心。这是一个方面。

我如往常一样，无能为力和空虚无聊，而且照道理根本没有时间去考虑什么别的事情，更不用说这样的问题，某个人有兴趣用小手指来摸索我，是怎么一回事呢？我接连用那种冰冷的气息吹向这三种不同的人。赫勒劳人，② 博登巴赫的R.一家③和F.。

F.说："我们一起待在这里多棒啊。"我默默无语，就好像我的听力在这声感叹中失灵了。我们孤独地在房间里待了两个小时，围绕着我的只是无聊和绝望。我们也没有好好地共度过片刻愉快的

---

① 卡夫卡在这里用的"等到"是奥地利人习惯的说法。
② 可能是卡夫卡1914年6月末到赫勒劳结识的人。
③ 里德尔。

时光,在这个时刻我的呼吸都不是自由的。对一个所爱的女人的甜蜜感觉,如在楚克曼特尔和里瓦,①除了在信中之外,我对F.从来没有过,有的只是无限的钦佩、恭顺、同情、绝望和自卑。我也在她的面前朗诵过,句子混乱得令人厌恶,跟这位女听者毫无联系,她闭着眼睛躺在长沙发上,不出声地承受着。一个不冷不热的请求,是否可以拿走和抄下一份手稿,在读看门人故事②的时候引起了较大的注意和欣赏。这时我才明白了这个故事的意义,她也正确理解了这个故事,然后我们用一些粗略的注释进入这个故事,我开了头。

我在和别人讲话时遇到的困难对其他人来说是难以置信的,这当然是有其原因的。因为我的思想,或更为确切地说,我思想的内容,完全是模模糊糊的,因为我身在其中,走多远只是由我决定,我不受任何干扰地、有时自我满足地歇着,因为一种与人之间的交谈需要变得剧烈,需要不断加强,需要持续的关联性,这些东西在我身上是没有的。没有人会和我一起如坠云雾之中,即使他想这么做,那么我也不能将云雾从我的额头驱散,它在两人之间溶化了,什么也不是了。F.绕了一段很大的弯路去博登巴赫,花气力办了护照,不得不在一个不眠之夜之后忍受我,甚至还要倾听一阵朗读,而这一切均是胡扯。她是不是像我一样感到这些也是如此的痛苦?当然不会的,哪怕我们有同样的敏感程度,她却没有负罪的感觉。

我的判断是正确的,而且曾经被人认为是正确的:每个人都爱另一个人,一如这另一个人原本的样子。但也因为他是这样,对方相信,不能和他一起生活。

这样的组合:W.博士欲使我相信,F.是可恨的;F.欲使我相

---

① 卡夫卡曾于1905年和1906年到楚克曼特尔疗养。他在两地都发展了一段恋爱关系。
② 《诉讼》中的一个片段。

信，W. 是可恨的。我相信这两个人，而且爱这两个人，或是为此而努力。

1月29日。又试图写作，几乎没有成效。最近两天十点左右就很快去睡觉，好像已经好长时间不这样了。白天的时候有自由的感觉，还算自得，增强了在办公室里的适用性，与人讲话的可能。——现在是剧烈的膝部疼痛。

1月30日。一向的无能为力。几乎有十天之久中断了写作，而且已经将之抛到九霄云外。又面临着巨大的努力奋斗。必须专心一意地潜到水下，要比面对一个人下沉的那个东西更快地沉下去。

2月7日。彻底的停顿，无限的痛苦。

在自我认识的某种情况下，及在一般对观察有利的附随现象中，肯定会周期性地发生这样的事情，即人们发现自己是令人厌恶的。善的每一种尺度——不论对此的看法还是那样不同——会显得太大了。人们会认识到，人们不是别的什么，而是一个可怜的隐念的老鼠洞，根本没有什么行为能够逃脱这些隐念。这些隐念会是那样的龌龊，以致人们在自我观察的状态中也不想对它们作周密的思考，而只是让自己从远处去看这些隐念就足够了。在这些隐念中，大约不单单涉及自私自利的动机，自私自利在这些隐念面前会作为善与美的理想出现。人们将要发现的这种龌龊，由于它自身的缘故而存在，人们会认识到，人们是背负了这个精神负担来到这个世界上的，并且通过这个精神负担无法认识地或者是过分容易地看透而又离去。这种肮脏将是人们要发现的最下层的地面，这最下层的地面大约将不包含火山的熔岩，而是污物。它会是最下层的东西，也会是最上层的东西，而且自我观察导致的怀疑会立刻变得那么虚弱,那么沾沾自喜,就像一头猪在臭水中晃晃悠悠。

2月9日。昨天和今天写了一点儿东西。狗的故事。①

现在念了开头的地方,它是可恨的,而且引起了头疼。不顾一切的真实性,像一条在沙滩上还喘息着的鱼,是凶恶的、死板的、机械的。我写《布瓦尔和佩库歇》②是很早的时候了。如果那两个因素——最鲜明的是在《司炉》和《在流放地》中——不统一起来,我就完了。但这种统一的前景存在吗?

最终接受了一间房间,它在比莱克巷的同一座房子里。

2月10日。第一个晚上。邻居和女房东聊了数个小时之久。两个人轻声轻语地交谈着,女房东的话几乎听不见,越来越生气。已经中断了两天的写作,谁知道要多长时间。完完全全的绝望。在每一处的住地都是这样的吗?在每一个城市、在每个女房东那里等待我的都是这样一种可笑的、一定是致命的灾难吗?我那个中学导师的两个房间在寺院里。但那样毫无意义,我不必立刻绝望,宁愿去找寻办法——不,那是不违背我的性格的,我身上还有着某种坚韧的犹太人的东西,大多数时候只是在反面发生作用。

2月14日。俄国有着无尽的吸引力。比果戈理的三匹马拉的马车还要美的是一条黄水滔滔的望不到尽头的大河图画,③ 这里的水面无处不泛起波浪,但不是那种太大的波浪。岸边空旷荒芜的原野,折断的弯曲的野草。虚无控制了这里,更确切地说,一切都抹灭了。

---

① 《布鲁姆菲尔德,一个上了年纪的单身汉》,主角在开头考虑养一条狗。
② 福楼拜的未完成的小说,其中两个主角也是老单身汉。
③ 果戈理在《死魂灵》中写到的意象。

圣西门主义。①

2月15日。一切都停顿了。时间的分配既糟糕又无规律。住的地方毁灭了我的一切。今天又听了房东太太女儿的法文课。

2月16日。感到茫无头绪。好像我拥有的一切都跑走了，而如果它们都回来了，好像也几乎并不使我感到满足。

2月22日。在每个方面都无能为力，而且是彻底的。

2月25日。在几天不停的头痛之后，终于感到少许自由，有些自信了。我如果是一个陌生人，他在观察我和我生命的进程，我也许不得不说，所有一切都肯定在无益中结束，在连续不断的疑虑中耗尽，只是在自我折磨中才更富创造力，我希望作为参予者。

3月1日。在几个星期的准备和恐惧之后，以极大的气力宣布了解约，不完全是有原因的，是的，那是很安静的，我只是没有好好地工作过，因此，我既没有足足地尝试一下安静的滋味，也没有足足地尝试一下不安的滋味。我想让自己受折磨，想不断地改变我的处境，我相信，我自己明白，我的拯救在于改变，我还相信，通过这小小的改变，便可以为我可能所需要的巨大改变作准备，但我在半睡半醒中，在激起一切理智力量的情况下，正做着另一种改变。我大概更换了一处在许多方面更坏的住宅。至少今天也许是我能真正好好工作的第一（或第二）个日子，如果我没有非常剧烈头痛的话。我迅速地写了一页。

---

① 卡夫卡在读的赫尔岑的作品中，提到了赫尔岑对圣西门主义的思考。

3月11日。时间是怎样过去的,又已经过去了十天,而我什么也没有写成,我没有深入。有时候写成一页,但我无法坚持,第二天我就没有力气了。

东欧与西欧犹太人在一个晚会上。①对东欧犹太人来说,当地犹太人是遭鄙视的,这种鄙视是有根据的。就如东欧犹太人明白这种鄙视的原因一样,西欧犹太人却不明白,例如母亲试图用这种可怕的超越一切荒谬事物的理解来对付他们。就连马克斯,他的讲话也没有充分的东西,显得内容贫乏,一会儿解开外衣,一会儿又扣上,但这里有善良的和最好的意志。某一位 W. 却是相反,② 一件可怜的外衣全扣得好好的,一条已经脏得不能再脏的衣领,出席在这庄重的场合,大声喊叫着是与不是,是与不是。嘴巴四周布满了一种魔鬼般的、令人不舒服的微笑,年轻的脸上有不少皱纹,手臂的动作粗野而又不知所措。那位最好的却是个小个子,他完全是在说教,用尖尖的、无力升高的声音,一只手插在裤袋里,另一只朝着听众挥去,不停地发问,并立即论证那个正需要论证的事情。一副金丝雀的嗓子,如金银丝编织的演说绕得全场云山雾罩,令人感到折磨的痛苦。还有脑袋的甩动。我若是木制一般,是被推至大厅中央的衣服架子,但我希望这样。

3月13日。晚上:六点钟躺在长沙发上。大约八点钟醒了,已经无力起身,等待着时钟敲钟点的声音,可是在迷迷糊糊中什么也没听见。九点钟起来了,不再回家去吃晚饭,也没去马克斯那里,他家里今天晚上有一个聚会。原因:没有胃口,害怕很晚归来,但最重要的还是想,我昨天什么也没写,越来越疏远它,而且陷于失

---

① 犹太人民联盟组织的第一个讨论之夜,主题是"东方和西方"。活动于1915年3月9日举行。
② 威森费尔德(L. Wiesenfeld),和他兄弟共同参与创办了《布拉格犹太报》。

去所有在最近半年里花了极大艰辛而获得的一切的危险。为此提供一下这个证明，我写了可怜的一页半，一个新的、最终抛弃了的故事，然后在一个当然是由没有兴致的胃的状况引起的绝望中读赫尔岑的作品，为了在不管怎样的情况下让他来继续引导我。他最初婚姻年代的幸福，想象将我置进一种如此的幸福中去并感到惊异，他的圈子里的伟大人物，别林斯基、巴枯宁整天裹着毛皮大衣待在床上。

有时候是快要撕裂的感觉不幸的存在状况和同时确信这种状况的必然性，以及确信一个通过每次忍受不幸而达成目标的必然性（现在受到赫尔岑回忆的影响，但平时也会有这种念头）。

3月14日。一个上午：直到十一点半还躺在床上。思想混乱，思想缓慢地形成并以不可信的形式固定下来。下午阅读（果戈理，关于抒情诗歌的论文），晚上散步，带着部分上午坚守住的、但并不可信的思想。在考泰克公园里坐着，布拉格最美的地方。鸟儿在歌唱，宫殿里的长廊。古树上挂着去年的枝叶，半明半暗。后来奥特拉与D.①一起走来。

3月17日。受到噪声骚扰。一间美丽的、比在比莱克巷那间亲切得多的房间。我是那么喜欢这里美丽的远景——泰恩教堂，但我也已经习惯了下方车辆的巨大噪声。可是在下午不能习惯这些噪声。厨房和走道不时会发出一阵噼啪声。在我上方的地板上，昨天有一个球体的东西在不停地滚动，像是在打保龄球，不清楚是什么目的，然后是下方的钢琴声。昨天晚上在某种程度上说是安静的，稍稍充满希望地写了一点儿东西（《助理检察官》），今天兴致勃

---

① 奥特拉后来的丈夫。

勃开始的时候，突然有许多人在隔壁或我的下方聊天，说话声那么大，此起彼伏，就好像在我的四周盘旋。稍稍与噪声抗争了一下，然后带着完全摧毁了的神经躺在长沙发上，十点之后寂静无声，但已不可能再去写作了。

3月23日。连写一行字也无能为力。我昨天十分惬意地待在考泰克公园里，今天也十分惬意地坐在查理广场上，手里拿着斯特林堡的《在海边》。今天在房间里也十分舒适。空得像海岸边的一只贝壳，准备着被一脚踩碎。

3月25日。昨天马克斯演说《宗教与民族》。引用《塔木德》。东欧犹太人。伦贝格的女子。①那位将自己同化于虔诚信徒的西欧犹太人耳朵里塞了棉花塞子。施泰德勒是一位社会主义者，长长的、闪光的、修剪得十分显明的头发，就像东欧犹太女人偏执着迷的那种式样。东欧犹太人的人群围着炉子。G.②穿着长袍，这是不言而喻的犹太生活。我思想困惑。

4月9日。住地的烦恼。无边无际。有几个晚上写得不错。我要是可以在夜里写作该多好啊！今天的吵闹声妨碍了睡眠、写作和一切。

4月14日。加里西亚姑娘们的荷马史诗课。③她们穿绿色上衣，面孔表情敏锐、严肃；如果她发问，她就举起手臂，呈直角状；穿外套时，动作匆忙；如果她发问而没得到回答，她就觉得难为情，便将面孔转向一边。那位穿绿衣服的强壮年轻的姑娘坐在缝

---

① 可能指范妮·赖斯。
② 格策勒（Getzler），当天的另一位演讲者。
③ 马克斯·布罗德每周为她们上一次"世界文学"课，内容是《伊利亚特》。

纫机旁。

4月27日。与我的妹妹在纳基米哈利。①无能力与人生活、交谈，完全沉陷在自己身上，想的也是我自己。迟钝、思想不集中、忧心忡忡。我没什么要诉说的，从来没有，也不想向任何人诉说。——乘车去维也纳。那位无所不知的、无所不评判的、在旅途上富有经验的维也纳人，是个大个子，两腿交叠，读着一份匈牙利报纸；乐于助人，就像艾莉和我（在这方面以同样的方法窥视着）看出的那样，但也是拘谨的。我说："您在旅行中多有经验呀！"（他知道所有我需要的铁路换乘信息，尽管后来表明，这些说法当然不是完全正确，他了解维也纳的所有电车路线，给了我在布达佩斯打电话的忠告，他知道运送行李的各种手续，他清楚，如果人们将提包一起带进计程车的车厢里，就少付些钱）——他对此毫无回应，而是一动不动地低着头坐着。那位姑娘来自兹科夫区②，健谈，但很少能插进话来，可惜的是身体没有发育好，有点贫血，而且再也无可能发展。那位来自德累斯顿的老太太有着一副俾斯麦的面孔，后来她承认自己是维也纳人。一位肥胖的维也纳妇女，是《时报》一位编辑的妻子，有很多报纸方面的知识，谈吐清晰，引起我最大反感的是，她绝大多数的看法都与我一致。我大多数情况下默默无语，不知道说什么，在这个圈子里战争怎么也引不起从我这方面来说值得告诉别人的意见。维也纳—布达佩斯。两个波兰人，少尉和夫人，马上就要下车，在窗口悄悄说话。他们脸色苍白，并不那么年轻了，两颊几乎是凹进去的，常常将手放在被衣服裹得紧紧的臀部上，烟抽得很多。两个匈牙利犹太人，一个靠窗户，长得像

---

① 4月22日，卡夫卡陪妹妹艾莉去看望驻扎在那里的妹夫。卡夫卡在4月27日独自返回布拉格。
② 布拉格的首批工业郊区之一。

贝尔格曼①，用肩膀支撑着另一个睡着的人的脑袋。大约从五点开始的整个早晨都在谈着有关商业方面的事情，算账，传阅文件，从一只手提包里掏出各种各样商品的样品。我对面是一位匈牙利的少尉，在睡梦中一副空洞的、丑恶的面孔，张着嘴巴，滑稽的鼻子，早先当他回答有关布达佩斯情况的时候，倒是热情了一阵子，双眼闪闪发光，说话生机勃勃，好像整个人都投入到这个说话的声音中去了。车厢里的另一边是来自比斯特里察②的犹太人，他们是要回家去的，一个男子领着几个妇女。他们获悉，科罗斯梅索的民用交通刚刚被封锁。他们必须要在车里坐上二十个小时或更长的时间。他们讲到一个男子，他在拉道茨③留到俄国人已经来到的时候，他没有别的办法，就只好坐上最后驶过的奥地利大炮车逃跑。布达佩斯。关于与纳基米哈利交通联系的各种各样的说法，我所不相信的糟糕说法，后来被证实为确切的。在车站的匈牙利轻骑兵，穿着系绳的毛皮上衣，抬起脚，就如一匹耀武扬威的马。和一位离去的太太告别。他潇洒地与她聊天，而且说个不停，如果不通过话语，就通过舞蹈动作和手握剑柄的姿态。由于害怕列车可能会预先开走，他好几次将她领上车厢的台阶，手几乎贴近她的腋下。他中等身材、有一口健康的大牙，毛皮上衣的裁剪和腰部的突出使他看上去有点像女人。他朝着各个方向频频发出微笑，一种完全没有意识的、无意义的微笑，仅仅是证明他本性中理所当然的、几乎是军官的尊严所要求的完整和持久的和谐。

  一对含泪告别的老年夫妇。无意义地重复着无数次的接吻，就像人们在绝望的时候，无意识地、不断地将香烟放在嘴边吸。这是不顾周围环境的家庭内的情景，这样的事在所有的卧室中才如此发生。她的面部表情根本不可能惹人注意，一位不引人注目的老太

---

① 指胡戈·贝尔格曼。
② 现属罗马尼亚。当时是匈牙利的一个城市。
③ 当时属于匈牙利的一个村庄，位于加里西亚边境处。

太，要是人们想比较清楚地看见她的脸，要是有人想更为清楚地看看，什么表情都没有了，剩下的只是一个对某种小小的、同样不引人注目的丑陋的回忆，大概是红鼻子，或者是一些麻点。那老年男子有一把灰色的大髭须，大大的鼻子和不折不扣的麻点。斗篷和手杖。尽管他很激动，但克制得很好。在悲伤的痛苦中抓住这位老太太的下巴，这个动作里面有一种什么样的魔法呀，最终他们哭着看着对方的脸。他们对这件事不是这么认为的，但人们会对此作这样的解释：甚至于这种可怜的小小的幸福，就像这两个老人之间的联系一样，也被战争破坏了。

那巨人般的德国军官踏着大步行进，身上挂着各种各样小的武器装备，先穿过车站，然后穿过列车。由于衣服绷得紧紧的，身材又高大，他看上去显得僵直，走动起来几乎令人吃惊；为一下子能把所有的部位都捕捉到，人们把眼睛瞪得大大地看着他结实的腰部、宽阔的后背、整个高挑的身材。

在车厢里有两个匈牙利犹太女子，母亲和女儿。两人挺像，母亲显得雍容高贵，女儿却是可怜的、但有着自我意识的多余的存在。母亲——经过好好地修饰的大脸盘，下巴上茸茸的胡须；女儿小而尖的脸，不光洁的皮肤，蓝色的衣服，可怜的胸脯上罩着白色上衣的镶饰。

红十字会护士。十分沉着而坚毅。旅行对她来说就好像是一个整体上自我满足的家庭。她像父亲那样吸烟，并在走道上走来走去，她像一个男孩一样跳到长凳上，从她的旅行袋里取一些东西，她像一位母亲那样小心翼翼地切肉和面包、剥橘子，又像她本身那样的俊俏姑娘一样，在对面的长凳上展示她那双美丽的小脚、黄色的靴子和结实的双腿上的黄色长统袜。她一点儿也不拒绝别人与她攀谈，甚至于自己就主动发问起来，询问她看到的远处的山，她给我导游指南，让我在地图上寻找这座山。我毫无兴致地躺在我的那个角落，尽管她令我好生喜欢，但我不想要问她是怎样想到这些的，那种违愿之感在我心里堆积着。强壮的棕色面孔看不出一定的年龄来，粗糙的皮肤，圆拱形的下唇，旅行的装束，里面穿的是女看护的制服，柔软的便帽随意地压在牢固的发髻上。因为她没有被提问，她开始一点儿一点儿地叙说起来。如我后来知道的那样，她完全不令我妹妹欢喜，我妹妹却稍稍地问了几句。她要去萨托拉里亚乌伊赫尔①，在那里她将知道下一个去处，她最喜爱的是在那个有最多事情要做的地方，因为在那个地方时间过得最快（我妹妹从中得出结论，她是不幸的，我认为这推测是不正确的）。人们经历各种各样的事情，例如有一个人在睡觉中打鼾，令人难以忍受，别人将他弄醒，请他顾及一下其他的病人，他答应了，可是他几乎还没有躺回去，那可怕的鼾声就又已经响起来了。这是非常滑稽的。其他的病人将拖鞋朝他扔过去，他躺在房间的角落，因而是一个不可能错失的目标。人们必须严格地对待病人，否则就达不到目的，是、是，不、不，只是不容有商量余地的。这里，我对此做了一个愚蠢的，但对我来说是非常有特性的、阿谀奉承的、狡猾的、次要的、不涉及个人的、漠不关心的、不真实的、不着边际的、从某一个最近的病态的秉性得来的，此外是早先晚上受到斯特林堡剧本演出影响的注解②，我说那一定会使妇女们感到舒适，假设能如此地对待男人们。她未听见这个说法，或是不理会这个说法。我的妹妹自然完全理解它的含意，并大笑起来。又讲了一个一点儿也不想死去的破伤风病人。

  那位匈牙利站长后来带着他的小男孩上车了，这位护士给这男孩一个橘子，小男孩接过这橘子。后来她又给他一块杏仁糖，并把这块糖送到他嘴边，但他迟疑了。我说：他可能不相信。这位护士一个字一个字地重复着，非常可爱。

---

① 斯洛伐克与匈牙利交界处的一个换乘站。
② 1915 年 4 月 21 日布拉格的国家歌剧院（当时的新德国剧院）上演了斯特林堡的《父亲》。

377

窗前的蒂萨河和博德罗格河流淌着早春的巨流。河的景色。野鸭群。盛产托考伊甜酒的群山。在布达佩斯突然于耕作过的田原之间升起了半圆状的加固的阵地。铁丝网作障碍，经过细心填塞的用长凳架起来的顶盖，像模型一样。对我来说莫名其妙的表达是："因地制宜"。对这个地带的认识属于一种四足类的本能。

在乌伊赫尔肮脏的饭店，房间里的所有东西都用得不能再用了。床边桌子上还有最后一批在此睡觉的人留下的烟灰。床只是表面上罩得很整洁。试图在分队司令部，后又在后勤司令部要求得到乘坐军用列车的允许。这两个部均设在舒适的房间里，特别是后者。军方与官方之间的对立。对文字工作倒是有正确的估价：一张桌子上有墨水、有笔。阳台门和窗户都开着。舒适的沙发床。在院子阳台上的一间用布帘隔开的屋里发出餐具的碰撞声。点心端了上来。有人——后来才知道，他是中尉——拉开布帘，看看是谁等在这里。"人们必须挣工资。"他说这句话的时候停止了吃点心，并朝我走来。顺便说一下，我什么也没得到，尽管我还得回去一次，也为取我另一个身份证明。只是将军方同意第二日乘用邮政列车的字样写到我的证件上，这同意完全是多余的。

车站附近是乡村式的，环形广场一片荒芜（科苏特纪念碑[①]、放吉卜赛音乐的咖啡馆、糕点甜食店、体面的鞋业商店，报纸的叫卖声，一位骄傲的独臂士兵用做作夸张的动作走来走去，一种表示德国胜利的粗野的彩色印刷品。每当我在二十四个小时里走过的时候，总遇到 P.[②]），一个比较干净的市郊。晚上在咖啡馆里，清一色的平民百姓、乌伊赫尔的居民，简朴但陌生的、部分是可疑的人群。可疑倒不是因为战争的缘故，而是因为他们的不可理解。一个军中的神父独自念着报纸。——上午这位年轻英俊的德国士兵在旅

[①] 拉约什·科苏特（Lajos Kossuth，1802—1894），1848年匈牙利独立运动的领袖。
[②] 可能是恩斯特·波佩尔（Ernst Popper，1890—1950），韦尔弗和哈斯的同学。

馆里。他让人端来了许多菜,吸着一支粗粗的雪茄,然后写些什么。眼神锐利、严肃,一双眼睛却是年轻的,按时刮得光滑的面孔显得格外清晰。然后他背起行囊。我后来又见过一次他在一个人的面前敬礼,但不知是在哪里了。

5月3日。彻头彻尾的冷漠与迟钝。一眼枯干的水井,水在无法达到和不知详情的深处。虚无,虚无。我不懂斯特林堡在《孤独》中写到的生活;他称之为美丽的东西,放到与我有关的事情中,就令我反感了。一封给 F. 的信,虚假,没法寄出。有什么使我为一种过去或未来坚持住呢?当下是阴森恐怖的,我不是坐在桌旁,而是在围着它转。虚无,虚无。荒芜,无聊,不,不是无聊,只是荒芜,无意义,衰弱。昨天去多布里科维兹①。

5月4日。状况好转,因为我读了斯特林堡的《孤独》。我不是为了读他而读他,而是为了躺在他的胸怀里。他将我像一个孩子一样托持在他左臂上,我坐在那里像坐在一尊雕像上。我有十次陷于滑下去的危险,但在第十一次尝试中我牢牢地坐上了,我有了安全感,而且有了宽广的视野。

对别人跟我的关系做出了许多思考。我是这样的微不足道,这里没有人对我有着一般的理解。若是有一个能这般理解的人,比如一个妻子,这就是说在各方面有了依靠,有了上帝。奥特拉理解一些,甚至许多,马克斯、菲利克斯理解一些,有些人如 E.② 只是懂得个别的,而且是带着十分厌恶的感情去理解这个别的,F. 大概什么也不知道。在这里,在有着不可否认的内在关系的这里,这自然产生了一种非常特殊的地位。我有时候认为,她不用知道这

---

① 布拉格附近的旅游小镇。
② 艾莉或是埃尔娜。

点,她就理解我了,例如那个时候,当她在地铁站旁期待着我的时候,我无可忍耐地渴求见她的时候,我在狂热中只是想快点到她那里,以为她在上面,快要跑过她的身边,她悄悄地抓住我的手。

5月5日。什么也没有做,昏昏沉沉、轻微的头疼。下午在考泰克公园读了斯特林堡,他给我滋养。

长腿、黑眼睛、黄皮肤、单纯的姑娘,调皮捣蛋而活泼。她看到一位将帽子拿在手中的小女友。"你有两个脑袋?"这个女友马上理解了这个从本身来说很平淡的,但通过这个小小人物的嗓子和完全的投入而显得生动起来的玩笑。她大笑地把这句话讲给她走了几步就碰到的另一个小女孩:"她问我,我是不是有两个脑袋!"

早上遇到R.小姐①,竟然滑到丑陋的深渊,一个男子不会有如此变化的。臃肿的身躯,就像刚刚从睡梦中醒来;旧的上衣,是我见过的,她的上衣里面穿的是什么,倒是没法看出来,好像令人疑惑,也许只是衬衫;在这种情况下碰上她,对她来说无疑是令人吃惊的,但她不去掩饰发窘的地方,而做了一点错误的事情,她是怎样带着愧疚的意识去抓向外衣的领口,将上衣拉正。上唇浓浓的汗毛,但只聚在一处,给人以十分丑陋的印象。尽管如此,我还是很喜欢她的,毫无疑问,在她丑陋的形象里,她还是有美丽的微笑,但一双美丽的眼睛受到整体变丑的损害。再说,我们由于地域相隔遥远,我当然不理解她,可是相反,她对她从我这里得到的最初的表面印象表示满足。她极纯真地请求给她一张面包票②。

---

① 可能是安吉拉·雷贝格,卡夫卡和布罗德1911年去苏黎世途中偶然结识的一位小姐。
② 战争年代或困难时期购买面包的票证。

晚上念了一章《新基督徒》①。

年老的父亲和不年轻的女儿。他聪慧、胡须尖尖的，稍稍弯曲的腰，背靠一根小手杖。她，阔鼻子、强有力的下颚，圆圆的但有疙瘩的面孔，宽肥的臀部，转动困难。"您说我看上去难看，其实我看上去可不难看。"

5月14日。从所有有规律的写作走出来，多多地待在自由的天地里。和St.小姐②散步去特罗雅，和R.小姐③、她的妹妹、菲利克斯与夫人及奥特拉去多布里科维兹、卡斯塔利塞，就如戴着一种刑具行走。今日在泰因巷举行礼拜仪式，然后是在图赫马赫街，再后是难民食堂。今天读了《司炉》中的旧章。今天从表面上看我没有足够（已经不足了）的力量。担忧，因为心脏病而不适合服役。

5月27日。伴随着最后记录的许多不幸走向毁灭，就这样无意义地、没有必要地毁灭。

9月13日。父亲生日前夕，新的日记，这不像往常那样必要，我不必让自己不安宁，我已足够不安宁了。可是为什么目的，它什么时候出现，一颗心脏，一颗并不完全健康的心脏怎么能承受那么多的恶劣的情绪和那么多的不断牵扯着的要求呢？

精神涣散，记忆减弱、愚蠢。

---

① 马克斯·布罗德未完成的小说。
② 卡夫卡房东的女儿。
③ 范妮·赖斯。

9月14日。和马克斯及朗格尔①于星期六在神迹拉比那里。契兹科夫、哈兰托瓦路。人行道上和台阶上有许多孩子。一家旅馆。上面是全然的黑暗,摸黑向前伸出双手走了几步。一间房间露出苍白昏暗的灯光,灰白色的墙壁,几个小个子的妇女和姑娘,白色的头巾,没有血色的面孔,围着圈站着,动作不大。无血色的印象。再一个房间。全部是黑的,满是男人和年轻人。大声的祈祷。我们挤在一个角落。我们还来不及稍微地环顾四周,祈祷已经结束了,房间逐渐空了,一个角落房间有两面墙壁,各有两扇窗户。我们被挤往一张桌子,在拉比的右边,我们抵抗着。"你们可也是犹太人。"最强有力的如父亲般的本性构成了拉比的性格。"所有的拉比外表看上去都是粗野的。"朗格尔说。这位拉比穿着丝绸长袍,里面的裤子已经明显可见,头发盖上了鼻梁。他不停地把用毛皮镶边的帽子推来推去。虽龌龊,但纯洁,是个想法专注的人。他抓抓胡须,用手擤鼻涕朝地板上甩,用手指抓饭菜——但如果他将手放在桌上一小会儿的话,人们看到皮肤的白色,就如人们相信只有在孩童时代的想象中看到过的一种类似的白色。那个时候双亲当然也是纯洁的。

9月16日。我看见波兰犹太人朝科尔·尼德莱去的景象。那个小男孩的双臂之下都压着祈祷巾,从他父亲的身旁跑来。不去庙宇是种自杀。

打开《圣经》。关于不公证的裁判官,② 就是说我寻找我的看法,或者说至少是我在我自身中迄今发现了的看法。顺便说一下,这并没有意义,显然我永远不会在这样的事情里被操纵的,在我的

---

① 格奥尔格·朗格尔(Georg Langer,1894—1943),生于布拉格的犹太裔作家,布罗德的远亲。
② 此处指的应是《诗篇》第82章篇。

面前翻动的不是《圣经》的书页。

刺进去的最有效的部位看来是在颈项与下巴之间。人们抬起下巴，将刀子插进绷紧的肌肉。但这个部位好像只有在想象中有用。人们期待从那里看到血流如注，并且戳破筋腱和骨头的网状结构，就像人们在烤火鸡腿里看到的类似的东西。

读了《弗尔斯特·弗莱克在俄国》。①拿破仑回到博罗迪诺战场。那里有修道院，它被炸毁。

9月28日。完全地无所事事。马尔赛林·德·马尔博将军回忆录和霍尔茨豪森的《1812年德国人的苦难》。

埋怨毫无意义。对此得到的回应是脑袋里的刺痛。

一个小男孩躺在浴缸里。这是第一次单独洗澡，按他的一贯想法，不管是母亲还是女仆都不能在场。为了遵从隔壁房间不时向他喊叫的母亲的命令，他草草地用海绵擦了擦身子，然后伸了伸四肢，在热水里享受着不动的状态。煤气的火焰有规律地发出咝咝的响声。在隔壁的房间里已经长时间没有声音，大概母亲已经走远。

为什么这样问是毫无意义的？怨尤就是：发问，等待，直至有了回答。但自己本身并不能产生回答的发问永远得不到回答，在提问题的人和回答问题的人之间并无距离。
这不是要逾越的距离，因此提问与等待是毫无意义。

---

① 一位威斯特伐利亚军官的回忆录，讲述他跟随拿破仑远征俄国及被俄军俘虏的经历。

9月29日。各种不同的模糊决定。它们使我成功。偶然在斐迪南大街瞥见一幅跟此毫无关系的图画，一幅不怎么样的湿壁画速写。下面是一句捷克语的警句，大约是：失去理智的人为了姑娘的缘故离开这杯子，你将马上得到教训而回来。

糟糕的可怜的睡眠，早上折磨人的头痛，但白天是较为舒坦的。

许多梦。马尔施纳经理和彼米斯克雇员交替出现。红红的坚实的面颊，黑黑的狡黠的胡须，同样的浓密、任性的头发。

早些时候我想：没有什么会杀死你，这个坚硬、清晰、简直是空空如也的脑袋，你从来不会无意识地或在痛苦中紧蹙双眼，皱起眉头，双手抽动，你总是只能这般描绘。

福廷布拉斯怎么能说，哈姆雷特会经受住成为国王的最高考验哩。

下午并没能妨碍我去读昨天写好的东西，读"昨天的肮脏"，再说并无危害。

9月30日。如愿以偿，菲利克斯没有听马克斯的。然后去菲利克斯那里。

罗斯曼和K.①，无辜者和有罪的人，最终两个人以不同的惩罚方式被处死，那个无辜者与其说被打倒，还不如说被用手稍稍轻轻地推到了一边。

---

① 小说《失踪者》和《诉讼》中的人物。

10月1日。马尔赛林·德·马尔博回忆录第三卷。波洛茨克—贝别列津纳—莱比锡—滑铁卢。

10月6日。神经过敏的各种形式。我相信，喧闹声再也不能打扰我。固然，我现在没工夫写。固然，人们将他的坟墓挖得越深，那就会变得越寂静；越少恐惧，就越寂静。

朗格尔的叙述。

人们应该比服从上帝更要服从一个扎迪克①。巴尔舍姆②有一次跟他的一位最得意的学生说，他应该接受洗礼。这位学生接受了洗礼，受到了尊敬，成了主教。这个时候，巴尔舍姆让他到自己这里来一下，并允许他回到犹太教来。他真的又来了，并为他的罪过作了巨大的忏悔。为此，巴尔舍姆解释了这个命令，这个学生由于他优异的品质会受到凶恶严厉的侵袭。洗礼有着这样的目的，就是将凶恶引开。巴尔舍姆将学生完全置身于凶恶当中去，这位学生将步子迈出不是因为罪恶，而是按照命令，对凶恶来说，看来这里是不再有什么工作可做。

每一百年出现一位最高的扎迪克，一位哈多尔扎迪克③。他肯定不是太有名气，他不是神迹拉比，却是最高的拉比。巴尔舍姆不是他那个时代的哈多尔扎迪克，更确切地说他是德罗霍比茨④一个无足轻重的商人。这人听说，巴尔舍姆能像其他扎迪克一样做这样的事，如写护身符，这人也怀疑，这位巴尔舍姆是萨巴泰·泽维⑤

---

① 犹太教称谓，指在虔信和伦理上体现宗教理想的人，又称为"义人"。
② 18世纪犹太教哈西德教派的创始人。
③ 意为"一代人的义人"。
④ 乌克兰的一个地方，当时属于加里西亚。
⑤ 萨巴泰·泽维（Shabbetai Tzevi, 1626—1676），犹太神秘主义者。

的信徒，并将这个名字写到护身符上。因此，在没有亲自见到他的情况下，这个人就从远处剥夺了他的权力，巴尔舍姆很快知道他的那些护身符失去了效力——但他从不写别的什么，只将他自己的名字写到护身符上——过了一些时间，他也获悉，这个德罗霍比茨人是这事的根源。有一次当这位德罗霍比茨人进入巴尔舍姆的城市——那是星期一——他没有注意到这一点，巴尔舍姆让他因睡觉而耽误了一天的时间，因此，这位德罗霍比茨人在计算时间时总是落后一天。星期五晚上——他以为是星期四——他要乘车回家，以在家中度过假日。这个时候，他看见人们朝庙宇里走，他发觉了错误。他决定留在这里，并亲自去巴尔舍姆那里。巴尔舍姆已经在下午交待他的妻子，安排一顿三十人吃的饭。德罗霍比茨人已经做过祷告，他来到之后便立即坐下去吃饭，并在短时间内将三十人的饭吃得精光。然而他并没饱，而且还要增添吃的。巴尔舍姆说："我已经预料到一个头等的天使，但我还没有对一个二等的天使有所准备。"他立即将家中所有能吃的食物拿出来，但还是不够。

巴尔舍姆不是哈多尔扎迪克，但他还要更崇高。他的见证人就是哈多尔自己。就是说这位哈多尔有一天晚上来到巴尔舍姆未来的妻子还作为姑娘时住的地方。他是这位姑娘双亲家里的客人。在他上阁楼去睡觉之前，他要一支蜡烛，但家里没有。他就只好在没有灯光的情况下上阁楼，可是当这位姑娘后来从庭院向上看时，那上面明亮得如同节日一般，灯火辉煌。这个时候她明白了，他是一个特殊的客人，她请他将她娶为妻子。她能这样请求，因为这里面表现了她更崇高的使命，她已经认清了这个客人。但这位哈多尔扎迪克说："你的使命是嫁给一个更崇高的人。"这就证明巴尔舍姆比一个哈多尔扎迪克更高一等。

10月7日。昨天长时间与R. 小姐①待在饭店的前厅。睡眠不好，头痛。

一瘸一拐的人吓坏了格尔蒂②，可怕的内翻足。

昨天在奈克拉斯大街上，一匹摔倒了的马膝部流血不止。我向别的地方看去，不由自主地在光天化日之下做了个鬼脸。

没有解决的问题，我崩溃了吗？我消沉了吗？几乎所有的迹象都说明了这一点（寒冷、迟钝、精神状态、心不在焉、工作上的无能、头痛、失眠），几乎只有希望是相反的。

11月3日。最近看了许多东西，头痛比较少了。多次与R. 小姐一起散步。和她去看《他和他的姐妹》，由吉拉迪演出。③（您究竟有没有天才？——请允许我插进来并为您回答：噢，有啊，噢，有啊。）在市立阅览室里。在她的双亲那里看到了这面旗子④。

两个神奇的姐妹埃斯特尔和蒂尔卡，就如同闪光和熄灭两种对立的事物。蒂尔卡特别美丽，橄榄棕色的皮肤、下垂的呈半圆形的眼皮，像深沉的亚细亚人。两个人肩上都围着披肩。她们都是中等身材，更确切地说身材娇小，一个坐在长沙发的圆坐垫上，蒂尔卡在一个角落的某一个说不清楚是什么的东西上，大概是一个箱盒。在半睡半醒中长时间地看着埃斯特尔，按我的印象，她好像带着那种对所有精神上的事物所拥有的热情死死咬住了一根绳结，她像一

---

① 赖斯。
② 卡夫卡的外甥女，艾莉的女儿。
③ 匈牙利作家布赫宾德（Bernhard Buchbinder, 1849—1922）的一出闹剧。吉拉迪（Alexander Girardi, 1850—1918）是奥地利演员、男高音歌唱家。
④ 可能是赖斯家从加里西亚救出来的一面妥拉旗。

个钟锤（忆起一个电影院的海报①）在空空的房间里有力地摆来摆去。

两位 L.。一个魔鬼般的小个子女教师，我也在半睡半醒中看了她好久，她在跳舞时显得如何的疯狂啊！她在一种哥萨克风格似的，但轻飘飘的舞蹈中，在一条稍稍倾斜的、深褐色的、在昏暗光线中显得坑坑洼洼的砖砌路面上上下翻飞。

11月4日。忆起布雷西亚的那个角落，② 在那里，在类似的路面上，在光亮的白天，我给孩子们分钱。回忆起在维罗纳的一座教堂，③ 在那个地方我完全是孤零零的，只是在一个寻求欢乐的旅游者义务的轻松压力下和作为一个被一无所获的沉重压力吞噬的人，我违愿地走了进去。我看见一个超过真人大小的矮人，他蜷缩在圣水池下，我稍稍闲逛了一下，坐下来，又同样违愿地走出去，好像外面又是一座同样的教堂，大门挨着大门。

最近，不少犹太人从国家火车站离开，有两个男子带着一个口袋。这位父亲将他所带的家什都分摊给他的许多孩子，连最小的也有份，这样，他便可以更快地走上月台。那位抱着一个婴儿坐在箱子上的年轻妇女，强壮、健康、已经没了身型，与围着她站的熟人正交谈得热火朝天。

11月5日。下午激动的状态。始于考虑，我是不是应该买，以及买多少战争债券。④为交待必要的委托，两次去公司，两次回来，并没进去。狂热地计算着利息，然后请母亲买上 1 000 克朗的债券，

---

① 指1913年夏天起在布拉格上映的《方托马斯》系列犯罪片。
② 卡夫卡在1909年9月到意大利旅行时去过那里。
③ 此处指的是1913年9月的旅行。
④ 根据1915年11月3日的《布拉格日报》的报道，11月6日是最后购买债券的机会。据说购买者将在15年后得到6%的利息。

又将数额提高到 2 000 克朗。在这个时候,这件事露出来了,即我根本不知有一笔属于我的大约 3 000 克朗的存款,而当我知道这笔存款时,也没有使我动容。只是由于战争债券引起的怀疑进入了我的脑海,而且在长达大约半个小时的通过最热闹街巷的散步中也没中断。我感觉自己直接参加了战争,我思考着,自然是根据我的知识,完全一般地思考着经济的远景,提高和减少那总有一天将会归我所有的利息,等等。但这番激动渐渐地发生了变化,思绪被引到写作上去了,我对此感觉有能力,无非想拥有写作的可能性。我在考虑,在以后的时间里能为此安排几多个夜晚,在心痛的情况下越过石桥,感觉那已经那么熟悉的消耗殆尽的、不可能爆发出来的火的不幸。为了榨干和抚慰自己,我杜撰出这样的格言:"亲爱的朋友,把你的一切倾泻出来吧。"不断地按一种特别的旋律歌唱它,我不停地将一块手帕在口袋里压紧、放开,像一支风笛伴着它歌唱。

11月6日。在战壕前和战壕里观众如蚁群般运动的景象①。

在奥斯卡·波拉克②的母亲那里。对他姐姐的良好印象。此外会有我在他面前不屈服的那一个人吗?至于格林贝尔格③,按我的看法,他是一个非常重要的人,而从我所不能接受的原因来说,他几乎被普遍地低估了:如果有人把我推到这样的选择面前,即我们两个人中的一个必须马上毁灭(考虑到他本身,那是非常可能的,因为他得了已经发展到晚期的肺结核),但这人应该是谁,这依赖于我的决定。那么我将会认为这个问题可笑之至,因为这个不寻常的更为有价值的格林贝尔格一定要活下来,就是格林贝尔格也会赞

---

① 红十字组织在布拉格附近为市民参观提供的标准战壕模型。
② 卡夫卡青年时代的朋友,于1915年6月11日阵亡。
③ 来自加里西亚的犹太作家,战争期间待在布拉格。

同我的。在最近的无法控制的时刻，就如其他每一个人很早就已经那么做的一样，我当然将要杜撰对我有利的证据，这样的证据，却会由于它们的粗鲁、空洞、虚伪而激怒了我，直至令人作呕。这最后的时刻当然现在也出现了，在这个时刻没有人强加给我选择，那是那样的时刻，我欲在挡住各种令我分心的、外部的影响，来考验自己。

11月19日。无所裨益度过的时日，在等待中消耗了力气，尽管什么事也没做，脑袋里却还是飘忽和钻心般的疼痛。

给韦尔弗写信。回信。

在M.-T.夫人①处，对所有的事物失去抵抗能力。在马克斯那里尖刻地评论了她，到第二天早晨又对此感到厌恶。

和F. R.②及埃斯特尔小姐在一起。

在老新犹太会堂听《密什那》的演讲。与耶特勒斯博士③一起回家。对个别有争议性的问题有很大兴趣。

对寒冷，对所有事物的感伤。现在，晚上九点半，隔壁的房间有人在往共用的墙上敲钉子。

11月21日。完完全全无能为力。星期日。夜间尤其睡不着。

---

① 米尔斯基-陶伯夫人（Mirsky-Tauber, 1865—?），作家，德国女性艺术家俱乐部的主要成员之一。
② 范妮·赖斯。
③ 出身于布拉格虔诚家族的犹太教法典学者。

直到十一点十五分躺在床上，沐浴在阳光里。散步。吃午饭。读报，翻阅旧目录。在希贝尔纳街、城市公园、文策尔广场、斐迪南大街散步，然后走向波多尔①。疲倦地延长到两个小时。有时感到剧烈的、有一次简直是火烧般的头痛。吃了晚饭。现在待在家中。谁能从开始到结束都从上方睁着双眼俯视这个呢？

12月25日。为了使自己入睡这个特殊的目的打开日记。但看到最近刚刚偶然写入的内容，我能想象得出最近三到四年里所记入的同样上千次类似的东西。我无意义地消耗着自己，假如能够写作就会内心里感到幸福，可我没写。我再也摆脱不了头疼，我确实把自己给耗尽了。

昨天坦诚地和我的上司谈了话，因为谈话的决定和不后退的誓言，竟使我在前天夜里睡了两小时，虽说不太安稳。我向我的上司摆出了四种可能性：1. 一切继续的事情像在上一个最讨厌的受折磨的星期一样继续，结果就是伤寒、精神错乱及其他什么；2. 休假，我不想休，出于某种义务的感觉，且这也许无助于事；3. 解约通知，我现在不行，因为我双亲和工厂的缘故；4. 只有在军队里服役的选项了。回答：这位上司想和我一起做一个星期休假和造血疗养。他自己可能病得颇重。如果我也去，这部门也许就空了。

进行了坦诚的讲话，第一次用"解约通知"这个词几乎正式地震荡了公司的空气。

尽管发生了这一切，今日几乎没有睡过觉。

这一直是主要的恐惧：要是一九一二年就离去，完全占据所有的力量，以清晰的头脑，不为压制活生生的力量的劳累所啃噬，该多好啊！

---

① 布拉格南部的一个村庄。

和朗格尔一起，他十三天后才能读马克斯的书。他要是在圣诞节读了该多好啊，这个时候，人们按旧的习俗，在圣诞节就不可以读《妥拉》，但这一次圣诞节正好是星期六。但十三天后是俄国圣诞节，他会在那个时候读的。按中世纪的传统，人们应该从七十岁开始，按一种较为和缓的观点，也要从四十岁才能开始了解美丽的文学或其他世俗的知识。医学是人们唯一可以从事的学问。今天医学也不行了，因为它与其他的科学联系得太紧密了。——人们坐在马桶上绝不可想《妥拉》，因而人们倒可以在那里读世俗的书。一位非常虔诚的布拉格人，一位确凿无疑的 K.①，他知道很多世俗的东西，这一切都是他在马桶上学习来的。

---

① 科恩费尔德。

1916年

4月19日。他想打开通往走道的门,但是打不开。他上下看了看,没有找到阻碍。门也并没有锁着,钥匙插在里边,假如有人想从外面锁门,也许钥匙就会被捅出去了。到底谁会锁住这门呢?他用膝盖顶门,毛玻璃发出了响声,可是门仍然死死地关着。只好看着吧。

他回到房间,走上阳台,朝下面的大街看去。但他还没有动用过他的思想去领会下方平常的午后生活。他又回到门前,并欲再一次开门,可是如今不用试着去开门,门立即自动开了,几乎不需要施加一点儿压力,从阳台吹来的微风到来之前,门便一下飞开了;就像有人开玩笑,让一个孩子触摸门把手,而这时实际上有一个较大些的人将这把手压住了,所以他像这个孩子一样毫不费劲地踏进了走道。

我要为自己准备三个星期的时间。①这叫虐待吗?

不久前梦见:我们住在大陆咖啡馆附近的护城河街上。从赫伦加斯街拐出一个军团,朝着国家车站的方向开去。我的父亲说:"要是人们办得到的话,那他一定要看看这样的场面",(他穿着费利克斯的褐色睡衣,整个形象是这两者的混合)跳上了窗户,向外伸出手臂,试图站在很宽且极陡的窗下的墙台上。我抓住他,抓住固定在睡衣上的两根小链环,睡衣的带子从这两根小链环上穿了过去。他恶狠狠地继续朝外伸,我竭力地积聚全身的力量抓住他。我在想,如果我能用绳索将我的双脚缚在某一处特别牢固的地方,以不致被父亲一起拉下去,这该有多好呀。为设法做到这个,我当然至少得放开父亲一小会儿,但这是不可能的。睡眠——尤其是我的睡眠——无法承受这全部的紧张状况,我醒了。

4月20日。在走道上,女房东拿着一封信向他走来。他审视着的不是那封信,而是这位老夫人的面孔,在这段时间里,他打开信。然后他念起来:"极为尊敬的先生,几天以来,您就住在我的对门。那种与要好的老熟人的酷似让我对您注意起来。如果您愿让我高兴的话,今天下午请您来看我。顺致问候,路易丝·哈尔卡。"

"好吧。"他不仅对着站在他面前的女房东,而且也对着这封信说道。这是一次受欢迎的机会,在这个城市里作一次也许是有用处的结交,他对这个城市还非常陌生。
"您认识哈尔卡夫人?"女房东问道,这时他正把手伸向帽子。
"不。"他探询地说。
"那个带信来的姑娘是她的女仆。"女房东像是道歉似的说道。
"这是可能的。"他说,不耐烦于她的关心,便赶快走出房间。
"她是一个寡妇。"女房东还没跨出门槛,又把这句话吹进他的耳朵里。

一个梦:两群男人互相殴斗。我所属的这一群抓获了一个敌人,一个巨人般的裸体男人。我们五个人抓住他,一个人抓头,其他人各抓手臂和双腿。遗憾的是我们没有刀子刺穿他,我们赶紧问

---

① 卡夫卡原计划在复活节后做商务旅行时到玛丽亚温泉镇度假。之后出差延迟了,他又计划在出差时去那里待三周。

周围谁有刀子，没有人。但由于某种原因，为不失时间，而且附近有一个炉子，这个炉子的门是铸铁的，特别大，而且烧得通红，我们把这个男人拖过去，将他的一只脚贴近炉门，直至它开始冒烟，然后又将它抽回来，等烟雾蒸发完，马上再重新让它贴近炉门。我们不断重复地干着这件事情，直到我不但惊恐得出了一身汗，而且还真的牙齿抖得格格作响地醒了。

汉斯和阿玛利亚是屠夫的两个孩子，正在仓库的墙边玩弹珠，那是一座巨大而古老的如堡垒般的石头建筑，两排装有牢固栅栏的窗户远远地延伸在河岸边。汉斯在推球前，细心地瞄准着，测视着弹珠、路线和地沟，阿玛利亚蹲在地沟旁，不耐烦地用小拳头敲击着地面。可是他们俩突然丢下弹珠，慢慢地站起来，看着最近的那扇仓库的窗户。他们听到一阵噪声，就像有人在试图擦干净由许多玻璃组成的窗户上一块模糊阴暗的小玻璃一样，但没有成功。现在这一块玻璃破碎了，一张瘦削的、看上去没有缘由微笑的面孔不清晰地出现在那个小小的四角形里，那大约是一个男子，那人说道："来呀，孩子们，来呀，你们已经看到仓库了吗？"

两个孩子摇头，阿玛利亚激动地仰头朝这个男子看，汉斯却是向后看，看看附近是否有人，可是他只看到一个人，那个人对什么都冷漠置之，只是弓着背沿码头的栏杆推着一辆装得很沉重的车子。"然后你们就会真的大吃一惊。"这个男子说，而且十分热切，好像他必须要通过热切来克服不利的状况，那就是用墙、栅栏和窗户将他和这两个孩子分开的状况。"就得现在来，这是最好的时刻。"——"我们怎么进来呀？"阿玛利亚说。"我会给你们指路的，"男子说，"只要跟着我，我现在向右走，我会敲响每一扇窗户的。"

阿玛利亚点头，跑到下一扇窗户，那里真的有敲击的声音，接着的那些窗户都是这样。可是在阿玛利亚听从这位陌生男人并不加思考跟着他跑的时候，汉斯只是跟在后面慢慢地走。他情绪并不好，去看看仓库是他至今从来也没想过，但肯定是非常渴望的事情，但是不是通过随便一个陌生人的邀请就真的允许进去，还完全没有得到证实。很可能不是真实的，因为如果这是允许的话，那么父亲肯定早已经把他领到那里去过了，因为他不仅就住在附近，而且还广泛认识方圆四周的所有人，他们都向他致意，并带着敬意对待他。现在汉斯突然想起，就是这位陌生人也肯定知道这一点，为证实这件事，他跟着阿玛利亚跑起来，并赶上了她，这时她和与她一起的那个男子停在一扇正在地面之下的小铁皮门附近。它像一扇大的炉门，那个男子又在最后一扇窗子上打掉一块小玻璃，说道："这里是门，等一会儿，我去打开里面的门。"

"您认识我们的父亲吗？"汉斯马上问道，可是那张面孔已经不见，而汉斯不得不带着这个问题等待着。这时他们听见，好像里面的门真的被打开了。起先插钥匙的声音几乎听不见，然后更近的好多门发出了越来越响的声音。这里被打通的厚厚的墙体好像是被许多紧紧挨在一起的门所代替了。终于最后一道通往里面的门也开了，为了能朝里面看去，两个孩子趴在地上，那个男子的脸还是隐在半暗的光线中。"所有的门都开了，那就进来吧！只是快点，快点。"他用一只胳膊将许多门板压在墙上。

阿玛利亚由于在门前等了一会儿，好像稍稍有些回神了。她现在退到汉斯的后边，她不想第一个进去，她把他推到前面，因为她很想和他一起进入仓库。汉斯离门开着的地方非常近，他感到了从门开口处扑过来的清凉气息，他还不想进去，不想到这个陌生人的跟前，不想到那个可能会关上的许多门的后面，不想进入这个凉气逼人的古老低矮的房子里。只是因为他正趴在门开口处的前面，他问："您认识我们的父亲吗？"

"不认识，"这个男子回答，"可是你们快进来呀，我不能老是开着这些门呀。"

"他不认识我们的父亲。"汉斯跟阿玛利亚说,并站了起来;他好像轻松了,这时他自然是不会进去的了。

"不,我认识他,"这个男子说,在门开处继续将脑袋朝前伸,"我当然认识他,那位屠宰师傅,他是桥附近的大屠户,我本人有时候去他那里买肉,你们相信吧,如果我不知道你们的家庭,我会允许你们进仓库吗?"

"你为什么一开始说你不认识他?"汉斯问道,双手放在口袋里,已经完全朝仓库背过身去。

"因为我在这样的情况下不愿讲好多的话。先进来吧,然后我们可以什么都讲。顺便说一下,你这个小家伙完全可以不必进来,相反,如果你带着这种没有教养的举止留在外边的话,我便更乐意不过了。但你的妹妹,她倒是更为明理些,她来是会受欢迎的。"他向阿玛利亚伸出手去。

当阿玛利亚把她的手伸近这只陌生的手,但还没有抓住它的时候,她说话了:"汉斯,你为什么不想进去了?"汉斯在得到这个男子的最后回答后,也无法清楚地提出他厌恶的原因来,他只是轻轻地跟阿玛利亚说:"他在发嘶嘶的声音。"这个陌生人真的在发嘶嘶的声音,不仅仅是在讲话的时候,而且在他不说话的时候也是这样。"你为什么发嘶嘶的声音呢?"阿玛利亚问,她想在汉斯和这个陌生人之间调和一下。

"阿玛利亚,我回答你,"这个陌生人说,"我呼吸非常困难,那是由于没完没了地待在这潮湿的仓库的缘故,我也不会让你们长时间地待在这里面,但在这里待一会儿肯定非常有趣的。"

"我去,"阿玛利亚说,并大笑起来,她已经完全获得了胜利,"但,"她后来补充道,"汉斯也要一起进去。"

"当然。"这个陌生人说,用上身向前跳着抓住了完全惊愕的汉斯的双手,并用尽全力将汉斯拉进洞里。"这里可以进去,我亲爱的汉斯。"他说着,就拖着这位使劲抗争并同时大声喊叫的汉斯,根本不顾汉斯的衣袖被那些门的尖棱撕成了碎片。

"玛利,"汉斯突然叫道——他的整个人已经被拖进洞口,只剩双脚还在外面,尽管奋力反抗,但一切发生得还是那么迅速——"玛利,叫爸爸去,叫爸爸去,我可能回不去了,他么使劲地拉我。"可是玛利被这陌生人粗野的拖拽弄得完全不知所措,此外还有点负罪感,因为是她在某种程度上促使了这种恶行,可是,就如她从最初所表现的那样,最后她还显得十分好奇,并没有跑开,而是紧紧抓住汉斯的双脚……〔中断〕

这位拉比在做一个陶俑的事情自然是很快传开了。他的房子及所有房间的门都是敞开的,里面所有看得见的东西,都会为大家立即所知道。一些学生或者邻居或者陌生人总是来这房子的台阶上上下下地走来走去,朝所有的房间里探看,如果他们正好在什么地方没碰见这位拉比本人,他们便随意地到处走动。有一次他们在一个洗涤桶里发现一大团红色黏土。

这位拉比在他家的房子里给予所有人的这种自由,实在是惯坏了他们,使得他们毫无顾忌地触摸这些黏土。这黏土是坚硬的,在使劲下压的时候手指几乎染上了颜色,它的味道——这些好奇的人肯定要用舌头舔它一下的——是苦涩的。拉比将它保存在这个洗涤桶里做什么,令人不可理解。

苦啊,苦啊,这是主要的字眼。我是怎样想将一个飘忽的故事从碎片中拼接起来呀?

一缕缕微弱的灰白色烟雾不断从烟囱里轻轻地飘出。

拉比卷起袖子,像是一个洗衣妇站在洗涤桶前面揉压着黏土,这时它已显现出人形的粗糙轮廓。拉比一直用双眼牢牢地注视整个造型，即使他只是在加工着一个小小的细节，比如一个手指的指节。尽管这个形象看来就要成功地显示出人的形状来，拉比却表现得像一个发怒的人，不断朝前伸出下颚，不停地抿紧嘴唇。当他在准备好的水桶里湿一下双手的时候，他那么粗野地将双手撞击进去，使水竟然四溅到光秃秃的拱形天花板上了。

5月11日。前天。就这样将信交给经理。要么将来请个长假，如果战争在秋季结束的话，不过没有薪金；要么取消兵役豁免，如果战争继续下去。这是彻头彻尾的谎话。也许有一半已经是谎言了，如果我马上请个长假，为了应付拒绝解雇的情况，那是一半的谎话，如果我解约了的话，那就是真话。这两者我都不敢，因此全是谎言。

今天没有效果的谈判。经理认为，我想勒取三个星期的常规假期，尽管被豁免兵役的我本来无权要求，因此他爽快地答应了，看来在我给他的信之前已对此决定下来。他根本没谈及服兵役的事情，好像信里也没有。我如果提这个，他就不理睬。他觉得没有薪金的长假显然是可笑的，他提及此事是小心翼翼的。他催我马上休这三个星期的假期，又像大家一样，作为外行的精神医生说些无足轻重的话。我也许没有像他那样承担责任，他的位置当然很可能弄出病来。早先他也是干了多少的工作啊，那是在他准备考律师资格，同时在公司里上班的时候。九个月里每天干十一个小时，然后再说这主要的区别。不管怎样，我当时对我的位置肯定有过恐惧吗？但他也许有过这样的恐惧。他在公司里也许还有那样的敌人，他们不择手段地企图用这样的方法来砍断他"生命的树枝"，将他扔进废铁堆里去。

他奇怪地不提及我的写作。

我，软弱的，尽管我看到这几乎关系到我的一生。但我坚持，我想去服役，而且三个星期对我来说是不够的，因此他推迟谈判，要是他不那么友好和富有同情心!

我将坚持下面的意思：我要服役，顺从这个忍耐了两年的愿望；出于各种各样的并不涉及我本人的考虑，如果我得到一个长假的话，我也许会提前安排它。但这出于公务和军务的考虑大概是不可能的。我所理解的长假——公职人员羞于启口，病人就不会了——是半年或整整一年。我不想要薪金，因为这不涉及一种官能性的无疑是能够确定的病。

这一切均是谎言的继续，但在效果上接近真实，如果我坚持到底的话。

6月2日。不顾头痛、失眠、头发花白、绝望而与姑娘们在一起，那是怎样地误入歧途啊。我算算：自夏天以来至少是六个。我无法抗拒，如果我不顺从的话，我的舌头确实就像从嘴里被拉出来，欣赏一位值得欣赏的女子，到欣赏褪去一直爱她。对这所有的六个，我几乎只有内心的歉疚，但有一个通过别人谴责了我。

取自N. 瑟德尔布卢姆①，乌普萨拉大主教的《上帝信仰的形成》，完全是科学的，没有个人的或宗教的参与。

马赛人②最早的神灵：他是怎样用皮带将牲畜从天上赶进第一座畜栏的。

一些澳大利亚部落的最早神灵：他是作为强而有力的巫医从西方来的，他造人、牲畜、大树、河流、山岭，引来神圣的礼仪庆典，并决定一个被指定的其他部族成员应从哪一个部族迎娶他的妻子。他做完这些事情就走了。后来的巫师们可以借助一棵树或一根绳子爬上去找他，并从他那里取来力量。

---

① 纳坦·瑟德布卢姆（Nathan Söderblom），瑞典大主教，1930年获诺贝尔和平奖。
② 东非游牧民族。

在其他人那里：他们在开拓性的浪游中到达这里或那里的时候便首次跳起神圣的舞蹈，举行各种礼仪庆典。

在其他的地方：人在很早的时候，用死的牲畜来举行礼仪庆典。神圣的仪式上当然也出现了这些所指向的意象。

在海边附近的比姆比加有两个男子，他们在很早的时候浪游到此，在这里创建了泉水、森林和礼仪庆典。

6月19日。忘记了一切。窗户开着。房间空空。只有风吹过。人们见到的只是空空荡荡，人们在所有的角落寻找，可是没有找到它。

和奥特拉在一起。把她由英语女教师那里接来的。越过码头、石桥，短短的一段小路，一座新桥，回家。查理大桥上激动人心的神圣塑像。引人注目的夏季晚上的灯光照在夜间空荡的桥上。

关于马克斯解放的欢乐。我相信这个可能，而且我这时还看到了现实。现在对我来说又没有了。①

天起了凉风，耶和华神在园中行走。那人和妻子听见神的声音。②

安息吧亚当和夏娃。

耶和华神为亚当和他妻子用皮子作衣服，给他们穿。

---

① 1916年6月21日兵役体检后，卡夫卡被认定可以服役，但保险公司还是申请让他豁免了。
② 以下均出自《圣经·创世记》。

神对人类家庭的愤怒。

两棵树,

没有道理的禁令,

惩罚所有的(蛇、女人和男人),

优待该隐,神通过谈话仍然激怒该隐。

人想通过我的精神不再使自己受到惩罚。我的灵就不永远住在他里面。

那时候,人才求告耶和华的名。

他与神同行,神将他取去,他就不在世了。

7月3日。第一天和F. 在玛丽亚温泉镇,① 门挨着门,两人都有钥匙。

三座房子互相联结,构成一个小小的庭院,在这庭院堆物的棚子里安插了两个作坊,在一个角落放着高高的一堆小箱子。在一个暴风骤雨之夜——风席卷着浓密的雨水越过这些房屋中最低的屋顶狠狠地吹进棚子里,还在屋顶小楼坐着看书的一位大学生听到院子里传来一阵强烈的悲叹声音。他突然离座起立,侧耳倾听,但那里没声了,听了一阵子仍然没有声音。"大概是一种错觉吧。"大学生自言自语地说着,又开始读起书来。"不是错觉。"在一小会儿之后,书里的字母竟然成了这样的组合。"错觉。"他重复着,并且用食指按着变得不安的字行,沿着食指的指向读下去。

7月4日。被关在一个四方的板条栅栏里,这个栅栏连一步见

---

① 卡夫卡和菲莉丝在那里从7月2日待到7月13日,这回两人达成一致,计划在战后结婚。之后菲莉丝先回柏林,卡夫卡一直待到7月24日。

方都不到，我醒了。有类似的围栏，羊群夜间关在里面，但并不如此窄小。太阳的光线直接照射着我，为保护脑袋，我将它压近胸部，弯着脊背蹲在那里。

你是什么？我是痛苦。两块小木板对着我的太阳穴旋转。

7月5日。一起生活的艰难。为陌生、同情、肉欲、胆怯、虚荣所迫，而只有在深深的底处，大约是一条细细的小溪，才值得被叫作爱，对探索来说是无望的，如在一瞬间的瞬间里闪现一下而已。

可怜的 F.。

7月6日。不幸的夜。没有可能与 F. 生活，无法忍受与任何一个人一起生活。不是为此惋惜，惋惜的是那种不可能不独自一人的生活。但还有对惋惜的荒唐、顺从以及最终的理解。从地上站起来，一心看书。又回来了，失眠、头痛，从高高的窗户跳下去，但掉在了被雨水湿透而变软的土地上，撞击在这地面上还不至于死去。闭着眼睛没完地翻身，显露在众目睽睽之下。

只看《旧约》——对此还没有什么说的。

梦见 H. 博士[①]坐在他的写字桌后边，同时随意倚靠着并向前躬着身子，水亮水亮的眼睛，他在慢慢地、仔细地以他的方式开辟着一条清晰的思路，我自己在梦中几乎没听到他说些什么话，只是跟着那些催生话语的条理。我后来也与他的妻子在一起，她拿着许

---

① 汉扎尔博士（Emanuel Hanzal, 1880—？），卡夫卡的同事。

多行李，令我惊异地耍弄我的手指，她袖子里的一块厚厚的毡絮被扯了出来，她的胳膊填塞住这袖子的最小部分，这袖子里装满了草莓。

卡尔极少担心被嘲笑。这是些什么样的年轻人啊，他们知道些什么。美国人光滑的脸上只有两三道皱纹，但这些皱纹深深地或鼓鼓地刻在额头上或鼻子和嘴巴的一边。土生土长的美国人，确认他们的种类，只要槌击他们石头般的额头就够了。他们知道什么……〔中断〕①

一个人重病躺在床上。医生坐在被推到床边的小桌边，他观察着病人，病人也看着他。"没办法了。"病人说，不是作为提问，而是作为回答。医生稍稍打开放在小桌边缘上的一本大的医药书，略略从远处朝里看去，在合上书的时候说道："办法来自布雷根茨。"当病人努力地紧蹙双眉时，医生补充道："布雷根茨在福拉尔贝格。"——"这好远啊！"病人说。

用你的胳膊抱住我，这是深渊。带我进入深渊，你现在拒绝了，那么，今后呢？

抓住我，抓住我，愚蠢与痛苦的罗网。

黑人们从矮树丛林来。他们围着用银链子环绕的木栓急速地跳起舞来。牧师坐在一旁，将一根小木棒举过锣面。天空阴云密布，但没下雨，静悄悄的。

---

① 这个片段属于《失踪者》。

除了在楚克曼特尔①，我还从来没有与女人亲近过，后来还和在里瓦的那位瑞士女子结识。第一个是女人，我一无所知；第二个是一个孩子，我完完全全被弄糊涂了。

7月13日。那就敲开你的内心。人走了出来，呼吸空气和宁静。

那是一处温泉疗养地的一家咖啡馆。下午下了雨，没有客人来这里。雨慢慢地停了，将近黄昏天才放晴，女服务员们开始擦干桌子。老板站在门拱下，远远望着来客。实际上已经有一个人走上林间小路。他肩上披着一块有长长流苏的花格呢子披肩，脑袋向着胸口微微耷拉，每跨一步的时候，那只伸出的手将手杖远远地定在离自己好远的地上。

7月14日。以撒在亚比米勒面前否认自己的妻子，就像从前亚伯拉罕否认自己的妻子一样。

在基拉耳的水井的混淆。重复一节经文。

雅各的罪孽。以撒的注定命运。②

在模糊的感觉里一只钟敲响。
倾听这声音，如果你进入这房间。

7月15日。他在森林里寻求帮助，几乎是跳着通过了前面的

---

① 现名兹拉特霍里。卡夫卡曾在那里接触过一些自然疗法。
② 这里暗示亚伯拉罕为燔祭献其子以撒的故事。

山,急匆匆地赶往他遇到的小溪的泉源。他用双手击着空气,用鼻子和嘴巴喘气。

7月19日。
做梦与哭泣吧,可怜的族类,
找不到路径,失去了路径。
痛苦啊!是你晚上的致意,痛苦啊!早晨。

我不想要什么东西,只是想
从深渊伸出的双手里救出自己,
它将我这个无力的人向下拖拽。
我重重地倒在了这双摊开的手里

在群山的远处响着滔滔不绝的
慢条斯理讲话的声音。我们倾听着。

啊,地狱的鬼怪戴上
遮掩住的怪脸、紧紧压住自己的身躯。

长长的队列,长长的队列载着未竟的。

特别的法院惯例,被判死刑的人在他的房间里、没有别人在场的情况下由刽子手刺死。他坐在桌边,写完他的信,信中写道:"心爱的你们,天使的你们,你们在哪里飘荡,对我尘世的手来说,一无所知,无法触及……〔中断〕

7月20日。从一个邻居的烟囱里飞出一只小鸟,它紧紧抓住烟囱的边缘,向着附近环顾,振振翅膀,飞走了。不是一只寻常的鸟，它从烟囱里飞了起来。从二层楼的一扇窗子里，一个姑娘仰头望着天空，看着这鸟儿高高地翱翔，她叫起来："它在那儿飞哩，快，它在那儿飞哩。"这时已经有两个孩子挤在她的旁边，也要看这只鸟儿。

同情我吧，我天性的各个角落都是有罪孽的。但我有的并不完全是可鄙的天赋，小小的良好的能力，我消耗了这些能力，我是个未得忠告的人，现在临近结束，正好是在一个表面看来一切对我会转往好的方面的时刻。我不想挤进失败者行列。我知道，这是一种可笑的自负，在未来以及甚而至于眼前，都是一种可笑的自负，这种自负是由此表明的，但只要我活着一天，那么，我也就有活着的人的那种自负，而这活着的生命是不可笑的，那么，它的不可避免要发表的看法也是不可笑的了。——可怜的论证！

如果我被判决，那么，我不仅被判结终了，而且到被判终了的时候，我都要抵抗。

在我即将离去的那个星期天下午，你好像要帮助我，我希望着，直到今日仍是空空的希望。

不管我埋怨什么，都是没有信念，当然没有真正的痛苦，好像一只迷航船的锚摇荡在能够给以固定的深处之上，离这个深处还有好大一段距离。

只是给我夜间的安宁吧——幼稚的抱怨。

7月21日。他们喊叫。天气美好。我们起身，各种各样、形形色色的人，我们集合在房屋前面。路上静悄悄的，就像每天清晨一样。一位年轻的面包师放下篮子朝我们看着。大家都紧紧地挨着朝楼下跑，所有六层楼的居民都混在一起了，我自己在帮着二楼那位到现在还将那件外衣拖在身后的商人穿上它。这位商人带领我们，这是没错的，他是从这个世界上的绝大部分人中筛选出来的。一开始，他将我们组成一群，要那些最不安分的人安静下来，他拿过那个银行职员不停挥动的帽子，将它扔到马路另一边，每一个孩子都由一个成年人牵着手。

7月22日。奇特的法庭惯例，被判死刑的人在他的单人牢房由刽子手刺死，别的人不可以在场。他坐在桌旁，结束他写的信或吃完他最后的一顿饭。有人敲门，是刽子手来了。"你完事了吗？"他问。他的提问和指令的内容和程序都是有规定的，他不能对此稍有偏差。被判死刑的人先是从他的位置上跳起，又坐下，在那里发呆，或者将面孔埋进双手里。当刽子手得不到回答的时候，他在木板床上打开自己的器械箱，选出各种刀具，逐处检查它们的刀刃，使其达到完好的程度。天色已经很暗，他提一个小灯笼，将它点亮。被判死刑的人悄悄地将脑袋转向刽子手，当他看到他在干什么的时候，他感到毛骨悚然，他又回过身去，什么也不再想看了。"我已经准备好了。"片刻后刽子手说话了。

"准备好了？"被判刑的人喊着问道，并跳起来，现在却直接地看着刽子手。"你不要处死我，你不要把我按在这木板床上刺死，你是一个人吗？你可以带着帮凶在法官们面前将我处死，但不是在这单人的牢房里，一个人对着另一个人。"这个时候刽子手俯身在器械箱子上沉默着，被判刑的人较为平静地接着说道："这是不可能的。"因为这时刽子手还是静静地待着，被判刑的人又说："正是因为这是不可能的，才用了这种特别的法庭惯例。这个形式还应该保持下去，但死刑再也不能执行了。你要把我带到另一个监狱去，我也许会在那里待更长的时间，但他们将不会处死我的。"刽子手松动了一下棉套里的一把新的匕首，说道："你想的大概是童话，童话里有一个用人接到命令，丢弃一个孩子，但他不仅没有完成这件事，而且宁愿把这个孩子交给一个鞋匠去当学徒。这是一个童话，这里却不是童话。"

8月21日。收藏之用。"所有超越有关本性美丽的话语对于生命的原始威力来说均失去效用。"（反对一夫一妻制的论文）

8月27日。在令人毛骨悚然的两天两夜之后，得出总结性的看法：由于你的软弱、吝啬、优柔寡断、斤斤计较、未雨绸缪等职员的恶习，你没将那张给F.的明信片寄走。你也许没有废弃它，那是可能的，我承认，这是可能的。结果会是什么呢？一种行动，一个飞跃？不是。这个行动你已经完成了好几次，没有什么改进的。我不想对此作解释，你当然可以解释所有的过去，甚至你根本没想到要敢于去冒一种未来的风险，你无法事先对它作出解释，它正是不可能之所在。什么是责任感，以及作为责任感也许是值得尊敬的东西，这归根到底是职业精神、是孩子气的品质、是从父亲那里来的那种病态的意志。改善这个，为此努力，这直接就在你的手边。就是说，别珍重你自己（此外有损于为你所爱的F.的生命），因为珍重是不可能的，表面上的珍重将你如今几乎弄得趋于毁灭。那不仅仅涉及F.、婚姻、孩子、责任等等的珍重，而且也涉及你所蜷伏在那里的职位的珍重，还涉及你所进出的、让你无法动弹的糟糕的住房。就是这一切，那就到这里停下吧。人们可能自己珍重自己，人们无法预计什么。你不知道什么对你来说更好的事情，对此你一无所知。比如说今天夜间，靠着你的大脑和心脏在你的身上展开了一场两个同等有价值、同等强而有力的主题之间的斗争，在两方面均有忧虑，就是说不可能算计的。留下的是什么呢？你不要跑到这样的战场去受屈辱，在这样的战场上确实没有顾及到你的战斗，你所感觉到的无非就是可怕斗士的撞击。你就振作起来吧，改善你自己，离开那职业的气息，开始看看，你究竟是谁，而不要去算计你应该成为什么。即将来临的任务是肯定的：成为士兵。丢掉那种没有意义的错误，你提出这些比较，大约是和福楼拜、克尔恺郭尔、格里尔帕策比较，① 这是彻头彻尾的幼稚行为。作为算计链条上的环节，这些榜样当然是需要的，或者更确切地说，全盘的算计是适用的。从一开始就将他们逐个地放进比较里去是没有用的。福楼拜、克尔恺郭尔完全清楚地知道，他们是怎样的，他们有着一往无前的意志，这不是算计，而是行动。在你身上却是这些算计的一种永久的后果，四年来的巨浪起伏。与格里尔帕策比也许是对的，但格里尔帕策对你来说好像不值得模仿，一个倒霉的榜样，未来的人应该感谢他，因为他为他们而遭受苦难。

10月8日。福斯特：②将学生时代生活中存在的人际关系处理作为课堂的题目。

教育是成人的密谋。我们用我们也相信、但并不是在佯装相信的托辞把那些无拘无束、到处嬉戏的孩子拉进我们自己的房里。（谁不喜欢是一个高尚的人呢？关上门。）

马克斯和莫里茨解释和争论中可笑的东西。

恶习纵容的价值，是没有什么东西可以替代的，这些恶习会以它们全部的力量和数量出现，而且变得明显起来，即使人们在参与的兴奋状况下只看到这种恶习的一个小小的闪动。人们学习水兵的生活不是通过在水坑里的练习，然而在小水坑里进行过量的练习或许也无法变成水兵。

---

① 卡夫卡曾在不同境况下把自己与这三位作家相比较，包括他们和女人的关系，以及他们的创作。
② 弗里德里希·威尔海姆·福斯特（Friedrich Wilhelm Foerster, 1869—1966），德国学者、教育家、和平主义者。

10月16日。在胡斯信徒①作为一种联合基础提交给天主教信徒的四个条件中，也包括了所有的深重罪孽，比如"吃荤、酗酒、贪欲、谎骗、作伪证、放高利贷、接受忏悔和祈祷的收入"，都应该以死作惩罚。一个派别甚至想让每一个个别的人都知道给予他执行死刑惩罚的权利，一旦他看到不管是谁沾染了上述的任何一种罪孽。②

我首先用理解和愿望在它的冷漠轮廓中去认识未来，尔后，受这个轮廓的拉扯和推撞，渐渐地走进这同一个未来的真实中，这是可能的吗？

我们可以有这样的意志，用自己的手在我们的头上挥动鞭子。

10月18日。摘自一封信：③

这不是那么简单，我无法轻易地忍受你对母亲、双亲、鲜花、新年和同桌吃饭的客人所说的看法。你说，对你来说，"在你的家里和你的全家坐在桌旁，也不是最为舒适"。说的这个自然只是你的意见，完全准确地说，没有顾及到，这是不是使我高兴，或是不高兴。那么，这并没使我高兴。但你要是写了有关这些方面的相反的看法，那当然会使我更为扫兴。请你尽可能清楚地告诉我，这种不舒适感对你来说会出现在何处？而且你在什么地方发现了它的原由？对我而言，我们是常常说到这些事，但在这里要抓住哪怕是一点儿正确的东西也是困难的。

---

① 15世纪早期捷克宗教改革运动，以其领导者扬·胡斯（Jan Hus, 1369—1415）得名。
② 引自约翰·亚当·莫勒（Johann Adam Möhler）的著作。莫勒是德国天主教历史学家，20世纪普世运动的重要思想来源。
③ 给菲莉丝·鲍尔的一封信的草稿，日期是1916年10月19日。

简言之——因此用一份与真实不完全相符的艰难来说——我大概可以如此表达我的态度：我，这个绝大多数情况下非独立的我，有着对独立、自主的无限渴求，对自由的无限向往。我宁愿戴上眼罩，一路走到头，也不愿家乡的人群围着我转，并分散我的目光。因此，我对我的双亲或他们对我说的每一句话都那么容易地成为一块飞到我双脚前的木梁。所有的、并非我为自己创造的，或者是经过努力取得的联系，即使是与我的部分天性相违背的联系都是没有价值的，它妨碍我的行走，我仇视它，或者接近于仇视它。路是长的，力量是小的，对这样的仇视有着极充分的缘由。可是我是来自我的双亲，我和他们以及妹妹们有着血缘的联系，在平常的生活中，以及由于不可避免的偏执左右着我特别的意向，我并没有感觉到这一点，但本质上我在尊敬这一点方面，比我意识的还多。有这么一次，我也带着我的仇视追踪着这一点，注视着家中的那张双人床，用旧的床上用品，细心放着的衬衣，这足以使我激怒到呕吐的地步，简直能使我内脏翻到外面来。这就是，好像我最终没有出生，好像我从来就是在这间沉闷的房间里从这种沉闷的生活中来到这个世界的，好像一定要在那里为我不断加以证实，好像我与这些令人作呕的事情，如果不是完全的话，起码部分有着如此难以解开的联系，它至少还羁绊着我想跑的双脚，这双脚还泡在最初的没有形状的糊状物里哩。这是一次。

另有一些时刻，我又知道，这就是我的双亲，他们是我本人这个生命体的必然的、不断给予力量的组成部分，它们不仅仅是作为阻碍为我所有，而且也作为本性为我所有。后来我想如此地拥有它们，就像人们想拥有最好的东西那样。从此以后，使尽幸灾乐祸、顽拗、淘气、自私自利、冷酷无情的招数，在他们面前却仍是发抖，而且说实在的今天我还是这样，因为人的本性难移啊。而他们，一方面是父亲，另一方面是母亲，又必然地将我的意志几乎摧毁，后来我要他们也配得上这种举动。我被他们欺骗了，可是没有被逼疯,却又不能违反自然规律,就只是仇视,除了仇视就什么也没有了,(奥特拉在我看来有时候是这样,就像我想要的遥远的一个母亲:纯洁、真实、诚挚、有条理,谦恭而自豪、敏感而不失分寸、献身而又独立、羞怯而又有勇气,确确实实地兼而有之。我提及奥特拉是因为在她的身上也有我母亲的影子,尽管自然是完全难以识别的。)我想要他们也配得上这样的举动。

你属于我,我将你留在我这里,自开始并一再地,也许直至永远,我不能相信,在某一个童话里围绕着某一个女人的斗争会比在我的心目中围绕着你的斗争更为频繁、更为绝望。那么,你就属于我,因此,我跟你亲人的关系与我跟我亲人的关系类似。不过不管在好与恶中都是极为冷淡的。他们所给予的是一种阻碍我的联系(阻碍我,即使我从不会跟他们说一个字),而他们从上面的意义来说是不配的。我如此坦诚地跟你说话,就像跟我自己说话一样,你对此不要见怪,也不要从中寻找傲慢,这傲慢至少不在那个你也许要寻找它的地方。

要是你现在在这里,坐在我双亲的桌旁,那么,在我双亲的心目中针对我的那种与我为敌的敌意所覆盖的攻击面积就会变得更加大了。我与整个家庭的联系在他们看来是一种非常密切的联系(但它不是这样,而且不可能是这样),对他们来说我是这个行列里的人,其中的一个位置就是旁边的卧室(但我不愿成为行列里的人),针对我的反抗,他们相信,肯定会在你的身上得到一种协助(他们并没得到它),他们的丑恶和卑劣有增无已,因为这在我的眼里应该超越于一种更强大的东西。

如果对此来说是这样的话,那我为什么不满于你的话语呢?因为我的的确确站在我的家庭前面,不停地在这个圈子里挥舞刀子,为不断地同时伤害和保护这个家庭,让我在这件事上完全地代表你,而你不要在这个意义上面对你的家庭时去代表我。最亲爱的,这样的牺牲对你来说不沉重吗?这是令人难以置信的,这会以此来使你轻松的,那就是我不得不凭着我的本性去逼迫你那儿夺过这个来,如果你不愿那样做的话。但如果你愿意,那你就为我做了不少事。我会在一至二天内故意地不给你写信,好让你可以不受我干扰地考虑和回答。作为回答——我对你的信任是那么地大——唯一的一个字也就足够了。

10月30日。两个男子在马房里谈论一匹马,一位马夫正抚摩着这匹马的后部。"我已经,"白头发、年纪较大的一位说道,微微地眯着一只眼睛,轻轻地咬着下唇,"我已经一个星期没看见阿特罗了,对马匹的记忆,即使作了最大的努力,也只是一个不稳定的记忆。我现在还记着阿特罗的某些地方,它在我的想象中肯定是存在的。我现在说的是整个印象,个别的地方也许都是肯定的,但只有我现在发现它身上这里或那里有肌肉松弛的情况。您看这儿,这儿。"他探究地晃动倾斜的脑袋,用双手摸索着空气。

1917 年

4月6日[①]。在小港口里，除了渔船，照例只停着两条供给海上交通用的载客汽船，今天还泊着一艘陌生的小舟。一艘沉重的旧船，船身比较低矮，船肚却非常宽，被弄得很脏，好像彻底被污水浇过，黄色的外沿好像还朝下滴着这种污水。桅杆高得令人无法理解，在三分之一处折断了，有皱褶的粗糙的黄褐色帆布纵横交叉地紧绷在木杆之间，修补抵御不了阵风。我长时间惊愕地看着它，等待着，会有某一个人出现在甲板上，没有人。在我旁边有一个工人坐在码头堤岸上。"这艘船是谁的？"我问，"我今天第一次看到它。""它每两三年来这里一次，"这人说道，"是猎人格拉胡斯的。"

7月29日。宫廷小丑。关于宫廷小丑的研究。

宫廷小丑这个阶层的伟大时代大概已经过去了，而且再也不会来了，一切都转到别的什么地方去了。这是不能否认的。不过我还是尽情地享受了内廷小丑的艺术，尽管它现在从人类的认知中消失。

我总是坐在车间的深处，完全在黑暗之中，人们在那里有时候连他手里拿的是什么东西都要靠猜的，尽管如此，他为了每一块坏石头还是挨了师傅的一击。

我们的国王并不奢侈，谁要是没有从图画上见过他，那也许永远认不出作为国王的他。他的西服缝制得不怎么样，不是在我们的作坊里做的，而且料子的质地很薄，上衣总是解开钮扣，有时候鼓起，有时候被压皱了，压扁的旧帽子，粗糙沉重的靴子，漫不经心、大大咧咧的手臂动作，一张坚毅的面孔上有一只大而直的男人的鼻子，小胡子显得不长，有些过分锐利的深色眼睛，有力而匀称的脖子。有一次路过的时候，他在我们作坊的门前站住了，右手抵着门梁，他问道："弗朗茨在这里吗？"他知道所有人的名字，我从昏暗的角落挤着穿过伙伴们。"来吧！"他注视了我片刻后说道。"他迁到宫殿里去。"他朝着师傅说。

7月30日。K. 小姐②。与其本性不符的引诱。嘴唇张开与闭合，伸展、噘起、绽开，就好像手指在那里隐蔽地做着示范。那种突然的、大约是神经质的、但被运用得有条不紊的总是令人震惊的动作，如整整膝盖上的裙子，改变一下位置。对话没有多少话语，没有多少思想，没有别人的支持，主要是通过头部的动作，手的摆弄，各种不同的间歇，目光的生动，必要的时候将小拳头攥成球状。

他挣脱他们的圈子。雾气吹拂着他。一块圆形的森林空地。凤凰鸟出现在灌木林里。一只不断往一张看不见的面孔上画着十字的手。清凉连绵的雨，一阵很快消逝的歌唱，像是来自起伏的胸腔。

一个无用的人。一位朋友？如果我想现在就开始想些他的特点，即便只是在最有利的判断中，留下的是他的与我相比更加低沉的声音。如果我叫道"获救了"，我以为，我好像是鲁滨孙，并叫着"获救了"，他用他低沉的声音重复这句话。如果我是可拉，并

---

① 1916年10月30日后到1917年4月6日前的日记记在另外的本子里，其中包含了中篇小说、短篇小说的片断、沉思等，几乎与每天的事务无关。
② 盖特露德·卡尼茨（Gertrud Kanitz, 1895—1946），维也纳女演员。

叫着"完蛋了",他也会马上在这个时候用低沉的声音重复这句话,总是将这个低音提琴手带在身边逐渐地令人疲倦,而他自己在这件事上一点也不开心,只是重复,因为他必须做这种事,别的就什么也不会了。有时候在一个假期里,大约在公园的凉亭,我如果有时间转向这些个人事务的话,我就与他商量,我怎样才能从他那里将自己解放出来。

7月31日。忘记了是坐在一节火车的车厢里,就像是在家里一样生活,突然记起,感觉到火车向前推动的力量,旅行的人显得更自由、更潇洒、更匆急,无所事事地被带往目的地,天真地感受这些,成为妇女们的宠儿,在窗户不断的吸引之下他们站到那里,不时地将一只手伸出,放在窗台上。裁剪得更刺目的景象:忘记了,人们已经忘了,一下子成了一个在疾驶列车里独自旅行的孩子,他的周围是在急速颤抖的火车车厢,每一点细节都令人惊异,车身就如出自变戏法的人的手。

8月1日。在游泳学校,O.博士①的老布拉格的故事。弗里德里希·阿德勒②在大学时代所作的反对富人的激烈演讲,为此大家都嘲笑过他。后来他结了婚而且妻子富有,便消声匿迹。——还是小伙子的时候,O.博士从阿姆舍贝格③来到布拉格进入中学,住在一位犹太私人学者的家中,学者的妻子在一家旧货店当店员,吃食由一位厨师派人送来。每天五点半,O.就被叫醒作祈祷。——他为他所有弟妹们的教育操心,花去了许多精力,也得到了自信与满意。一位后来成为经济顾问并早就退休(一位大利己主义者)的

---

① 阿道夫·奥本海默(Adolf Oppenheimer, 1857—1929),布拉格商旅协会的副秘书长。
② 弗里德里希·阿德勒(Friedrich Adler, 1857—1938),布拉格的律师,也是诗人和译者。
③ 捷克中部的村庄。

A. 博士①当时有一次劝他离开，躲避起来，逃离他的家人，否则他们将会使他毁灭。

8月2日。有些人寻找的这个人往往就住在附近。这不用直截了当地解释。人们以后一定要将它作为实际的经验来接受。这种实际经验有着如此深刻的原因，以致人们不可能去阻止它，即使人们对此有所准备。这是因为人们对要寻找的这个邻居一无所知。就是说，人们既不知道，要找的是他，也不知道他就住在旁边，尽管他肯定就在旁边住着。人们自然认识到像这样一般的实际经验，要是人们不时地有意识地牢记它的话，至少是没有害处的。我来讲一个这样的故事……〔中断〕

帕斯卡尔在上帝出现前做了大整顿，② 但这不得不留下一种比……〔一个字无法辨认〕人的怀疑还要深的胆怯怀疑，人虽然用神奇的刀，但也用屠户的那种平静而伤了自己。难道上帝是一辆舞台上的凯旋车，基于工人们的辛苦与绝望，是用绳子从远处拉上舞台的。

8月3日。我又一次大声地朝世界喊叫，然后便有人用布团将我的嘴巴死死地堵住，捆起双手和双脚，并用一块布蒙上我的眼睛。我多次被推来推去，我被拉起直立站定，又被放平躺下，如此重复多次，有人一阵一阵地拉我的双腿，我由于疼痛而反抗。他们竟让我安静了片刻，但后来有人用某种尖锐物器深深地戳我，随心所欲地这里一下那里一下。

---

① 雅库布·阿德勒（Jakub Adler），地方财政议员。
② 卡夫卡读了法国数理科学家、思想家布莱兹·帕斯卡尔（Blaise Pascal, 1623—1622）的哲理散文集《思想录》。

几年来我坐在大路的交叉口，可是明天，因为那位新皇帝要来，我就得离开我的位置。我不仅在原则上，而且也出于反感，对发生于我周围的事不再过问。我也早已停止了乞求；那些长时间来一直走过的人出于习惯、忠实、熟悉向我施赠，新来的人却是效仿前面的榜样。我将一只小篮子放在我的旁边，每一个人扔进他自己觉得合适的数目。恰恰正是因为我不关心任何人，而且在马路的闹声和荒诞中保持着冷静的目光和安详的灵魂，我比任何人都更好地懂得涉及我本人、我的地位、我的合理要求的一切。对于这样的问题不应有什么争论，这里唯有我的意见能引起重视。一位警察，自然对我是很熟悉的，但我同样自然是从来没有注意过他，因此当他今日早晨站在我旁边说道："明日皇帝要来，你明日是不敢到这里来了吧？"我用这问题作答："你多大年纪了？"

8月4日。文学，作为指责来说，是一种那么强有力的语言浓缩，它——大约从一开始就有着目的在里面——也渐渐地从本身表现出一种思想的浓缩，这种思想浓缩选择了正确的远景，让这个题材远远地落在了那个目标的前面，远远地落在了一旁。

虚无的嘈杂锣鼓声。

A. 我想求教你？
B. 为什么恰好是我？
A. 我相信你。
B. 为什么？
A. 我在社交聚会中已经见过你好多次。在我们的社交聚会中，最终总是跟建议有关。我们对此是一致的。不管是怎样一个社交聚会，不管是人们在一起演戏或饮茶或召唤魂灵，或者是想帮助穷苦的人，这些都得靠建议。没有得到建议的人是如此众多！还有，看来那些在如此的聚会上提建议的人，只是用声音来提建议，想用心提建议的是他们本人。他们在寻求建议的人中有着他们的分身，他们特别地注目于他。但他首先不满意地走了，厌恶地离去，并将那个提建议者拉到自己身后，到另一个聚会去作同样的表演。

B. 是这样的？

A. 是的，你也看到这个了。这也不是什么业绩，整个世界都知道这个，它的请求是如此越来越迫切。

8月5日。下午与奥斯卡在拉德索维茨①。悲伤、虚弱，常常作出努力，为了至少抓住核心问题。

8月6日。

A. 我对你不满意。

B. 我不用问为什么，我知道这个。

A. 所以？

B. 我毫无能力。我什么也不能改变。耸耸肩膀，努努嘴巴，其他我便不行了。

A. 我要把你领到我的主人那里。你想去吗？

B. 我怕羞。他会怎么样对待我呀？马上去主人那里？这轻率了吧？

A. 由我承担责任。我领着你，来吧！

他们穿过一条走道。A. 敲着一扇门。

人们听到"进来"的叫声。B. 想逃跑，但 A. 抓住了他，就这样他们一起进去。

C. 这位先生是谁？

A. 我想——跪在他脚下，跪在他脚下。

---

① 布拉格东边的一个小镇。

〔以下是《在流放地》片断〕

这位旅行者感到太疲倦了,以致他无法在这里再指挥或再做些什么事,他从口袋里只拉出一块布巾,做了一个动作,好像要将它塞进远处的桶里。他将布巾紧贴在额头,躺在了沟坑的旁边。司令官派出的两个来接他的人就这样找到了他。当他们跟他说话的时候,他就像精力恢复了一样,跳了起来。他将手搁在心口上说道:"我成了一个狗杂种,如果我允许你们这样做的话。"但他后来逐字重现了这句话,并开始匍匐地在四周打转。只是有的时候他跳起来,努力地挣脱,将自己挂在其中一个人的脖子上,流着泪叫道:"这一切为什么是针对我的!"便又赶紧回到他的岗位。

就好像一切使这位旅行者意识到,紧接而来的只是他和死者的事情,他用一个手势把这个士兵和这位被判刑者打发走,他们踌躇不前,他向他们投了一块石头,他们还不停地相劝,这个时候,他朝他们跑去,用拳头捶击他们。

"怎么?"这位旅行者突然说道。是有什么给忘了?一句具有决定性的话?一个操枪的动作?一个用手帮忙的动作?谁能插进这纷乱之中?可恶的热带空气见鬼去吧,你对我做了什么?我不知道发生了什么事,我的判断力留在了北方的家中。

"为蛇开路!"有人叫喊。"为这位伟大的太太开路!""我们准备好了,"叫喊的回答,"我们准备好了!"我们这些开路先锋,经常被赞誉的石头敲击者,在灌木林中向前进军。"开动!"我们那总是快快活活的司令叫道,"开动!你们这些蛇的饲料!"我们紧接着举起锤子,几里长的倾注全力的敲击声开始响成一片。不允许稍有休息,只可以交换一下手臂。有人通知,我们的蛇晚上就要来了,到那个时候,所有的石头都必须要敲成粉末,哪怕是最

421

小的小石子，我们的蛇也忍受不了。哪里去找到一条像这样敏感的蛇呢？这也恰好是一条独一无二的蛇，由于我们的工作，她变得无比的考究，因此也已经长得完全无与伦比了。我们不理解这个，我们对此表示遗憾，她还一直称自己为蛇。至少她应该一直称自己为夫人，尽管她作为夫人当然也是无与伦比的。但这并不是我们关心的所在，我们的事情是将石头敲成粉末。

将灯举高，你这个前面的人！你们其他人轻轻地跟在我后面！大家排成一行！要安静！这没什么。不要害怕。我负责任。我把你们带出去。

8月9日。这位旅行者做了一个没有定规的手势，放弃他所作的努力，将这两人又从尸体边推开，向他们指着他们应该立即去的流放地。他们开怀大笑地表示，他们逐渐地理解了这个命令，这位被判刑的人将他那张涂了好几层油脂的脸压向这位旅行者的手，那位士兵用右手拍着——他左手挥动着武器——旅行者的肩膀，所有这三个人现在是息息相关了。

旅行者不得不强自压制着向他袭来的感情，在这种情况下创造出一种完善的秩序来。他变得疲惫不堪，并且放弃了现在就埋葬这具尸体的计划。现在还是炎热正盛的时候——只是为了不致陷入头晕的状态，这位旅行者不想向着太阳抬起脑袋——这位军官突然一声不吭了，对面那两个人用陌生的目光凝视着他。由于军官的死，他与这两个人失去了所有的联系，最终也失去了那种直截了当的对军官意见的反驳——所有这些——旅行者再不能长时间地站立，瘫坐在藤椅上。要是他的船通过这没有路径的沙被推到他这里来接走他该多好啊——这也许是最美的了。他会登船，只不过站在台阶上他也要对这位军官残酷处死被判刑者作了斥责。"我将到家乡说这件事。"他还会提高嗓门说这句话,以使船长和水手听到,他们从上面新奇地俯身在船边栏杆上。"处死了?"这位军官好像接着理直气壮地问道。"他不是在这里吗?"他或会说道,并指着为旅行者提箱子的人。这的的确确是那个被判刑的人。正如这位旅行者通过对面孔仔细观望和细致考察所证明的。"我得承认。"旅行者不得不,而且也乐意说。"一种变戏法的手段?"他又问道。"不,"军官说,"这是您这方面的错误,我被处死了,如您命令的那样。"现在船长和水手更为注意地倾听着,而且全都在看着,军官现在怎样地抚摩他的额头,从开裂的额头里怎样地露出一根弯曲而凸示出来的毒刺。

已经是最后重大的战斗时刻,这是美国政府必须要与印第安人进行的战斗。进入到最深的印第安人区域的军事工事——也是最坚固的工事——由参孙将军指挥,他在这里已多次受到表彰,并受到民众与士兵坚定不移的信任。"参孙将军"的呼叫声对一个落单的印第安人来说,几乎像一支猎枪那样有用。

一天早晨巡逻队在森林里抓住一个年轻人,根据这位事必躬亲的将军的命令,他们将年轻人带到总部。因为将军正与边境的农场主讨论着事情,这个陌生人就先被带到副官奥特威中尉那里。

"参孙将军!"我叫道,并迷迷糊糊地后退了一步。他这时正走出高高的丛林来到这里。"安静!"他说着,并指指自己的身后。一队大约有十个人的随从人员踉踉跄跄地跟在他的后面。

"不,放开我!不,放开我!"我不停地沿着街巷这样叫着,他们也一直不停地侵袭我,不停地从旁边或越过我的肩膀将怪兽般的爪拳砸在我的胸上。

9月15日①。只要存在这种可能,你就有可能重新做一个开始。不要浪费这种可能性,你将无法避免从你身上浮起龌龊,如果你要闯入的话。但你不要在这里面翻动。如果说肺部的创伤像你断言的那样只是一种象征的话,是创伤的象征,它的发炎称之为F.,它的程度称之为自我辩解,仅是如此而已,那么,医生的忠告(光、空气、安静)也是象征。抓住这个象征。

噢,美丽的时刻,杰出的文本,野草丛生的花园。你从房子里出来转弯,幸运女神迎着你驱上花园的路径。

壮丽的现象,帝国的王侯。

村庄的广场,献给了夜色。小家伙的才智,动物的优势。女人们。——以最自然的方式牵着牛群穿过广场。我的沙发放在大地上。

9月18日。一切粉碎了。

9月19日。玛伦卡两次把"非常欢迎,米歇罗卡站,身体状况好极了,弗朗茨、奥特拉"的电报带往弗罗豪却无法寄出,因为在她到达之前不久邮局便关门了。②代替这电报,我写了一封告别信,③并又一次压下了猛烈开始的痛苦。当然告别信有着模糊的含义,一如我的看法。

---

① 这期间,卡夫卡首次查出肺结核,决定与菲莉丝·鲍尔解除婚约,迁往奥特拉住处(离卡尔斯巴德五十公里)度假。卡夫卡于1917年9月12日开始这次旅行。
② 玛伦卡是农庄的一名雇工。米歇罗卡是离屈劳最近的火车站。弗罗豪是负责屈劳地区的邮递站。
③ 卡夫卡的这封电报和信都是写给菲莉丝的,告别信没有留存下来。

这是创伤延续的时间，比它的深度还长，比它的增生还多，这些导致了疼痛。一再地撕开伤口，又不断地在同一个伤口治疗，这是可怕之处。

脆弱任性的无意义的本性——一份电报草草击倒了它，一封信振作了它，使它有了生气，信之后的寂静使它木然。

猫跟山羊戏耍。山羊与之相似的：波兰犹太人，S. 舅舅①、E. W.②、I.③。

管家 H.④（他今天下午没有吃饭，也没有打招呼就走了，问题是，他明天是否来）、玛伦卡及小姐的各有不同却类似的很难接近的性格。本质上面对他们感到局促不安，就像栏圈里的牲畜，要是别人要他们做点事，他们便会令人惊叹地听从。这种情况在这里只是因此而更加难办，因为他们看上去在某些瞬间是那样容易接近，而且完全可以理解。

使我总不理解的是，每一个会写作的人都可能在痛苦中将痛苦具象化，比如说，这竟使我在不幸中，也许还能带着焦灼不幸的脑袋坐着，并用文字来告诉某人。我是不幸的。是的，我还能超越这些，用各种不同的好像与不幸没什么关系的过分华丽的词藻，视天分而定，对此作简单的或者反命题地，或者用整个联想的交响乐队来作幻想。然而那并不是谎言，也并止不住痛苦，简单而直截了当地说是那个时刻力量的剩余，在这剩余中，痛苦却是明显地用尽我

---

① 西格弗里德·勒维（Siegfried Löwy，1867—1942），卡夫卡最年轻的舅舅，是个乡村医生。
② 恩斯特·魏斯。
③ 伊尔玛·卡夫卡（Irma Kafka，1889—1919），卡夫卡的堂妹。
④ 赫尔曼，是卡夫卡妹夫卡尔的一个亲戚，在农庄当管理员。

生命基础的所有力量，痛苦已经将这个根基抓伤。这究竟是一种什么样的剩余呢？

昨天给马克斯的信。骗人的、空洞的、耍花招的。在屈劳一个星期。

在和平中你没有向前进，在战争中你流血至死。

梦见韦尔弗。他讲述，他现在正逗留在下奥地利州，① 偶然在街道上稍微地碰撞了一个男子，紧接着这个人就可怕地向他谩骂。有些话我都忘了，我只知道那里面出现了"野蛮人"（是从世界大战中来），最后还用了"您这个无产者土耳西"作结束。一种有趣的构词：土耳西，是土耳其人的方言说法，"土耳其人"这个骂人的话显然还是古代土耳其战争及围攻维也纳的时候流传下来的，再加上新的骂人话"无产者"。这十足地表明了骂人者的天真和愚昧，因为今天不管是"无产者"还是"土耳其人"其实都不是骂人的话了。

9月21日。菲莉丝·鲍尔到这里来看我，行了三十个小时的旅程，我要坚决地阻挠她就好了。正如我想象的一样，她忍受着极度的不幸，实质上是由于我的罪过。我自己并不知道克制自己，我完全失去了感情，同样也变得无助，想到的是我的某些舒适受到了干扰，作为容忍，我就演点儿滑稽剧了。在一些小事上她是不对的，不对在维护她的所谓的或者说也是实际的权利，从整体来说，她是一个无辜的被判重刑的人；我做了这错事，她却因此而受刑，除此之外我还操作了这刑具。——这一日就随她的离去（车子载着她和

---

① 当时韦尔弗被战时新闻办公室派往奥地利。

奥特拉围绕着池塘行驶,我抄了条笔直的近路,又一次地走近她)和一次头痛(耍花招人的世俗余渣)而结束了。

梦见父亲。——那是小小的一群听众(芳塔夫人表明了这群人的特点),在这群听众面前父亲第一次公开了一种社会改革的想法。这对他来说是因为,这些挑选出来的、特别是按他的看法挑选出来的听众要负责宣传这个想法。表面上他在表达这个意思的时候非常谦虚,他只是要求这群人,等到他们熟悉了一切之后,让他们将那些对此感兴趣的人的地址告诉他,这些人可能会被邀请参加公开的、以后将要举行的集会。我的父亲跟所有的这些人还从来没有过联系,因此他对待他们十分认真,他穿了一件黑色的西服,极为详细地陈述了这个想法,而且带着各种各样的外行人的特征。那群听众尽管完全没有准备好要听一个讲演,但他们马上认识到,这里带着稀有的傲慢说出来的只是一个已经用旧了的、早已详细讨论过的观点。人们让父亲感觉到了这一点。但父亲期待着反对的意见,他带着极大的自信认为这种反对意见是毫无价值的,可是这种反对意见看来是经常不断地诱惑过他本人,他带着高雅而苦涩的微笑更加着重地阐述他的看法。当他结束演讲时,能听到人们普遍愤愤地低语,说他无法使人信服他想法的稀有性与可行性。许多人对此并不感兴趣。有时总会有一个人出现,此人出于乐于助人之心,也许是因为跟我相识,而向他说出了一些地址。我的父亲完全不为那一般人的情绪所动,收拾起演讲稿纸,准备将一小堆白色的纸条拿到面前,以记下这些为数不多的地址。我只听见一个内廷参事斯特里察诺夫斯基的名字或者类似的人名。——后来我看见父亲坐在地上,并靠着长沙发,像他和费利克斯游戏的那个样子。我吃惊地问他在干什么,他在思考他的想法。

9月22日。没有什么事情。

9月25日。通向森林的路。你根本没有拥有它,就已经毁坏了全部。你想怎样再将它拼合起来呢?还为这个最伟大工作绵延不断的思想留下什么样的力量呢?

塔格尔的《新世代》,① 可怜的、自吹自擂的、机灵的、有经验的,有的地方写得不错,那些半瓶醋的晃荡,有点令人不寒而栗。他有什么样的权利炫耀呢?基本上像我和所有的人一样如此可怜。结核病患者有孩子并不是绝对的罪恶,福楼拜的父亲就有结核病。选择:对孩子来说,不是肺吹出笛声(这是非常美丽的表达,这么说是因为医生将耳朵贴到胸部就听到这乐声)就是成为福楼拜。在空寂处讨论这个的时候,父亲颤抖了。

我对如《乡村医生》这样的作品还能感到暂时的满足,前提是,我又成功地做出一点儿这样的东西(不太可能的)。但幸运只能是,如果我能把世界捧进纯洁、真实、永恒的境界。

我们用来相互抽打而整整闲置了五年的鞭子打了结。

9月28日。和F. 对话的基本轮廓。
我:我让一切成了这样。
F.:是**我**让一切成了这样。
我:是我让你成了这样。
F.:这是真的。

我真欲把自己交托于死亡。一种信念的残余。回到父亲身边。伟大的赎罪之日。

---

① 特奥多尔·塔格尔(Theodor Tagger, 1891—1958),奥地利作家、剧作家。

出自给 F. 的一封信，大约是最后（10月1日）一封了。如果我审视一下有关自己的最终目的，那结果就是，我根本不是努力成为一个善良的人，去适应一个最高的法院，而是极为矛盾地、全面地观察到整个人和动物的群体，认识到他们基本的爱好、愿望、道德理想，将他们送回到简单的法规上去，并在这个方向尽快地发展下去，让自己变得令所有的人都完全满意，以致我可以不失掉世间的爱而最终作为唯一没有被烹炸的罪人将包含在我身上的卑劣坦然地显露在众人的眼前。总而言之，这对我来说只是取决于人的法庭，不管怎么说我想欺骗这个法庭，虽然没有欺骗行为。

10月8日。在这期间：F. 埋怨的信，G. B.① 威胁要写一封信。毫无慰藉的状态（四肢酸痛）。喂山羊，被老鼠打了洞的田园，采挖土豆（"风吹进我们的屁股"）。采摘野蔷薇果子，农民 F.②（七个小姑娘，一个小的，甜甜的目光，肩上的小白兔），房间里是"弗兰茨·约瑟夫皇帝在皇家陵墓里"的画像，农民 K.③（孔武有力，从容地讲述他农场的历史，但友好、善良）。对农民的一般印象：高尚的人，他们投入农业拯救自己，他们在那里那么明智谦恭地进行他们的劳作，致使他们完美无缺地顺应着整体，并免受任何波动和心灵疾病的伤害，直到他们进入极乐世界。真正的大地上的公民。

男孩们晚上越过高处广袤的田野追赶着四处逃散的牛群，在那里不停地使劲将一只不听话的小公牛拉转身来。

狄更斯的《大卫·科波菲尔》（《司炉》是不折不扣的对狄更斯的模仿，还有计划中的小说更是④）。箱子的故事，讨人喜欢的

---

① 格蕾特·布洛赫。
② 约瑟夫·费格尔（Josef Feigl, 1844—1926）。
③ 科纳德·昆茨（Kornad Kunz, 1859—1936）。
④ 指《失踪者》。

人和有魅力的人，低贱的工作，庄园里的情人，醒醒的房子，以及其他，但最主要的是方法。我的企图是，就像我现在看到的，写一部狄更斯式的小说，只是增多一点我取自时代较尖锐的光亮和从我自己身上显露出来的微光。狄更斯的丰富灵感和毫无顾忌的有力倾泻，但因此而产生无力得可怕的地方，在这种地方，他只是疲乏地将已经得到的东西搅得乱七八糟。无意义的整体印象是野蛮的，由于我的软弱和通过我的模仿行为的教训，我当然避免了一种不懂艺术者的野蛮。在被感情淹没的格调之后是冷酷。这种粗糙的性格塑造在篇幅上，在每一个人那里都被施加于其上，而没有这些描写，狄更斯也许不可能哪怕只有一次迅捷地推进他的故事。（瓦尔泽①在云山雾罩引用抽象隐喻时与他的内在联系。）

10月9日。在农民卢夫特纳那里。很大的门厅，整件事如戏剧般。他神经质地嘻嘻哈哈、敲击桌子，抬手臂，耸肩膀，举啤酒杯，像一个华伦斯坦的人②。在身旁的妻子是一老妪，他十年前作为她的仆人跟她结婚。他喜爱打猎，疏懒农事。厩里有两匹高头大马，从马厩的窗户射进来的短暂阳光照着它们史诗般的身材。

10月14日。一位十八岁的小伙子走过来与我们告别，他明日去服役："我明天去服兵役，我来向您告假。"

10月15日。晚上在去向奥伯克累③的公路上；离去是因为那位管家和两名匈牙利士兵坐在厨房里。

---

① 罗伯特·瓦尔泽（Robert Walser, 1878—1956），瑞士作家。
② 阿尔伯莱希特·华伦斯坦（Albrecht Wallenstein, 1583—1634），波希米亚军事家。
③ 屈劳附近的一个村庄。

从黄昏中奥特拉的窗户远眺，对面是一座房子，它后面是一片空旷的原野。

K. 和夫人走在他们的田地上，走在对着我窗户的斜坡上。

10月21日。天气很好，风和日丽，温暖。

当远处有一个人走过来的时候，绝大多数的狗都胡乱地狂吠起来，但有些狗、大概不是最好的看门狗，它们是理智的动物，它们静静地接近这个陌生人，嗅嗅他的身体，发现可疑的味道时才狂吠起来。

11月6日。完完全全地没有能力。

11月10日。至为重要的东西，我至今还没写出来，我还在两条支流里流动。等着做的工作多极了。

梦见在塔利亚门托的战斗①：一处平原，那里没有河流，许多激动的观众拥挤着，视情况而定，时刻准备前进或后退。人们很清楚地看到，在我们前面是高原，高原的边缘交替地出现空处，长满了高大的灌木。在高原的上部和它的那一边，奥地利人在战斗。人们处在紧张状态；事态会变成什么样呢？在此期间，有的人显然是为了休息，我们看到从黑暗坡地上个别矮小灌木丛后面冒出一个或两个在射击的意大利人。但这并没什么意义，我们当然稍稍地跑动了一下。然后又是高原上的事情：奥地利人沿着空无一人的边缘跑，突然在灌木林后边站住，然后又跑。情况显然不好，也变得不

---

① 1917年10月至11月，奥匈帝国军队与德军一直在该处与意大利作战。卡夫卡的梦境可能受到报纸报道的影响。

可理解，什么时候能好起来呢？因为人们毕竟也只是人啊，他们又怎么能去制服有着自卫意志的人呢？巨大的绝望，全面的撤退成为必然。这时候出现一个普鲁士少校，他在整个时间里和我们一起观看了这场战斗，但他现在是怎样平静地踏进这突然变得空空荡荡的空间的呀，他成了一个新的人物。他把左右手的各两根手指伸进嘴里吹起哨来，就像人们对一只狗吹的那样，却是带着爱意的。这是给他部属的信号，他们在不远处等待，而现在就要进军。那是普鲁士近卫军，都是年轻安静的人，不太多，大约只有一个连，他们好像都是军官，至少他们都佩带军刀，制服是深色的。他们现在正以短促的步伐慢慢地、密集地从我们身边走过，并不时朝我们看看，这种不言而喻的死亡行军同时是感人的、令人振奋的、保证着胜利的。由于这些人插手而得救，我放松下来，醒了。

1919 年

6月27日。新的日记,①本来只是因为我读了旧的。一些理由和打算、现在,十一点三刻,无法再确定。

6月30日。来到了里格尔公园。②与 J. 小姐③一起在茉莉花丛旁走来走去。虚假与真实,虚假在叹息之中,真实在束缚之中,在信赖之中,在安全之中。不安宁的心。

7月6日。同样的思想、渴求、恐惧经常不断。但比以往更安详,这样,好像有了一个大的发展,我感觉到了这个发展遥远的战栗。说得太多了。

12月5日。又被这可怕的、长长的、窄窄的裂缝撕扯着挤过,这裂缝原来只有在梦里才能被抑制。以自己的意志来说,这在清醒的时候自然是永远不行的。

12月8日。星期一放假④去大树公园⑤,在饭店里,在画廊。痛苦和欢乐、罪恶和无辜,就像两只难分难解、互相交叠的手,人们要割断它们就必须要穿过皮肉、血液和骨头。

12月9日。想了许多埃勒绍伊斯⑥。可是我转向哪里,那里的黑浪就向我扑来。

12月11日。**星期四**。寒冷。在里格尔公园与 J. 默默相对。在壕沟里的引诱。这一切太难了。我没有作足够的准备。这在一种精神的意义上说是这样的，正如教师贝克⑦在二十六年前并没有发觉那是预言的玩笑所说的："请您让他还是进五年级吧，他太弱了，过分往前赶，以后会造成恶果的。"事实上我就是这样成长的，就如蹿得太快太高的，而且是被遗忘的秧苗，一种在一定程度上人为的娇嫩，遇上一阵风就做出躲避的动作；如果人们愿意的话，甚至会在这种动作中发现一些感人的东西，这就是一切，就像埃勒绍伊斯和他在春天进入城市的办事旅程一样。在这里人们完全不可低估他，埃勒绍伊斯不是也能成为这本书的主人公吗？甚至他还可能成为汉姆生青年时的主人公。

---

① 1919 年的日记紧接在 1917 年 11 月的日记之后，写在同一个笔记本上。1918 年卡夫卡没有写日记。
② 位于布拉格郊区的公园。
③ 尤丽叶·沃里切克（Julie Wohryzek, 1891—1944），卡夫卡第二个未婚妻，卡夫卡与她的关系只持续了半年。他们在 1919 年夏天订婚，后于 1920 年 7 月解除婚约。
④ 圣母无染原罪节是当时波希米亚地区的一个公共假日。
⑤ 原来是皇家猎区，改建成了布拉格最大的公园。
⑥ 卡夫卡当时正读汉姆生的小说《大地的祝福》，埃勒绍伊斯是其中的一个人物。
⑦ 卡夫卡在三、四年级的老师。

1920 年

1月6日。他所做的一切对他来说都是尤其新的。如果没有生活的新鲜感,那么它便基于自身价值,他知道这点,无可避免地,成了来自地狱的泥坑的东西。但这新鲜感蒙骗了他,让他忘记了它,或者让他满不在乎地对待它,或者虽然看穿,但没有痛苦。今天无疑就是这个日子,在今天这个日子里前进的步伐开始继续向前了。

1月9日。生活的迷信、基本准则和可能性:道德的地狱通过罪恶的天堂而获得。是这样容易?是这样龌龊?是这样不可能?迷信是简单的。

从他的后脑勺切割出来了一块。借着太阳整个世界都在向里瞧。这使他烦燥不安,这让他偏离工作,他也生气,偏偏是他被排除在这场面之外。

这不是对一种彻底解放预言的辩驳,如果监禁第二天仍然没有改变,或者甚至变本加厉,或者甚至着重声明,监禁永不停止。所有这一切更可能是最终解放必要的前提①。

---

① 后面许多页均被作者撕掉销毁。

1921 年

10月15日。大约在一个星期前将所有的日记交给了 M.[①]比较自由一点了？不。我是不是还有能力记一种类似日记的东西？它不管怎么说将是另一种样子，更确切地说，它会闪躲着藏起来；它将根本不存在，比如关于使我在某种程度上不断思考的哈尔特[②]，我只能尽最大努力作了一些笔记。就是这样，好像我已经早就写出了有关他的一切，或者，这同样的情况是，好像我不再活着。我大约也能写关于 M. 的事情，但也不是出自主观的决定，这也许是过分针对我的，我不再需要像从前有一次那样将这一些事情着意地弄明白，我在这方面并不像从前那样如此健忘，我变成了一个活生生的记忆，因此也就失眠了。

10月16日。**星期天**。一种持续不断开始的不幸，有关这方面的错觉是，一切只是一个开始，而且甚至于不是一个开始，其他人的愚蠢行为，他们不知道这一点，比如踢足球，为是最终有一次"获得成绩"，他们将自己的愚蠢行为埋葬在自己的心底，就像是埋葬在一口棺材里。其他人的愚蠢行为，这些人在这里自以为看到了一口真的棺材，也就是一口人们可以抬运、开启、毁坏、更换的棺材。

在公园的年轻女人之间，没有妒嫉。同她们共享她们的幸福，有足够的想象力，我深知自己对于这种幸福太虚弱了，说明还有着足够的判断力。至于相信我看得透我的和她们的状况，这是够愚蠢的了。不够愚蠢的是，这里有一个极小的缺口，风吹过其间，并且妨碍了这完美的共鸣。

如果我有当一个田径运动员的伟大愿望的话,那么,很可能就像我想进入天堂,并可能在那里绝望,如在这里一样。

如果我的资质也还是那么粗劣,"在同样的情况下"(特别考虑到意志懦弱),甚至是大地上最粗劣的话,那么我必须,当然以我自己的想法,设法连同它一起达到最好的境界,而这是空洞诡辩的说法,人们对此也许只能达到一种境界,而这样一种境界因此也就是最好的境界,这也许就是绝望。

10月17日。在我没有学到什么有益的东西背后,在我使自己——这是有关系的——身体上也变得衰弱背后,可能有着一个打算。我曾想毫不分心地坚持住,不为一个有用的和健康的人生活的乐趣而分心。难道疾病和绝望不是同样令我分心!

我或许能用各种方法使这个思想得到完善,并且因此朝着对我有利的方向得出一个论断,但我不敢这么做,我不相信——至少是在今天或者在更多的日子之后——会有对我有利的解决办法。

我并不羡慕个别的夫妻,我只是羡慕所有的夫妻——即使我只羡慕一对夫妻,我其实是羡慕整体婚姻在无穷无尽、多姿多彩中的幸福,在一种独特婚姻的幸福中,我本人即使在良好的情况下还可能会绝望。

我不相信有这样的一些人,他们的内心世界与我的内心世界相

---

① 米莲娜·耶申斯卡(Milena Jesensk,1896—1944),捷克记者、翻译家,因把《司炉》翻译成捷克文与卡夫卡结识。后文中不再特别加注。
② 路德维希·哈尔特(Ludwig Hardt,1886—1947),朗诵家,于1921年10月1日至14日在布拉格举行了多场朗诵会,其中包括卡夫卡的作品。

似，我总还是能够想象诸如此类的人；但不断地有隐蔽的乌鸦围绕他的头颅就像围绕着我的头颅飞翔这件事，我却怎么也不能想象。

多少年来的历程中我自身的有系统的毁坏是惊人的，就像一座堤岸慢慢发展着破裂，是一种充满意图的活动。已经实现了这一使命的精神现在肯定在庆祝胜利了，它却为什么不让我参加呢？但它许是以它的想法自己还没走到尽头，因此而不能想到其他的什么。

10月18日。永恒的童年时期，又是一种生命的呼唤。

那是非常容易想象的，生命的壮丽是围绕着每个人并总是在它完全的充实中准备着的，却是遮蔽着的，在深处，看不见，在很远的地方。但它并不是敌视地、不是勉强地、不是没有知觉地存在那里。如果人们用正确的话语、正确的名字呼唤它，那它就来到你的面前。这是魔术的实质，这魔术不是创造，而是呼喊。

10月19日。荒漠之路的本质。一个人，他作为他组织的人民领袖走这条路，带着对发生事件的剩余（更多就不堪设想了）的意识。他一生里有着为了迦南①的预感，他在死前才想要看看这块土地，那是不可信的。这最后的希望可能只有这样描写的意义，一种怎样不完美的瞬间就是人的生命，不完美，是因为这生命本身可能是无穷无尽地延续下去的，可是它得出的结果不是别的什么，无非是一瞬间。不是因为他的生命太短促，摩西才不去迦南的，而是因为那是一个人的生命。摩西五经的这种结尾和《情感教育》的结尾场景有相似之处。

---

① 巴勒斯坦及叙利亚沿海地区名。以色列犹太人的圣地。

某一个人，他无法在活着时应对生活，他需要一只手去稍稍地击退对他命运的绝望——这种事发生得很不完美——，但他能用另一只手记下他在废墟之下看到的东西，因为他比其他人看到的东西更为异样，以及更多，毕竟他在生前已经死了，而且是那种真正的幸存者。在这里，前提是，他不需要两只手和比他所有更多的东西去与绝望斗争。

10月20日。下午是朗格尔，后来是马克斯朗诵《弗兰茨》。①

刚刚在一种抽搐、短暂的睡眠状态中，在极度的幸福之中，一个梦抽搐地紧抓住我。一个头绪众多的梦，包含着成千的同时一下子变得清晰的关系，剩下的几乎只是对基本感觉的回忆：

我的兄弟犯了罪，我相信是杀了人，我和别的人参与了这个罪行，惩罚、解决、拯救从远处愈来愈近，它有力地逼近了，人们从许多征兆中注意到它不可阻挡地走近，我相信，是我的妹妹在不断地预示这种征兆，我总是用疯狂的呼喊来欢呼这些征兆，这种疯狂随着这些征兆的走近而高涨。我单独的呼喊、简短的句子，我相信由于它们的明白易懂而永远不能忘掉，现在却一句也记不清楚了。只能是喊叫，因为说话耗去了我巨大的精力，在我说出一句话前，我必须鼓起腮帮子，同时还得歪着嘴巴，就像是处在牙痛的状况下。这种幸福在于，惩罚下来了，我是那么随便地、深信不疑地和快乐地欢迎它，这肯定是一种感动上帝的景象，我也感到了上帝的这种感动，直到几乎流出眼泪。

10月21日。踏进这所房子对他来说是不可能的，因为他听到了一个声音，这声音告诉他："等着，直到我来领你！"这样，他

---

① 布罗德的小说《弗兰茨或二流爱情》。

总一直蒙着尘土待在房前,尽管大概什么希望也没有了(像撒拉将要说的那样)。①

一切都是幻想,家庭、办公室、朋友、街道,全是幻想,较远或较近的幻想。女人。但最近的真实只是,你将你的脑袋压在一间没有窗户也没有门的牢房的墙上。

10月22日。一位内行,一位专家,一个人,他知道他那部分的东西,一种知识,然而它是不能介绍的,但幸运的是好像也没有人需要这知识。

10月23日。下午。巴勒斯坦电影。②

10月25日。昨日艾伦斯坦。③

双亲在打牌;我独自坐在那里,完全地陌生;父亲说,我应该一起玩牌,或至少看着;我不知怎么地说出了自己的心里话。这种从童年时期开始的多次重复的拒绝意味着什么呢?通过这种邀请,这种共同的、在某种程度上公共的生活本可使我变得容易接近,别人要求我加入的努力,我也许做得不很好,却也过得去,这种玩耍也许看来使我并不太感到无聊——尽管如此,我拒绝了。如果人们在此之后评判的话,我是不对的,如果我埋怨,生活的洪流从来没有触及过我,我从来没有离开过布拉格,从来没有被推到运动中去,或者做一件手工,以及这样一类的事——我大概总是拒绝这种建议,一如玩牌的邀请。只有那种没有意义的事情才获得青睐,法

---

① 指《圣经》中亚拉伯罕的妻子撒拉对生育子嗣已感到绝望了。
② 根据《布拉格日报》的报道,电影名叫《回到锡安》,讲的是犹太人在巴勒斯坦的辛劳。
③ 维也纳作家阿尔伯特·艾伦斯坦(Albert Ehrenstein,1886—1950),1921年10月底他住在布拉格。

律研究、办公室、再后来的一些无意义的补充，如少量的花园工作、木匠活儿及类似的事，这些补充可以理解为一个人的行为举止，他将可怜的乞丐踢出门外，然后独自装成行善好施者的样子，将布施的东西从自己的右手交到自己的左手。

我总是拒绝，大概是由于一般的以及特别是由于意志的懦弱，相对来说，我认识到这一点是很晚了。我早先在绝大多数情况下以为这样的拒绝是一个良好的表示（受到我所寄于自己普遍的巨大希望的引诱），今天留下来的也只有那种美好理解的残渣了。

10月29日。最近有一个晚上我真的参与了，我为母亲记分。但这并没有导致接近，而即使有一种接近的迹象，那它也被疲倦、无聊、为失去时间的悲哀压下去了。在孤独和群体之间的边界地带，我极少越过去半步，我在这块土地上甚至要比在孤独之中移居得还久。相较之下鲁滨孙小岛是一块多么生机勃勃的美丽土地啊。

10月30日。下午，剧院，帕伦贝格。①

我（我不是说《吝啬鬼》② 的演出或写作）成为这位吝啬鬼本人的内在的可能，只有一种较快的断然的动作是必要的，整个乐队着迷地望着指挥台上方，在那里指挥棒挥起了。

完全无助的感觉。
什么让你与这些饱受束缚、交谈着的、眼光闪烁的躯体，比起任何一种东西，例如与你手中的笔的联系更为紧密呢？大概你有着它们的本性？但你没有它们的本性，所以你才提出了这个问题。

---

① 马克斯·帕伦贝格（Max Pallenberg，1877—1934），维也纳演员，当时在布拉格演出。
② 法国作家莫里哀（Molière，1622—1673）的喜剧作品。

人类躯体这种固定的界限是可怕的。

怪异，猜不透的，无从毁灭的，沉默的引领，它逼近荒谬："就我的部分来说，我也许早已经毫无希望了。"就我的部分。

11月1日。韦尔弗的《山羊之歌》。①

在不尊敬它的法则情况下自由拥有一个世界。承担法律。这种忠诚于法律的幸福。

但只将法律加诸于这世界是不可能的，一切都停留在老地方，那个新的立法倒是自由自在的了。这也许不是法律，而是专断独裁、反抗、自我判决。

11月2日。模糊的希望，模糊的信任。

一个没完没了的阴霾的星期天下午，耗尽了数个年头。一个包含着数年的下午，在空荡的街道上交替的绝望和在长沙发上的安慰。有时候对着几乎不停飘过的、没有色彩的、毫无意义的云惊异不已。"你为一个伟大的星期一而告结束！"——"说得不错，但星期天永不会结束的。"

11月3日。通话。

11月7日。无法逃避自我观察的责任：如果我被其他的人观察，我自然也必须要观察自己，如果我不被别人观察，那我就必须更仔细地观察自己。

---

① 一出悲剧，于1921年10月30日起在《布拉格报》上连载。

每个与我为敌的人，或者我不屑一顾或感到厌烦的人，都应该羡慕他能摆脱我所持有的那种轻松。（前提大概是，那并不危及生命；当有一次在 F. 那里看来要危及生命的时候，要摆脱我，那是不轻松的，自然那时的我年轻，并且有力量，我的愿望也是有力量的。）

12月1日。M. 在四次探访之后，明天将离去。这是在众多痛苦日子里较为安静的四天。从这里到那里有着一段长长的路程，我对她的启程并不感到悲伤，并不从根本上感到悲伤，直到我由于她的离去而无限地悲伤。无疑悲伤并不是最坏的东西。

12月2日。在双亲的房间里写信。衰落的样子是无法想象的。——最近设想，我作为小孩被父亲制服，并且由于虚荣心就是不能离开这个战场，穿过所有的年月，尽管我一再地被制服。——总是 M.，或者不是 M.，但一个原则，黑暗中的一丝光线。

12月6日。从一封信中摘出："在这个悲哀的冬天我就靠着这个为自己取暖。"隐喻是众多因素中的一个，它让我对写作不抱希望。写作没有独立性，依靠那位生火的女佣，依靠在炉旁取暖的猫，当然也依靠那位可怜的取暖的老人。所有这些都是独立的、有自身规律的日常事务，只有写作是无助的，不存在于自身，是乐趣，是绝望。

两个孩子独自待在家里，爬进一只大箱子，箱盖自动盖上了，他们打不开箱盖，窒息而死。

12月20日。许多东西潜入思想，令我痛苦。
我从深睡中恐惧地惊醒。在房间中央，一个陌生男子在烛火下坐在一张小小的桌旁。他坐在半暗的光线中显得宽阔而沉重，解开钮扣的冬衣使他显得更为宽大。

更好地深思熟虑：
当妻子抚摩他额头的时候："这多美啊"，拉贝正要死去。①
祖父，张着没有牙齿的嘴巴大笑地看着他的孙子。
不可否认那是某种程度的幸福，可以安静地写下来："窒息而死是难以想象的可怕。"当然是难以想象的，如此的话，那也许没有什么可记下的了。

12月3日。又对《我们的童子军》② 着迷。《伊凡·伊里奇》③。

---

① 引自德国作家威廉·拉贝（Wilhelm Raabe，1831—1910）的信。
② 捷克童子军运动杂志。卡夫卡对这一运动很感兴趣。
③ 列夫·托尔斯泰的作品《伊凡·伊里奇之死》。

1922 年

1月16日。在上个星期,就像一次崩溃,那么彻底,上一次还是两年前的一个晚上,此外我没有经历过类似的情况。看来一切都结束了,而且就是今天看上去也没有变成另外的样子。人们可以用两个不同的方式去理解它,大概也应该同时这样去理解:

第一,崩溃,没有可能入睡,没有可能醒来,没有可能忍受生活,更清楚地说,没有可能忍受连续不断的生活。钟表是不一致的,内心的时钟以一种魔鬼的或异常的或不管怎么说是非人的方法在追逐着,外部的时钟断断续续走着它寻常的路。除了两个不同的世界分开,还有什么别的会发生呢?他们分开或以一种可怕的方法至少被撕得四分五裂。内部进程的疯狂可能有各种不同的原因,看得最清楚的是自我观察,它不让想象停息,赶起每一个想象,为的是以后再被当作新的自我观察的想象继续追逐。

第二,这追逐的方向来自人类。孤独历来在绝大部分情况下是强加于我的,我曾部分地寻找过——可是这何尝不也是另一种强制——现在变得非常明显,而且达到了极点。它引往何方呢?它可能导致精神错乱,这看来是最无法反驳的,对此,再没有什么可以说出来的了,这追逐穿过我的身体,并将我撕碎。或者,但我能够——我能够?——即便它只是最微小的部分,但我能够保持住自己,让自己承担这种追逐。然后我到哪里去呢?"追逐"只是一种幻象,我也可以说是"对最后尘世极限的冲击",虽然这冲击来自下面,来自人,而且可以用从上朝下向我袭来冲击的幻象来取代,因为这也是一种幻象。

这整个的文学就是对极限的冲击,如果犹太复国主义不是在这个期间干预的话，这种文学也许可能容易发展为一种新的神秘学说，一种犹太教的神秘教义。相关的征兆出现了，自然这里要求着一位多么不可理解的天才啊，这天才重新将他的根插进古老的世纪，或重新创造这古老的世纪，并不是用这一切耗尽自己的精力，而是现在才开始卖力气。

1月17日。几乎没有变化。

1月18日。那一点儿的平静，为此 G. 来到，① 解脱或是变坏，随人所想。

一瞬间的思想：你满意吧，学习（学习，四十岁的人）在这瞬间平静（是啊，你曾经能够做到这点的）。是的，在瞬间，在这个可怕的瞬间。它并不可怕，只是对未来的恐惧使它感到可怕。而回首当然也是如此。你带着这性的馈赠做了些什么呢？它失败了，人们最终会说，这将是一切。但它本是能够成功的。当然，一件小事情，而且根本看不出来，将它决定了。你对此有何感受呢？它在世界历史上的那些最大的战役里均是这样的，小事情决定着小事情。

M. 是对的：恐惧是不幸，但因此，幸福并不是勇敢，而是无所畏惧，不是勇敢，勇敢需要的东西大概比力量（在我们的班上大约只有两个勇敢的犹太人，而这两个人还在中学期间或之后不久就举枪自杀了）② 更多，也就是说不是勇敢，而是无所畏惧，安详的、目光坦然的、忍受一切的无所畏惧。不要把你自己逼向虚无，但你不逼着自己，也不见得是不幸，或者感到你必须强迫你自己，如果你不强迫自己的话，就不要持续贪婪地盘桓于那种强迫的可

---

① 据学者推测，这里卡夫卡用的缩写 G. 可能代表"Geschlecht"，即"性"。
② 这两个人是卡尔·克劳斯（Karl Kraus, 1883—1920）和加米尔·吉比亚（Camill Gibian, 1883—1907）。

能。当然，它永远不是那样清晰的，或者相反，它总是那么清晰，例如性紧迫着我，使我日夜痛苦，我必须克服恐惧和害羞，大约还有悲伤，为使性感到满足，但另一方面那也是肯定的，我也许会马上在没有恐惧、羞愧和悲伤的情况下利用一个既快速又便捷的乐于呈献的机会；然后，在上述提到的事情之后，留下的是不要去克服恐惧的法则，等等（但也不要总想着去玩弄克服的想法），大概就只有利用这个机会（但并不埋怨，如果这机会没出现的话）。当然，在"行动"和"机会"之间有一个折衷的办法，那就是将这个"机会"引导过来，吸引过来，是一种实践，遗憾的是，我不仅仅在这里，而且无论在什么地方都遵循这种实践。在"法则"里几乎没有针对这种事说些什么，尽管这种"吸引"看上去与"玩弄克服的思想"可疑地相似，特别是如果它是通过不恰当的方法实现的，而这里面并没有安详的、目光坦然的无所畏惧的痕迹。尽管在"字面上"与"法则"一致，正因此它才是令人厌恶的，而且肯定是应该避免的事情。当然，要避免这种事情发生就免不了强制一类的事，而我却无从解决这样的事情。

1月19日。昨天的那些论断在今天是什么意义呢？这同样与昨天的意义相同，只是血液在法则巨大石头之间的流淌中渗漏出来。

没有尽头的、深沉的、温暖的、解脱的幸福，坐到他孩子的摇篮旁边，面对着母亲。

这里面也有一点儿这样的感觉。这跟你再没有什么关系，除非你需要这个。与此相反，没有孩子的感觉，这总视你而定，不管你要还是不要，每一时刻直至结束，每一个令神经失常的时刻，这经常是视你而定，而且没有结果。西西弗斯[①]是一个单身汉。

[①] 希腊神话中的人物，因触犯众神，被宙斯处罚推石上山，当推至山顶，石头又滚下，于是再推，如此循环不息。

不是什么可恶的事情；你跨出了门坎，一切都不错。一个别样的世界，而你不必言说。

两个问题①：

从一些我羞于提出的小事情中我有这样一个印象，即最近有人来访虽然可爱，而且像往常一样骄傲，却也有些疲倦，有一点儿被逼无奈，如对病人的探访。这种印象正确吗？

你在这些日记里找到了对我有决定性不利的东西吗？

1月20日。些许平静，这就像是必然的。几乎只有一点儿平静，就变得太平静了。就好像我只在无法忍受不幸的时刻才能真正感受自我，这大约也是正确的。

紧抓着领子，拖拽地穿过街道，撞进门里，这就是如此机械，实际上这里有反作用力，只是围绕着一件小事——这种包含着生活和烦恼的小事——较少于那件小事的粗野。我是这两者的牺牲品。

这个"太平静"。这样就像——不管什么形式的身体上的，作为多年来身体上的痛苦的结果（信念！信念！）——平静地创作的生活的可能性对我是封闭的，从根本上说就是创造性的生活，因为痛苦的状况对我来说不是别的什么，而是自我封闭的、针对一切而封闭的痛苦，什么也越不出它的范围。

尚未完成的雕像：从侧面看，从长统袜上端的边缘向上看去，是膝盖、大腿、臀部，它们属于一位深肤色的女人。

---

① 写给米莲娜·耶申斯卡。这两个问题可能包含在一封没有留存下来的信中。

是对乡村的渴求？那不确定。乡村撞击着渴求，没有结束的渴求。

关于我的事，M.① 是对的："一切都是美妙的，而且是公正的，只是不是对我的。"是公正的，我说，并指出，我至少还有这样的信念。或者是我连这个信念也没有？因为我根本没考虑这个"公正"，生活面对高声的说服力在自身里没有为公正和不公留下位置。如此，就像你在绝望的死亡的时辰不能去冥思苦想公正和不公一样，在绝望的生活中也不能那么做的。箭头完完全全合适它所戳破的伤口，这就够了。

对此，一点儿也提不出一个普遍的有关我这一代的评判。

1月21日。那还不是太平静。突然在剧院里，面对弗罗勒斯坦监狱，深渊大开。歌唱家、音乐、观众、邻座，所有的一切都比深渊还遥远。②

据我所知，没有人的任务曾是如此繁重。人们也许可以说：那不是任务，连一个不可能的任务也不是，甚至也不是不可能本身，那是虚无，那也不是像一个不孕的女人希望如此多的孩子，但那是我在里面呼吸的空气，如果我应该呼吸的话。

我在半夜后入睡，在五点左右醒来，这是不寻常的成绩，不寻常的幸福，此外，我还是睡意蒙眬的。可是这个幸福是我的不幸，因为现在随之而来的是无法抵御的思想：你没有获取如此多的幸福，所有的复仇天神都朝我冲下来，我看见他们发怒的首领粗暴地分开手指，在上方威胁地向我敲击着。两个小时的激动，直到七

---

① 马克斯·布罗德。
② 1922年1月21日，在捷克国家剧院上演了贝多芬的歌剧《费德里奥》。

点，不仅消耗尽了之前的睡眠所得，而且使我整个白天都颤抖和不安。

没有先祖、没有婚姻、没有后代，有着野蛮先祖、婚姻和后代的乐趣。全部向我伸出手：先祖、婚姻和后代，但对我太遥远了。

对一切来说有着人工的、可怜的替代品，替代先祖、婚姻和后代。在抽搐中人们创造这种补偿，如果人们在抽搐的时候没有毁灭了的话，他便在这种替代的无望中毁灭。

1月22日。夜的决断。有关"回忆中的单身汉"方面的注解是有预见性的，当然是在非常有利的前提下的预见性。与O. R.①的相似，但有过之而无不及，令人惊愕不已：两者都沉默寡言（我更少语），两者都依靠着双亲（我靠得更多），与父亲敌视，受母亲之爱（他更是注定与父亲一起过可怕的生活，当然父亲也注定与他一起生活），两者都胆怯腼腆、过分谦虚（他更多些），两者看上去都是高尚善良的人，关于这一点在我身上是找不到的，据我所知在他身上也找不到许多（将羞怯、谦虚、恐惧作为高尚和善良赞许，因为他并不反对自己膨胀的欲望），两者先是患疑心病，后来真的病了，两者作为世界上无所事事的人养得还颇好（他，因为他是一个较少无所事事的人，保养要糟糕得多，对此，人们至今还可作比较），两者都是公务员（他是更好的公务员），两者都最为单调地活着，没有从青春到最后的发展，更确切的说是外表一直保持着青春，两者都近乎精神错乱，他，远离犹太人，有着巨大的勇气，有着巨大的跳跃力（从这一点人们可以测量出精神错乱的危险程度），在教堂被拯救，直到最后还保持着松散的关系，这为人们所能看到的，他本人大概已经多年无法保持这种状态了。对他有利

---

① 卡夫卡的舅舅，鲁道夫·勒维。

或没有利的方面的区别是，他的艺术天赋比我要少一些，就是说在青年时期原可以选择一条较好的路，也不必有什么雄心，也不会如此被撕裂了。他是不是围绕着女人（跟自己）进行了斗争，我不知道，我从他那方面听到的一个故事说明了这个，当我是一个小孩的时候，人们也讲述一些同样的内容。我对他知道得太少太少，我又不敢询问有关他的事。此外，我轻率地写下有关他的内容，到这里为止，就像写一个活着的人。他不是善良的，这也不是真实的，我在他那里没有发现有关吝啬、妒嫉、仇恨、贪欲的表现；想要自己帮助自己，他大概是太微不足道了。他跟我比起来无辜得没法说，这里不能比较。他在某些个别的地方是我的漫画像，但实质上我是他的漫画像。

1月23日。不安又袭来。从哪里来的？来自某种思想，这些思想很快被忘却了，但不安却没被遗忘而留下来了。比起那些思想，我更能够说出它们出现的地方，比如一个人走在一条草地的小路上，这条路从老新犹太会堂旁边伸过。有的不安来自某种程度的惬意，这种惬意有时候战战兢兢地、远远地走近。不安也由于，夜间的决定只是夜间的决定。不安还由于，我的生命至今还是静止不动的前进，最多是在此种意义上的一个发展，就像一颗正在变空、衰败的牙齿所经历的那种不安。在我这方面不存在从最微不足道的方面证明是有益的生活方式。这是这样的，就好像我和其他每一个人一样被赐予了这个圆的中心点，就好像我和其他每个人一样必须要走的确定了的活动半径，然后拉出一个美丽的圆圈。可我不是这样，却总是沿着这半径起跑，又不得不立即中断这个起跑。（例如：钢琴、小提琴、语言、日耳曼学、反犹太复国主义、犹太复国主义、希伯来语、花匠、木匠、文学、尝试结婚、自己的住宅。）在这个幻想圆圈的中心点凝视从这儿开始的无数半径，这里对一个新尝试来说再也没有位置了，没有位置就是年纪增长、神经衰落，而再没有尝试就意味着完结。如果我有一次将半径比往常引长了一小段，大约是在学法律的时候，或者是在订婚的时候，那么，围绕着这一段的一切不是更好，而是更坏。

向 M. 讲述有关夜的内容是不够的。忍受着症状吧，不要埋怨，沉入痛苦中去。

内心的不安。

1月24日。在办公室里的年轻和年老已婚男人的幸福。我却是无法达到的，而且如果我能达到的话，我会无法忍受的，而我有那唯一的能让自我满足的天性。

出生之前的犹豫不决。如果有一种灵魂的转世，那么，我还不是在最低的阶段。我的生命就是这出生之前的犹豫不决。

站得稳稳的。我不想以一定的方式发展，我要站在另一个位置上，这实际上就是那种"要去——另一个——星球的——想法"，这也许对我是足够了，紧紧地挨着我的身边站着，这也许对我足够了，能够把这个我所站立的位置当作另一个位置。

发展是简单的。当我还满意的时候，我想到了不满意，并用我能用上的时间和传统的一切手段将自己推入不满意，现在我想要能够回来。因而我总是不满意，对我的满意也不满意。值得注意的是，只要有足够的系统性，真实能够从喜剧中出现。我精神上的失败是随着幼稚的、自然是幼稚意识的嬉戏开始的。例如我让面部的肌肉做作地抽搐，我将交叉的双臂置于脑后穿过护城河街。幼稚——令人反感却是成功的游戏。（这与写作的发展类似，遗憾的只是这种发展后来停顿了。）如果用这种方式将不幸逼过来是可能的话，那么，一切都应是可逼来的了。发展看上去是那么厉害地反驳我，并且是那么不适合我用以如此思考的本性，我没有办法承认，我的不幸最初开始在内心深处是必然的，它们可能有过这种必然性，但不是内在的必然性，它们像苍蝇一样地飞来，并且也像它们那么容易被驱赶。

在彼岸的不幸也许同样巨大，可能还更巨大（由于我的虚弱），我的确有过这种不幸的经验，当我将操纵杆重新挪动位置的时候，这操纵杆便在某种程度上随时间而颤抖，但我为什么后来通过对彼岸的渴求来增加这种待在此岸的不幸呢？

悲伤是有原因的，依赖于这种原因，总处于危险境地。没有出路。第一次是如何地轻松，这一次是如何地沉重。那位暴君是如何孤立无援地看着我："你把我领到那里去？"尽管如此，却不得安静；早晨的希望在下午被埋葬了。在爱中去忍受一种这样的生活是不可能的，肯定没有人能够这样生活。如果其他人走向这个边缘——而已经走到了这里，倒是令人同情的——他们就掉转头去，我却做不到这一点。这对我来说，也好像我根本没有走到那里，而是早在孩童的时候就被推向那里，并被链条锁住了，只是不幸的意识逐渐地萌发，不幸本身结束了，这需要的只是一种锐利的目光，而不是先知的目光才能看到它。

早晨我想到："你的确可以按这种方式生活，现在只是当心女人来干扰这种生活。"在女人的面前保护这种生活，可是女人们已经隐藏在"按——这种——方式"中了。

说你已经离我而去，也许是很不公正的；我被抛下了，而且是有时令人难以忍受地被抛下，这却是真实的。

就是在"决定"的意义上说我也有权利对我的处境感到无限地绝望。

1月27日。施平德勒穆勒。①独立的必然性，与笨拙混杂起来的双架雪橇、破碎箱子、摇晃桌子、糟糕光线造成的不幸，下午在饭店不可能得到安宁的不幸，诸如此类。这是不可能通过人们对此的疏忽实现的，因为这是不可以被疏忽的，这只有通过引来新的力量才能实现。这里自然有令人惊异的事情，最是失去安慰的人必须承认这点，根据经验一些东西可能出自虚无，从那个荒弃的猪圈里可能爬出牵着马匹的车夫②。

在乘雪橇时的衰颓的力量。人们不能像一个体操运动员倒立那样地安排一种生活。

值得注意的、充满神秘的、大约危险的、大约解脱的写作的慰藉：从杀人犯行列里、行为——观察中跳出去。行为——观察，通过一种较高一级观察方法的产生，一种较高的，而不是较为尖锐的方法，而且越是较高级的，从"行列"出发越是无法达到，那这方法就越是独立的，就越是遵循运动本身的法则，它的道路就越发令人难以估量，越发令人高兴，也越发升高了。

尽管我给饭店清楚地写下了我的名字，也尽管他们已经两次都给我写对了，可是下面的牌子上却仍是约瑟夫·K.③。我应该向他们澄清或者应该让他们向我说清楚？

---

① 位于捷克北部的巨人山脉，卡夫卡于1月27日前往此地休养，直到2月17日的日记都是在此地写的。
② 引自《乡村医生》。
③ 卡夫卡小说《诉讼》中的主人公。

1月28日。有一点儿失去知觉,乘雪橇滑雪的疲倦,还有武器,极少使用,我是如此困难地面对这些武器,因为我不知道使用它们的欢乐,当我还是小孩的时候并没学过。我不仅仅是"由于父亲的过错"没有学过使用这种武器,而且也因为我要破坏"平静",想打破"平衡",因此在那边不可以让某一个人新生出来,如果我已在这边努力将他埋葬的话。当然我也在这里走向"过错",因为我为什么要从这个世界出来呢?因为"他"不让我在这个世界、在他的世界生活。我现在当然不可以这么清楚地对此作出评判,因为我现在已经是这另一个世界里的居民,这另一个世界与平常世界的关系就如荒漠与耕地的关系(我现在从迦南浪游出来已有四十载了,看来是作为外国人归来,我自然在那另一个世界里——我这是将它作为父亲的遗产带着的——也是最小的人物和最胆怯的人,而且只有借助那里特殊的组织才能生活。根据这个组织,在那里也可为最卑贱人做出飞快的提升,当然也有浩淼大海的波涛冲击)。尽管如此,我不该心怀感恩吗?我是肯定找到了来这里的路了吗?我要是能不因为"放逐"在那里,并由于受拒绝的牵连被压垮在这里的边界上多好啊?不是由于父亲的权力,驱逐才如此强而有力,使得没有任何东西能够对抗它(不是我)?当然,这如在逆向的荒漠之地移动,随着不断地接近荒漠之地和天真的希望(特别是有关女人方面的):"我大约还留在迦南",而在这期间我在荒漠之地待了很长时间,而且只是绝望的幻景,特别是在那些时间,在那些时间里,我在那里也是所有人中最可怜的,而迦南肯定是作为唯一的希望之地存在的,因为对人来说没有第三块土地。

1月29日。晚上雪中路上遇到的袭击。总是有好多的想象混杂在一起,大约是这样:在这个世界上,情势是可怕的,单独在这里的施平德勒穆勒,在一条孤寂的路上,人们在这条黑暗中覆盖着白雪的路上不停地摔倒，而且是一条没有意义且没有凡世目的的路（通向桥？为什么通向那里？反正我连一次也没有到达过那里），此外我在那个地方也感到孤寂（我不能将这位医生看作是通人情的个人的帮手，我不应得到他为我的服务，其实我与他只是付费的关系），① 我没有能力与某一人结识，我没有能力承受一种结识的关系，实际在一种生机勃勃的社交圈子里我心底充满了没完没了的惊叹（在饭店这里自然不是非常热闹，我并不想那么夸张地去说，我是这个热闹的原因，大约作为"有着太大阴影的人"，但我的阴影在这个世界上真的太大，我带着新的惊叹去看有些人的抵抗能力，可是，"尽管如此"，也还是处在这个阴影之中，正是还要在它里面生存；但这里还有其他的东西添加进来，对此还要再说），或者面对双亲带着他们的孩子。此外，不仅这里是如此孤寂，而且，总而言之，在布拉格，我的"故乡"也是那么孤寂，虽然不是被人所遗弃，这也许不是最坏的事情，我也许可能跟在他们后面跑，只要我活着。从我来说是处于跟人的关系之中，以我的力量来说，我喜欢有爱的人，但我不能爱，我是离得太远了，我被驱逐，因为我毕竟是人，而且根要求营养，我在那里"下面"（或者上面）有我的代理人，可怜的不能令人满意的演员，他们只是因此而能让我满意（当然，他们完全不令我满意，因此我才那么孤寂），因为我的主要营养来自另外的空气中的根，当然这些根也是可怜的，但毕竟更有生活的能力。

这点导致了想象的混合。如果那真只是如此，就如它能出现在雪中的路上一样，那么它是可怕的，那么我也许就没有希望了，不要把这作为一种威胁，不要作为立即处决来理解。但是我在别的什么地方，只有人类世界的吸引力是巨大的，在一瞬间它能让人忘掉一切。但是我的世界的吸引力也是大的，那些爱我的人爱着我，因

---

① 卡夫卡的医生和旅伴奥托·赫尔曼（Otto Hermann）。

为我"孤寂",虽然大概不是作为魏斯的真空,① 而是因为他们感觉到,我在另一层面上,在幸福的时光里,拥有着我在这里完全缺乏的活动自由。

假设,例如 M. 突然地来到这里,那也许是可怕的。虽然表面上我的处境相对来说也许是顿生光辉。我也许作为人群中的一个人受到尊重,我也许能得到更多,除了生硬的话语,我也许坐在(当然不会像现在这般挺直,因为我独自坐着,而且我现在也东倒西歪地坐着)演员团体的桌旁,我也许和 H. 医生在社会的外表上几乎是相当的,——但我也许坠落到一个我不能在里面生活的世界。留下的只是要解的迷,为什么我在玛丽亚温泉镇的十四天是幸福的,② 以及为什么,我因此当然是在充满痛苦地冲破边界之后,和 M. 在一起也能变成这样呢?但也许比在玛丽亚温泉镇要困难得多了,思想更牢固了,经验更增加了。早先是一根分隔的带子,现在却已是一座墙或一座山岭,或者更为确切地说是一座坟墓。

1 月 30 日。等着肺炎。因为母亲的缘故,以及在她的面前,在父亲的面前,在经理的面前和在所有的人面前,对这种疾病的恐惧倒不是那么厉害。这里看上去是明显的,有两个世界存在着,面对这疾病我是如此无知,如此置身事外,如此忧心忡忡,大概就像面对饭店服务员。但此外对我来说这样的分隔是非常肯定的,在它的确定无疑中会是危险的、悲哀的和太过专制的。难道我是住在另一个世界?我敢说出这个来吗?

如果某一个人说:"究竟是什么牵挂着我的生活呢?只是由于

---

① 这里指的是魏斯小说《大战船》中主人公的处境。爱人说他"处于完全的真空之中"。
② 指卡夫卡和菲莉丝 1916 年 7 月共度的假期。

我的家庭缘故，我才不想死。"但这个家庭正是生活的代表，他还是因为生活的缘故而留在生活之中。如今，凡牵涉到母亲的那些事对我来说也似乎是如此，但只在最近的时刻。但那是否令我为此感激和感动呢？感激和感动，因为我看到，她是怎样用一种对她的年纪来说是无穷无尽的力量竭力平衡我与生命失去的联系。感激也是生命。

1月31日。这也许意味着，我由于母亲的缘故而活着。这不可能是正确的，因为即使我比实际上的我也许重要得多，我也只不过是一个生命的使者，如果不是通过别的什么，而是通过这种委托与它联结起来的话。

否定的事情独自不能满足，如果它还那么强大的话，就如我在我不幸的时候相信的那样。因为如果我只是登上了最小的台阶，不管我处在如何的一种、哪怕是极为可疑的安全之中，我伸展着自己的身体，等待着，直至这否定的事情出现——大约不是追着我的——，而是这小的台阶将我拽了下来。因此这是一种反抗的本能，它不容忍为我制造最微小的持久的舒适，例如在这婚床还没放好之前，它就将这婚床打碎了。

2月1日。虚无。只有疲倦。赶车人的幸福，他每天晚上均是如此，如我今天体会到的那样，而且还有许多更为美好的经历。夜晚大概是在炉子上。人比早晨更为纯洁，在疲倦入睡之前的时间是远离魔鬼的真正纯洁的时间，一切都被驱散了，只是随前行的夜来临，他们才走近，到了早晨，他们全聚集在那里，即使是面目全非了。现在他们白日的驱散又在健康的人中间开始了。

用原始的目光来看，原本的、无可反驳的、没有受到什么（除了殉道者、为一个人牺牲外）阻碍的真理只是身体的痛苦而已。值得注意的是，痛苦的神不是当初宗教的主要神（而大概是稍后期的宗教）。属于每个病人的是他家中的神，属于肺部患病的人的是窒息的神。如果人们还在可怕的联合之前就不对他感兴趣的话，人们怎么可能忍受他的临近呢？

2月2日。上午在去塔能斯坦路上的挣扎，滑雪跳台比赛观众的挣扎。①这位小个子快活的 B. 绝对无辜地不知怎么被我的鬼魂遮盖住了，至少在我看来是如此，特别是放在前面的那条腿穿着一只灰色的卷起来的长统袜，那没有目的扫向四周的目光，那没有目标的话语。这个时期我突然想起——但这已经是不自然的了——他在傍晚的时候要陪我回家。

这样的"挣扎"也许会在学习一种手艺时最可怕。

通过这"挣扎"得到的可能是最大的否定。使它在精神错乱和稳定之间的决定近在咫尺。

与人在一起的幸福。

2月3日。失眠，几乎是彻底的；被梦折磨着，如此就像这些梦境刻进我的身体，刻进一种令人厌恶的物质。

一种弱点，一种缺乏是明显的，但难以描绘，那是一种恐惧、克制、饶舌、冷漠的混合，我想以此来改变一点儿明确的东西，一组有关弱点的东西，它们在一个特殊的方面是一种唯一的具有明显

---

① 距离施平德勒穆勒四十五分钟步行距离的景点，冬季常举行体育竞赛。

特征的弱点（它不与那些大的恶习，如说谎、空虚等等，相混淆）。这种弱点没让我精神错乱，却阻碍我每一次的发展。由于它没让我精神错乱，我便注意保护这弱点，出于对精神错乱的恐惧，我牺牲了发展，而我无疑在这个层面上丢失了这桩交易，这个层面上是不论什么交易的。如果不是困意参与进来，并以它夜以继日的工作推倒妨碍的一切，并且铺平道路，那么只有让精神错乱再一次接受我，因为我不想要人们想要就能达到的发展。

2月4日。在绝望的寒冷之中，变形的脸孔，不可理解的其他人。

M. 关于与人聊天的幸福说了些什么，不必完全去理解它的真实性（这也有一种有道理的悲哀的高傲）。聊天怎样能使其他人比我更高兴呢！可能太迟了，而且在奇特的弯路上回到人那里去。

2月5日。逃离他们。随便一种灵巧的跳跃。在家中寂静房间里的灯光之下。说这些是欠考虑的。把他们从森林里呼喊出来，就好像有人点上灯，为他们指路。

2月6日。有一个人于巴黎、布鲁塞尔、伦敦、利物浦在一条巴西的轮船上服务过。这条船在亚马孙河上曾向秘鲁的边境航行，战争中他颇为轻松地忍受了七个村镇①冬季战役的可怕痛苦，因为他从孩童起就适应了辛劳。在听说这个故事的时候感到安慰。这种慰藉不仅存在于这样快乐的感觉中，即在第一层面取得的这些成绩同时也必然在第二层面上获得许多东西，必须从痉挛的拳头里抢出许多东西，那就是说这是可能的。

---

① 意大利北部维琴察省的七个讲德语的村镇，一战期间双方在此激烈交战。

2月7日。被 K. 和 H.① 保护和消耗。

2月8日。被两者滥用,可是——我虽然也许不能如此生活,而且那也不是生活,那是一场拔河。在这游戏中,另外的人不断地使力,取得胜利,可是从没有将我争取过去,但那是一场平静的漠然,类似于过去在 W. 那里的情况。②

2月9日。失去了两天,但同样地花在了适应的事情上了。

2月10日。失眠,绝没有一点儿旁人的关系,除了由他们自己造成的那种关系,这种关系在这一瞬间使我确信,就像他们所做的一切。

G. 的新进攻。这比以往任何事情都更清楚,即我被极强大的敌人从左右攻击的时候,既不能从右面也不能从左面逃跑,只有向前进,即使在生的后面是饥饿的野兽,路会把你引往可食的食物、可呼吸的空气、自由的生之希望。你领着众人,高大威武的司令,领着这些绝望者穿过群山里的被雪覆盖无人发现的逶迤小路。是谁给你的力量?谁给你清晰的视野?

这位司令站在将要倒塌的茅屋窗边,用张得大大的眼睛注视着外面在雪地上和模糊的月光下从旁边行进部队的行列。有时候他觉得好像有某一个士兵走出行列在窗边停住,将面孔贴在玻璃上,匆匆地看了他一眼,然后继续前进。尽管那里的士兵老是在换,但他总觉得就是那同一个士兵,有着一张坚硬骨架的面孔,厚实的面

---

① 可能是饭店里的两名女客。
② 卡夫卡在里瓦疗养院的一名熟人 G. W.。

颊，圆圆的眼睛，粗糙的黄皮肤，而且总是在他离去的时候整理一下腰带，耸耸肩膀，挥动一下腿，就又随着后面没有变化继续前进部队的步伐走了。这位司令不想再继续容忍这个把戏了，暗中守候着下一个士兵，在他面前把窗户打开，并抓住了这个士兵的前胸。"你进来。"司令说道，并让他爬进窗子。司令将他赶到前面的角落，站在他面前问道："你是谁？"——"谁也不是。"士兵恐惧地说。"这等一下再说，"司令说，"你为什么朝里看？""是想看看，你是不是还在这里。"

2月12日。我总是遇到拒绝的形象，不是那个说"我不爱你"的她，而是说这些话的她，"你不可能爱我，你是那么地想做到这点，你不幸地爱着对我的爱情，而对我的爱情却不爱你。"因此，这样的说法是不正确的，说我体会"我爱你"这句话了，我只是体会到等待着的寂静，这寂静被我的"我爱你"打断了，多不该啊，我只是体会到了这一点，别的什么也不知道。

乘雪橇滑雪时的恐惧，在光滑的雪地行走的胆怯，我今天读到一个小故事，又将这长长的没有遮蔽而不断逼近的思想引出来。是不是不只因那极度的自私，围绕着我的恐惧，虽然不是围绕一个较高层次的我的恐惧，而是围绕着我平庸的舒适的恐惧，是我衰落的原因，如此确凿无疑，使我从我自己的身上送出了报复者（一个特别的我：右——手——不——知道——左——手——干——什么）。在我的办公处总是指望，就好像我的生活明天才开始，可是我现在就完了。

2月13日。完全倾心于服务的可能性。

2月14日。驾驭我的舒适感的力量，没有舒适感我就疲累。我不认识任何人，对两者都如此看重。因此，我建造的一切都是易变的，不能持久的，房间的女佣早上忘了给我弄来热水，就将我的世界搅得颠倒过来。与此同时，这种舒适感一直追踪我，而且不仅夺去了我的力量，去忍受别的事情，并且也夺去了创造舒适感本身的那种力量，这种舒适感要么在我身边自己消除，或者我通过乞求、哭泣、放弃更为重要的事情来达成。

2月15日。在我的下方有小声的歌唱，在走道上有轻轻的关门声，而一切都无望了。

2月16日。冰川裂隙的历史。①

2月18日。剧院经理，他基本上必须自己去创造一切，他甚至首先必须要创造演员。他不接待一个观众，他忙于重要的剧院工作。那是什么呢？他给一个未来的演员更换尿布。

2月19日。众多的希望？

2月20日。觉察不到的生活，显而易见的失败。

2月25日。一封信。

2月26日。我承认这点——我向谁承认呢？向那封信？——在我的身上有希望，很近的希望，我还没有认识到的希望；但只要找到通往它们的路，如果我找到了这条路，冒着风险！这意味着很多，有希望，这甚至意味着，从一个无赖可以变成一个正派的人，

---

① 卡夫卡可能读了丹麦探险家埃纳尔·米克尔森（Einar Mikkelsen, 1880—1971）讲述北极探险的作品。

一个在正直中感到幸福的人。

在最后时刻你半睡半醒中的幻想。

2月27日。下午糟糕的睡眠,一切都变了,苦难又逼近躯体。

2月28日。目光投向塔顶,朝向蓝天。安详地。

3月1日。《理查三世》。①无力。

3月5日。躺在床上三天。一小群人站在床前。骤变。逃避。彻底的失败。总是关在房间里的世界历史。

3月6日。新的严肃和困倦。

3月7日。昨日最糟的晚上,这样,就好像一切都完了。

3月9日。但这只是困倦,可今天是从额头上驱下汗珠的新的袭击。这也许就好像人们自己让自己窒息?如果通过紧迫的自我观察,人们拥向世界所穿过的洞口太小了,或者是完全关上了?我从那儿到洞口是不远的,一条回流的河,这大部分长时间以来已经发生。

利用攻击者的马当自己的坐骑。唯一的可能性。但这要求怎样的力量和灵活呢!现在都是什么时候了!

---

① 在国家歌剧院上演的剧目。

丛林生活。妒忌幸福的、取之不竭的、虽是明显从必需（并不异于我）出发运作着的，但总是在满足敌人所有要求的大自然。而且是那么轻松，那么有音乐性。

早先，如果我感到痛苦，并且痛苦消逝了，我便是幸福的；现在我只是感到轻松，却有这种苦涩的感觉："又只是恢复健康，便什么也没有了。"

帮助不知在什么地方等待着，驱赶的人赶我过去。

3月13日。纯粹的感觉和对它缘由的清晰。孩子们的景象，特别是一位小姑娘（身形笔直地行走，黑色的短发），以及另一位小姑娘（金黄色的头发，不清楚的表情，不清晰的微笑），令人高兴的音乐，行进的步伐。一个在困境中人的感觉，援助出现了，但他并不高兴，不是因为他获救了——他根本不会获救——而是因为新的年轻人来了，满怀信心地、有准备地接受这个战斗，虽然对即将面临的是什么一无所知，但那是在一种并不让旁观者失望，而将他带至欣赏、欢乐、流泪境地的无知状态之中。对战斗所针对的事物的仇恨也搀和进来（但很少犹太人的感觉，如我相信的那样）。

3月15日。异议取自这部作品：大众化，虽然带着欢乐——和魔法，就像他从危险旁边走过（布吕埃尔①）。

逃进一块被占领的土地，便马上感到不堪忍受，因为人们无法逃往任何地方去。

---

① 汉斯·布吕埃尔（Hans Blüher，1888—1955），德国作家、哲学家。1922年出版的《脱离犹太：犹太文化及反犹运动历史情况的哲学基础》的作者。

还没有出生,就已经被迫在街道上转来转去,并跟人交谈。

3月20日。吃晚饭时聊到凶手和绞刑,在静悄悄呼吸着的胸腔中每个未知的恐惧。在已经完成和已经策划好的谋杀之间有莫名其妙的区别。

3月22日。下午。梦见面颊上的溃疡。不停颤动的在普通生活和表面上更真实的恐惧之间的界限。

3月24日。怎样地等待啊!例如在去医生那里的路上,就是如此常见。

3月29日。在潮流中。

4月4日。从内心的苦难到一个场景的路也许是多么遥远啊,如庭院中的路,而归去的路却是多么短促啊。因为人们如今就在故乡,他不能再离去了。①

4月6日。两天以来已经预感到了,昨日突然发作,不断的追逐,敌人的强大力量。原因之一:跟母亲的谈话,关于未来的玩笑。——计划了给米莲娜的信。

三位复仇女神。逃进小树林。米莲娜。

4月7日。展览会上的两幅图画和两个硬陶土塑成的人像。童话里的公主(库宾),光着身子躺在长沙发上,目光朝着打

---

① 这一段或与《城堡》第八章有关。

开的窗子,强烈逼向眼前的景致,以它的方式表现出来的自由自在的空气就像在施温德的画中一样。

裸体的小姑娘(布鲁德尔),德意志波希米亚风光,她以她的对每一个其他人来说是不可接近的优雅,深深地感动着一个正在爱着的人,高贵、自信、妩媚。

彼契:坐着的农家姑娘,一只脚在下面,享受着恬静,弯曲的脚踝;站着的少女,右臂在腹部之上围绕着身躯,左手支着下巴托住脑袋,鼻子平平,脸孔带着憨厚而忧郁独特的表情。

施托姆的信。①

4月10日。走向地狱的五条引导法则(按照起源的顺序):

1. "在窗户的背后有最肮脏的东西。"一切其他的都是天使般纯洁美丽,要么坚决,要么不注意地(较多的情况)默默承认。

2. "你必须占有每一个姑娘!"不是像唐璜那般,而是如魔鬼的说法"性欲的礼节"。

3. "你不可占有这位姑娘!"因此你也不可以做那事情。天堂的幻象在地狱。

4. "一切都只是生计之所需。"既然你有这生计之所需,你就满意吧。

5. "生计之所需是一切。"你怎么可能拥有一切呢?因此你连这个生计之所需也拥有不了。

在年轻的时候,我(如果我不是被强迫遇上性这方面事情的话,也许会搁很长时间的)在性的事情方面是那么无辜,并那么不感兴趣,就如今天大概在相对论那里一样。只是一些小事情(但也

---

① 当时布罗德陷入了与两位女性的纠葛,卡夫卡建议他考虑三人共同生活的可能性,因为布罗德的妻子曾提到过一封施托姆的信,其中就提到他和两位女性共同生活的事情。

是刚刚在清楚经受教导之后的小事情）曾经引起我的注意,大约是,正是那些在我看来街上显得最美的和穿得最美的女人才可能是坏女人。①

永远年轻是不可能的,即使没有其他的阻碍,自我观察使它变为不可能。

4月13日。马克斯的苦恼。②上午在他的办公室。

下午在泰因教堂前面（复活节星期天）。

年轻的小姑娘,十八岁,从侧面匆匆地看了一下她的鼻子、头形、金黄色的头发,她从教堂走出来。

4月16日。马克斯的苦恼。和他一起散步。他星期二动身。

4月27日。昨日马卡比③的一位姑娘在《自卫》杂志社用捷克语打电话:"我来帮助你。"清纯热情的嗓音和语言。

紧接着为M.打开门。

5月8日。用犁的工作。它深深地钻入土地,并轻松地行驶而去,或者它只是划伤土地,或者它空空地用拉高的微不足道的犁头行驶,有它或没有它,无关紧要。

---

① 卡夫卡曾在写给妹妹艾莉的信中提到同学对他在性方面的启蒙。
② 即前文提到的三角关系。
③ 一个犹太人体育社团。

工作结束，就像一处没治好的伤口能愈合一样。

如果别人沉默，以及有人为保持住这场表面的交谈而欲取代别人，就去模仿，讽刺地去模仿，这也叫进行了一场交谈吗？

M. 在这里待过，再也不来了。大概是明智和正直的，但也许还有一个可能性，我们两个守着这扇关闭的门，这门却并不自动打开，或者，更准确地说，我们没有打开这扇门，因为它自己是不会开的。

5月12日。《传道者》。①不断出现的形形色色的样子，在这当中有一种瞬间减弱的变化力动人的外貌。

出自《朝圣者卡马尼塔》、出自《吠陀经》②。"恰如，噢，可敬的人，一个男子，他们将他蒙住眼睛从健驮逻国带过来，然后丢在荒野里，驱向东方或者北方或者南方，因为他是蒙着眼睛被带来，又蒙着眼睛被放走；但在某一个人将他的蒙带拿掉后，并对他说道：'从那儿出去，健驮逻人住在那里，从那儿走出去。'从村庄到村庄，继续地走下去，接受着教训，理智地回到健驮逻人那里。还有一个男子，在这个人世间找到了一个老师，他逐渐意识到：'我将注定要这样长久地在这喧嚷世界上流浪，直到我被拯救，然后我才能回到故乡。'

就在那个地方：'这样一个人，如果他还在自己的躯体内，人与上帝都看到他，但当他的躯体瓦解在死亡中后，人与上帝就再也看不见他了。而看着一切的大自然也再看不到他，他灼瞎了大自然的眼睛，他在罪恶中消失了。'"

---

① 犹太宗教哲学家马丁·布伯（Martin Buber, 1878—1965）的著作《伟大的巡回讲道人及其继任者》。
② 印度最古老的宗教文献和文学作品的总称。

5月19日。两个人的时候,他感觉比独自一个人还要孤独。如果他与某一人在一起,这第二个人就会抓住他,而他无助地任他摆布。如果他独自一人,虽然整个人类都要逮住他,但无数伸出的手臂纵横交错地纠缠在一起,就没有人找到他了。

5月20日。在老城环形大道上的共济会成员。每一个演说和学说可能的真实性。

那个矮小的、脏兮兮的、赤脚的小姑娘,穿着连衣裙,头发飘动着。

5月23日。关于某一个人这样说是不对的,他过得是容易的,他没遭到什么苦难;比较正确的说法是这样,他不可能遭遇到什么;最正确的是,他遭遇过一切,但一切均在共同的仅仅出现一次的瞬间,还有什么能在他的身上发生呢?因为苦难的变化在现实中,或者通过它绝对的命令已经完全地精疲力尽。(丹纳①笔下的两个年老的英国妇女。)

6月5日。米斯尔贝克②的葬礼。

对"缀补的工作"表现的天才。

6月16日。在说到这本书时,③ 除了无法克服的布吕埃尔思想上和幻景中的力量造成的困难外,人们还因此而陷入一种困难的境地,人们几乎在每一条简短的评语中奇怪地容易产生这样的怀疑,

---

① 伊波利特·阿道尔夫·丹纳(Hippolyte Adolphe Taine,1828—1893),法国文艺理论家、史学家。这里可能指的是他的《英国札记》。
② 约瑟夫·V. 米斯尔贝克(Josef V. Myslbek,1848—1922),捷克著名雕塑家。
③ 前文中提到的《脱离犹太》。

人们想嘲弄地将这本书的思想搁在一边。即使人们像我一样对这本书远无嘲讽之意,人们仍会产生这种怀疑。这种讨论的困难在一种又是布吕埃尔不能克服的困难中有着一个对立面,他称自己为一个没有仇恨的反犹太者。客观而公正的,他确实就是这样,但几乎在每一个评论中他都很容易引起怀疑,他是一个犹太人的敌人,不论是在幸福的仇恨中,还是在不幸的爱意中。这些困难就像大自然的现实一样互相对立地存在着,这是必然要对它们加以注意的,好让人们在仔细思考这本书的时候不遇到这些错误,并从开始就不使自己无法继续深入下去。

从数量上归纳,根据经验,按布吕埃尔的话来说,人们不可以反驳犹太教,这股古老的排斥犹太主义的浪潮面对犹太教不可能掀起来,人们可以如此地反驳所有其他的民族,对犹太人这个被选中的民族可不行,犹太人有资格可以逐条回答所有反犹太者的每一个谴责。布吕埃尔提供了一个诸如此类的个别谴责及其回答,自然是十分粗略的梗概。

倘若这种认识涉及犹太人,而如果不涉及其他民族,那是深刻而实在的。布吕埃尔从这个认识里得出两条结论,一条整体的和一条不完整的……〔中断〕

6月23日。普拉纳①。

6月27日。几次发作。昨天傍晚带狗散步。塞德来茨要塞。②森林出口处的樱桃树大道,几乎产生一个房间隐秘的感觉。丈夫和妻子从田野归来。在衰颓院子的厩门里的姑娘,无辜而目不转睛的畜牲的目光,好像是在同她沉重的胸乳搏斗。戴眼镜的男人,驾着

---

① 卡夫卡的妹妹奥特拉在那里和家人一同租了一间夏季公寓。卡夫卡在那里从6月底一直住到9月18日。
② 普拉纳周边森林里的要塞。

那辆装着沉甸甸饲料的小车,不很年轻,发育有点畸形,虽然如此,但由于努力仍然保持直挺,穿着长统靴子,女人拿着镰刀,一会儿并排,一会儿一前一后。

9月26日。两个月没有写日记了,随之断续而来的好时光,这个好时光要归功于奥特拉。一些天来又出现崩溃。它出现的第一天在森林里就有了一种特别的感觉。

11月14日。晚上 37.6℃,37.7℃。坐在写字台旁。什么也没完成,几乎上不了街。尽管如此,假模假式地埋怨疾病。

12月18日。整段时间都躺在床上。昨日读《或此或彼》①。

---

① 丹麦宗教哲学心理学家索伦·克尔恺郭尔的作品。

1923 年

6月12日。最近一些可怕的时间，无以数计，几乎是连续不断。散步、黑夜、白日，对一切都无能为力，除了痛苦。

却仍然，不是"却仍然"，你看着我，如此恐惧和紧张，在我面前的那张风景明信片上的克里察诺夫斯卡娅。①

在写作的时候，感到越来越恐惧。这是可以理解的。每一个字，在魂灵的手里翻转——这种手的翻转是它独特的运动——变成了矛，反过来又刺向说话的人。像这样的一种短评完全是特殊的，而且如此永无止境。安慰也许只是：不管你想或是不想，这都发生了。而你想的是什么，只有些微的难以察觉的帮助。比安慰更多的是：你也有武器。

---

① 一位俄国女演员，当时在布拉格演出。

旅游日记

弗里德兰、赖兴贝格[①]之旅

1911年1月、2月

我也许得整夜忙于书写，在我面前有着那么多的东西，但那只是不清晰的东西。据我回忆，在我早先能够用一种转变，一种小小的、就本身而言还是令我感到幸运的转变逃避它的时候，它是通过怎样的一种威力对我产生了这样的影响呢！

车厢里赖兴贝格的犹太人一开始只是用小声的喊叫针对快车而引起别人的注意，快车是按车票的票价而定的。在这段时间里一个干瘦的旅行者——人称他为不可靠的人——狼吞虎咽地啃着火腿、面包和两根香肠，他用一把刀子切穿香肠的外皮，直至他最终将所有的残余和废纸扔到暖气管后边的长凳下面。在吃东西的时候，他以那种没有必要的、令我颇为好感的、但徒然模仿的热情和匆促朝着我翻动着两份晚报。他长着一对招风耳、有点宽平的鼻子，并用油腻腻的双手揩拭着头发和面孔，倒也没将自己弄脏，这也是我所不能做到的。

在我对面一位细声细气的、听力很弱的先生，留着山羊胡子，并不暴露真面貌，先是用一种轻蔑的表情悄悄地嘲笑这位赖兴贝格的犹太人，这个时候，我一直带着一些反感，但出自一种不知为何的敬意，在通过目光交流后便参与进去了。后来清楚了，这位读《星期一周报》[②]的人，正吃着什么东西，在一个站头买了葡萄酒，并照我的样子一口一口地喝，实在没有多少价值。

还有一位红面颊的年轻小伙子,他一直在读着《趣事周报》③,而且毫无顾忌地用手将报纸扯起来,并将它最终用那种一直令我钦佩的闲散人的认真态度折叠起来,就好像那是一块丝绸,使劲地压紧,从边缘压角,从外面固定,叩击着平面,鼓鼓地塞进胸前的口袋里。大概他到家还要读吧。他在什么地方下车的,我不得而知。

在弗里德兰的饭店。大大的门厅。我想起十字架上的耶稣,也可能根本没有。——没有抽水马桶,暴风雪是从下面上来的。有一段时间,我是唯一的客人。附近绝大多数的婚礼都在饭店里举行。我记不清了,有一次早晨在婚礼之后我朝大厅里看了一眼。在门厅和走道里到处都很冷。我的房间在房子进口的上方;后来我发现了原因,寒冷马上向我袭来。在我房间的前面是一种门厅式的次等房间;那里桌子上的花瓶里插着两束从一次婚礼中留下来的花。关窗户不用把手,而是通过上下的钩子。现在我突然想起,我曾听到过音乐,只是一小会儿。用餐的房间里没有钢琴,可能是在那种举行婚礼的房间里有。每当我关上窗户的时候,我看到在另一边的市场上有一家精美的食品店。取暖用大木块。那房间里的女仆有着一张大嘴,有一次尽管天冷她还是露着脖子和部分酥胸;一会儿拒人于千里之外,一会儿又令人吃惊地表现出亲密,我总是马上表现出毕恭毕敬的样子,而且像绝大多数时候,在所有友好的人面前那样窘促不安。当我为了下午和晚上的工作而配上了一只较强光度的白炽灯时,她在生火时看到了这个,她表现得很高兴。是的,用早先的灯光,人们也许无法工作,她说。"在这种光线里也不能工作。"我在几次大声感叹之后说道,我每次发窘总是表现在嘴上。别的都不知道了,只是说出我早已经背熟了的见解,电

---

① 弗里德兰和赖兴贝格均位于捷克北部,是卡夫卡工作中负责访视的工业城市。
② 一份布拉格周报,始创于1878年。
③ 一份插画报纸,始创于1882年。

灯光线不仅太刺眼,而且也太弱。她继续默默地在那里生火。直至当我说"此外我只是把早先的灯点得更亮一些",她稍微地笑了,我们看法相同。

另一方面,我会做这样一些事情:我总将她当小姐对待,她对此也适应了;有一次我没在通常的时间回家,我看见她在寒冷的门厅洗地板。这个时候我一点也不费劲地通过问候和生火的请求,使她毫不感到难为情。

从拉斯佩瑙①到弗里德兰的归途上,在我旁边的是那位僵直得像死了一般的人,胡子从张开的嘴巴上面耷拉下来,而当我向他询问车站时,他便友好地转向我,给了我最清楚的解答。

弗里德兰的宫殿,可以从好多的角度去看它:在平地上看,从一座桥上看,从公园里去看,从脱落了叶子的树木之间去看,从高大冷杉之间的森林里去看。这座令人吃惊的重叠建筑的宫殿,如果人们踏进宫里,久久分不清它的构造,因为深色的常春藤、灰黑色的城墙、白皑皑的积雪、覆盖在山坡上的蓝灰色的冰,增加了它的丰富层次。这座宫殿正好不是建在一座宽阔的山峰上,而是围绕陡峭山峰改建的。我沿着车行道朝上走,并不断地打滑,而那个看门人,我后来在上面又碰到了他,他很轻松地跨着两级阶梯走上去了。从一小块向外突出的空地上远眺,一切尽收眼底,随处都长着常春藤。城墙旁有一道阶梯在一半的高度突然中断,荒废吊桥的链条垂挂在钩子上。

美丽的公园。因为它坐落在梯田式的山坡上,当然还有下面的部分围绕着一泓水池,水池旁树木错落有致,人们完全无法想象它

---

① 距弗里德兰约4公里的小镇。

夏天的风采。在冰冷的水里游弋着两只天鹅,有一只将它的脖子和脑袋缩进水里。我跟着两个小姑娘,她们一直不安而好奇地转头朝我这个不安静的、好奇的,此外还是优柔寡断的人看。我让她们领着,沿山越过一座桥,一片草地,在一道铁路路堤之下穿过一块令人惊奇的、由树林的坡地和铁路路堤构成的圆形空间,继续向高处进入一座似乎并不马上就能走到尽头的森林。那两位姑娘先是放慢了脚步,等我对这座森林感到了兴趣,她们走得快些了,不知不觉间我们来到一块高高的山地,刮着强劲的风,我们离村镇只有几步之遥。

恺撒全景画。①在弗里德兰唯一的享受。如果说我在这里面并没有惬意的舒适感,因为我对如此美好的安排并没有充分的心理准备,就像是我在那里偶然遇上似的,穿着沾满雪的靴子进来了,现在,坐在望远镜前,只是用脚尖触及地毯。我忘记了这个全景装置的设置,我有好一阵子担心,一定要从这个椅子走向另一个椅子。一个老者坐在灯下的小桌子旁边,读着一本《世界画报》,② 他掌管一切。过了一会儿,有人开始表演一种阿里斯通。③后来还来了两个年纪较大的女子,坐到了我的右边,之后又来了一个坐到了我的左边。布雷西亚,克雷莫纳,维罗纳。里面的人像蜡像,脚掌牢牢固定在石子路上。墓碑雕像:一个穿着长拖裙曳过低低台阶的夫人轻轻地开门,同时还回过头来看着什么。一个家庭:最前面,一个少年在看书,一只手撑着太阳穴,右边一个小孩拉着一张没弦的弓。英雄蒂托·斯佩里④纪念碑:在风中,披在躯体上的衣服凄凉而热烈地拂拭着,穿一件上装,戴一顶宽檐帽。这些形象比在电影

---

① 1880 年光学仪器制造商富尔曼首次推出的幻灯观赏装置。
② 一本 1908 年至 1913 年间在维也纳发行的杂志。
③ 一种机械音乐装置。
④ 19 世纪初,布雷西亚受奥地利统治,爱国者蒂托·斯佩里领导的布雷西亚起义军于 1849 年 3 月 23 日发起武装起义,后被奥地利军队镇压。

里更生动,因为他们的目光有着现实的安详。电影给人留下的是人物动作的不安,目光的安详看来更为重要。大教堂光滑的地板令人咋舌。为什么在这个方式里达不到电影和立体镜的统一?写着"彼尔申·维勒尔"的广告牌,来自布雷西亚①,很有名。在单单听人叙述和观看全景装置之间的距离要比观看全景装置和真实的观望之间的距离大得多。克雷莫纳古老的铁器市场。我想在结束时跟那位老先生说,这使我多么地满意,但我不敢这么做。看完下一个节目。从上午十点至晚上十点开放。

我在书店的橱窗里发现了丢勒②联盟的《文学指南》。决定买下它,后来又改变了这个主意,紧接着又回去,在这期间,我白天一有空便常常停立在橱窗前面。这书店在我看来是那么孤零零的,书也是那么孤零零的,我只有在这里才感觉到世界与弗里德兰的内在联系,而且这种联系是那么单薄。但如每一种孤独又为我制造出热情一样,这么说,我也极快地感觉到这个书店的幸运。有一次我走进去看看里面的情况,因为那里的人们不需要科学方面的著作,这里的书架看上去比城里的书店几乎更有文学氛围。一位老妇人坐在一只有绿色罩子的白炽灯下。刚打开的四五本《艺术保护者》③使我回忆起来,那时是月初。这名老妇拒绝我的帮忙,将这本她根本不知道其存在的书从陈列的地方抽出来,交到我的手上。她惊讶于我从结了冰的玻璃后面发现了这本书(其实我早就见过了),并开始在账簿里寻找价钱,因为她不清楚这个,而且她丈夫已走了。我说我过会儿晚上再来(那时正是下午五点),但我没有信守诺言。

---

① 产自布雷西亚的一种啤酒。
② 阿尔布雷特·丢勒(Albrecht Durer, 1471—1528),德国画家。
③ 1887年至1937年间发行的一本文艺类杂志,卡夫卡经常阅读。

赖兴贝格。

对于那些晚上在一个小城市行色匆匆的人的真正意图,人们根本无从得知。如果他们住在城外,那么他们必须乘电车,因为路程太远了。如果他们就住在本地,那么路程自然是不远的,没有理由要急急忙忙地走呀。人们大步穿过中央广场,它对一个村庄来说并不太大,而且它的市政厅由于其令人吃惊的范围使这个广场变得更小了(市政厅用它的影子就足以将这个广场遮盖住了),而人们无法通过市政厅的大小来判断这个广场的大小,而且要用广场的狭小来说明对它大小的第一印象。

一位警察不知道工人疾病保险机构的地址,另一位不知道这机构的办事处在什么地方,第三位竟连约翰内斯大街在什么地方也不知道。他们是这么解释的,他们才上岗不久。为一个地址,我不得不走向一个警察局,那里有很多警察以各种各样的方式在休息,他们都穿着制服,它们的美、新和色彩令人惊异,因为人们一般在街上到处见到的只是深色的冬季大衣。

在狭窄的巷道里只能铺单一的轨道,因此到火车站的电车走另外的街道,而不是从火车站来的那条道。从火车站穿过维也纳大街,我在那里住进了橡树饭店,通过舒克尔大街到火车站。

去了剧院三次。《大海和爱情的波浪》。①我坐二楼的阳台座,一位出色的演员扮演的瑙克勒罗斯②引起了格外的轰动,我的眼睛里多次充满了泪水,就这样到第一幕结束,赫洛和勒安得耳③的眼神还没有能互相分开。赫洛踏出教堂的门,通过这扇门人们看到的东西,不是别的,而可能是一只冰箱。在第二幕里,森林像早先的精装本里的图画一样,触动人心,藤本植物从这棵树攀缠到另一棵

---

① 格里尔帕策的一出悲剧。卡夫卡在1911年2月24日去看了演出。
② 希腊神话中的渡船人和海神。
③ 希腊神话中的女祭司和青年。

上。到处长满了苔藓，呈现一片深绿。钟楼房间背景的墙在第二天上演《杜德尔萨克小姐》①的晚上又回来了。从第三幕起是剧本的低潮，就好像是有一个敌人从后面来似的。

---

① 弗利茨·格林鲍姆（Fritz Grunbaum, 1880—1941）和海因茨·莱歇尔特（Heinz Reichert, 1877—1940）的一部轻歌剧。1911年2月25日和26日，赖兴贝格剧院上演了这部剧。

卢加诺—巴黎—埃伦巴赫之旅

1911年8月、9月

1911年8月26日启程。中午。不好的想法：同时交替描写旅途和内心涉及这趟旅行的看法。①这种做法的不可能性被一辆载着农村妇女驶过的车子证实了。英勇的农妇（德尔斐②女预言家）。一个刚要醒来的农妇躺在一个开怀大笑的农妇怀里。通过对马克斯致意的描述，也许有人为的仇视进入了描写。

一位姑娘，后来的阿丽丝·R.，③在比尔森上车。在行程中订咖啡要贴一张绿色的小字条在窗户上让列车服务员知道。但人们不一定要用条子去取咖啡，而且没有纸条也可以。我起先没法看她，因为她坐在我的旁边。第一个共同的经历：她包好的帽子朝马克斯身上飞下。这一下子，好多的帽子很难通过车厢的门进来，却很容易地通过大窗子出去了。——马克斯看来打断了后来描述的可能性，他作为已婚男子，为了消除危险，必须说点儿什么，在这当中他忽略了最主要的东西，却突出了教训人的东西，而且有点儿讨厌。——"无可指摘的"、"开火"、"加速0.5"、"及时的"。对办公室里年纪最小的（在办公室里拿错帽子，钉上新月状的钩子），我们开玩笑说，要把她将在慕尼黑写的明信片从苏黎世寄到她的办公室，明信片上是这样说的："预先说过的话可惜应验了……错误的列车……现在在苏黎世……失去了两天的行程。"她的兴奋。但她希望我们这些正直的人，什么也不用再写了。慕尼黑的汽车。阴雨、迅速的行驶（二十分钟），地下室住房往外看的景色，导游喊叫着看不清楚的名胜古迹的名字，在潮湿的柏油路上发出的沙沙声响就像机械在电影摄影机中发出的响声，最清楚的是四季饭店不挂窗帘的窗户，灯光在柏油路上的反光与在河里一样。

在慕尼黑火车站的一个"盥洗室"里洗双手和脸。

将箱子留在车厢里。将阿丽丝安排在一个车厢里，这里面一位夫人肯定比我们还更让人害怕，这位夫人表示愿意保护她，这举动被热烈地接受。可疑的。

马克斯在车厢睡觉。两个法国人，其中一个深肤色的大笑不止。有一次是因为马克斯不让他坐（他四肢伸展得过分了），他为此而大笑，之后是他要利用一瞬间的机会，让马克斯没有地方可躺。马克斯穿着有披肩的大衣端坐不动，另一位身强力壮的法国人抽很多烟。夜里用餐。三个瑞士人闯入，一个吸着烟。在另外两个下车后留下来的那一个，先是轻描淡写，直到将近早晨的时候才介绍清楚自己。博登湖④。像从码头上看去那样清晰。——第一个早晨时光里的瑞士兀立在那里。我在望见一座桥的时候将马克斯唤醒，并由此给我留下了对瑞士的第一个强烈的印象，尽管我已经长时间地透过车厢内部的朦胧去看它。在圣加仑，给人留下的印象是那种没有街巷结构的直立、自成一体的房子。——温特图尔。——在符腾堡照得通亮的别墅，男子在夜里两点趴在屋顶阳台的栏杆上。通向书房的门开着。——已经醒来的牛，还在睡着的瑞士。——架电话线的电线杆，挂衣钩的横截面。——苍茫的高山

---

① 卡夫卡提议和布罗德一起记录。
② 希腊城名，阿波罗神殿所在地。
③ 雷贝格。
④ 德国南部与瑞士交界的湖泊，旅游胜地。

牧场在太阳升起时候泛白的景象。——对有如监狱的卡姆火车站建筑的回忆，地名的题词如严肃的《圣经》。窗户的装饰看来虽然少得可怜，但仍违反规定。在大房子的两扇互相隔得很远的窗子里，那里映着一棵大树，这里映着一棵小树，各自在风中摆动。

在温特图尔火车站的流浪汉一手拿着小棍，一手插在裤袋里，嘴里还唱着歌曲。

在窗前的疑问：苏黎世这个瑞士第一大城市会是怎样由那些单独的房屋建筑构成的呢？

别墅里繁忙的商业活动。

夜间，在林道①的火车站，歌唱声不断。

爱国主义的统计：一个在平面上被拉平的瑞士的面积。②
外国的巧克力商店。

苏黎世。
从最近回忆里的一些互相交错的火车站里突现出来的火车站——（马克斯将这看作是占有中的 A+x）③。

外国军队留下的历史印象。在自身的——反对军国主义的论

---

① 德国拜恩州的城市。
② 布罗德在日记里写过，卡夫卡想把瑞士的山脉当作平原来计算面积，认为得到的结果会比德国面积更大。
③ 布罗德和菲利克斯·韦尔奇合写了一篇哲学论文《观点和概念》，提出"A+x"为"一般的记忆画面"，其中"A"代表共同点，"x"代表不同之处。

证中缺少这种印象。

在苏黎世火车站的持枪者。我们害怕武器会走火，如果他们跑动起来的话。

买了苏黎世的地图。

在一座桥上来回走动，是因为有关洗冷水澡、热水澡和早餐时间安排没有决定的缘故。

利马特河的方向，乌兰尼亚天文台。

主要交通干线，电车上乘客稀少，在一家意大利的男子时装店橱窗里显眼的地方，衣领堆成了金字塔。

只有艺术家的广告牌（疗养宾馆、维甘德的《马里格纳诺》会演，叶尔莫里的音乐）。①

一家百货公司的扩建。最好的广告。全体居民终年注视着。（杜法耶尔。②）送信人最早穿上了接近南部和西部地带带有帽子的风衣，看上去像穿着睡衣似的，将小箱子背到自己的身前，把信件整理得像圣诞节市场上的"幸运签袋"，层层叠叠堆得老高。湖面的景色。想象作为这里的居民而具有强烈的星期日感觉。湖泊保持着清新的空气，没有建筑的施工。骑马人。被惊走的马。有教育

---

① 卡尔·弗里德里希·维甘德（Carl Friedrich Wiegand, 1877—1942），瑞士作家、剧作家。汉斯·叶尔莫里（Hans Jelmoli, 1877—1936），瑞士作曲家。
② 巴黎的大百货公司，始建于 1856 年。

意义的题词，泉边大约是利百加①的浮雕。题词和浮雕在流动的水被强风吹起的玻璃似的形状上面显得格外宁静。

老城：狭窄陡峭的街道，一个穿蓝上衣的男子正艰难地往下跑。在山间的小道之上。

回忆起受到交通威胁的在巴黎圣罗克教堂前面的厕所。

在不供应酒的饭馆里用早餐。黄油像蛋黄。《苏黎世日报》。

明斯特大教堂，是旧还是新？男人们要在两旁。教堂的差役给我们指点较好的位置。我们跟着他，因为那是我们要走出去的方向。当我们已经走到出口的时候，他还以为我们找不到位置，便横穿教堂朝我们走来。我们互相推挤着走出去，大笑不止。

马克斯：交杂的语言解决了民族主义的困难。沙文主义者也无法知其所以然了。

苏黎世浴场：只是男人的浴场。一个挨着一个。瑞士语言：是用铅浇铸的德语。有些地方没有小房间，在挂衣钩前脱光衣服的共和国体制的自由，同样也有浴池管理人的自由，用一个水龙头就把那个满满的日光浴池清得一干二净。我们听不懂，但这腾空的做法想来不是没有道理的。跳水者：他在栏杆上叉开双脚，先跳到跳板上，以此来提高推动力。——建立一个浴场的设施要在较长期的使用中才能做出评估。没有游泳课。任何一个蓄长发的疗养师都表现得孤独。低矮的湖岸。

---

① 《圣经》中以撒的妻子。

军官游客协会的露天音乐会。在听众中有一个带着同伴的作家，他在一本划满小横线的笔记本上写着东西，在一个节目结束后，被他的同伴拉走了。

没有犹太人。马克斯：犹太人躲避这种大的活动。开始：《意大利枪队进行曲》。结束：《爱国进行曲》。由于它自身的缘故，在布拉格没有露天音乐会（卢森堡公园），按马克斯的意思，这是共和体制的做派。

凯勒①的房间被阻隔了。游客办公室。阴暗街道后面明亮的房屋。利马特河右岸的阶梯式房屋。闪烁着蓝白颜色的百叶窗。慢慢行进的士兵是些警察。音乐厅。找不到而且也没去找综合理工学校。市政厅。在二楼用午餐。迈伦的葡萄酒。（杀过菌的新鲜葡萄酿的酒。）一位卢塞恩的女招待告诉我们去那里的列车。用西米、菜豆、烘烤过的土豆和柠檬奶酪做成的豌豆羹。——整洁的、如工艺美术品那样的房屋。大约三点钟启程绕着湖去卢塞恩。空无人烟的、阴暗的、多山道森林的楚格湖的湖岸分布在许多沙岬上。美国的景象。在旅途中讨厌拿还没见过的国家作比较。在卢塞恩的火车站上看，景色尽收眼底。火车站的右边是溜冰场。我们走向那群服务生，并叫起来："莱布斯托克。"这个饭店在众多的饭店之中，就如它的服务生在众多的服务生当中一样。桥（按马克斯的说法）像在苏黎世那样将湖与河分开。那些为德国字样辩护的德国居民在哪里呢？疗养院大厅。苏黎世的那些明显的（德裔的）瑞士人看来并不是管理饭店的天才，他们在这里竟像消失了，饭店老板也许竟然是法国人了。对面是空空荡荡的气球库。难以想象飞船能滑翔进去。溜冰场，柏林式的外观。水果。夜晚湖滩供散步的林荫道树下

---

① 戈特弗里德·凯勒（Gottfried keller, 1819—1890），瑞士德语作家。

的黑暗。带着女儿或妓女的男人。湖面上摇荡着游船，水底清晰可见。饭店里可笑的女招待，大笑的少女将客人不断引往上面的房间。严肃的、红面颊的房间女仆。小小的楼梯间。房间里上了锁的、嵌在墙内的箱子。从房间到外面去是兴高采烈的。我是多喜欢在吃饭时吃水果啊。戈特哈德饭店，穿着瑞士传统服装的姑娘们。糖水杏子，迈伦的葡萄酒。两个年纪较大的女人和一位先生谈论着年老的话题。在卢塞恩发现赌场。一法郎入场费。两张长桌。真正值得看的东西描述起来是丑恶的，因为它必须严格按规定在等待的人面前进行。在每张桌子旁有一个记分人在中央，两边各一个守卫。

最高赌注五个法郎。"瑞士人被请求给外国人以优先权，因为这种赌博是为客人们聊天而定的。"

一张桌子有球，一张桌子有马。收赌金的人穿着皇帝般的衣服。"先生们，你们下注吧！"——"赌注在这里了。"——"你们的赌注都下完了。"——"都在这里了。"——"全部结束了。"——收赌金的人拿着装着木柄的镀镍耙子。他们用这个耙子能做到：将钞票移到应去的地方，分开，钩到自己身边，接住那些人扔向赢家方位的钞票。不同的收赌金人影响着赢的机会，更确切地说只有一个人喜欢那个收赌金的人，那就是赢钱的人。因为共同决定参赌而激动，我在大厅里却感到孤独。钞票（十个法郎）在一个微微向下的平面里消失了。失去十个法郎使人感到还要继续赌下去的一种微弱的诱惑，但仍是诱惑。对一切的愤怒。这一天因赌博而延长了。

8月28日。星期一。穿着长统靴的人在墙边用早餐。二等舱。早晨的卢塞恩。饭店丑陋的外观。一对夫妇念着从家里寄来的信，其中有一段报纸上有关意大利流行霍乱的内容。人们也只有从湖上航行的高度才看到美丽的住地。山变换着它的容姿。维茨瑙，利吉铁道。透过树叶看湖给我以南方的印象。穿过楚格湖间突然出现的平原使人惊奇不已。故乡般的森林。这条铁道修建于一八七五年，是在古老的《关于陆地与海洋》①里查阅到的。历史上英国的土地，人们还穿着格子服装，留着连鬓胡子。望远镜。远处的少女峰，修士峰的圆顶，晃动的炽热的空气使图像也动了起来。铁力士山像放下的手掌。一块雪原切成的圆形面包。从上或从下去评估高度都是错误的。对阿尔特-戈尔道火车站的地势是倾斜还是平坦的争论无法断定。旅馆当日规定的饭菜。黑女人坐在大厅里。严肃，嘴角线条分明，已在隔壁的火车厢里见过她。英国的小姑娘正启程离去，嘴里的每颗牙齿都长得一样。法兰西的小姑娘登上邻近的车厢，伸出手臂说我们挤满的车厢是不"满"的，并催她父亲上车，她的外表纯洁、看上去像妓女的矮个子姐姐，用胳膊肘捅我的臀部。马克斯右边老太太的英语像是从牙缝里挤出来的，我们以此猜测她的住地。旅途上经过：维茨瑙-弗吕埃伦、格尔绍、贝肯里德、布鲁能（只有饭店）、席勒斯坦、台尔普拉特、被错过的吕特里、阿克森大街上的两座凉廊（马克斯对这里有好多想象，因为人们在照片上总看到这两座凉廊）、乌尔纳盆地、弗吕埃伦。施特恩饭店。

8月29日。星期二。 这个美丽的房间带有阳台。令人愉快。太受群山的阻隔。一个男子和两个少女，穿着雨衣，前后相随地走着，穿过大厅，手里拿着山地手杖。当他们走上台阶的时候，由于房间女仆的询问而停住了。他们道谢，他们已经知道得清清楚楚。对有关他们山地游览的另一个问题的回答："这也不是那么容易的，这一点我可以告诉你。"在大厅里，在我看来他们好像出自《杜德尔萨克小姐》，在马克斯看来台阶上的他们好像出自易卜生笔下，后来我也这样看。忘了望远镜。在火车站人们获悉，明天甚至有一位老太太去热那亚。年轻人拿着瑞士的旗子。卢塞恩湖上的浴场。

---

① 一份娱乐插画周刊，创刊于1859年。

成双成对的游人。救生圈。阿克森大街上散步的人,最棒的海水浴场,因为人们能随心所欲地为自己安排。渔妇们穿着淡黄色的衣服。登上戈特哈德铁路的列车。我们的河流里流的是掺有牛奶的水。匈牙利的花。①厚厚的嘴唇,从后背到臀部富有异国情调的线条。匈牙利人中的美男子。在意大利将葡萄皮吐在地上,但在南方不见了。在火车站的耶稣会总长穿着特有的衣服。忽然就到了意大利,小酒店前面随意摆设的桌子,一位年轻男子穿着彩色衣服,他不能克制自己,辞行的女人们的各种手姿(模仿着一种拧掐的动作)。在一个火车站的旁边,粉红色的房屋,高处有黑色的模糊不清的字迹。不久,这种意大利式的东西便消失了。或者说瑞士本质的东西出现了。在火车站门卫小屋里的妇女们,回忆起战斗。堤契诺瀑布,到处颤动的瀑布。德国的卢加诺。②喧嚣的体育场馆。新建的邮局。贝尔菲德尔饭店。疗养院的音乐会。没有水果。

8月30日。从四点到晚上十一点和马克斯坐在一张桌旁,先在花园里,后在阅览室,然后在我的房间里。上午去了浴场,寄信。

8月31日。雪山如钟的指针似的出现在利吉山区。

9月1日。星期五。十点五分从威廉·退尔广场离去。——车上和船里千篇一律的相似的后座。船上盖棚布的支架就像牛奶车上的一样。——船每一次装载货物都如开始一次战斗。

旅途中没带箱子,双手空空,用来撑住脑袋。——刚德里亚:一幢房子在另一幢房子的后面露出来,内阳台用彩色的布装饰,无法鸟瞰,有街道,也没有街道。圣马尔盖里塔的停泊处有喷泉。在

---

① 布罗德在日记里提到,卡夫卡被一个匈牙利女人吸引住了,称她是"匈牙利的花"。
② 卢加诺位于瑞士南部和意大利交界处,但卡夫卡觉得它像个德国城市。

奥里亚的一栋别墅里有十二棵柏树。人们不可能，也不敢在奥里亚设想一幢房子，它的前面是一片有希腊式圆柱的平台——烧毁的房屋确是在燃烧时烧去的。马梅特：中世纪魔术师般的帽子戴在一座钟楼上。驴老早就沿着港口旁边的林荫小道走着。奥斯特诺。妇女圈子里的牧师。尤其听不懂的叫喊声。有些句子更是无法理解。在厕所后面窗户里的孩子。看到蜥蜴在墙边爬动令人感到不舒服。普赛克①的落发。驶过载满士兵的车子和打扮成水兵的饭店仆人。

卡尔洛塔别墅。②冬青斛，剥去皮的小动物。西番莲：物理学上平衡的工艺。竹子。如同用老者头发绑扎的棕榈树干。黄杨（桃金娘树）。芦荟（双面锯）。雪松（一种被树枝交缠的落叶松）。挂着的停息无声的钟（倒挂金钟）。智利棕榈。法国梧桐。仙人掌。玉兰树（撕不碎的叶子）。澳大利亚的棕榈（犀牛般的树干）。娇美的月桂树。穹顶式的杜鹃花。桉树：光秃秃的树干。柠檬树。纸莎草：三棱形状的杆，上面如灯心草状。自我相缠的紫藤，巨大的梧桐树。香蕉树。

孩子们在梅纳焦栈桥上，父亲，为其孩子们而骄傲的妻子的身体。

在驶过的车里是互相紧挨着的意大利年轻人。

政治家们半张着嘴巴（卡尔洛塔别墅）。

一位法国女子跟我婶婶的嗓音一样，撑着一把草制的带有密密边絮的阳伞，在一个小日记本上写着关于蒙塔涅③等的内容。——船上黑皮肤的男子站在轮胎围成的框子里，俯身在舵上。海关工作人员在查看，并迅速地搜索一只小篮子，好像所有的东西对他来说都是一种礼物似的。在波尔莱扎-梅纳焦列车上的意大利人。每一

---

① 希腊神话中的女神。指意大利雕塑家安东尼奥·卡诺瓦（Antonio Canova，1757—1822）的作品《丘比特与普塞克》。
② 建于18世纪的别墅，位于科莫湖畔，有一个巨大的庭园。
③ 法语中的"山"。

句针对一个人讲的意大利话传进连自己也不知道的巨大空间里，经过长长的时间，它在探试着，被理解了，或者没被理解；那种特有的把握不准的意大利语面对意大利人的确定性是无法保持下去的，而且不管对方是懂或是不懂，容易不被理会。——从梅纳焦往回开的列车的玩笑，令人愉快的交谈素材。——由石头造的船屋连着别墅前面大街那一边的露台和装饰。大宗的古董买卖，船主：小本生意。——征税的小船（有关尼摩船长的故事和《太阳系历险记》）。①

9月2日。星期六。在小汽艇上脸部的颤抖。（卡德纳比亚商店）撩起的百叶窗帘子（棕色带有白色的边饰）。蜜蜂在蜂蜜里。上身显得粗短而孤独的女人是个语言老师，那位体面的先生穿着提得高高的裤子。他的下臂在桌子上挥动，好像手不是在握刀和叉而是要抓住靠背椅上的末端。孩子们看着微弱的烟火：再来一次——哒哒——伸举手臂。小汽艇上不舒服的游览。船身晃动的幅度太大了。要感觉新鲜空气，要自由地浏览周围的风光，那是太低矮了，接近司炉的位置了。卡斯塔格诺拉和刚德里亚之间的浴场，正好在我们住的地方。走过去的一群：男人、母牛和女人。女子在叙说着什么。黑色的头巾，宽松的衣服。蜥蜴的心跳。一位先生精力的消耗：很晚还在阅览室服务，同时有啤酒、葡萄酒、菲尔内特·布兰卡②，风景明信片，轻轻的叹息。老板的小孩听他母亲的劝告，吻我并道晚安，而我早先并没跟他讲过话。令我舒适。——刚德里亚：地下室的阶梯和走廊代替了街道。一个小男孩被打，好多被拍击的床褥发出的沉闷声响。爬满常青藤的房屋。在刚德里亚，缝衣女坐在没有百叶窗、窗帘和窗玻璃的窗边。我们支撑着先后走上了从浴场到刚德里亚的路，我们是那么疲惫。在一艘黑色小汽艇后面

---

① 分别是凡尔纳科幻小说《海底两万里》的角色和他的一部儿童文学作品。
② 一种在米兰酿造的苦艾酒。

是一列节日装饰的船队。年轻的男人们在观赏着图画,有跪着的,有在刚德里亚的岸边跳板上蹲着的,有位先生穿一身白衣裤,是个惹姑娘们注意的快乐人,跟我们像是自来熟。——在波尔莱扎。晚上在码头上。一位已经被忘记了的满脸胡子的法国人在威廉·退尔纪念碑处将他的古怪又带进了我们的记忆。这座纪念碑安有一种自来水管式的排水管,这管道由矿石里制取的黄铜做成。

9月3日。星期天。一位镶金牙的德国人,描写他的人即使在其他印象不清楚的情况下也能紧抓住他的特征。他在十一点三刻还买到了进入游泳场的票,尽管游泳场十二点就不让进人了,到了里面管理员马上用听不懂的、因而有点严厉的意大利语让他注意到这一点。听了这种意大利语,令他在他的母语里也不知所措了。这位德国人结结巴巴地问,那为什么售票处的人卖给他票,并埋怨那个人卖票给他,还提出,他完全可以不再卖给我票的呀。人们从意大利语的回答里听出,他几乎有一刻钟的游泳及穿衣服的时间呀。哭出了眼泪。——坐在湖上的圆桶里。贝尔菲德尔饭店:"对老板的一切都表示赞赏,但饮食方面很不怎么样。"

9月4日。霍乱的消息,旅游局,《意大利晚邮报》,北德运输公司①,《柏林日报》,房间女佣带来一个柏林医生的消息。视人群的划分和本人的身体状况而定,这些消息的一般特性也随之改变,在离开卢加诺去切雷西奥港的时候,是一点零五分,那还是颇为有利的。——在风中瞬间出现的对巴黎的热情,这风吹起了九月三日我们拿在面前的《极致日报》②,随着这风我们朝一条长凳跑去。在卢加诺湖的桥上应该还有一些立广告牌的地方出租⋯⋯

星期五。这三个家伙从船首处驱赶我们,大概是开船的人必须

---

① 这家公司自1899年起发行一份名为《劳埃德旅行与外贸报》的报纸。
② 一份巴黎日报。

要无遮挡地注视前面，然后拉出一条长凳来，自己坐上了。我真的想唱起来了。

星期五。那位意大利人建议我们到都灵（博览会）旅游，我们向他点头表示同意。在他的面前，我们握了手，确认了我们共同的决定，不惜代价不去都灵。降价的票令人称赞。骑自行车的人在切雷西奥港一所房子的平台上兜圈子。鞭子没有皮做的带子，它只有一个由马鬃做的小尾巴。行驶着的骑车人用一根绳子拉着马在他旁边小跑。

米兰：向导手册在一家铺子里被遗忘了。后来回去，偷偷拿了。在梅尔坎蒂广场吃了苹果卷。健康的点心。福萨蒂剧院。所有的帽子和扇子都在动。一个小孩在高处大笑。节目用一页广告贴出来。在男子乐队中有一位年纪较大的女人。前排座位。——入口——乐队待在一块平地上，连着观众厅。兰旗亚汽车的广告，成了沙龙天花板的一处装饰。后墙壁的所有窗户都开着。高大强壮的演员在鼻孔上轻轻涂上一点粉，它们的黑色特别显眼，即便向后弯曲的面孔在光线中变得模糊。脖子又长又细的姑娘踏着碎步、伸缩着僵直的肘部，跑出房间，与长脖子相适应的高高的鞋跟向人们预告她的到来。过高评价大笑的影响，因为从不可理解的严肃到大笑要比从心领神会的严肃更遥远。每件家具的意义。一般的情况都是在两出戏里有五个门。一位描眉涂眼的姑娘，她那双眼睛闪闪发光，这光也照亮了下面的鼻子和嘴巴。包厢里的男子在大笑的时候，竟露出了后面的金牙，后来这样子还保持了一段时间。以其他的方式不可能达到的舞台和观众大厅之间的统一，就像这是为了针对不懂语言的观众形成的那种统一。

年轻的意大利女郎有一张普通的犹太人的面孔，[①] 这张面孔从侧面看又变为非犹太的模样。当她起身，双手伸向栏杆，只让人看

[①] 以下记录基于卡夫卡在米兰的见闻。

见她瘦削身体的时候,她并没伸展手臂和肩膀,当她将手臂伸向窗柱的时候,当她用双手抓住一根窗柱的时候,就像在火车行驶的风中抓住了一棵大树。她读着一本平装本侦探小说,她的小弟弟向她请求了好久也没要来这本书。在她旁边的父亲有一只很明显的鹰钩鼻子,而她的鼻子却是平和柔美的,因而那弯曲的线条更表现了犹太人的特色。她常常好奇地朝我看,看看我是不是不愿意、或者最终还是会停止我那讨厌的目光。她穿着生丝做的衣服。我旁边是一位肥胖而高大的夫人,散发着香气,她用扇子将她的香水味扇散于空气中。她浅浅的脚背忍受不了那么多的肉,都在脚趾上堆得高高的。我在她旁边感到干瘪。——在行李舱里,煤气火焰的钢罩形如姑娘平平的帽子。房子的下面支着各种各样的栅栏。在通往斯卡拉拱形建筑的下面,我们寻找这座著名歌剧院,当我们出来走上广场的时候,面对那简朴而斑驳的门面,我们对这种误解便也不感到惊奇了。

这种伸向城市中心的繁忙交通越来越受到我们的赞赏,我站在大教堂的广场上什么也看不到,只有围绕着伊曼纽二世纪念碑慢慢行驶的电车,我转过身去,寻找饭店。

我对两个房间之间的联系很高兴,这联系是由一种双重门产生的。每人都可打开一扇门。马克斯认为这也适合已婚夫妇。——先是将一个想法写下来,然后朗读,并不是朗读着的时候写,因只有在内心中已经产生的东西能够形成,而还要继续写下去的东西却逃脱了。——在大教堂广场上的一个咖啡小桌旁,谈到假死和心刺。①马勒也要求过心刺。②在谈话中米兰逗留的计划时间大大减少了,尽管有出自我这方面的小小反对。——大教堂的许多尖顶令人感到厌烦。——慢慢地决定去巴黎,在卢加诺阅读《极致日报》

---

① 由于霍乱,奥匈帝国为防止活人被埋葬,允许在下葬前把匕首插入死者心脏。布罗德请求卡夫卡,万一自己客死异乡,请他也这样做。
② 马勒死于1911年5月18日。

的时刻，去米兰旅行，完全不是出于自己的意愿，去购买经切雷西奥港到米兰的票，从米兰去巴黎是出于对霍乱的恐惧，并出自对这种恐惧抵偿的要求。另外，算了一下这样旅行在经济上和时间上的优点。

Ⅰ. 里米尼—热那亚—内尔维（布拉格）。

Ⅱ. 北部意大利湖泊，米兰—热那亚（布拉格）（摇摆于洛迦诺和卢加诺之间）。

Ⅲ. 略去马焦雷湖，卢加诺、米兰，城市游览直至博洛尼亚。

Ⅳ. 卢加诺—巴黎。

Ⅴ. 卢加诺—米兰（几日）—马焦雷湖。

Ⅵ. 在米兰直接去巴黎（也许枫丹白露）。

Ⅶ. 在斯特雷萨下车。以此这趟旅行第一次有了一个好好回顾和展望的契机，这趟旅行太长了，因此被拦腰截住。我还从来没见过像我在拱廊①里见过的这么小的人群。马克斯说，拱廊只是那么高，就如人们在户外看到的房子一样。我用一个已经忘了的说法否认，就好像我总是在为这拱廊说话。它几乎没有多余的装饰，它并不留住视线，因此，也由于它的高度，它看来矮小，但也承受了这个缺陷，它构成一个十字形，可以让空气自由地通过。从大教堂的屋顶上看去，面对拱廊的人看上去变大了。我完全可以用拱廊聊以自慰，即便我并没有看到古罗马的遗迹。在拱廊深处的妓院透明的招牌：阿尔·维罗·艾登。与街道繁忙的交通联系绝大多数是通过个别的人形成的。在附近的狭窄街道里来来去去，这些狭窄的街道是非常不错的，虽狭窄，但两边均有不少人行道。有一次我们从一条狭窄的街道看到另一条直角拐弯的街道上有一幢房屋，在顶层的楼房里，一个女子倚窗而立。总之我当时是轻松而坚定的，并且感觉到，总是处在这样的情绪之中，感到我的身体变得越来越重。少

---

① 曼纽尔二世长廊。一条连接米兰大教堂和斯卡拉广场的拱廊。

女讲起法语就像处女一样,米兰的啤酒闻上去像啤酒,尝起来却像葡萄酒。马克斯只是在写作的时候才对已写好的东西表示遗憾,写完后却从不如此。马克斯由于害怕,带一只猫在阅览室散步。

这姑娘坐在椅子上,在互相交叉的双腿上部和腹部,在透明衣服里无疑是看不出身形的。当她站立起来的时候,就如薄幕后面的舞台布景,露出了一段最终可以忍受的少女的身体来。法国女郎,对于最终的目光来说,她的甜美首先展示在圆润而细腻的、富于表达和亲切的膝头。一个像指挥官似的纪念碑的形象,她将刚挣来的钱推进长统袜里。——那位白发老人将双手重叠地放在一只膝盖上。——门口的那位女子,凶狠的面孔像西班牙人的,把双手搁在臀部的做法也是西班牙式的,她将自己的身体伸展在一种丝绸制成的类似紧身衣的裙子里。我们那里,在妓院里的德国姑娘使客人们在片刻间忘记了自己的国家,这里的法国姑娘也是这么做的。大概没有足够的有关本国状况的知识。——为冰镇饮料的热情而受到惩罚,一杯石榴汁,在剧院两杯橙汁,在伊曼纽大街酒吧里又喝了一杯,在拱廊的咖啡馆里一杯雪芭,一瓶法国梯也里矿泉水。这一切的效果陡然爆发出来。我垂头丧气地去睡觉,由床出发进入了一幅突出的、全方位的、有立体感的意大利城市的图像,它是通过侧墙的一扇有点儿向外凸起的窗户造成的。毫无慰藉地醒来,感到干燥迫击着咽喉及所有的肠壁。——警察不像官员那样打扮得那么优美,他们在执行公务的时候,一只手里拿着脱下的棉线手套,另一只手里拿着小小的棍棒。

9月5日。在斯卡拉广场上的商业银行。从家里来的几封信。——给上司写的明信片。——赞叹着进入如在卡德那比亚棕色门帘之间的大教堂。——要求提供一张大教堂的建筑图,因为大教堂整体就是一种纯建筑艺术的呈现,绝大多数地方没有长凳,柱子上有不多的立式雕像，只是在远处的墙上有些阴暗的画像，个别参观者站在地板上将之作为衡量教堂高度的标准或自己走动时伸展的标准。——宏伟壮丽，但令人极快地想到拱廊的景象。——没有责任感，游览不作笔记，哪怕生活都是如此。不可能有同样形式时日消逝的极端的感受。——登上教堂的屋顶。一位走在前面的意大利年轻人使我们的攀登轻松了许多，他哼着一支小曲，并想将上衣脱去，他从缝隙朝外看，透过它的只有太阳的光线，他不断地拍打着数字符号，上面显示出走了多少级台阶。——从前面的屋顶回廊远眺。下面电车的机械装置已经腐蚀，只是在通过轨道的拐弯处它们才滚动得那么屠弱。从我们的位置看去，一位售票员匆忙地斜着身朝下压向他的电车，旋即又跳上去。——有一个男子形状的滴水嘴，从它里面除去了脊柱和脑子，使得雨水有一条通道。——在每一扇彩色的大窗户上，占主导地位的便是在某种图画中不断再现的一件衣服的颜色。——马克斯说：在一家玩具商店橱窗里的火车站，铁轨封闭成圆形，并不通往任何地方，这就是米兰留下的最强烈的印象。在这个橱窗里，那种连着大教堂的火车站的组合也许是在努力地展示这个地方丰富多姿的库存。从大教堂的后门，人们正好仰看到一座屋顶的大钟。——马克斯说：古罗马要塞①的外部已经看见了，故而可以省却了。——福萨蒂剧院。——到斯特雷萨的旅程。在满载的车厢里睡着了的人如浮雕一般。热恋的一对。——下午在斯特雷萨。

9月6日。星期三。变得恼怒，晚上有了好多家饭店的想法。②

9月7日。星期四。浴场洗澡，信件，离去。——在公众场所睡觉。

---

① 斯福尔扎城堡，米兰的标志性景点之一，可以在大教堂屋顶眺望。
② 卡夫卡和布罗德在旅行中不仅计划合写小说，还打算合作一本旅行指南。

9月8日。星期五。旅行。意大利夫妇，自称萨卢斯的夫人。①牧师。美国人。两个矮小的法国女人，屁股上肉长得多了些，蒙特勒。双腿一步一步地走在宽阔的巴黎街道上。——在床柱的边缘处洗脚。夏季饭店的小夜灯。——协和广场的设计将魅力引至遥远之处，目光是那么容易发现这遥远之处，只要这目光是在寻找它。

佛罗伦萨画派（15世纪）：苹果写生。——丁托列托：苏姗娜。——西蒙·马丁尼（1284—1344）：耶稣·基督步行到卡尔费勒（锡耶纳画派）。——曼特尼亚（1431—1506）：美德的胜利（威尼斯画派）。——提香（1477—1576年）：斯亚特伦会议。——拉斐尔：阿波罗和马斯亚斯。——委拉斯凯兹（1599—1660）：西班牙国王菲力普四世肖像。——雅各布·乔登斯（1593—1678）：饭后音乐会。——鲁本斯：露天集市②。

广场小巷的糖果店。——穿着晨衣洗衣服的女人。——广场小巷，如此地狭窄，使得它终日都处在阴影中。当然，有一排房屋完全被太阳照着，这种在光照中的差别落在互相紧挨着的房子上面。——士兵的津贴，匿名的公司。上百万的资本，歌剧院大街。——罗伯特·萨穆埃尔。——大使饭店③：咚咚的击鼓声伴随着在双S的信号中开始的吹奏乐，在此之前这击鼓的棍棒在欧式的动作中还正有生气地挥动着，而且四周是那样安静。——里昂火车站。挖土工人裤子背带的代用品是围住身体的多彩的绶带，这些绶带在这里有着庄重的意义，同时也显示出民主来了。我真不知道，

---

① 布拉格诗人胡戈·萨卢斯（Hugo Salus, 186—1929）的妻子奥尔加·萨卢斯（Olga Salus）。
② 以上为卡夫卡在卢浮宫观看画作的笔记。
③ 香榭丽舍大街上的一家饭店和音乐咖啡馆。

我是不是睡过头了,在车上,整个上午,我都纠缠于这件事。注意,人们并不把这些照看德国儿童的法国姑娘看作是家庭女教师。——拉法耶,一六六八年五月十七日,《攻占萨林》。①在后景中,一位穿红衣服的人骑着一匹白色的马,一位穿深色衣服的人骑着一匹深色的马,他们正从背景里被围的一座城市中出来休息,在他们骑马出来的时候,迎着他们的是正将来临的一场大雷雨。——一七八六年六月二十三日《路易十六游瑟堡》。②载着路易十六的船,他伸出手指向瑟堡,给站在他后面的廷臣说明,首先是朝着一个将手搁在胸前的人,这艘船将由每边三行驾着连在一起的船桨的船员驶向陆地。穿着轻盈衣服的妇女们跃动地迎向他们,一个男子透过望远镜看着。车子在岸上等着。别的船上的人正纷纷踏着跳板登岸,有一个人与众不同。——一八〇九年七月五日夜至六日,《拿破仑在瓦格拉姆战场的宿营地》。③拿破仑独自坐着,将一条腿搁在低矮的桌子上。他后面是正冒着烟的篝火。他的右腿和桌脚、椅子脚的影子在前方辐射般地围绕在他身边。寂静的月亮。远处围成半圈的将军们看着火,也看着他。

独特的平面景象:衬衫,尤其是洗涤的衣服,饭店里的餐巾,糖,两轮马车的巨大车轮,塞纳河上的平面汽艇,阳台将房子横向切开,并加宽了这些房屋平面的横截面,平面宽大的壁炉,折叠的报纸。

线条构成的巴黎:从平面的壁炉伸出去的高而细的烟囱装饰着许多小花盆形状的东西——那些全无声响的煤气枝形灯——百叶

---

① 普洛斯佩尔·拉法耶(Prosper Lafaye,1785—1853)的作品。以下都是卡夫卡在凡尔赛宫看到的画作。
② 法国海洋画家路易·菲利普·克雷平(Louis-Philippe Crépin,1772—1851)的作品。
③ 法国画家阿道夫·罗恩(Adophe Roehn,1780—1867)的作品。

窗的横线条,在城郊有些房子的墙壁上留有线条的脏的痕迹——我们在里沃利街看到的屋顶上的细边框——大皇宫美术馆有线条的玻璃屋顶——商店用线条分割的窗户——阳台的栏杆——用线条构成的埃菲尔铁塔——我们对面阳台门的旁边和当中的边框都表现出较强的线条效果——露天放的椅子和咖啡馆用的小桌子,它们的脚就是线条——开放的公园里涂有金尖的栅栏。

在大笑的时候,加气泡水的石榴汁多么轻易地流过鼻子(喜歌剧院前面的酒吧)。

月台票,这种对家庭生活放肆的侵犯是不为人所知道的。

独自与一个听力不佳的夫人待在阅览室里,① 当她朝别的什么地方看的时候,我为自己的介绍算是白费了。她认为我所指的外面正下着的雨还要使天气继续闷热下去。她将卡片放在一本摊着的书的后边,正努力地看着这本书,脑袋支撑在握成拳形的手上,这只手里大概还有上百张没有用过的两面印花的小卡片。在我旁边,背朝着我的一位年纪大的黑衣男士在读着《慕尼黑最新消息》。外面大雨倾泻如注。——与一位犹太金匠同行。他来自克劳考,② 大约二十多岁,曾在美国呆过两年半,现在巴黎已经生活了两个月,但只找到十四天的工作。工资低微(每天只有十个法郎),工作的地方也极糟糕。如果一个人新来到一个城市,他不知道他的工作价值多少。在阿姆斯特丹的美好生活。很多的克劳考人。人们每天都知道在克劳考发生了什么新鲜事,因为总有一个人到那里去,或者总有一个人从那里来。整条长长的街道上的人都只讲波兰语。在纽约

---

① 卡夫卡于 1911 年 9 月 14 日至 20 日待在埃伦巴赫的疗养院,布罗德先回了布拉格。这里指的是疗养院的阅览室。
② 现属波兰,名克拉科夫。一战前属于奥匈帝国。

收入是巨大的,因为所有的女孩在那里挣许多钱,并能将自己打扮一番。巴黎为此不能与之匹敌,走上林荫大道的第一步就表现出了这一点。他之所以从纽约离开,是因为他的同胞在这里,并且因为他们给他写了信:我们在克劳考生活,也挣钱,你到底还要在美国留多长时间呢?完全正确。为瑞士人的生活欢欣鼓舞,他们肯定会成为非常强壮的人。如果他们是这样地在大地上生活,并从事畜牧经济的话。河流!可是主要的事情是,人们在起身之后要向流水走去。——他有着长而鬈曲的头发,只是有时候用手指梳理一下,眼睛炯炯有神,鼻子缓缓弯曲,面颊上的凹陷,美式裁剪的西服,破旧的衬衫,悬斜的短袜,他的箱子不大,但他提着它下车的时候就像提着一个重物。他的德语由于英语的重音和用法而令人无所适从,意第绪语就不必提了,英语的色彩是那么的强烈。在一夜的行车之后,仍旧是那么活跃。"您是奥地利人?是呀,您也有一件雨衣。所有的奥地利人都有这个。"我出示袖子证明,那不是雨衣,而是一件大衣。他继续坚持,所有的奥地利人都有雨衣。他们就是那样披上它的。他这个时候又转向第三个人,并向他指出,他们是怎样做的。他做出那个样子,就好像他将什么缚在了后面的衬衫领子上。他抖动一下整个身体,为了看它是否固定住了,然后将这个什么东西先拉过右臂,然后拉到左臂,最终将自己全包上,如人们看到的,直至他恰感到舒适温暖为止。尽管他坐着,腿部的动作却在表示,一个奥地利人在这样一种雨衣里可以怎样轻松、完全没有顾虑地走动呀。在这里几乎完全没有嘲弄,它说明了一个人的更多经历,如他作了多次旅行,看到了不少事情。当然混杂了一点天真烂漫。

我在疗养院前面昏暗的小花园里散步。晨操伴着一支"神奇角笛"的曲子,① 它是由一个人用铜管乐器吹奏的。

————————

① 《少年神奇角笛》是一本德语民歌集。

秘书每年冬天要徒步旅行，去布达佩斯，法国南部，意大利。赤脚，只是依赖生的素食品（粗面粉面包、无花果、海枣）。和另外两个人在尼斯附近住了两个星期，而绝大部分情况下赤裸裸一人呆在一所孤零零的房子里。胖胖的小姑娘，不时地抠抠鼻孔，显得聪颖，但并不特别可爱，一只没有前途的鼻子，她叫瓦尔特劳特①，一位小姐说她身上有着一种闪光的东西。

饭厅里的圆柱，我在观赏的时候（高大、光辉、完全是大理石的），对这些柱子感到吃惊，为此，我在一艘小汽艇上摆渡的时候，我诅咒了自己，因为这些圆柱其实是平民的那种用砖头建成的柱子，上面粗糙地镂刻着大理石图形。

一个男子在对着我窗户的梨树下与一个我看不清楚的住底层的姑娘在愉快地谈话。

舒适的感觉，这个时候医生正不断地听我的心脏，总是想把身体摆弄成另一个样，也不能说清楚什么。他摸心脏附近的时间特别长，好像几乎没有了思想。

夜间车厢里女人们在争吵，她们将车厢里的灯光遮住了。躺着的法国女人在黑暗处大叫起来，而被她的双脚挤到墙边、法语讲得很糟的年纪较大的妇女竟不知所措。按法国女人的意思，她应该离开这个位置，将她的许多行李挪到另一边，挪到后座去，好让自己在这里舒展开来。从我的车厢里出去的希腊医生用蹩脚可是很清晰的、好像是基于德语基础的法语着重地指出法国女人的不对。我叫来列车员，他将她们分开了。

又跟那位夫人在一起，此外，她还是一个写东西的傻瓜。她身边带着一只文具袋，里面有许多信纸、卡片、自来水笔、铅笔，这总的说来对我是很亲切的、很令人鼓舞的。

---

① 北欧神话中女武神的名字。

现在这里像是一个家庭。外面下着雨,母亲摊开纸牌算命,儿子在写东西。通常没有别人在房间里。因为她的年龄,也许我也能叫她母亲。

尽管我表面上厌恶"类别"这个词,我却将它看作是真实的,通过自然疗法和与此有关而产生的一种新的类别,比如菲伦贝格先生①所代表的类别,我当然只是肤浅地认识这位先生。这些人皮肤细腻,脑袋颇小,看上去过分爱干净,带着一二种小小的不属于他们的独特细节(在 F. 先生身上表现为缺牙齿,腹部突出)。他们长得干瘦,就好像这种干瘦跟其躯体的素质配套似的,这叫压迫脂肪,治疗他们的健康,好像说这也许是一种病,或者至少也许是一种功绩(我不对此加以谴责),有着一种如此强行实施的健康感觉带来的所有其他的恶果。

在喜歌剧院的顶层楼座。第一排有一位先生穿着小礼服,戴着大礼帽,最后一排中有一个男子穿着衬衫(他还将这衬衫朝前卷,以露出胸膛),准备爬上床去的样子。

吹号手,我也许把他看成了一位有趣而幸福的人了(因为他是活泼的,并有着敏锐的思想,他的脸腮上长满了粗短的金黄色的胡须,双颊红润,眼睛碧蓝,穿着实际),今天在谈到有关他的消化系统疾病时两只眼睛鼓得大大的,直看着我,然后东倒西歪地朝泥土里去了。

瑞士的内部争吵。比尔,这个在几年前完全是一个德国式的城市,由于法国钟表匠的迁入而处在变成法国式城市的危险中。堤契诺州,这个唯一的意大利语州想脱离瑞士。有一场"收复领

---

① 埃伦巴赫疗养院的院长。

土运动"①。意大利人在七个名额的联邦议会里没有代表,也许他们以他们的小小人数(大约十八万人)至少要在九人议会里才能获得名额。但人们并不想改变这个数字。戈特哈德铁路②是德国私人企业,雇用德国员工,他们在贝林佐纳建立了一所德国学校。现在,因为它已经国有化了,意大利人要有意大利员工,并取消德国学校,而只有州政府能够决定学校的性质。全部的居民:三分之二德国人,三分之一法国人和意大利人。

有病的希腊医生,他半夜里用咳嗽将我赶出车厢,他说,他只能吃羊肉。因为他一定要在维也纳过夜,他请我给他写下这句话的德语表达。

虽然下着雨,后来我完全一人待着,我的不幸只是越来越现实了。在餐厅里大伙儿一块玩,我因为无能力而没有参加这些玩耍。是呀,尽管如此,我最终只是写了些不怎么样的东西,可是,对这种所有器官的孤独我既感觉不到丑陋,也感觉不到侮辱;既感觉不到悲伤的成分,也感觉不到痛苦的成分——好像我只是由骨头组成。这个时候,我相信我感觉到了我堵塞的肠子的上部区段有了一点儿胃口。那位用一只锡杯给自己取牛奶的夫人,在她又回去摆弄卡牌前,走回来问我:"您到底是在写什么东西?观察体会?日记?"而且她也知道,她不会听懂我的回答,她便紧接着问道:"您是大学生吗?"我没有想到她的重听,便回答道:"不是,但我当过大学生。"同时,她已经又摆弄着卡牌。我带着这句话孤零零地待着,由于这句话的分量的驱使,还看了她片刻的时间。

---

① 19 世纪的意大利政治运动,其目的是归并一切口操意大利语而受治于他国政府统治的意大利邻境。
② 自瑞士茵梦湖经戈特哈德隧道至基阿沙,接意大利边境,1882 年通车,1921 年改为电动。

我们两个男人和六七个瑞士女人坐在一张桌子旁。当我只是在盘子半空了的时候，或者出于无聊而环顾大厅的时候，那距离最远的菜盘就在女人们（我一古脑儿叫她们太太与小姐）的手中端起，并迅速地递过来，我只说谢谢，表示什么也不想要了，盘子便从同样的路上慢慢地往回去。

弗朗西斯克·萨尔赛①的《被围困的巴黎》：一八七〇年七月十九日宣战。一些时日名声一落千丈。——书本身变换着特征，同时它在描绘巴黎变换着的特征。——同样的事物毁誉参半。失败之后巴黎的寂静，一会儿是法兰西的鲁莽轻率，一会儿是法兰西的抵抗能力。——色当共和后的九月四日——工人和国家卫队在梯子上用锤子敲打国家建筑上的 N②——还是在宣布共和后的八个昼夜，热情如此高涨，竟没有多少人修筑防御工事。——德国人向前推进。——巴黎人的玩笑：麦克-马洪在色当被抓住了，巴赞降献了梅斯，最终，这两支军队实现了它们的会合。——指令破坏近郊——三个月不通消息。——巴黎从来没有像在包围开始时那样一种胃口哩。甘必大组织了省的起义。有一次幸运地得到了他的一封信。但他并不说那所有人都急切地想知道的详尽日期，他只是写了，巴黎的抵抗力量受到全世界的敬仰。——梯也尔四处造访宫廷。——颠狂的俱乐部集会。特里亚特体育馆的一次妇女集会。"妇女们面对敌人应该怎样保卫她们的荣誉？"用上帝的手指或氢氰酸的手指。那是一种用橡胶般的物质做成的管套，妇女们将它套在手上。如果一个德国士兵来了的话，那就伸给他一只手，他就被刺中，毒液流入。——学院用热气球送出一位学者去阿尔及尔研究日蚀。——人们吃去年的栗子、巴黎植物园中的动物。——直至最后一天，人们还能在几个餐厅里吃到所有的东西。——这位名叫

---

① 弗朗西斯克·萨尔赛（Francisque Sarcey，1827—1899），法国记者。
② N 所指不详。

霍夫的中士，杀死了几位普鲁士士兵，作为他父亲的复仇者已变得如此闻名，他曾消失不见，并被视为一位间谍。——军队的状况：有个别的前哨人员亲密地与德国人同饮。——路易·勃朗将德国人与学习过技术的莫希干人①作比较。——一月五日开始轰炸。并不多。如果人们听到榴弹的轰击，那就接受命令卧倒。街上的男孩，也有成年人，站到水洼的地方，并不时地叫喊"小心炮弹"。——有一段时间，在巴黎的夏泽将军成了希望，他像所有其他人一样失败了。人们当时也并不知道他有名气的理由，尽管如此，当时巴黎的热情如此强大，致使萨尔赛还在写他这本书的时候，就在心中感觉到了对夏泽的一种模糊而没有道理的敬仰。——来自当时巴黎的一日：林荫大道上风和日丽。散步的人悠然自得，对着市政府的地方变了，那里是公社社员的暴动，有许多死人、军队、过分行动。在左岸，普鲁士的榴弹发出响声。码头和桥上都是静悄悄的。回到法兰西剧院。观众们刚看完《费加罗的婚礼》演出出来。晚报也刚刚上市，这些观众成群地围聚在报亭周围，孩子们在香榭丽舍大街上玩耍，星期日的散步者们新奇地朝一个连的骑兵们观看，这些骑兵吹着号骑马而过。——在一封德国兵给母亲的信中："你想象不到巴黎有多大，而且那些巴黎人都是些奇怪的人，整日价吵吵嚷嚷。"——巴黎两个星期没有熟食可吃。——到一月底，四个半月的包围结束。

在车厢里老年妇女间的友好交往。关于老太太遭车压的故事，她们在旅途中的行为方式：从不吃酱汁调料，把肉挑出来，在车子行驶的时候闭上眼睛，但同时……吃水果配面包，不吃坚硬的牛肉，请男士将一个人领过街道，樱桃是最重的水果，拯救老年妇女。

---

① 北美印第安人之一族。

在米兰火车站的连体车厢。①

列车里一对年轻的夫妇去斯特雷萨,还有一对去巴黎的夫妇。一位丈夫只是被动地在接受亲吻,他从窗户朝外看的时候,只见其肩膀对着那女子的脸颊。当他因为热而脱去上衣并闭上眼睛的时候,她好像在更为仔细地瞧着他。她并不可爱,只有稀疏的鬈曲头发遮住面孔。另一个女子却戴着面纱,一只眼睛常常被面纱上的蓝色斑点遮住,她的鼻子好像一下子被切断似的,嘴边的皱纹自然是青春的皱纹,好像是为显示她的青春活力。当她沉下脸的时候,她的眼神游来荡去,就像我在我们那些戴眼镜的人那里看到过的那样。

所有的法国人都在努力地与人接触,至少是在这个时刻纠正那些人讲的糟糕的法语。

脸刮得并不干净的年轻牧师和展示着几十包风景明信片的推销者,牧师在评论着这些明信片。我朝他看去,也因为有一点儿炎热的影响,我看得那么专注,以致我的靴子后跟完全踩在他的长袍上。"没关系。"他说道,而且接着说了下去,并不断用意大利语"Ah"表现出强有力的呼吸。

坐在车子里,对饭店的选择没有确定的决断,② 看来我们也只好任由车子漫无目的地驶去,一会儿驶进一条附近的街道,然后又让车子返回原来的方向。整个上午来往于批发市场附近的里沃利街。

---

① 1909 年首次采用的新型车厢,将两节车厢像连体婴一样相连,可以从一边直接穿到另一边。
② 回到布拉格后,卡夫卡写下的巴黎回忆。他们最终住在了圣玛丽酒店。

我第一次走上我的阳台，环顾四周，就好像我刚从这个房间醒来，而同时，晚上行车的疲惫不堪使我不知道，我是否能够明日跑到街上去整整一天，特别如我现在从上方看到的那些还没有我出现的街道那样。

巴黎的误解的开始。马克斯走上楼来进入我的饭店房间，见我还没有完事，正洗着脸，他便为此发怒，可是我早已说过，我们只稍稍洗一下，便立即出去。因为我以为稍稍洗一洗的说法就是排除了将整个身体洗一洗的想法，也就是要洗洗脸，而我正好还没洗完，所以我不理解他的谴责，并继续地洗脸，虽然不像过去那么仔细。在这个时候，马克斯穿着他那经过夜间行车满是龌龊的衣服坐到我的床上等着。他有着这样的习惯，而且现在也将它显示出来了，即他在谴责别人的时候就假惺惺地紧抿住嘴巴，当然也包括整张面孔，就好像他想以此一方面加深我对他谴责的理解，另一方面他好像要表示，只有他刚刚作出的这副令人讨厌的面孔阻止了他给我一记耳光。在我逼使他作出违背他本性的这种虚伪之举里面，还有着一种特有的、看来是他后来针对我的谴责。如果他默默无语，并将他的面孔朝向相反的方向，从这种令人讨厌的感觉中恢复过来，就是说渐渐放松了由绷紧的嘴巴做出的表情，这效果自然要比最初的那副面孔强得多。我对此表示理解（在巴黎也是如此），我又是由于疲劳而重新陷入自我的境地，这副面孔的影响根本涉及不到我。我为什么后来能在我的痛苦中如此有力，直截了当地说，由于完全彻底的无动于衷，我便能够在毫无负疚的感觉中当他的面表示歉意。这在当时使他感到安慰，至少看上去是这样，以致他带着我踏上阳台，议论风光，首先，这风光是多么地有巴黎味道啊。我其实只看到马克斯是多么地精神奕奕，他肯定是那么地适合任何一个模样的巴黎，我根本没有注意到的巴黎，就像他现在从他后面阴暗的房间走出来，一年来第一次在阳光下踏上一个巴黎的阳台，并对此有着自觉的意识，遗憾的却是我明显地比在马克斯来到之前的片刻，我最初走上阳台的时候更为疲乏。我在巴黎的疲惫是不能通过充足的睡眠，而只能通过离去来消除。有时候我认为这甚至就是巴黎的一种特性。

我写下这些根本毫无恶意，可是它又在每一个词语上跟踪着我。

我最初对比亚德咖啡馆表示反感，因为我相信人们在那里只能喝到黑咖啡。事实是，那里也有牛奶，即使还有些不怎么样的海绵状的烤制糕饼。这几乎是我为巴黎想到的唯一的改进，就是人们应该在这样的咖啡馆里做些更好的糕饼。后来，在用早饭之前，这时马克斯已经坐下，我想到去旁边的街道走走，找找水果。在去咖啡馆的路上，我总是先吃掉一点，好让马克斯不太吃惊。我们在凡尔赛蒸汽铁路车站附近的一家不错的咖啡馆里作了这种成功的尝试，将从一家糕点店买来的苹果卷和杏仁派在一个倚着门朝我们看的店员面前吃光。我们将这个尝试也带到了比亚德咖啡馆，并觉得，人们除了享受纯美的糕点外，还明显地享受这种咖啡馆的真正的优越品性，也就是享受在颇为空荡的店里那种完全不为人所注意的特质，良好的服务，靠近柜台后面的和总是敞开的店门前面的那所有的人。只是人们一定得接受这样的事实，即由于直接从街道上走来的、在柜台边挤来挤去的客人很多，地板要常常清扫，而且也还要顾忌不关注客人的习惯。

观察在凡尔赛蒸汽铁路站路段上的一些小酒吧，看上去对一对年轻夫妇来说，开这样的一个酒吧，同时过上一种优越的、有意思的、没有风险的、只是在一定的日常时间里花些精力的生活，实在是轻而易举的事情。甚至于在林荫道上，在楔形的房屋地区尖端的两条街道之间，也有如此的酒吧在旁边的阴暗处延伸出来。

客人们围坐在城郊旅馆小桌子的四周，他们的衬衣上满是石灰。

晚上，在普罗索尼埃林荫道上，一名妇女推着卖书的小车叫喊着。"翻翻吧，我的先生们，翻一下吧，找一找，这里所有的书，卖书喽"。她并不逼着谁去购买，也不讨厌地朝谁看去，她在她的喊声中能立即说出围站着的人手中拿的那本书的价钱。她好像只是要求人们快点翻阅，快点儿将书从手中传递出去，这是人们能够理解的。要是人们注意看的话，比如不时地有一个人，就拿我来说吧，慢慢地拿起一本书，稍稍地翻翻里面，慢慢地将它放回原处，终于慢慢地离去。这样认真地叫出这些书的价钱，而这些书的不正经程度又是那么可笑，使得人们首先在所有旁观者的注视下难以设想作出一个要买的决定。

在店前面买一本书要比在里面花去更多更多作出决定的力气，因为这种选择在偶然面对出售的书籍时本来只是一种自由的考虑。

坐在香榭丽舍大街上的两张面对面的椅子上。许多孩子还在黄昏中玩耍，他们逗留的时间太长了，以致在这黄昏中已经无法清楚地看见他们在沙地上划出的线条了。

封闭的浴场，外面有着一种在记忆中是土耳其风格的图案。下午的时候，它被照耀得呈铁灰色，因为太阳光只是透过上面绷紧的篷布的缝隙，从一个角落以零星光线照射进去，使得下面的池水变暗了。大大的空间。在一角有一个酒吧。浴场管理员们这边那边地沿着水池疲于奔命，来往于顾客之间。他们在一旁的更衣室前面逼近顾客，并用听不懂的但固执的讲话来讨要超时的费用。用这样不懂的语言提出来的一种要求对我好像是小心谨慎的。皇家桥浴场。在角落的台阶上站着用肥皂彻底洗身的人，他们周围的肥皂水并不流动。人们通过空隙向河流上漂过的什么东西看去，那是蒸汽船。这地方可怜的取乐，被两个人用一艘老旧的划艇的娱乐行为表露无遗，这艘船从这面墙壁被推开，却又碰到了对面的墙壁。地下室的气味。漂亮的绿色公园长凳。有许多说德语的人。在一所游泳学校里，水上垂下一根随意做体育锻炼用的有结的绳子。我们打听巴尔扎克博物馆，一位漂亮的年轻人头发湿湿的，十分蓬松。他向我们解释，我们指的是格雷芬博物馆（一处蜡像陈列馆）。他殷勤地让人打开他的更衣室，取出一本小旅游指南（大概是一家旅馆的新年礼物），但在上面找不到巴尔扎克博物馆。我们已经在内心不停地感谢了，因为我们预料到了这一点，而且也赶忙地劝阻他不要寻找这地方了。地址簿上也没有。

喜歌剧院的一位肥胖的检票员姿态颇高地向我们收了一些小费。我想原因大约在于，我们手里拿着剧场的票子一步一步先后跟得太紧地朝上走，我打算以后晚上在有这位检票员的剧院里当面拒绝给这种小费，而现在我在胖女人和自己面前羞怯地给出了大把的小费，其他人却竟然没有给小费就走了进来。后来我在剧院里也说出了这句话，我按我的看法称小费为"不是绝对必要的东西"，可是又一定得付，因为这一次是位较瘦的检票员，她抱怨管理处没给她报酬的时候，把面孔斜向了肩膀。

开始是擦靴子的场景。陪着守卫站岗的孩子们用同样的步伐走下阶梯。草率演奏序曲留下的印象，使得迟到的人轻松而入。因为人们一般习惯这样听轻歌剧。布景再朴实也没有了。昏昏欲睡的跑龙套的人，像我在巴黎看过的所有演出一样，在我们那里演员的活力几乎无法压抑。为《卡门》第一幕准备的驴，在狭窄街道里的剧院入口前被工作人员以及几个街上的观众围住了，驴在等待入口处的小门打开。我在露天阶梯上几乎是明知故犯地买了一张错误百出的节目单，就像那些在所有剧院前面出售的节目单一样。一位芭蕾女舞者在私酒贩子的小酒馆里为卡门跳舞。她无声的身体在卡门的歌声中是怎样随着韵律运动的呀。接着是卡门的舞蹈，由于她在迄今的表演中的表现，卡门变得更加地美了。看上去她好像在演出前极快地从芭蕾女主角身上吸取了一些教训。她倚着桌子，倾听某个人讲话，并在绿色裙子下面让双脚相互逗弄，脚灯灯光将她的脚底照得雪白。

一个没有写过日记的人面对一本日记会产生一种错误的见解。比如，如果这个人在读歌德的日记，还看到他在一七九七年一月十一日整天在家中"忙于各种各样的整理工作"，那么，在这个人看来，他本人还从来没有做过如此之少的事情。

在最后一幕，我们已经太疲倦了（我在倒数第二幕就已经是这样了）。我们离去，坐进了喜歌剧院对面的一个酒吧，在这里马克斯由于疲倦把苏打水洒到我身上，而我由于笑得太疲倦，失去控制，让石榴汁呛了鼻子。在这个时候，最后一幕大约开始了，我们漫步走回饭店。经受了剧院里的炎热之后，走上这个广场使我感到舒服多了，在剧院里我用敞开的衬衫扇走胸前的热气；夜的空气，坐在露天里，在一个城市广场上伸展双腿，被照得通亮的剧院的外立面，以及那些咖啡屋旁边的光线足够照亮这个小小的广场了，特别是照向它的地面，一直照到那些小桌子的下面，像照向一个房间。

在前厅的那位先生跟两位太太聊天，他穿一件燕尾服，有点不合身，如果它不是新的，不是在这里穿的话，可能是一件古装。单片眼镜掉下了又拿起来。谈话停止的时候，他就心神不定地用手杖叩击着。他不时地带着手臂的抽搐站起来，就好像他每时每刻都有着用他的手臂领那两位太太穿过人群的企图似的。干瘪损耗的脸部的皮肤。

德国语言的特性,在不掌握它而且大部分也不想掌握它的那些外国人的嘴巴里,变得优美起来。就我所观察到的法国人而言,我们永远不能看到,他们会对我们在说法语时犯下的错误感到高兴,或者认为这些错误值得听听,就连我们也如此,只能微微说出法文语言感觉的我们的法语……〔这里中断〕

从我的角度看,幸福的厨师和服务生们,他们在正餐之后吃沙拉、菜豆和土豆,在大碗里将它们混合起来,尽管给他们端来许多,他们只从每种蔬菜里取少许,从远处看来是这样,就像我们那里的厨师和服务生一样。——服务生的嘴巴和小胡子漂亮地紧贴在一起,他在一天中,根据我的看法之所以为我服务,是因为我疲惫不堪、行动笨拙、心绪不定、使人讨厌,并因此而不能给自己弄吃的东西,这时,他就给我端来吃的,而我几乎没有注意到。

在塞巴斯托波尔林荫道边的杜瓦尔笼罩着一片黄昏。三个客人分散地坐在酒店里。女服务生互相小声地说话。钱箱还是空的。我要了一杯酸奶,后来又要了一杯。那位女服务生悄悄地将它拿来,饭店里半明半暗的光线也加深了这宁静的气氛,她怕影响我在这里享受那份饮料,便悄悄地将我那位置上为晚饭准备的餐具取走。一位如此娴静的女子对我的痛苦竟能这么容忍与理解,这使我感到非常舒服。

在黎塞留大街上可笑的饭店里。里面挤满了人。玻璃镜子前面丑陋的烟雾景象。规律排列的挂满帽子的衣钩板像树林一样。桌子之间有扶栏的风格。不机灵的外国人误以为那里是扶栏似的框架,肯定也镶着玻璃，人们大着胆子朝玻璃看去，似乎在里面看到了远处客人的影子，并且通过对视，认识到那是些真实的面孔——人们感觉到，这些在一个挨着一个的桌子之间的扶栏正是为了更多地拉近客人们之间的距离而设的。

在卢浮宫里我从一张长凳歇到另一张长凳。漏歇了一张长凳，就感到疼痛。——在方形沙龙里的拥挤，激动的情绪，一群群地站着，就好像《蒙娜丽莎》刚被偷走似的。①——图画前面的横杆倒是令人舒服的东西，人们可以倚着它们，特别是在原始派②展厅里。——和马克斯看他喜欢的画作，这是一种精神的压力，因为我太疲倦了，没法一个人看，更何况要费神地看。——举目欣赏地瞧。——一位高大年轻的英国女郎多有力啊，她和她的伴侣在最长的大厅里从一端走向另一端。

马克斯的样子，在街灯下，在阿里斯蒂德前面读《费德尔》，③并因为印刷的字体太小而妨害了视力。他为什么从来不听从我？——可惜我还从中得到好处，因为他在去剧院的路上，将他在街道上从《费德尔》里读到的东西全部讲给我听了，他读那书的时候我正吃晚饭。路不长，马克斯努力地将所有的一切全给我讲了，当然我这方面也付出了努力。前厅有许多军人。士兵们按军规维持着从售票处几米远的地方挤回来的观众的秩序，让他们朝前走。

在我们的行列里好像有个被雇来喝彩的女子。她的喝彩好像是按着在我们后面最后一排忙于喝彩的领队人的棒子向上敲击的节拍

---

① 方形沙龙是位于卢浮宫二楼的展厅。《蒙娜丽莎》于1911年8月21日被盗，直到两年后才在佛罗伦萨被寻回。
② 特指20世纪初以法国巴黎为中心，以亨利·卢梭（Henri Rousseau）为代表的美术家们创造的艺术流派，又称稚拙派，主要通过追求原始艺术自然天成的表现形式，来表达朴素的艺术情感。
③ 1911年9月9日，布罗德和卡夫卡去看了拉辛这部悲剧的演出。

进行的。她拍着手，心不在焉地将面孔往前倾得那么厉害，使她在鼓掌结束的时候，还惊异而关心地看着她那戴着网眼手套的掌心。如果必要的话，鼓掌马上就会再起。但鼓掌声最终真的自动响起，她根本不是被雇来喝彩的女子。

面对剧目有些观众有着平等的感觉，他们进场时第一幕要结束了，整排的人都得站立起来。——这五幕都是一个布景，这更增加了严肃性，尽管它只是用纸做成的，要比一种用木头和石头更替的布景更为结实。

一排对着大海和蓝天耸立的圆柱，它们的高处长满了攀藤的植物。有着委罗内塞以及克洛德·洛兰盛宴的直接影响。①

希波吕特斯②的那张不管是闭上的、张着的或是大开的嘴巴，都现出安详的弧线来。

奥埃诺内很容易陷入静止的姿态，有一次她的腿被袍子紧紧地缠上，站直了将手臂举高，从容地握成拳头，朗诵一节诗句。好几次慢慢地用手遮住面孔。主要人物的顾问色调灰白。

对费德尔扮演者的不满意，使我回忆起我对法国喜剧院成员拉歇尔的满足，我曾有段时间总是看到写她的东西。在如此令人惊异地观看的时刻，如在第一幕，希波吕特斯握着身边那张不动的、有人一般高的弓，带着向教师吐露真情的目的，将那安详骄傲的目光投向观众，像背诵节日的诗句一样朗诵他那首诗。我像平时一样，早有这种尽管很孱弱的印象，好像这是第一次发生的事，而且就是这第一次的成功的赞赏，掺杂进我往日的赞赏中了。

布局合理的妓院。整座房子大窗户上干净的百叶窗都拉了下来。在门房房间里的不是男人，而是穿着正派的女人，她可能到处

---

① 保罗·委罗内塞（Paolo Veronese, 1528—1588），意大利文艺复兴时期画家。
克洛德·洛兰（Claude Lorrain, 1600—1682），法国风景画家。
② 拉辛的《费德尔》中的人物。这里指的是演员。

都会觉得很自在。我在布拉格的时候就常常匆匆地注意过妓院的那种亚马孙族气质，这种情况在这里更为明显。这位女性的看门人按下门铃，把我们拦回到她的房间里，因为她被告之，正好有客人走下楼梯。上面两个可敬的女子，（为什么是两个？）她们接待了我们，扭开隔壁房间里的电灯，在这房间里有几个空闲的姑娘坐在暗处或半暗处，构成四分之三的圆（我们的来到将它补充成一个圈）。在这个圈子里她们以直立的、总想突出她们优点的姿势围住我们站着，被选中的女子大步站到前面，主管她们的夫人伸出手来邀请着我，这个时候我感觉到被拉到门口，我不知道自己是怎么到街上来的，一切发生得那么地迅速。在那里更为仔细地看清楚这些姑娘是不容易的，因为她们人太多了，她们眨眼示意，主要是站得太近。人们也许必须要睁大眼睛，当然这要练习。在回忆中，我其实只要了正好站在我面前的那位姑娘。她的牙齿有缺陷，她挺直自己的身体，用手在下腹紧紧地揪住自己的衣服，立刻又迅速地睁开，闭上那双大眼睛和那张大嘴巴。她金黄的头发被扯乱了。她身材瘦削。在这种场合担心忘记不必摘下帽子。人们必须要把手从帽檐处挣脱。孤独的、长长的、没有意思的归家之路。

卢浮宫开门前聚集着许多观众。姑娘们坐在高高的圆柱之间，有的读着导游手册，有的写着风景明信片。

米洛的维纳斯，即便她的样子在围着她最慢转动的时候也迅速而惊人地变化着。遗憾的是作了一个勉强的评论（关于腰身和外衣），但也作了一些真实的评论，为对她的回忆我真必须要有一个雕塑的复制品，特别是关于弯曲的左膝是怎样影响了各方面的外貌的，但有的时候只是显得很孱弱。这个勉强的评论是：人们在期待，在中断的外衣上部的身体马上变得纤细，但身体首先却是变得胖些。那件下落的、由膝部撑着的衣服。

博尔盖塞角斗士，他前部的外貌，不是主要的部分，因为他使观者朝后退，是一个让人分散了注意力的外貌。但从后面看那只脚首先着地，那惊异的目光在这里沿着立得牢牢的腿，并安稳地越过不停颤动的背部飞向朝前举起的手臂和剑。

地铁当时在我看来很空，特别是当我将之与那次旅途相比的时候。我那时有病，而且是独自一人去看赛马。除了乘客的数量，地铁的外表也置于星期日的影响之下。最突出的是墙阴暗的钢铁之色。列车员将车厢的门推开又关上，进进出出地工作着，表明那是星期日下午的工作。乘客们慢慢地行进在转车的那段长长的路上。他们那种不自然的漠然表情变得越来越明显，他们就带着这种漠然忍受着在地铁里的旅程。面向玻璃门，一些人在远离歌剧院的不知名的站点下车，让人感觉到了一种变化无常的情绪。在这些站点虽然有着电灯的照明，但变化着的白日的光线还是让人注目，特别是人们刚下车的时候，就会注意到这一点，尤其是那下午的光线，紧临变暗的前夕。车驶进空荡的王妃门的终点站，许多逐渐看得清楚的管道，向弯道望去，诸多列车在如此之长的直线行驶之后必须要在这里做这唯一的弯道行驶。在铁路上穿过隧道更是令人不愉快，（即使这里没有压迫感的痕迹），旅客还是会感觉到看不见的群山压力下的压迫感。这也不能说是远离人群，而是一种城市的设施，例如水管里的水。在下车时往回弹一下，接着猛地往前。这是在同一个高度上下车。绝大多数孤零零的小办公间均装有电话，信号装置指挥着这里的运转。马克斯总想朝里面看。当我乘地铁在生活中第一次从蒙马特驶往宽阔的林荫大道的时候，地铁的噪声是可怕的。一般来说这行程并不讨厌，甚至增加了快速行进的舒服安静的感觉。杜本内酒的广告是非常适合那些伤感的和无所事事的旅客去读、去期待以及去观看的。因为人们无论在付款的时候，还是在上下车的时候都不必说话。由于它对一个满怀期待而陌生的弱者来说是那么容易理解，地铁提供了最好的机会，为自己创造了信念，准确而迅速地在第一次尝试时就闯进了巴黎的本质。

人们可以认出陌生的外来者，他们在地铁阶梯最后一级的平台上已经表现得不再熟悉，他们已经不知所措，不像巴黎人那样没有过渡地就汇入了街道的人流。到走出来的时候才慢慢地将现实与地图吻合起来，这时我们到了这个地方，我们现在随着上来的人群走着，没有地图的引导，我们从来不会徒步或坐车来到这里似的。

回忆在公园绿地的散步总是很美的，① 那时还是那么晴朗，令人高兴。值得注意的是那里天气不是迅速地变暗，走路的步伐和环顾是由这些变化和疲劳所决定着的。在宽大光滑的马路上行驶的汽车是紧凑的。小花园的饭店里穿着红色衣服的乐队在汽车的噪声中演奏，根本听不到声音，他们拨弄着乐器，只是为让附近环绕的人得到享受。从来没有看到过的巴黎人互相牵着手。烧过的草地是土色的。露出衬衣袖子的男人们和他们的家人呆在大树下面的阴凉中，花床早就禁止入内了。这里最令人注目的是缺少犹太人。回头向小小的蒸汽火车看，它看上去是从一个旋转木马处拆下而开走的。那是通向湖边的路。②我对第一眼看到这片湖的最强烈的回忆是，一个男子躬着的脊背，这个男子朝着我们俯着身子，在绷紧的布棚顶下将船票递给我们。大约是由于我对船票和我无能的担心，我没有要求这名男子作出解释，这艘船是不是绕湖行驶或者是摆渡到岛上，是不是有停船的地方。因而我是那样地盯着他看，使我有时候只记得看见他本人躬着背朝向湖面，而见不到船身。有许多穿着夏日服装的人待在登岸的地方。船上的划手并不熟练。湖岸低矮，没有栏杆。缓慢的行驶使我回忆起早些年每个星期天独自的散

---

① 这段记录写的是卡夫卡去布洛涅森林的经历。
② 布洛涅森林里的人工湖。

步。从水中抽出双脚搁在船底板上。在听到我们说捷克语时，①那些游客惊异不已，竟然和这样的外来人坐在一条船上。在两岸的斜坡上有许多人，插进地里的手杖，摊开的报纸，带着女儿的男人平躺在草地上，很少有笑声；低矮的东岸，在我们那里早已取消了的用互相连接的弯曲的小木条做成的路障，阻止野狗在草地上奔跑，认真工作着的划手们和一个姑娘在那条沉重的船上。我让马克斯特别孤单地呆在昏暗中，在一家咖啡馆喝着一杯石榴汁。此地只有一条马路通过，它很快又与另一条不知名的路交叉。汽车和其他车辆从这个昏暗的交叉处驶向更为荒凉的去处。一排大铁栅栏大概是属于消费税务局的，却是开着的，可让每个人通过。在附近的人们看到月神公园刺目的光线，这光线增加了这片昏暗中的杂乱无章。这么多的灯光，如此的空荡。在去月神公园的路上和回到马克斯那里去的时候，我大约绊倒了五次。

9月11日。星期一。浇上沥青的铺石路面上汽车是比较容易驾驶的，停车却比较困难。②特别是某个人坐在方向盘前，他利用宽阔的马路，美丽的白天，轻便的汽车，他以他的驾驶知识，做一次小小的商业旅行，并同时在十字路口如此地驾车拐弯，就像行人走在人行道上。有一辆这样的汽车正要驶进一条小街道，还没出这个大广场就碰上一辆三轮车。汽车灵巧地停住，并未碰着多少，严格地说只是擦了一下，要是有人被这样踩了一脚，就会接着往前走，可是三轮车停下来了，而且前面的轮子似乎弯曲了。面包师的助手在这辆属于这家公司的车上刚刚还无忧无虑地跟着那三个轮子所特有的笨拙的摇晃并驾齐驱哩。他走下车来，碰上也刚从汽车里下来

---

① 布罗德在旅行日记里提到，法国人对德国人很不友好，所以他们在外都用捷克语交谈。
② 这是卡夫卡记录的1911年9月8日巴黎街头的一起车祸。他称之为"我的小汽车故事"。

的司机，谴责司机，这种谴责出于对一个汽车拥有者的尊敬而减轻了几分，又因为害怕老板的责骂而升高了。这时首先是要弄清楚，怎么会发生这种意外的。小汽车的主人用举高的手掌代表这辆开过来的汽车，那个时候他看到这辆三轮车横向朝他开来，松开右手，并通过来回的挥动警告三轮车，显出一脸的担心，因为什么样的汽车才能在这段距离里刹住车啊。三轮车会看清这些吗？它会让这辆汽车优先行驶吗？不，那已经太晚了，左手放弃了警告，双手联合起来造成了这不幸的碰撞，膝盖一弯便观看那最后的一刹那了。这一幕就发生了，那辆静静立在那里的扭曲了的三轮车为继续描述这事件提供了帮助。而面包师的助手没能顺利地敌过对手。第一，那位开汽车的人是一位受过教育的活泼的男人；第二，他到现在为止都坐在汽车里休息，之后他马上又能坐进去继续休息；第三，他从汽车的高度确实将事情的全过程看得更为清楚。在这期间，有些人围拢过来并站在那里，这好像是开汽车的人描述此事经过的功劳，这些人不是朝他围成个圈子，而更多是站在他的前面。这个时候交通肯定堵塞了，因为这群人拥挤在这里，另外，这些人按照开汽车的人的想法移来移去。如此，比如所有的人一会儿挤向三轮车，为了仔细地去看一下说得那么多的被撞的损失情况。开汽车的人认为这损失并不厉害（有些人并不高声地发表议论，表示站在他的一边），尽管他并不满足于仅仅朝那里看去，而是来来去去地走着，一会儿从上面，一会儿从下面地打量。有一个想要喊叫的人要为三轮车主说话，因为开汽车的人并不要别人为他喊叫；但他得到一个新出现的陌生男子很好的、很响亮的回答；如果人们没有弄错的话，他是开汽车人的同伴。有些时候一些听众肯定要一起大笑，但总是随着新的实质性的说法而安静下来。现在在开汽车的人和面包师助手之间基本上没有什么很大的分歧，开汽车的人看到自己被一小群友善的人包围着，是他令这些人信服的，面包师助手慢慢地停止了他那单调的手臂的伸展，提出谴责，是呀，开汽车的人并不否认他造成了一个小小的损坏,两方面都有责任,也就是说谁也没有责任,这些事情就正好发生了,等等。简而言之,这种事情最终会流于尴尬的结局,那些已经在讨论着修理三轮车价钱的观众都要开始投票了,要不是人们想到可以派人去叫警察这件事。面对开汽车的人陷入了越来越不利地位的面包师助手被请去叫警察,并将其三轮车托付给开汽车的人保管。这不是怀着险恶的用心,因为他没有必要去为自己组成一个派别,他在对手不在场的情况下也不会停止他的叙述,因为人们在吸着烟的时候谈话更好一些,他卷了一支烟。他口袋里有一个烟盒。先将新来者、穿制服的人、即便只是一些商店店员,有次序地引往汽车那方向,再引向三轮车的方向,然后再叙说这些细节。他要是从人群中听到一个站在后面的人的异议,他就踮起足尖回答他,好能看到那个人的脸。后来这件事就变得麻烦了,要让那些人在汽车和三轮车之间走来走去,因此汽车被开到人行道上,开进小街道里去。完好的三轮车停在那里,驾驶员查看着这车子。就像是要展示有关汽车行驶困难的教训似的,一辆大公共汽车停在了场地的中间。人们在发动机的前面忙碌着。第一批弯下腰围着车子的人是那些下车的乘客,他们恰如其分地感到了他们与汽车的关系。在这期间,开汽车的人也稍稍参与了整理,并使劲将三轮车推上人行道。这事情渐渐失去了公众的兴趣。新来的人肯定已经在议论,这里究竟发生了什么事情。开汽车的人带着一些有见证人价值的老观众退了回去,并与他们低声地说着话。但在这个时候那位可怜的年轻人在什么地方转悠呢?人们终于看见他出现在远处,好像他领着警察要横穿到这片场地来。人们不是没有耐心,兴趣马上重新活跃起来。许多新的围观者出现了,他们将免费地尽情享受一下做笔录的情形。开汽车的人摆脱了他那群人,向着警察走去,这位警察立即以由那些在场的人通过半个小时的等待形成的同样的安详接受了此事件。没有多长时间的调查,记录便开始了。这位警察以一个建筑工人那样快的速度,从他的笔记本里抽出一张纸，记下有关人员的姓名，面包师的商号，并走过去，为做得仔细，他一边写一边绕着这辆三轮车走。那些在场的人刚才无意识地、无知地希望这整个事件通过这位警察而有一个很快的实质性的结果，现在兴趣便转到记录内容中的某些细节。记录偶尔停下来。警察将记录弄得有点儿零乱，可还是努力地将它制作出来了，在瞬间的时刻里，他既不听也不看别的什么东西。在那张表格纸上的一个他也许出于某种原因没有写过的地方填写了起来。但现在这事件就是发生了，他对此的惊异常常重新表现出来。他不得不一再地翻转这沓纸，为相信这不怎么样的开始的记录。可是因为他马上放弃了这不好的开头，又在别的地方开始写上了，如果这一栏写完了的话，没有大量的翻动和调查，他就无法知道，他该在什么地方正确地接下去写。这个事件在这种情况下取得的安静与那个刚才由围观的参与者独自实现的安静简直完全不能同日而语了。

魏玛—荣博恩之旅

1912年6月28日至7月20日

6月28日。星期五。 从国家火车站启程。感觉不错。索科尔恩[1]拖延了列车的启程。脱去衣服，整个人都躺在了长凳上。易北河岸。别墅的环境很美，好似湖岸。德累斯顿，到处都是充足的新鲜货物。尽善尽美的服务，从容投入的话语。建筑物庞然的外观，归功于使用水泥的技术，可是举美国的例子来说，它的效果就不是这样的。通常是寂静的、由千回百转的漩涡形成的有大理石般纹路的易北河的流水。

莱比锡。和我们的行李搬运工交谈。奥佩尔斯饭店。半新的火车站。旧火车站美丽的废墟。公共房间。从四点起就有被活埋的感觉，马克斯因为外面的吵闹声不得不将窗户关上。好响的嘈杂声。凭听觉有一辆车后面拖着另一辆车。由于路面上铺的沥青，马走起来听着像是赛马的声音。电车渐渐远去，电车声的停顿暗示着街道和广场的位置。晚上在莱比锡。马克斯在方向感上的直觉，我徒劳的感觉。另外，我断定是王侯之家的悬楼，后来被导游所证实。一个施工现场夜间还在工作，大概是奥尔巴赫酒馆。[2]对莱比锡无法消除的不满。诱人的东方咖啡馆。"鸽棚"啤酒馆。行动迟缓的长胡子的啤酒馆老板。他的妻子给倒酒。两个健壮高大的女儿负责招待。带抽屉的桌子。木头杯子里装着里希滕海因出产的啤酒。要是人们打开盖子，就会闻到一股奇异的香气。一位虚弱的老主顾，泛红而瘦削的面颊，有褶皱的鼻子，和一大群人坐在一起，后来独自一人退出来。那位姑娘手里拿着啤酒杯坐到他旁边。十二年前死去的本地客人的画像，这客人来这里有十四年之久了。他举着杯子，在他后面是一副骨架。莱比锡有许多很有交际能力的大学生。许多人戴单片眼镜。

6月29日。**星期六**。用早餐。那位先生星期六不在一张汇款单的收据上签字。散步，马克斯去罗沃尔特。图书行业博物馆。在众多书籍面前我不能自制。这个出版社林立的古色古香的街区，虽然路是笔直的，房屋是较新的，而且也是没有装饰的。公共阅览室。在"曼纳"有午餐供应。③不好。威廉酒馆，在一个院子里的光线昏暗的小酒店。罗沃尔特，小伙子，红脸蛋，鼻子与脸颊之间静立的汗珠，只有上半身在活动。巴塞维茨伯爵，《犹大》的作者，身材高大，容易激动，干枯的面容，做着腰部的动作，经过良好的治疗强壮起来的身体。哈森克勒费尔④，一张小小的脸上有着许多阴影和光亮，也闪烁着淡青色。这三个人都在挥动着手杖和手臂。所有白天的午饭都在酒馆里吃。大而宽的葡萄酒杯上放有几片柠檬。品图斯⑤，《柏林日报》的通讯记者，胖胖的身材，扁平的面孔，后来在法兰西咖啡馆里校对着那篇打字机打下来的评论文章，《那不勒斯的乔安娜》（前一天晚上首次公演）。法兰西咖啡馆。罗沃尔特颇为认真地向我要求出版一本书。出版商本人的职责和他们每天对德国文学的影响。在出版社里。

---

① 当天恰逢巴黎市议会团和法国体操社团来访，捷克体操和运动协会（Sokols）、布拉格市市长和市民都到火车站迎接。
② 歌德在《浮士德》中写到的地下酒馆。
③ 莱比锡的一家素食餐厅。
④ 沃尔特·哈森克勒费尔（Walter Hasenclever, 1890—1940），德国表现主义诗人、剧作家。
⑤ 库尔特·品图斯（Kurt Pinthus, 188—1975），德国表现主义运动中的著名理论家。

五点钟启程去魏玛。车厢里那位年龄较大的小姐。深色的皮肤。圆乎乎的下巴和面颊。长统袜的接缝处好像在绕着她的腿转,她用报纸挡着自己的脸,而我们看着这双腿。魏玛到了。她戴上了一顶大而旧的帽子之后,也在那里下了车。我后来又见过她一次,那是在我从集市广场去歌德故居的时候。去凯姆尼丘斯饭店的路是很长的。几乎失掉了勇气。寻找浴场。给了我们一个隔成三部分的房间。马克斯要睡在一个无窗的洞穴里。基尔希贝格旁边的露天浴场。天鹅湖。夜间步行去歌德故居。一眼便认出来了。全部是棕黄的颜色。感到我们所有过去的经历都在参与这一瞬间的印象。没有住人的房间的窗户是阴暗的。浅色的朱诺①半身像。触摸墙壁。所有房间里微垂白色的窗帘。十四扇临街的窗户。挂在前面的链子。没有介绍全景的图画。不平的场地、喷泉,接着这向上伸展场地房子的建筑线是支离破碎的。那些黑暗的、稍有点长的窗户涂成了褐黄色的墙面。就它本身来说这是魏玛最引人注目的市民住宅。

30日。**星期日**。上午。席勒故居。长得畸形的女人,她走到前面,并用几句话,主要是通过这种语气,请求原谅此刻存在的纪念品。阶梯上的克利奥②在写日记。一八五九年十一月十日一百周年诞辰庆典的图画,房子是经过装修并加宽了的。意大利的外观,贝拉吉奥,歌德的礼物。一点儿不像人的鬈发,又黄又干。像兽类的鬃毛。玛丽亚·帕夫洛夫娜,③ 柔媚的脖颈,脸并不宽,一双大眼睛。各种不同的席勒头像。一个作家住处的良好布局。等候室,接待厅,书房,深凹的卧室。尤诺特夫人,他的女儿,与他长得相像。《小规模植树经验育成大片种植》,他父亲的书。

---

① 罗马神话中的女神。
② 历史女神,九艺术女神之一。
③ 玛丽亚·帕夫洛夫娜(Maria Pavlovna, 1854—1920),俄国贵族,莫斯科社交名媛,革命爆发后流亡到威尼斯和瑞士。

歌德故居。会客的房间。匆匆瞥了一眼写作和睡觉的房间。悲哀地回忆着死去祖父的景象。这个花园自歌德死后花草自然不断生长，使他的书房变得阴暗的欧洲山毛榉。当我们坐到楼梯间下面的时候，她带着她的小妹妹从我们身边跑过。①一只灰猎犬的石膏像，它立在楼梯间的下面，在我的回忆中，它融入了这种奔跑。后来我们又在朱诺的房间里看到她，再后来是在从花园中的小屋朝外看的时候见到她。我相信我还常常听见她的脚步声和她的说话声。两株石竹穿过了阳台的栏杆。进入花园太晚了。人们向上看到她站在阳台上。直到后来她才带着一位年轻男子下来。在擦身而过的时候，我感谢她让我们注意到这个花园。我们还没有离去。她母亲来了，花园里人来人往。她站立在玫瑰灌木丛旁。我走过去，被马克斯碰了一下，得知要去蒂福尔特远行。②我也去。她陪着父母一起去。她提到一个旅店，从这家旅店人们可以看到歌德故居的门。天鹅旅馆，我们坐在常春藤架之间，她从门口出来，我跑了过去，我向大家介绍自己，得到同去的允许，可是又跑回来了。后来这一家来了，可是不见了父亲。我想去加入他们，不，他们刚去咖啡馆，我应该等到她父亲后再去。她说，我应该四点钟的时候进这座房子。和马克斯告别后，我去接她父亲。在大门前与车夫交谈。与父亲一同离去。谈有关西里西亚、大公、歌德、国家博物馆、照相和绘画，以及这个神经过敏的年代。停在他们正喝咖啡的屋子前面。他跑上去，把大家叫到凸窗前，因为他要给他们拍照片。出于神经紧张，和一个小姑娘玩球。和几个男子同行。我们前面有两个女人，在她们前面有三个小姑娘。一条狗在我们之间跑来跑去。蒂福尔特的城堡。与三位姑娘一同参观。她知道许多事情，在歌德故居也是，而且更出色。在维特

---

① 卡夫卡结识了管理员的女儿玛格丽特·凯尔希纳（Margarethe Kirchner, 1896—1954），即后文中的"格蕾特"。布罗德在日记里提到了这次相遇。
② 距离魏玛大约4公里处的一个村庄。

画像前的一些解释。冯·戈希豪森小姐的房间。①用砖墙堵上的门。仿制的鬈毛狗。后来与她的双亲一同动身。在公园拍了两次照。一次是在一座桥上，可能拍坏了。最终走上回去的路。没有确定的关系，但交上了朋友，文献中有关布雷斯劳狂欢节趣事的故事。在房前的告别。我在赛芬街兜着圈子站立。在这期间马克斯睡了。晚上三次不可理解的会面。她和她的女友。我们第一次陪着她们。晚上我可以在六点钟以后随意来到花园。现在她们必须回家。然后又在为决斗而设的圆形广场上会面。她们与一个年轻的男子讲话，与其说友好，还不如说充满敌意。这个时候我们一直陪她们到了歌德广场，但她们为什么不留在家中呢？她们该赶快回家的呀。可是，显然她们根本没有回家，被这位年轻的男子追逐，或是她们有意地遇上这个男子，她们为什么现在跑离席勒大街，沿小阶梯而下，来到一旁偏僻的场地呢？她们在十步的距离开外与那年轻的男子讲了几句话，好像拒绝了他的陪伴之后，为什么又在那里转过身来，独自跑回来呢？是我们打扰了她们？我们只是用简短的问候从她们身边走过？后来我们慢慢返回，当我们来到歌德广场的时候，她已经又从另一条街上跑出来，显然很惊惧，几乎撞到我们身上。出于对她们的照顾，我们都转开了身子。但她们还是绕道而去。

7月1日。星期一。路边的花园小屋。②在这屋子前面的草地上画画。在歇息的座位上背诵了这节诗。箱式的床。睡觉。院子里的鹦鹉叫着"格蕾特"。徒劳地去了她学习针线活的那条埃尔富特林荫大道。浴场。

---

① 露易丝·冯·戈希豪森（Luise von Göchhausen, 1752—1807），魏玛宫廷女官。在她的遗物中发现了《浮士德》的初稿。
② 歌德在魏玛的第一个住处。

7月2日。星期二。歌德故居。阁楼房间。在管理员那里看到照片。围站着的孩子。有关照片的谈话。不断留意着一个与她交谈的机会。她和一个女友去做针线活。我们留下。

下午参观李斯特故居。高超的艺术家。老年的宝琳。①李斯特从五点到八点工作,然后去教堂,之后第二次睡觉,从十一点起接待访客。马克斯在浴场,我去取照片,先碰上她,与她一起来到大门前。这位父亲将照片拿给我看,我带着相框,最后我必须走了。她毫无意义且没有用处地在父亲的背后向我微笑。悲伤的。突然想起要将这些照片放大。走进药房。因为底片的缘故,又回到歌德故居。她从窗口看见我,并打开了窗户。——多次与格蕾特见面。吃草莓,在维特公园前面的一场音乐会。她那宽松衣服里灵活的身体。从"俄国宫廷"饭店来的身材高大的军官。各种各样的制服。穿着深色衣服、身材瘦长、强壮的人。——在偏僻街道里的打斗。"你肯定是个最美丽的臭东西!"许多人站在窗户旁边。离去的家庭,一个醉汉,一位老太太背着背篓,两个小伙子跟着。

令我着急的是我不久就要离去,喉头哽咽。发现"蒂沃里"。②墙边的桌子叫"侧阳台"。这位年纪大的表演柔术的太太,她的丈夫是个魔术师。那些女性扮演的德意志军官。

7月3日。星期三。歌德故居。应该在花园里留影。没看到她,我得去接她。她的动作总是不停地颤抖,要是有人跟她说话,她便颤动起来。开始拍照。我们两个坐在长凳上。马克斯指示那位男子,应该怎样做。她应允我一个第二天的约会。奥廷根③透过窗户看,并不让我们拍照。我们两个刚好站在相机旁。我们又没在拍!

---

① 宝琳·维亚多·加西亚(Pauline Viardot-Garcia, 1821—1910),女歌手。李斯特给她上过钢琴课。
② 一家卡巴莱歌舞剧院。
③ 沃尔夫冈·冯·奥廷根(Wolfgang von Oettingen, 1859—1943),当时歌德博物馆及歌德与席勒档案馆的馆长。

那个时候这位母亲还是友好的。

除了学校和不付费的人外,一年里有三万人来这里。浴疗,孩子们真挚、安静的摔跤比赛。

下午在大公爵的图书馆。①特里佩尔塑的半身雕像。②对导览者的称赞。非常熟悉的大公爵的样子。坚实的下巴,丰厚的嘴唇,手插在紧扣的上衣里。大卫③的歌德半身雕像,向后竖立的头发,硕大而紧绷的面孔。歌德督造的改建工程,把宫殿改成图书馆。帕索夫④的胸像(英俊的鬈发少年)。维尔纳,消瘦、探究、凸出的面庞。⑤格鲁克。⑥用生命浇铸而成。用管子做成的嘴巴里有许多孔洞,他曾通过这些孔洞呼吸。歌德的书房。通过一道门,人们立即就踏进施泰因夫人的花园。由一个罪犯用一棵巨大的橡树做成的那个楼梯,上面没有一枚钉子。

在花园里和这位木匠的儿子弗里茨·文斯基散步。他做了一番严肃的讲话。在讲话的时候,他用一根树枝向灌木打去。他也要成为木匠,并将徒步漫游,现在他可以纵情地享受铁路的交通了,再也不用像他父亲那个时代去徒步漫游了,为了做外地人的导游,人们也许必须要掌握各种各样的语言,不是在学校里学习这些语言,就是要买有关这方面的书。他知道有关公园的知识,不是从学校里学来的,就是从导游那里听来的。导游的说法不一定符合一般的情

---

① 安娜·阿玛丽亚夫人(Anna Amalia, 1739—1807)用约翰·威廉公爵(Johann Wilhelm, 1530—1573)的"绿色城堡"改建的图书馆。歌德曾在这里担任管理员,自1799年一直到他去世。
② 瑞士雕塑家亚历山大·特里佩尔(Alexander Trippel, 1744—1793)塑的歌德半身像。
③ 皮埃尔·让·大卫·德昂(Pierre Jean David d'Angers, 1788—1856),法国雕塑家。
④ 弗朗茨·帕索夫(Franz Passow, 1786—1833),德国古典语言学家。
⑤ 查萨利亚斯·维尔纳(Zacharias Werner, 1768—1823),德国诗人、剧作家。
⑥ 克里斯托弗·威利巴尔德·格鲁克(Christoph Willibald von Gluck, 1714—1787),德国歌剧作曲家。

况。例如这座罗马式的房子，这门无非就是为供应商们而设置的。

树皮做成的小屋。莎士比亚纪念碑。在卡尔广场上围绕着我的孩子们。关于海军的谈话。孩子们的严肃。谈到有关船只的沉没。孩子们的优越性。一只球的允诺。分饼干。花园音乐会演奏《卡门》。完全沉浸在这音乐里了。

7月4日。星期四。歌德故居。用大声的允诺来确认约会。她从大门处朝外看。我们在场的时候，她就朝外看了，这解释是虚假的。我还问了一遍："下雨也见？""是的。"

马克斯去耶拿见迪德里希斯。①我去君侯的陵墓。和军官们一起。歌德的灵柩上金色的桂冠花环，是一八八五年布拉格的德国妇女捐赠的。找到了墓园里所有的人。歌德一家的墓地。瓦尔特·冯·歌德1818年4月9日生于魏玛，1885年4月15日死于莱比锡，"歌德家族随他而断宗，这个家族的名字却永垂千古。"② 卡萝莉内·法尔克夫人的碑文："在上帝召唤去她自己的七个孩子的时候，她成了陌生的孩子们的一位母亲。上帝将抹去她双眼里的全部泪水。"③ 夏洛特·冯·施泰因：1742—1827。

浴场。下午没有睡觉，为的是不让这不稳定的天气从眼里溜过，她并没来赴约。

看见马克斯在床上穿衣服。两人都不幸，要是人们能将痛苦从窗口泼出去该多好呀。

晚上和希勒还有他母亲在一起。④——我从桌边跑开，因为我以为看见了她。错觉。后来大家全在歌德故居前。向她问候。

---

① 出版商欧根·迪德里希斯（Eugen Diederichs, 1867—1930）。
② 瓦尔特·冯·歌德（Walther von Goethe, 1818—1885），德国作曲家，歌德的第一个孙子。
③ 这位夫人收容了三十个战争孤儿。
④ 库尔特·希勒（Kurt Hiller, 1885—1972），当时柏林有名的散文家，他相当推崇布罗德早期的作品。

533

7月5日。星期五。徒劳地去歌德故居。——歌德-席勒档案馆。伦茨的信件。一八三〇年八月二十八日法兰克福市民给歌德的信：

"莱茵河畔古老城市的一些市民，长期以来就习惯在八月二十八日举杯致意，他们将会赞扬上天的宠爱，使他们可以在这个自由城市的市区欢迎这一天带来的这位非凡的法兰克福人。

然而，因为只是一年一年地停留在希望、期待和愿望之中，如此，他们就在这个期间将这个闪光的酒杯递向幸福的城市，越过森林和田野、边界和关口，并请求她尊敬的同胞的宠爱，可以在思想中与他们共同碰杯和歌唱：

> 如果你将赦免
> 降赐给你的忠诚，
> 如果我们想要不断地
> 追求你的目光的示意，
> 让我们与半明半暗隔绝
> 并在全善全美中
> 果断地生活。

一七五七年"尊敬的奶奶！……"①

耶路撒冷写给克斯特纳："我可以敬请阁下借用手枪，为一次拟定的旅行吗？"②

---

① 这是歌德七岁时的一份手稿。
② 卡尔·威廉·耶路撒冷（Karl Wilhelm Jerusalem）是歌德的朋友。他用从克斯特纳（Johann Christian Kestner, 1741—1800）那里借来的手枪自杀。歌德把他的经历写进了《少年维特的烦恼》。

《迷娘曲》,没有删过一笔。

取了照片。送去。到处闲站着,无所事事。六张照片只交了三张。正好还是比较差的,希望管理员为证明自己的能力而重新拍摄。毫无这种迹象。

浴场。直接从那里去埃尔富特大街。马克斯去用午餐。她带着两个女友来了。我将她叫出来。是呀,她昨天不得不提前十分钟离去,直至现在才从她的女友那里获知我昨天的等待。她也曾因为舞蹈课而生过气。她肯定不爱我,但尊敬我。我给她那盒用一颗小爱心和链子装饰的巧克力,并陪她走了一段路。来来去去的一些有关约会的话。明天十一点钟在歌德故居前。这只可能是一种托词,她可是要做饭,而且出现在歌德的故居前面!但我还是接受了。沮丧地接受。我走回饭店,在躺在床上的马克斯旁边坐了一小会儿。

下午去贝尔维德城堡。①希勒和母亲。在车上通过一条林荫大道的美丽行程。令人吃惊的宫殿布局,这宫殿包括一栋主要的建筑和四周的整洁的房屋,所有的建筑都显得低矮,颜色柔美。中央是一眼低矮的喷泉。举目眺望魏玛。大公爵已经好几年不在这里待着了。他是位猎手,而这里没有猎场。迎面走过来的那位沉稳的仆人有着一张刮得光滑的有棱角的面孔。可怜的样子,大约像所有活动在这统治之下的老百姓一样。家畜的悲哀。玛丽亚·帕夫洛夫娜,卡尔·奥古斯特大公爵的儿媳妇,玛丽亚·菲奥多罗夫娜和被绞死的保罗一世的女儿。许多是俄国式的东西。铜胎掐丝珐琅,附凿上金属丝的铜容器,在它们之间浇铸了彩釉。饰有天圆穹顶的卧室。在还可住人的房间里挂有照片,表现出唯一的现代特征。好像它们也令人觉察不到地融入其间!歌德的房间,楼下一间较小的棱角分明的房间。几幅奥塞尔②的天花板壁画,被修整得面目全非。有许

---

① 距离魏玛大约 4 公里处的景点。
② 亚当·弗里德里希·奥塞尔(Adam Friedrich Oeser,1717—1799),德国新古典主义画家、雕塑家。

多中国式的东西。"黑暗的宫女房间"。有两排观众席的露天剧场。互相挨着的有扶手长凳的车辆,背靠背,太太们坐在里面,同时,温文尔雅的男子在她们旁边骑马作陪。这辆沉重的车子,曾是玛丽亚·帕夫洛夫娜和她的丈夫作二十六天新婚旅行的用车,由三匹马拉着,从圣彼得堡到魏玛。露天剧场和公园是由歌德设计的。

晚上去保尔·恩斯特①那里。在街上向两个姑娘打听作家保尔·恩斯特的住处。她们先是沉思地看着我们,然后一位碰碰另一位,好像她想让对方想想一个她突然想不起来的名字。你们指的是维尔登布鲁赫?②然后另一个姑娘向我们询问。——保尔·恩斯特。嘴巴上面留髭,下面蓄尖形胡须。紧抓住沙发椅的扶手或膝盖。即使在激动(由于批评他的人)的时候也不失态。住在洪恩路。好像他的家人住满了这一座别墅。一碗泛着鱼腥味的鱼要被端上楼,在我们看到的时候,又被带回厨房了。——埃克斯佩迪图斯·施米特神父③进来,我曾经有一次在饭店的楼梯上撞见过他。他在档案馆研究着奥托·路德维希④的文献。他想把土耳其的一种水烟筒引进档案馆。他咒骂一份叫《虔诚的毒蛙》的报纸,因为这报纸攻击了由他出版的《神圣的传说》。

7月6日。星期六。——去约翰内斯·施拉夫⑤那里。那位与他相似的姐姐接待我们。他不在家。我们晚上又去。

和格蕾特一个小时的散步。她的来到好像得到了母亲的允许,她还在街上透过窗户和母亲说话。玫瑰色的衣服,我的心上人。为

---

① 保尔·恩斯特(Paul Ernst, 1866—1933),德国剧作家、作家和散文家。
② 恩斯特·冯·维尔登布鲁赫(Ernst von Wildenbruch, 1845—1909),德国诗人、剧作家。
③ 德国方济各会神父(Expeditus-Schmitt, 1868—1939),也是作家、编纂家。
④ 奥托·路德维希(Otto Ludwig, 1813—1865),德国现实主义小说家、戏剧家。
⑤ 约翰内斯·施拉夫(Johannes Schlaf, 1862—1941),德国作家,德国自然主义运动的开创者之一。

晚上的盛大舞会感到不安。跟她没有丝毫的关系。中断的，又一再开始了的谈话。有时候走得特别快，然后又走得特别慢。努力地、不惜代价地避免挑明此事，即我们之间没用任何东西连在一起。是什么驱使我们共同穿过公园的呢？难道只是我的固执？

将近晚上到施拉夫那里。之前去看格蕾特。她站在稍稍打开的厨房门前，穿着那件之前穿了好长时间的被赞扬的舞衣。这衣服完全不如她平时穿的衣服那么美。哭得甚为红肿的双眼，显然是因为她的主要舞蹈伙伴，他已经给她带来了过多的忧愁。我是永远地告别了。她不知道这一点，要是她知道了这点，她也不会在意的。一位拿着玫瑰的女子还打断了一下这小小的告别，街道上到处是上舞蹈课的男男女女。

施拉夫。他并不住在阁楼的房间，好像是恩斯特和他闹翻了，还想说服我们。活跃的男子，强壮的上身被一件紧紧扣着的外衣裹着。只是一双眼睛神经质般地闪动，是病态的。他主要谈论天文和他的地球中心说的体系。所有其他的，文学、批评、绘画，他还那样地留恋它们，是因为他扔不掉它们。一切都将于圣诞节决定。他一点也不怀疑他的胜利。马克斯说，他面对天文学家的情况类似于歌德面对光学家的情况。"类似，"他答道，不断地把手击在桌子上，"但顺利得多了，因为我为自己拥有着无可争辩的事实。"他那个小望远镜价值四百马克。他完全不用它去做他的发现，他也不用数学。他的生活充满了幸福。他的工作范围是无边无际的，因为他的发现有一天会被承认，将会在所有的方面（宗教、伦理学、美学等等）产生巨大的影响，当然他首先有责任去探研这种发现。当我们来到的时候，他正在将庆祝他五十岁生日的那些讲话贴在一本大书里。"在这样的时候，他们的做派都那么温和。"

事先与保尔·恩斯特在韦比希特散步。①他鄙视我们这个时

---

① 魏玛北部的一片森林。

代，鄙视豪普特曼、瓦瑟曼、托马斯·曼。不顾我们可能发表的意见，豪普特曼被置于不在话下的地位，称其为一个涂鸦者，这句话在他说了好长的时间之后我们才理解。其他的话便含糊地针对犹太人、犹太复国主义、种族等等的观点而发，在所有的事情中令人注意的一点是，他是一位尽一切努力很好利用他全部时间的人。——如果别人在讲话的时候，枯燥而机械的"是，是"响彻在交谈的空隙之间。有一次他说的太多了，使我再也无法相信。

7月7日。二十七，在哈勒的行李搬运工的人数。——现在六点半，在格莱姆纪念碑附近，倒在了已经找了很长时间的长凳上。①如果我是一个孩子的话，我肯定会被人带走，我的腿是那样地疼痛。——在和你告别之后，我还没有长时间地感到过孤零。②而后来又变得如此低沉，以致这孤零也不存在了。——哈勒，小小的莱比锡。这里的和哈勒的那些教堂尖顶群是通过上面高耸入云的小木桥连接起来的。——我已经感觉到你不会立即，而是以后才会读到这些东西，这种感觉已经使我那样的没有把握。自行车俱乐部正在哈勒的市场组织一次远足。困难地去独自游览一个城市，或者只是游览一条街道。

中午的美味素食。跟其他旅店老板的区别是，这种素食主义的东西恰好与这位素食主义的老板不甚相称。恐惧心使人们从旁边向一个人靠近。

从哈勒与四个布拉格犹太人同行：两个可爱、有趣、年纪较大、身体强壮的男子，一位与K.博士相似，另一位与我父亲相似，只是更为矮小些，还有一个身弱的被炎热打蔫的年轻丈夫和他的令人讨厌的、身材却不错的年轻妻子，她的面孔不知出自哪个家庭。她在读一本伊达·鲍-埃德的三马克小说，是乌尔施泰因出版的，

---

① 这篇日记写于哈尔伯施塔特，卡夫卡在前往荣博恩途中在此过夜。
② 卡夫卡和布罗德在魏玛分别。

题目倒是颇卓绝,叫《在天堂的片刻》,大约是乌尔施泰因想出来的。她的丈夫问她,这本书怎么样。但她刚开始读。"到现在我还不能说什么哩。"一位不错的德国人有着干燥的皮肤和美丽的分布在面颊和下巴上的微白的淡黄色胡须,他对这四人之间发生的事都表现出友好的兴趣。

铁路饭店,下面的房间挨着马路,前面有个小小的花园。进城的路。一座完完全全古老的城市。从建筑式样看来是持续比较久的风格。梁木到处拐弯,填塞物下沉或凸起,整体还留存着,随着时间推移,也只有极少部分塌落,因此它还是比较牢固的。绝大多数窗户中间的板条也都加固了。有人将肩膀靠着它们,孩子们围着它们转动。在一条深深的过道里,第一级阶梯上坐着伸展四肢的身强力壮的姑娘,她们穿的是星期日的服装。龙的道路。猫的计划。①在公园里与小姑娘坐在一条长凳上,我们将这凳子当作女孩针对男孩的长凳来保卫了。波兰犹太人。孩子们向他们喊着伊兹希②,并不想在他们之后立即坐到长凳上去。

犹太人的小客栈 N. N.③ 招牌是用希伯来文刻上的。这是一座荒废的、如宫殿式的建筑,有着大型的楼梯结构,它从狭窄的街道露天处伸出。我走在一个犹太人的后面,他从客栈出来,我跟他打招呼。九点过了,我想知道一些有关教区的事。什么也没有获悉。我对他疑虑太深了。他不停地看我的双脚。但我也是犹太人呀。我这才可能在 N. N. 住下的呀。——不,我已经有一个住处。——原来如此。——他突然朝我走近。我是不是在一个星期前去过舒彭斯台特。④在他家门前我们互相告别,他很高兴,他摆脱了我;我并没发问,他还是告诉了我,去犹太教堂如何走。

---

① 都是街道的名字。
② 犹太佬的意思。
③ 纳旦·埃塞尔斯贝格(Nathan Eisellsberg)。
④ 下萨克森州的一个小镇。

穿着睡袍的人们站在门阶上。陈旧的、没有意义的题词。在这些街道、广场、花园的长凳上、小溪的岸上都想了一遍，是否可能感到彻底的不幸。谁要哭的话，星期天就到这里来。晚上来来回回地走了五个小时之后，我呆在一处小花园前平台上的旅店里。在邻近的桌旁坐着老板和一个年轻的、外表打扮得像寡妇的活泼的女人。面颊过分瘦削。分开而蓬起的发型。

7月8日。我的房子叫"露特"。①布置得实用。四扇小窗，四扇大窗，一扇门。颇为安静。只是远处有人在踢足球，鸟儿使劲地鸣唱，几个裸体的人静静地躺在我的门前。所有的人，包括我在内，都没穿泳裤。多美妙的自由。在公园里、阅览室等地方，人们看得到漂亮肥胖的小脚。

7月9日。在三面敞开的小屋里睡得颇香。我可以像一位房主倚在门上。在夜间任何时候起来，我总听得到老鼠和鸟儿的声音，老鼠和鸟儿在小屋的草地上唧唧啾啾或振翅扑打，有个人身上长有金钱豹般的斑点。昨天晚上有关衣服的演讲。中国女子把脚裹成畸形，就为了有一个大屁股。

这位医生，早先是个军官，他大笑时看上去矫揉造作、疯疯癫癫、带着哭腔、俗不可耐，走起路来却充满活力。是个奉行马兹达兹南规条②的人。一副为严肃而创造的面孔。面颊刮得挺光，嘴唇紧紧抿着。他从门诊室走出来，有人从他身边走过。"请进！"他朝着那个人大笑。他禁止我吃水果，但有一个条件，即我不必非要追随他。我是个有教养的人，应该听听他的演说，演说有打印出来的版本，我应该研究这些事情，形成我自己的看法，然后再决定对他的态度。

---

① 荣博恩疗养院的小屋。
② 源自袄教的教派，奉行忌荤等原则。

540

摘自他昨天的演讲："如果人们的脚尖完全畸形,绷紧足尖,同时进行深呼吸,这样,随着时间的流逝,人们就能将它弄直。"在一定的练习之后性器官就会增强。行为举止的规则中有一条:"夜间的空气浴是非常值得推荐的(如果这对我适合的话,我索性从床上轻轻下来,走向我小屋前面的草地),只是人们不应太受月光的照射,这是有害的。"人们完全没法去洗我们现在穿的衣服!

今天一早:洗漱,做十五分钟米勒早操,集体锻炼的体操(我是"穿着泳裤的男子"),唱一些教堂的圣歌,在大圈子里玩球。两个英俊的瑞典小伙子有着长长的腿。从戈斯拉尔①来的一个军乐队举行音乐会。下午翻草。晚上我的胃难受得那么厉害,使我烦恼得不想举步。一个瑞典老头和几个小姑娘在玩捉迷藏游戏,而且是那么地投入,有一次在玩的过程中不禁叫道:"等等,我要给你们隔开达达尼尔海峡。"② 他指的是两处灌木丛之间的通道。当一个年长的、并不漂亮的保姆走过时说道:"这可是能敲的东西吗?"(背部是黑底白点的衣服)。信任是持续不断的无缘无故的需要。因此要观察每一个人,是不是可能与他待在一起,或者他有没有为自己提供一个机会。

7月10日。脚扭伤了。疼痛。装运绿色饲料。下午与一个非常年轻的来自璐海姆的中学教师向伊尔森堡散步。③明年大约去维克尔斯多夫。男女同校,自然疗法,柯亨④,弗洛伊德,由他带领的姑娘们和男孩们远行的故事。大雷雨,所有人都湿透了,不得不在

---

① 德国下萨克森州哈茨山区,古有"北方罗马"之称,曾是皇家都城。
② 土耳其海峡的一部分,位于亚洲与欧洲分界处的海峡。
③ 当地建有一所乡村寄宿学校,是19世纪末20世纪初德国教育改革运动中"自由学校"的前身。
④ 赫尔曼·柯亨(Hermann Cohen, 1842—1918),德国哲学家,新康德主义学派的创始人。

最近的旅店的一个房间里将全身衣服脱下。

由于脚的肿胀,夜间发烧。路过的兔子发出嘈杂声。当我夜里起来的时候,在我门前的草地上坐着三只这样的兔子。我梦见,我听见歌德在侃侃而谈,带着一种无尽的自由和专断。

7月11日。和一位叫弗里德里希·希勒的博士谈话,他是位布雷斯劳市政官员,曾长期待在巴黎,学习城市规划。他习惯住在一家饭店里,可以眺望皇宫的庭院。他早先曾住在天文台附近的一家饭店。一次夜里在隔壁的房间里住着一对热恋的男女。那位女子幸福得不顾羞耻地发出叫声。当他通过墙壁表示愿意效劳去请一位医生时,那女子才安静下来,他也可以入睡了。

我的两个朋友打扰了我,他们从我的小屋边走过,这个时候他们总在我门口小站一会儿,或短短地聊上几句,或邀请我参加散步。但我也为此感谢他们。

在《基督新教教会报》上,一九一二年七月,写到有关在爪哇的使命:"就反对传教士附带的行医活动来说,他们在大范围里进行着这种活动,确实有道理让人提出异议,不过,这另一方面又是他们传教的主要辅助手段,是不可缺少的。"

有时候我有些轻微的、表面的厌恶之感,如果我看到那些完全裸体的人慢慢地在树林之间走过,绝大多数当然是在一定距离的远处,这并不能使情况变得更好。现在有一个完全不认识的裸体者站立在我的门旁,并慢吞吞地而且友好地问我,我是不是住在这个房子里,对此根本无需怀疑。他们也这样让人听不到声音地走来。有时候有一个人突然站在这里,你不知道他是从什么地方来的。我也不喜欢那些裸体跳越草堆的年纪大的先生们。

晚上向着施塔佩尔堡散步。和两个我互相介绍认识并引荐的人。废墟。十点钟归来。在我小屋前草地上的两个草堆之间不知不觉地出现了一些裸体的人,他们在远处消逝了。在夜间,当我通过草地去厕所,有三个人睡在草地上。

7月12日。希勒博士的叙说。旅行了一年。后来在草地上对基督教的信仰进行了长时间的争论。蓝眼睛的老阿道夫·尤斯特,①他用泥土治疗一切病症,并提醒我留心那个禁止我吃水果的医生。上帝和《圣经》是由"基督教徒联盟"的成员保卫,作为直接需要的证据,他朗诵了一首《旧约》的诗篇。我的希勒博士以他的无神论出了洋相。外来词"幻想"、"自我暗示"对他毫无帮助。一个不认识的人问道,为什么美国人过得那么好,尽管他们每说两个词都要诅咒一番。在所有的话语里是不能将他们真正的观点确定下来的,尽管他们活跃地参与了。这一位,他那样匆促地谈论"花日"②,倒是基督教卫理公会教徒更为克制。这位来自"基督教徒联盟"的人带着一个漂亮的小男孩,中午就吃从小纸袋里拿出来的樱桃和干面包,其他时间便是整天躺在草地上,翻阅着自己面前的三本《圣经》,并做着笔记。他这三年来才走上这正派的道路。希勒博士的荷兰油画速写。新桥。

装运干草。——在埃卡尔广场旁。

两姐妹都是小姑娘。一个是面孔瘦削、漫不经心的样子,重叠在一起的动人的双唇,尖鼻头,线条柔和,没有完全睁开的清澈的眼睛。聪颖从一张面孔里闪出光辉,我已经激动地看了她好几分钟。在我看她的时候,我觉得有什么东西向我吹来。她的更为女性化的小妹妹挡住了我的目光。一位新到达的冷漠的小姐,青灰的脸色。一个金发蓬乱的女子。身体柔软,瘦得像一根皮带。裙子、胸衣和衬衫,其他就什么也没有了。行走的姿态!

晚上与希勒博士(四十三岁)在草地上散步,揉搓、拍打、抓挠身体。完全赤裸。没有羞耻。当我晚上从写字间出来的时候,闻

---

① 阿道夫·尤斯特(Adolf Just, 1859—1936),荣博恩疗养院的创始人。
② 用纸花来募捐善款的活动,在当时广为流行。

到一股香气。

7月13日。摘樱桃，卢茨给我朗诵金克尔的《灵魂》。①饭后，我一直在读《圣经》中的一章，在这里每个房间都有一本《圣经》。晚上孩子们在玩耍。那位小苏姗·冯·普特卡默尔才九岁，穿一条玫瑰色的小短裤。

7月14日。带着小篮子，在梯子上摘樱桃。在树林里爬到上面的高处。上午在埃克河边做礼拜仪式。安布罗兹圣歌。下午把两个朋友派去伊尔森堡。

我躺在草地上，这时候，那位来自"基督教徒联盟"的人（长而美好的身体，晒成褐色的皮肤，尖尖的胡须，快乐的外表）从他学习的地方走进更衣室，我用眼睛不自觉地追踪他，但他并没有回到自己的地方，却朝我走来。我闭上双眼，但他已在做自我介绍：H.②，土地测量员，而且给了我四篇小文章，作为星期天读物。在离去的时候他还说到"珍珠"和"丢"③，他想以此来暗示，我不应让希勒博士看这些文章。这些文章是：《遗失的儿子》《买通或不再是我的（对无信仰的信仰者）》附一些小故事，《为什么有学问的人不相信〈圣经〉？》以及《自由万岁！但：真正的自由是什么？》。我稍稍读了一下，然后走到他那里，并试图通过我对他的尊敬，向他解释清楚，为什么眼前看不到对我的恩赐。为此，他跟我说了一个半小时（将近结束，一位穿麻布衣服、白头发、红鼻子的瘦削老者也参加进来，向我们作一些不清楚的说明），每一句话都运用得那么美，只有出于那种真挚的感情才能这样地运用。那

---

① 可能是诗人、哲学家沃尔特·金克尔（Walter Kinkel，1871—1937）出版于1907年的《灵魂的梦境与现实》。
② 希策（Hitzer）。
③ 指《马太福音》第7章第6节："不要把你们的珍珠丢在猪前"。

位不幸的歌德，他使如此多的人感到不幸。许多故事。比如当他，H.，在家中父亲亵渎上帝的时候，他不让父亲用这个字。"但愿你父亲，对此感到吃惊，并由于恐惧而不再说话，我不在意。"父亲如何在垂危的卧榻上听到了上帝的声音。他看着我，说我临近了恩赐。——而我本人打断了他所有的论证，并让他求教于那个内心的声音。不错的效果。

7月15日。读了库内曼的《席勒》。①——这位先生，他总是将一张给妻子的明信片放在口袋里，是为一种不幸而应急的。——《路得记》，——我读《席勒》。不远处一位裸体的老先生躺在草地里，头部上方撑着一把雨伞。

一开始穿着白色衣服的冷淡的小姐现在换上了褐色的和蓝色的衣服，而且她面孔皮肤的颜色在这些颜色的影响下如此清晰地变化着，好像有着严格规定似的。

柏拉图的《理想国》。——为希勒博士当模特。——福楼拜书里谈关于卖淫的内容的那页。——裸露的身体明显地留下了个体给人的总体印象。

一个梦境：空气浴的社团借着一场殴斗而自己毁灭。在分成两组的成员互相打趣之后，有一个人从一个组里跳出来，并朝着其他人喊道："鲁斯特隆和卡斯特隆！"其他人说："怎么？鲁斯特隆和卡斯特隆？"这一个说："当然。"殴斗开始。

7月16日。库内曼。——古伊德·冯·吉尔豪森先生，退役上尉，为《致我的剑》等作词并谱曲。一位漂亮的男子。出于对他高贵的尊敬，我不敢抬头朝他看去，我浑身冒出汗来（我们都赤身裸体），我说话的声音太轻，他的有印章的戒指。——瑞典年轻人

---

① 欧根·库内曼（Eugen Kühnemann，1868—1946），哲学家、文学史家。

的致意。那位年纪较大红头发的人带着沉重呼吸讲话成了一种习惯。——我穿了衣服在公园里和一个穿了衣服的人说话。错过去哈尔茨堡的远行。——晚上。在施塔佩尔堡举行民间射击比赛。同希勒博士和一位柏林理发大师在一起。那块缓缓向着施塔佩尔堡的城堡山上升的、由古老的椴树引伸的、又被一段铁路路基不恰当地切断的大平原。那间射击的小房子,从房子里向外射击。老农民将纪录登记进射击簿里。三个吹笛手戴着妇女的头巾,头巾从后面挂下来。这是古老的、说不清楚的风习。一些穿着破旧的、继承而得的蓝色长袍,是由最纯良的亚麻制成,价值十五马克。几乎每个人都有一支枪。一种前膛枪。人们的印象是,所有这些人都由于田园的工作而身体变得有些弯曲了,特别是当他们站成两排的时候。有些老首领戴着礼帽,佩着军刀。还有马尾和别的一些象征,先引起骚动,然后乐队奏乐,更大的骚动,随之寂静无声,然后鼓声和哨声又齐鸣,又是更大的骚动,终于三面旗子扯进最后的鼓声和哨声,最后的骚动。命令,出发。年纪大的穿着黑色制服,戴着黑色的帽子,略为消瘦的面孔,不太长的遮盖住面孔周围的细密如丝的漂亮白髭须。先前的射击冠军也戴着一顶大礼帽,一条像看门人似的绶带绕着身体,绶带上缝着许多纯金属的小牌子,每块牌子上都刻了一年里的射击冠军的名字,用的是相应的手艺人的符号。(面包师的下面就是一块圆面包,以此类推。)队伍在音乐中伴着灰尘行进,浓云密布的天空变幻着大自然的色调。有一位同行的士兵是射手,还在役,样子像木偶,走起路来一跳一跳的。国民军与农民战争。我们跟着他们穿过街道。他们一忽儿越来越近,一忽儿越来越远,因为他们要在某些射击选手门前停下来,做些表演,并接受一些招待。在靠近队伍的尽头,灰尘均匀地散去。最后的几个人看得最清楚。他们的踪影暂时在我们眼前完全消失了。那位高高的农民胸部稍稍下陷,他有一张不可更改的面孔,穿着翻口的靴子,衣服好像是皮制的,他颇为拘谨地从大门的门柱处走开了。站在他前面的三个女人，一个站在另一个前面。中间的那个女人显得神秘而美丽。两位妇女站在对面农家院落的大门旁边。有两株硕大的树长在两家院落里，它们超越宽大的马路连在一起。早先的射击冠军房子旁边大大的射击靶。

跳舞的场地，分为两部分，从当中划开，在一间有两排位置的棚屋里是乐队。暂时还空空荡荡的，小姑娘们在光滑的木板上滑行。（说着话在休息的弈棋人打扰了我的写作）。我为她们提供我的"柠檬汽水"，她们喝了，年纪最大的女孩先喝。缺少一种真正可交流的语言。我问她们是不是吃过晚饭了，完全不懂，希勒博士问她们是不是已经用了晚餐，开始明白（他说得不清楚，喘息得太多），直至理发师问她们大吃了一顿没有，她们才回答。我给她们点了第二次柠檬汽水，她们不想再要了，但她们想玩旋转木马游戏，我带着六个小姑娘（六岁到十三岁），她们围着我，一同奔向旋转木马。在路边那位建议坐旋转木马的姑娘，炫耀这旋转木马是她父母的。我们都坐了上去，在一辆马车里打转。小女孩们围在我身边，有一个坐在我的膝上，拥过来的小姑娘想共享我的钞票，出乎我的意料，被我的人推开了。充当东道主的女孩掌握着钱款，不让我给外来者付钱。要是她们有兴趣的话，我准备再坐一次，充当东道主的女孩却说已经玩够了，她想到卖甜食的货棚去。愚笨和好奇的我将她们领往抽彩轮盘。她们极为小心地对待我的钞票。然后到了甜食货棚。一个有着大量存货的货棚，那些货物那么干净、整齐，就像在一个城市的主要街道上一样。这里有许多便宜的东西，也像我们那里的市场。然后我们回到跳舞场地。我对这些姑娘们的经历的感觉比对我的赠礼的感觉更为强烈。她们现在又喝上了柠檬汽水，并表示谢意，年纪最大的为大家，每一个小姑娘也为自己表示谢意。跳舞开始的时候，我们不得不离去了，这时已经九点三刻了。

那位不停说话的理发师。三十岁，有棱有角的胡须，髭须留长了。追在姑娘们的后面,但很爱他的妻子,他妻子在家经营商店,不能出门旅行,因为她肥胖,又忍受不了这样的旅途。就说那次去里克斯多夫①吧,她不得不两次下电车,为稍稍地走上一段路,好休歇一下。她不需要假期。如果她能睡上几次较长的觉,就已经感到满意了。他对她忠诚,在她那里有他需要的一切。一个理发师受到的种种引诱。这位年轻的饭店老板娘。瑞典女人,她对所有的东西都得付更多的钱。他从一位波希米亚的名叫普德尔博特尔的犹太人那里买头发。一次一个社会民主党的代表团到他那里,还要求在店里摆上《前进》,② 他说:"如果您要求这个的话,那我就不招待您了。"但最终还是让步了。他曾作为"年轻人"(助手)在戈尔利茨③待过。他是有组织的保龄球爱好者。一个星期前他出席了在不伦瑞克举行的保龄球爱好者大会。大约有二万有组织的德国保龄球爱好者。在四条荣誉的保龄球球道上,三天的大会一直延续到夜里。但人们无法说出,哪一位是德国最好的保龄球手。

当我晚上走进我的小屋里,我没找到火柴,隔壁的人借给了我火柴,并照着桌子下面,是不是火柴可能掉在下面了。那里没有火柴,却发现了那只玻璃杯。后来发现,凉鞋在壁挂的镜子后面,火柴在一个窗台上,手镜挂在一个凸出的尖角上。夜壶放在橱架上,《情感教育》放在枕下,一个衣钩在被单的下面,我的旅行墨水瓶和一块弄湿了的抹布放在床上。这一切都是为了惩罚,因为我没去哈尔茨堡。

7月19日。下雨。我躺在床上,屋顶上是雨点的敲击声,那样的声音,就好像是敲在胸口上。在突出的屋顶的边缘,机械地落下的雨滴看上去像路灯,它们一行行横向沿着一条路点亮。然后,它

---

① 柏林南部的古老村镇。
② 1876年起在莱比锡出版的社会民主党党报。
③ 萨克森州的一个城市。

们落下。突然有一个白发老人,像一头野兽在草地上奔跑,他在进行雨的淋浴。水滴在夜里发出敲击声。人们像是坐在提琴的箱子里。早晨跑步,脚下是柔软的土地。

7月20日。上午和希勒博士在森林里。红色的地面和从它这里扩展出来的光辉。树干耸入天空。长满宽平叶子的山毛榉树枝在飘动。

下午,从施塔佩尔堡来了一支化装游行的队伍。那个跟化装成熊的踏着舞步的男子在一起的庞然大物。他摇动着他的大腿和后背。游行的队伍在乐队的后面穿过花园。观众们跑着越过草地,穿过灌木丛。那位小汉斯·埃佩,他是怎样看到他们的呀。瓦尔特·埃佩站在邮筒上。那些男人用窗帘将自己完全遮盖起来,化装成女人。当他们与厨娘跳舞,并沉缅于这位看来并不熟悉的化装的厨娘的时候,样子是不正派的。

上午为希勒博士朗诵《情感教育》第一章。下午与他散步。他讲起他的女朋友。他是一位摩根斯坦、巴卢舍克、布兰登堡和波彭贝尔格的朋友。①他晚上在小屋里和衣躺在床上,可怕地抱怨着。和波林格尔小姐的第一次交谈,但她已经知道了她该知道的有关我的一切。她是从《来自施蒂利亚的十二人》② 认识布拉格的。淡黄的头发,二十二岁,外表看上去只有十七岁,总是关心着她那位患重听的母亲,订了婚,而且很会调情。

中午,那位瘦如皮带的瑞典寡妇 W. 太太离开了。在她平日的衣服外面只是罩一件灰色的小夹克,头戴一顶装饰有小面纱的灰色

---

① 克里斯蒂安·摩根斯坦(Christian Morgenstern,1871—1914),诗人。汉斯·巴卢舍克(Hans Baluschek,1870—1935),画家。汉斯·布兰登堡(Hans Brandenburg,1885—1968),诗人、作家。菲利克斯·波彭贝尔格(Felix Poppenberg,1869—1915),散文家。
② 奥地利作家鲁道夫·汉斯·巴尔屈(Rudolf Hans Bartsch,1873—1952)的小说,出版于1908年。

小帽子。在这个框架里,她那张棕色的脸变得非常柔媚,只有距离和掩饰决定那些千篇一律的面孔的印象。她的行囊是一只旅行背包,除了一件长睡衣之外,里面便什么也没有了。她就是这样不停地旅行,从埃及来,到慕尼黑去。

今日下午,当我躺在床上的时候,这里的许多人令我热了起来,有些人对我如此地感兴趣。——冯·吉尔豪森先生的一首歌里唱道:"你知道吗,可爱的妈妈你是那么地亲切。"

晚上在施塔佩尔堡跳舞。这个节日延续了四天,人们几乎都不工作。我们看见那位新的射击冠军,还在他的背上看到了始于十九世纪的那些射击冠军的名字。两个跳舞场地都挤满了人。在大厅到处站着一对一对的情人。每一对只是在每一刻钟里跳一次短短的舞。绝大多数人默不作声,当然不是因为发窘,或者是出于一种特殊的原因,而是简单得很,就是默不作声,一位喝得醉醺醺的人站在边上,他认识所有的姑娘,他要去抓她们,或者,至少是在伸展着要去拥抱的手臂。她们的舞伴并不在意。喧闹声足以穿过音乐和下面桌边坐着的人和在卖酒柜台旁站着的人的喊叫声。我们长时间徒然地绕着圈子走动(我和希勒博士)。我在和一位姑娘攀谈。她在外面就已经引起我的注意,那时她在和两个女友吃着哈尔伯施塔特的涂上芥末的小香肠。她穿一件白色的短上衣,上面有延伸到手臂和肩膀的花卉作衬。她可爱而忧郁地倾斜着面孔,因此将上身稍稍地压低,而使得短上衣鼓起来。那只小翘鼻子在她倾斜的姿态中更增加了悲哀。凌乱的红棕色斑块盖在整张面孔上。她刚从舞场走下两级台阶的时候,我跟她讲起话来。我们正好面对面走着,她转回身去。我们跳舞。她叫奥格斯特·A.,来自沃尔芬比特尔[①],一年半来在阿彭罗达[②]的一个叫克劳德的人那里工作。我的问题就是在多次听别人说某个名字的时候也不懂,而且后来也记不住。她是

---

① 下萨克森州的城市。
② 图林根州的一个村庄。

个孤儿,在十月一日要进入一处修道院。她跟她的女朋友还没说到过这些。她在四月就想去了,可是她的老板不让她去。她进修道院是因为她有过糟糕的经历。她不能讲述这些。我们在舞厅前的月光下走来走去,我的小女友们不久前还盯着我和我的"未婚妻"。她虽然悲伤,但仍很喜欢跳舞,当我后来将她让给希勒博士时,这一点表现得特别明显。她是在田地里工作的。她必须要在十点钟回家。

7月22日。G. 小姐①是女教师,有一张年轻、清新的猫头鹰似的脸孔,充满了活跃、紧张的表情。身体显得懒散。埃佩先生是来自不伦瑞克私立学校的校长。他是使我认输的人。他拥有占优势的、必要时如火一样的、思考周密的、音乐一般的、即使表现为摇摆的讲话。动人的面孔,但更为动人的是几乎长满整个面部的络腮胡子和山羊胡子。过分拘谨的走路姿态。当他与我同时第一次坐在一张桌子时,我与他是斜对面坐着的。一种静静咀嚼的聚会。他东一句西一句地抛出话语。可是仍然静悄悄的,就是那么静悄悄的。但如果一个较远距离的人说一句话,他就马上接住他的话,但并不使劲,而是在自言自语,好像是在跟人家说话,并像是偶然被别人倾听去了,同时还看着他正剥着皮的西红柿。除了那些感到耻辱的人和如我那样蔑视的人,大家都集中了注意力。他并不取笑任何人,而是让每个人发表的意见围着他的话题转。如果一点儿也无动静,那他就在撬开干果的时候唱了起来,或者在吃生菜、水果的时候不得不频频地用手帮忙(桌上放了很多盘子,人们可以随意混用)。最终,他让所有人都参与他的事情,他借口要记下所有的佳肴,并一定要将菜单寄给他妻子。几天来,在他用他妻子的故事令我们十分高兴之后,有关她的新的说法又传开了。她患忧郁症,必

---

① 格尔洛夫小姐(Gerloff)。

须要进一家疗养院，但如果她定下了八个星期的合同，带一位女看护一起来，等等，她才能被接纳，如他计算的以及后来在桌上当众计算出来的一样，全部费用要超过一千八百马克。花费这么多钱的事情是要考虑的，大家都在考虑。一些天以后，我们听说这位妻子要来了，大约这家疗养院令她很满意。在吃饭的时候，他得到了消息，这位妻子带着她的两个男孩来了，并等着他。他还是稳稳地吃到了最后，虽然在这种吃饭的时候根本没有结束一说，因为所有的食物都同时放在桌上。这位妻子年轻体胖，只是通过衣服才显示出来的腰身，聪明的蓝眼睛，梳理得高高的金黄色头发，对烹调、市场行情非常清楚。在吃早饭的时候——他们一家还没来到桌边——他在剥干果的时候对 G. 小姐和我说：他的妻子患了忧郁症，涉及肾脏，她的消化也不好，犯了场所恐惧症，要到夜里近五点时才能入睡，然后早晨八点被唤醒，"发起怒来自然凄怆"，而且"变得狂躁无比"。她的心脏陷入极大的紊乱，并且还有严重的哮喘。她的父亲在疯人院死去。①

---

① 原本卡夫卡还写了几页 1913 年 9 月 6 日至 8 日到维也纳出差的日记。他和上司罗伯特·马施纳到那维也纳开会，并参加了第十一届犹太复国主义者大会。在布罗德编辑的版本中这几页被删去了。

译后记

一摞誊清的卡夫卡日记译稿，最终搁在了案头，我稍稍地舒了一口气。然而思绪还没有从那耗去我不少精力的梦境里解脱出来。

我过去没有接触过卡夫卡的东西。当二十世纪八十年代，卡夫卡的名字在中国广为流传的时候，我只是读过他的一个原文短篇《在法的大门前》（*Vor dem Gesetz*），当时，我只是觉得卡夫卡的文笔不凡。一个渴求进入"法律"的恐惧、张望、等待的乡下人，以及那个重重守卫、道道铁门、深不可测的"法律"，竟在一篇大约不足二千字的文章里表现得那么令人压抑、透不过气来，那么令人不寒而栗。那个时候，我也只是赞叹一番，仅此而已。

后来，当代研究卡夫卡的热潮此起彼伏，我仍然没有想到要接触这位作家的东西。

如今，竟没想到由我来翻译这位现代主义文学巨匠全集中日记的部分，并在中国出版。我深感荣幸的同时，也感到翻译卡夫卡日记并不像翻译有故事情节的小说那样，是件较为轻松（自然是相对而言）的事情。时代的陌生、语言的艰涩、思维的跳跃，曾使我颇有畏惧之感，然而我固有的广泛且浓厚的兴趣令我对此义不容辞。

卡夫卡是一位世界级大作家。他取得的成就是不容置疑的，是无与伦比的。他还是一位有着跨世纪机缘的伟大作家，现在，也正是两个世纪交替的时候，也正是世界与中国都在呼唤伟大作家和伟大作品的时候，出版卡夫卡的作品便更具有另一番意味了。

卡夫卡在世仅四十一年，然而他抽象、隐晦、荒诞、离奇的艺术表现手法创造出来的那个独特的世界，至今还在牵动着成千上万人的思绪。卡夫卡的作品在将近一百年后的今天还在向人们揭示着什么，阐述着什么。他是西方世界"异化"的揭示者，是现代审美意识的阐述者。他对世界文学（至少是欧美文学）产生了巨大的影响。几年前，欧洲举行了一次近二百年来世界上最伟大作家的大规模评选，结果卡夫卡以绝对多数位列前十。卡夫卡四十一年短暂的生命因此而得到延续，他对整个人类的影响，也许会从一个世纪延伸到另一个世纪，尽管他生前并未获得如此的殊荣。

不管怎么说，达到这样荣誉、这样高层次的伟大作家，其内心必然是复杂的，其思想必然是深邃的。然而从外表看，卡夫卡的一生，平淡无奇，生活极为单调，经历也颇平凡，一生默默无闻，性格内向，孤独懦怯，精神抑郁，疾病缠身，体质虚弱。就在这短暂的一生里，他以复杂的内心、深邃的思想，不断地汲取前人的营养，孜孜不倦地艰苦攀登着艺术高峰，为西方文学开拓了一条前人没有走过的艺术道路，在现实主义文学领域里挖掘了一种特异的艺术表现手法，最终被尊为西方现代主义文学的鼻祖。

对这样一位大作家来说，其日记更是他本人敞开心扉、倾吐胸臆、实录深邃思想的重要地方了。毋庸置疑，日记里有作家对世界、对人生的敏锐的观察和深刻的认识。对人生痛苦的各种感受，对性格懦弱、精神抑郁、疾病缠身和内心孤独的体验，对文学的酷爱，以及在婚恋中的矛盾与挣扎，充塞了卡夫卡的精神世界，他几乎是呕心沥血地将这一切用那支勤奋的笔吐诉在纸上。日记里有时候也许记上他构思的一篇小说的开头，或某个人物的设计……

换句话，是不是可以说，卡夫卡的作品，包括日记，是一高档次的人生五味瓶，当然，只是甜的含量少了些。

我想，无论读卡夫卡的什么作品，都是需要花时间用心去品尝、去体味的。也是不是因为卡夫卡惟恐世人不理解他那深邃的思想，或者是他认为自己没有达到圣灵的至善至美，才嘱咐挚友将他全部作品"付之一炬"？这么说，只有卡夫卡自己知道怎样评价自己的作品。想见他生前拼命写作不是在刻意追求一顶文学大师的桂冠，而只是为吐诉自己的内心，只是在画为自己辨识的"象形文字"。他的日记自然更是如此，这除了给后世人，尤其是跨世纪的今人，留下某种启迪之外，恐怕翻译卡夫卡日记之难更是可想而知的了。

我跋涉在卡夫卡的人生旅途中，终于将这位大作家在产生过世界上最杰出哲学家的语言里吟哦的痛苦而深邃的思想糅合在从来包容天地万物的博大精深的中国文字里，从而完成了《卡夫卡日记》的翻译。自知没有金刚钻，却接下了这般的瓷器活。我知道，自己能力有限，译文传达的只是卡夫卡精髓之一二。但愿这部拙译对读者和卡夫卡研究者进一步了解卡夫卡、研究卡夫卡、挖掘卡夫卡有所裨益。

拙译中肯定会有不少缺点和谬误，请读者与专家们多多原谅，并不吝批评与指正。

孙龙生

1995.9. 北京

Franz Kafka
Tagebücher und Reisetagebücher
Tagebücher 1910—1923
Reisetagebücher
Herausgegeben von Max Brod

图书在版编目（CIP）数据

卡夫卡日记 /（奥）卡夫卡著；孙龙生译. -- 上海：
上海译文出版社，2025. 4. -- ISBN 978-7-5327-9758-5
I. K835. 215. 6
中国国家版本馆 CIP 数据核字第 2025CS5108 号

卡夫卡日记
［奥地利］卡夫卡 著 孙龙生 译
责任编辑/杨懿晶 装帧设计/胡枫

上海译文出版社有限公司出版、发行
网址：www.yiwen.com.cn
201101 上海市闵行区号景路 159 弄 B 座
江阴市机关印刷服务有限公司印刷

开本 890×1240 1/32 印张 17.5 插页 8 字数 360,000
2025 年 4 月第 1 版 2025 年 4 月第 1 次印刷
印数：0,001—5,000 册

ISBN 978 - 7 - 5327 - 9758 - 5
定价：98.00 元

本书中文简体字专有出版权归本社独家所有，非经本社同意不得转载、摘编或复制
如有严重质量问题，请与承印厂质量科联系。T: 0510 - 86688678

… alles Trost. Schlechte unregelmäßige Leitungs Wohnung, verdirbt mir alles. Heute wieder die Französisch der Haustochter angehört.

16 II 15 Finde mich nicht zurecht. Als sei mir alles entlaufen ich zurück habe und als würde es mir Raum genügen zurück Räume.

22 II 15 Unfähigkeit in jeder Hinsicht und vollständig.

25. II Nach tagelangen ununterbrochenen Kopfschmerzen endlich ein wenig freier und zuversichtlicher. Wäre ich ein anderer der mich und den Verlauf meines Lebens beobachtet müßte ich sagen, daß alles in Nutzlosigkeit enden muß, verbraucht in unaufhörlichem Zweifel, schöpferisch Selbstquälerei. Als Beteiligter aber hoffe ich.

1. III 15 Mit großer Mühe nach wochenlanger Vorbereitung gesündigt, nicht ganz und trotzdem, es ist nicht ruhig genug, ich habe ihn doch nicht gut gewählt und deshalb, weder die Ruhe noch die Unruhe es ausgeprobt. Gesündigt habe ich vielmehr aus eigener will mich quälen, will meinen Zustand immer erneuern, glaube zu ahnen, daß in der Veränderung Rettung liegt und glaube weiter, daß ich durch solche kleine Veränderungen die andere im Halbschlaf, ich aber